Viktor Toyka
Dienst in Zeiten des Wandels
Erinnerungen aus 40 Jahren Dienst als Marineoffizier
1966–2006

Dienst in Zeiten des Wandels
Erinnerungen aus 40 Jahren Dienst als Marineoffizier
1966–2006

Viktor Toyka

2017

Carola Hartmann Miles-Verlag

CIP-Kurztitelaufnahme der Deutschen Nationalbibliothek

Viktor Toyka, Dienst in Zeiten des Wandels. Erinnerungen aus 40 Jahren Dienst als Marineoffizier 1966–2006, Carola Hartmann Miles-Verlag, Berlin 2017

© Carola Hartmann Miles-Verlag,
George-Caylay-Str. 38, 14089 Berlin
email: miles-verlag@t-online.de
www.miles-verlag.jimdo.com

Alle Rechte, insbesondere das Recht der Vervielfältigung und Verbreitung sowie der Übersetzung, vorbehalten. Kein Teil des Werkes darf in irgendeiner Form (durch Fotokopie, Mikrofilm oder ein anderes Verfahren) ohne schriftliche Genehmigung des Verlages reproduziert oder unter Verwendung elektronischer Systeme gespeichert, verarbeitet, vervielfältigt oder verbreitet werden.

Printed in Germany by Books on Demand, Norderstedt

ISBN 978-3-945861-57-8

Inhaltsverzeichnis

Vorwort	7
Vorbemerkungen	11
Abkürzungen	13
1. Warum eigentlich Marineoffizier?	17
2. Ausbildung und die ersten Jahre – Uboote und Zerstörer	19
3. Der Weg in den Admiralstabsdienst	88
4. Zerstörerkommandant	130
5. Dienst für die Zukunft der Streitkräfte	175
Anhang 1 – Fü M I 31 vom 28.9.1984 zur Praxis der Stabsarbeit	285
Anhang 2 – Führungsweisung des Bundesministers der Verteidigung vom 14.07.1995	289
Zum Autor	295

Vorwort

Erinnerungen von Offizieren der Bundeswehr, die ihre Karriere detailliert von der Rekrutenzeit bis zum Erreichen der Altersgrenze beschreiben und dann veröffentlichen, sind selten. Dies gilt für alle Teilstreitkräfte. Offiziere, die aus persönlichem Interesse regelmäßig ein privates Tagebuch führen, gibt es kaum – es sei denn, sie werden dienstlich dazu aufgefordert, was in der Marine noch über viele Jahre an Bord der Ausbildungsschiffe, z.B. an Bord der GORCH Fock, praktiziert wurde.

Als Viktor Toyka auf die Erinnerungen eines prominenten älteren Flaggoffiziers stieß, hat ihn die Lektüre gefesselt und letztlich motiviert, sich mit der eigenen 40-jährigen Dienstzeit auseinander zu setzen. Seine persönlichen Tagebücher erwiesen sich dabei als wertvolle Primärquelle. Das vorliegende Ergebnis ist ein detailreicher und faszinierender Bericht eines Zeitzeugen, der sich offen und fair mit der Entwicklung seiner Teilstreitkraft sowie der inneren Struktur der Bundeswehr von 1966 bis 2006 auseinandersetzt.

Bei der Beschreibung seiner Truppenverwendungen als Wachoffizier, Erster Offizier und Kommandant von U-Booten und Zerstörern steht die praktizierte Innere Führung, d.h. vor allem Menschenführung, gleichwertig neben der Ausbildung an moderner Waffentechnik. Einige Zitate aus seinen Tagebüchern als Erster Offizier und Kommandant zeigen, welchen Stellenwert moderne Menschenführung gerade in der Deutschen Marine nach den Erfahrungen der beiden Weltkriege gewonnen hat. So wäre es vor 1945 und noch lange Jahre danach wohl undenkbar gewesen, dass an Bord eines Zerstörers der Erste Offizier nach einem großen Skatturnier dem Gewinner am nächsten Sonntag das Frühstück an der Koje servierte.

Der Autor war viermal Kommandant, jeweils zweimal auf U-Booten und Zerstörern. Sein zweites Kommando auf einem U-Boot begann nach Abschluss des Lehrgangs an der Führungsakademie im September 1981 auf U-21. Die zweijährige Kommandantenzeit war nicht einfach. Es gab Führungsprobleme, die erst allmählich überwunden werden konnten, bis die Besatzung „zu einem engen, fast familiären Team zusammengewachsen" war.

Frühzeitig erkannten Vorgesetzte beim Autor dessen gute Kenntnisse in Marinegeschichte, doch das Angebot eines Geschichtsstudiums schlug er aus, da er sich 1977 für die Ausbildung zum Admiralstabsoffizier qualifiziert hatte. Im Herbst 1979 begann eine fast zweijährige Ausbildung an der Führungsakademie in Hamburg. Dort konnte er seine Kenntnisse in Geschichte und speziell Seekriegsgeschichte für seine Lehrgangsarbeit nutzen:

„Propaganda und Realität im Kriege. Eine vergleichende Untersuchung über das Bild des deutsch-britischen Seekrieges 1939-45 in der zeitgenössischen deutschen Publizistik".

Es war die beste Lehrgangsarbeit seines Jahrganges, und er erhielt dafür die Goldmedaille der Clausewitz-Gesellschaft.

Offizieren, die noch nie in größeren Stäben gearbeitet haben und ins Marinekommando oder Verteidigungsministerium versetzt werden, ist zu empfehlen, die Kapitel über die Verwendungen des Autors im damaligen Führungsstab der Marine für sich auszuwerten.

Wer sich für den Zeitraum von 1966 bis etwa 2006 über Ausbildung und Leistungsfähigkeit von Einheiten der Marine im Detail informieren will, wird vom Autor reichhaltig bedient. Dies gilt für Erfahrungen bei der Gefechtsausbildung der U-Boote in der Ostsee und – auf einer anderen Ebene – für die bewährte Gefechtsausbildung der Zerstörer und Fregatten beim Flag Officer Sea Training der Royal Navy.

Höhepunkt seiner Laufbahn war für Toyka zweifellos die Verwendung als Marine-Adjutant bei Generalinspekteur Admiral Dieter Wellershoff (*1933 – †2005), der ihn durch seine Geradlinigkeit in Worten und im Handeln beeindruckte, weil er stets eine klare Haltung einnahm und nicht bereit war, sich „im vorauseilenden Gehorsam zu verbiegen". Aus der Sicht des Verfassers verkörperte Wellershoff „das Idealbild eines Vorgesetzten", der nach seinen Pflichten und Rechten weit über seinen Untergebenen stand, „als Mensch aber stets die Augenhöhe mit jedem seiner Untergebenen" einhielt.

Im Hinblick auf die aktuelle Diskussion in der Bundeswehr über Tradition und Erinnerungen an die Wehrmacht ist eine Episode aufschlussreich, die der Verfasser Anfang 1981 bei der Beisetzung von Dönitz erlebte. Der damalige Verteidigungsminister Apel hatte die Teilnahme von Soldaten in Uniform verboten. Toyka kam in Zivil.

Nach den Reden, die dort gehalten wurden, war ihm klar, wie berechtigt die Weisung des Ministers war.

25 Jahre später – inzwischen Flottillenadmiral und Stellvertreter des Kommandeurs der Führungsakademie – setzte er sich mit großem Engagement für die Modernisierung der Generalstabs-/Admiralstabsausbildung an der Führungsakademie ein. Er galt als „Graue Eminenz", die - nach den Worten seines Kommandeurs, Generalmajor Löser – „mit konspirativer Stabsarbeit nach innen und außen" sehr stark zu den erzielten Erfolgen beitrug.

Am Ende seiner Laufbahn im Oktober 2006 war Toyka zutiefst dafür dankbar, dass er nie „einen scharfen Waffeneinsatz befehlen musste und nie die Verantwortung dafür tragen musste, dass ein [ihm] anvertrauter Soldat zu Schaden kam".

Mit seinen Erfahrungen an Bord und in Führungsstäben präsentiert der Verfasser aufschlussreiche Beiträge zur Entwicklung der deutschen Marine von 1966 bis 2006, einer Zeitspanne der Neuorientierung vom Kalten Krieg bis zum Zusammenbruch des Warschauer Paktes und darüber hinaus. Seine Kameraden, die Zunft der Historiker und nicht zuletzt eine an maritimen Themen interessierte Öffentlichkeit werden die an Episoden und Details reiche Arbeit zu schätzen wissen.

Werner Rahn

Vorbemerkungen

Schuld an diesem Buch ist ein Buch.
Vor geraumer Zeit stieß ich auf die Erinnerungen eines Marineoffiziers an seine 40jährige Dienstzeit von 1956 bis 1996. Mit der Skepsis, die der persönlichen Erinnerungsliteratur gegenüber grundsätzlich geboten ist, begegnete ich den Ausführungen des Autors.[1]*) Dann las ich mit wachsendem Interesse, denn ich lernte so nicht nur die Bundesmarine der ersten zehn Jahre kennen, in denen ich noch die Schulbank gedrückt habe. Auch für die folgenden Jahrzehnte wurden mir Einblicke geboten, die ich nicht erwarte hatte und auf die ich bislang noch nicht gestoßen war.
Mit dieser Erkenntnis verband sich für mich die Einsicht, dass ich in meinen über 40 Dienstjahren von der Geschichte der Marine wie auch der ganzen Bundeswehr so viele Entwicklungen miterlebt, teilweise auch mitgestaltet habe, dass es mir sinnvoll erschien, sie aufzuschreiben und den an der Geschichte der Marine wie auch der Bundeswehr Interessierten, aber auch ihren aktiven und ehemaligen Angehörigen zugänglich zu machen, um ihnen die Einordnung ihrer Erlebnisse in größere Zusammenhänge zu ermöglichen. Das habe ich hier getan.
Auf meine Person bin ich dann eingegangen, wenn mir das zum besseren Verständnis der Abläufe sinnvoll erschien.
Grundlage der einzelnen Kapitel war in erster Linie meine Erinnerung, die für einige Kapitel durch meine dienstlichen Tagebücher ergänzt werden konnte. Das ändert nichts daran, dass alle Berichte nicht den Ansprüchen historisch-wissenschaftlicher Forschung entsprechen können, sondern eine subjektive Sicht darstellen – ganz gleich, ob ich in diesen Monaten oder vor Jahrzehnten in einem Tagebuch geschrieben habe.
Ohne die kameradschaftliche Hilfe ehemaliger Vorgesetzter, Mitarbeiter, gleichaltriger Kameraden und Freunde aus gleichen Verwendungen, die mit viel Herzblut und Zeitaufwand für mich den Faktencheck und auch gelegentliche wichtige Korrekturen und Ergänzungen vor-

---
[1] Blue Braun, Erinnerungen an die Marine 1956-1996, Miles Verlag, Berlin 2012.

genommen haben, hätte dieses Buch so nicht fertig gestellt werden können. Ihnen allen bin ich zu großem Dank verpflichtet.

Meckenheim, im Sommer 2017

Abkürzungen/Erläuterungen

AIO	Action Information Centre (entspricht der deutschen OPZ)
ASW	Anti-Submarine Warfare
BMVg	Bundesministerium der Verteidigung
BOA	Berufsoffizieranwärter
BWB	Bundesamt für Wehrtechnik und Beschaffung (Vorläufer des Bundesamtes für Ausrüstung, Informationstechnik und Nutzung der Bundeswehr – BAAINBw)
CINCHAN	COMMANDER-IN-CHIEF CHANNEL
Fltl	Flottille (Typorganisation der Zerstörer, Uboote, Schnellboote etc; dann ZFltl, UFltl, SFltl etc.)
FüAk	Führungsakademie der Bundeswehr
Fü M	Führungsstab der Marine im BMVg (auch Fü H,L,SKB, S)
FüZBw	Führungszentrum der Bundeswehr (im BMVg)
GenInsp	Generalinspekteur der Bundeswehr
HiTaTa	Historisch-Taktische-Tagung der Flotte
LINK 11	Automatisiertes Datenübertragungssystem zur Lagebilderstellung
MNC	Major NATO Commander
NAVOCFORMED	Naval On-Call Force Mediterranean
NVA/VM	Volksmarine in der Nationalen Volksarmee der DDR
OA	Offiziersanwärter
OP	Leiter der Operationsabteilung im Flottenkommando
OPZ	Operationszentrale (eines Schiffes oder Bootes)
OrgBereich	Organisationsbereich (Heer, Luftwaffe, Marine, Zentraler Sanitätsdienst, ab 10.2000 auch Streitkräftebasis)
PUO	Portepéeunteroffizier (alle Bootsmann-/Feldwebeldienstgrade)
RN	Royal (UK-) Navy

SACEUR	Supreme Allied Commander Europa
SACLANT	Supreme Allied Commander Atlantic
SHAPE	Supreme Headquarters Allied Powers Europe
SKA	Streitkräfteamt
SKB	Streitkräftebasis
SKUKdo	Streitkräfteunterstützungskommando
STO	Schiffstechnischer Offizier
TSK	Teilstreitkraft (Heer, Luftwaffe, Marine)
USN	U.S. Navy
USNS	U.S. Naval Ship (zivil besetztes U.S. Hilfsschiff)
USS	U.S. Ship (Kriegsschiff)
WO	Wachoffizier auf schwimmenden Einheiten
ZOA	Zeitoffizieranwärter

Abkürzungen der Dienstgrade

VAdm	Vizeadmiral
GLt	Generalleutnant
KAdm	Konteradmiral
GMaj	Generalmajor
FltlAdm	Flottillenadmiral
BGen	Brigadegeneral
KptzS	Kapitän zur See
OiG	Oberst im Generalstab
FKpt	Fregattenkapitän
OTL	Oberstleutnant
KKpt	Korvettenkapitän
Maj	Major
KptLt	Kapitänleutnant
Hptm	Hauptmann
OltzS	Oberleutnant zur See
LtzS	Leutnant zur See
OFhrzS	Oberfähnrich zur See
OStBtsm	Oberstabsbootsmann
StBtsm	Stabsbootsmann
HBtsm	Hauptbootsmann
OBtsm	Oberbootsmann
Btsm	Bootsmann
FhrzS	Fähnrich zur See
OMt	Obermaat
Mt	Maat
Gefr	Gefreiter
Matr	Matrose

1. Warum eigentlich Marineoffizier?

Die vorletzte Entscheidung fiel wohl 1963.

Anfang der 50er Jahre waren meine Eltern mit ihren fünf Kindern – von denen ich die Nummer vier war – in die Nähe von Bonn gezogen, nachdem mein Vater im Bundesinnenministerium als Beamter auf Lebenszeit übernommen worden war. Hier wurde die Familie mit zwei weiteren Geschwistern komplett.

Wir waren eine sehr politisch denkende und diskutierfreudige Familie. Zu den Mahlzeiten, vor allem am Samstag und Sonntag, wenn mein Vater anwesend war, brodelte die Diskussion – und häufig waren es Politik, die Entwicklung in der jungen Bundesrepublik, die Bedrohung durch „den Osten" und den Kommunismus, KPD-Verbot, die Affäre um den ersten Präsidenten des Bundesamtes für Verfassungsschutz, die ersten Jahre des neuen Bundeskriminalamtes, Koreakrieg, Wiederbewaffnung, NATO, Westintegration, „der Alte" ……

Unstrittig war immer, dass unsere junge Demokratie es verdiente und dringend benötigte, geschützt zu werden, auch durch Streitkräfte – auch wenn meine Mutter, die ihren einzigen Bruder als Offizier an der Ostfront verloren hatte, sich an diesem Thema nur ungern beteiligte.

Mir wurde in der Familie nachgesagt, schon im Kindergartenalter verkündet zu haben, ich wolle „Kapitän" werden. Mit Beginn des Schulbesuchs auf dem Aloisiuskolleg der Jesuiten in Bad Godesberg entwickelte sich eine starke Leidenschaft für Kriegsschiffe. Mein Lieblingsfach im Gymnasium war Geschichte, zuhause vornehmlich Marinegeschichte – dem musste die Lektüre jenseits aller gelesener Karl May-Bände zunehmend Rechnung tragen. Dann kam der Modellbau dazu – natürlich Kriegsschiffe der bekannten „Wilhelmshavener Modellbaubogen". Mit 15 Jahren stand mein Entschluss fest – soweit in dem Alter ein Entschluss feststehen kann – von Vater und Geschwistern auch so hingenommen, von der Mutter in ihren Gedanken an den Bruder bedauert, aber nicht bekämpft: Marineoffizier – wegen der Begeisterung für Schiffe, die Verbindung Schiff und Besatzung, Technik und Mensch, die Notwendigkeit und der gute Grund für den Offiziersberuf – auch wenn alle Lehrer (auch die, die ich mochte) darüber nur lästerten und abfällige Witze machten.

Wie meine beiden älteren Brüder, die auch auf das „AKO" gingen, war ich Altsprachler – Latein, Englisch, Altgriechisch. Und dann kam die Schul-„reform" 1963. Die Landesregierung war offenkundig zu der Einsicht gelangt, dass man mehr Chancengleichheit, mehr Zugang zur Hochschulreife nur erhalten kann, wenn die Leistungsforderungen gesenkt werden. Auf den Gymnasien würde im Nebenzweig ein Hauptfach Ende Obersekunda abgegeben werden, damit die Schüler ein Hauptfach weniger im Abitur haben würden. Für mich als Altsprachler war das Englisch. Meine ernsthaft für die Zukunft ihres Sohnes mitdenkenden Eltern befragten mich, ob ich mir wirklich sehr sicher wäre – und ich war mir sicher: Natürlich Marineoffizier.

Für meine Eltern war die Konsequenz klar: Zur Marine besser mit Englisch als mit Altgriechisch, also Schulwechsel in einen entsprechenden neusprachlichen Zweig. Der fand dann zu Ostern 1964 statt und brachte mich ins Internat auf die Insel Spiekeroog in das Landschulheim der Hermann-Lietz-Schule. Dort lebten die Schüler, gemischt nach Klassen, in Familien mit jeweils einem Lehrer zusammen. Ein Schüler wurde Verbindungsmann und irgendwie Chef-Vertreter zwischen Lehrer und Schülerfamilie. Bald hatte ich diese Aufgabe und behielt sie bis zum Abitur.

1965 kam auf meine Bewerbung die Einladung zur Offizierbewerberprüfzentrale nach Köln, zusammen mit einem Klassenkameraden, der um jeden Preis Offizier im Heer werden wollte, weil sein Vater, bei Kriegsende noch gefallen, das auch gewesen war – und sein Groß- und Urgroßvater auch. Von der Prüfung habe ich zwei Begebenheiten im Gedächtnis.

Ich war nach einem sehr unangenehmen Sportunfall sportlich eine totale Krücke, wenig geübt und ziemlich schlapp. In Köln mussten wir in der Turnhalle u.a. an einem langen Seil bis zur Decke aufentern und die Decke abklatschen – für mich die absolute Unmöglichkeit. Der Prüfer verkündete: Nur so oder gar nicht! Und ich kam hoch und klatschte ab – und hatte vor Erleichterung beim ungebremsten Herunterrutschen tagelang Brandwunden an beiden Handflächen. Im Gespräch mit den Prüfern und dem Psychologen wurde ich dann nach Interessen gefragt und erklärte: „Seekriegsgeschichte". Das glaubten sie mir offensichtlich nicht so recht und fragten, ob ich zu einer besonderen, interessanten Phase etwas erzählen könne. Ich konnte, denn ich hatte gerade mit großer Begeisterung von Frank Thiess „Tsushima – Roman eines Seekriegs" gelesen und begann, vor den Herren ausführlich mit Namen der beteiligten Admirale die ganze Geschichte auszubreiten – einige technische Daten wurden auch eingestreut. Irgendwann winkten sie, erschöpft vom Zuhören, ab – nicht ohne mir zu versichern, dass sie mir mein Interessengebiet glaubten. Es folgte die lange Wartezeit bis zum Eingang des Bescheids.

Dann kam die letzte Entscheidung mit den Bescheiden aus Köln. Irgendwie hatte ich das Ergebnis erwartet – mein Klassenkamerad war abgelehnt, ich hatte die Zusage.

Der Rest des Schuljahres verging wie im Flug. Leider dauerte es bis Mitte März, bis an unserer Schule endlich das Abitur stattfand, so dass mir nur eine kleine Verschnaufpause blieb – denn am schon bald hatte ich einen Termin in Glückstadt an der Unterelbe.

2. Ausbildung und die ersten Jahre – Uboote und Zerstörer

Am 4. April 1966 trafen die Angehörigen des zukünftigen Marineoffizierjahrgangs April 66, für die Marine von jetzt an die „CREW IV/66", jeder mit seinem kleinen Köfferchen, auf dem Bahnhof von Glückstadt ein. Der „Empfang" dort verlief so, wie man das von erfahrenen Älteren gehört hatte – mit viel Geschrei wurden wir in Busse und auf Lastwagen verfrachtet und zur Kaserne gefahren, die wir in den nächsten Wochen nur verlassen sollten, um zum Schießplatz oder Truppenübungsplatz gefahren zu werden.

Die folgenden drei Monate rissen jeden wie ein Blatt im Wirbelwind mit sich. Die Tagesabläufe und Ausbildungsvorhaben waren hart und ließen nicht viel Zeit zum Nachdenken und Verschnaufen. Alles war neu und ungewohnt, das Tempo hoch. Mit meinen 172 cm Körperlänge wurde ich – wie alle der Länge nach eingeordnet – in der 5. Kompanie des 3. Marineausbildungsbataillons, die alle Offizieranwärter aufnahm, dem 4. Zug zugeordnet und war froh, noch in der 15. Gruppe zu landen und nicht in der 16. Gruppe, bei den „NATO-Zwergen". Damit hatte ich Glück. Wir hatten als Zugführer einen Bootsmann, der in der Körpergröße zu uns passte, und Korporale, die anständig waren – uns kräftig heran nahmen, dies aber meistens mit einem sportlichen Auge und ohne einen niederzumachen oder zu demütigen. Wir machten uns keine Gedanken darüber, wie sinnvoll und militärisch nützlich eine Ausbildung war, hatten dazu weder Zeit und Kraft noch Erfahrung. Wir machten halt mit und das so gut, es ging – und bei entsprechender Motivierung auch noch etwas besser. Das wurde meine erste Erfahrung, die lange wirkte: Eine menschlich anständige Ansprache, das Appellieren an den Sportsgeist und den Wunsch, besser zu sein als Andere (selbst bei blödsinnigen Dingen wie dem Schieben eines VW-Busses ohne Antrieb durch das Gestrüpp des Truppenübungsplatzes Itzehoe-Nordoe beim „Marine-Buschkrieg") spornte zu Höchstleistungen an – und ein trockenes, ehrliches Lob danach genügte, um diese Motivation zu erhalten. Stubengemeinschaft, Gruppe, Zug – das waren die neuen Lebensräume, hier bildeten sich Freundschaften, die lange hielten. Schon die anderen Züge – von den ganz Großen im 1. Zug ganz zu schweigen - waren bereits weit weg, bis dahin reichte die Gemeinschaft nur im Ausnahmefall.

Als Ende Juni, nach der großen Abschlussübung, die Grundausbildung beendet war, kam ich mir jedenfalls fast schon wie ein gestandener Matrose vor – bis ich am 30. Juni mit dem Seesack auf dem Rücken in Kiel auf der Blücherbrücke vor einem Ungetüm aus weißer Bordwand und hohen Masten stand – dem Segelschulschiff „GORCH FOCK".

Schon in den ersten Tagen haben wir das Lied der GORCH FOCK gelernt: „Weiß ist das Schiff, das wir lieben…". Ich habe es nicht geliebt, aber irgendwie respektiert. Das konnte man nicht von allen Vorgesetzten sagen – ich hatte zwar Glück mit unserem Korporalschaftsführer und dem Wachführer, Btsm L., aber einem großen Teil der Kameraden ging es schlimmer. Über unserem Wachführer war der Wachoffizier unserer Wache, LtzS W., der einzige höhere Vorgesetzte, mit dem wir außerhalb einer offiziellen Musterung überhaupt in Kontakt kamen. Der Erste Offizier und der Divisionsoffizier, KptLt W., erschienen in den 83 Tagen kein einziges Mal im Deck, der Kommandant ein einziges Mal am Tag vor dem Einlaufen in Kiel.

Wir mussten täglich ein Logbuch führen. Einmal wurde unangekündigt die Aktualität geprüft – und wer nicht auf „Null" war, musste noch am gleichen Tag nachschreiben. Einem bewährten Brauch der

Kriegsmarine, der Reichsmarine und vermutlich auch der Kaiserlichen Marine folgend zog unser Wachoffizier im dritten Monat unangekündigt das Logbuch ein und nahm es zur Kenntnis – ein Vorgehen, dessen Berechtigung ich nicht nachvollziehen konnte.

Die Ausbildung an Bord war hart und verlangte allen viel ab. Am Härtesten waren die 19 Tage bis zum Auslaufen zur Ausbildungsreise. Schon am zweiten Tag fand das erste Aufentern statt, am 5. Tag ging es mehrfach bis zur Großroyal, also zur höchsten Rah in etwa 40 m Höhe. Vom 6. Tag an gehörten sich steigernde Segelmanöver an der Pier, häufig stundenlang und regelrecht bis zur Erschöpfung, zu unsrem täglichen Brot. Ab dem 9. Tag kamen die Brassübungen dazu – das Herumholen der einzelnen Rahen von Deck aus über das entsprechende Tauwerk auf Zeit.

Am 8. Tag ging ich zum ersten Mal „über die Marssaling" – durfte zur „Belohnung" für irgend etwas, was einem Vorgesetzten als zu langsam missfiel, auf einer Seite auf- und auf der anderen Seite des Masts wieder nach unten entern. Einige Tage später war das dann das Klarieren, sprich Berühren des Kommandantenwimpels an der Spitze des Großtops in 45m Höhe – und zwar zügig, wenn man das nicht wiederholen wollte. Wenn wir später in See auf Wache zu langsam zu sein schienen, ging es gerne mal „Quer durch's Gehölz" – die ganze Korporalschaft oder die ganze Wache trat mittschiffs an und rannte dann nach vorne los: Um den Bugspriet herum, auf den Vormast aufentern bis zur oberen Saling (Platform), auf der anderen Seite wieder herunter, dasselbe beim Großmast, dasselbe beim Besan, dann wieder antreten. Wenn der letzte Mann stand und die Zeit gefiel, war das gut.... Am zweiten Tag hatten wir alle die „Flunder" erhalten – einen Oberdecksplan in DIN A3-Größe, auf dem die ca. 180 Befestigungspunkte für jedes einzelne Tau des Laufenden Gutes eingetragen und mit dem Namen des dort festgemachten Taus bezeichnet war. Da waren so schöne Namen dabei wie „Großstengestagsegelniederholer" oder „Obermarsinnengording" oder „Unterer Ausholer Ober Besan" und viele mehr. Es leuchtete schon ein, dass später in See bei dunkler Nacht und Sturm jedes Mitglied der Wache an Oberdeck absolut sicher die Großuntermarsschot loswerfen würde (und nicht etwas anderes), wenn der Befehl dazu gebrüllt würde. Aber dass uns Landratten diese Namen in den ersten Tagen der Hafenausbildung wirklich nichts sagen konnten, musste eigentlich klar sein. Wir hatten sie aber alle nach wenigen Tagen auswendig zu kennen, und wenn ein Korporal rief: „An das Steuerbordbrahmgeitau – weg!", mit tödlicher Sicherheit genau den Belegnagel anzufassen, auf dem dieses vertrackte Tau fest war – und wenn das nicht klappte, was in den ersten zwei Wochen einfach nicht klappen konnte, folgte stets: „Morgen früh zum Dienstbeginn – Flunder!" Nachts durfte man dann einen solchen Plan mit allen korrekten Namen von Hand anfertigen, mehrere Stunden lang, und morgens vorlegen. Tatsache war allerdings, dass ich mich schon nach wenigen Flundern einigermaßen sicher fühlte – den Rest machte die Praxis. Erheiternder war da schon die Strafe, wenn man als Läufer Deck beim Glasen einen Fehler machte, der ja sofort laut und deutlich gehört wurde. Dann durfte man in der nächsten Freiwache, mit einem Holzeimer und einem Belegnagel bewaffnet, zum Gaudium aller Kameraden Kreise um den Großmast drehen, komplette 24 Stunden durchglasen und vorher jedes Mal die Uhrzeit mit einem „Wahrschau es wird geglast!" ausrufen – wobei der Glockenklang durch das Klopfen des Belegnagels auf den Holzboden des Eimers ersetzt wurde. Die Zuschauer hat das immer amüsiert, es war aber wohl auch wirksam, denn ich kann mich nicht daran erinnern, dass auch nur einer von uns diese Prozedur zweimal erledigen musste.

Von Anfang an wurde fast an jedem Abend gesungen. Nach einigen Wochen wurde der Bordchor gebildet, der dann abends besonders eifrig sang und übte. Ein OLtzS leitete ihn. Ich war dabei und fand das richtig gut – wie ganz viele Kameraden übrigens auch.

Am 20. Tag liefen wir aus und schon einen Tag später in Kopenhagen ein, von wo aus eine Regatta von Großseglern nach Den Helder stattfinden sollte. Vorher nahm der dänische König eine Parade der vor der Langeline vor Anker liegenden Großsegler ab. Die Besatzung der GORCH FOCK stand, zum ersten Mal seit der Vorkriegszeit, in Paradeaufstellung auf den Rahen, dem Kartenhaus und an Oberdeck – wir waren stolz wie die Schneider, denn außer uns machte das nur ein anderer Segler. Nach dem Auslaufen begann dann die Regatta.

Auf See war der ständige Wechsel von Wachdienst und Unterricht tagsüber, immer wieder unterbrochen von Segelmanövern, für die auch die Freiwachen heraus gepfiffen wurden, anstrengend und ermüdend. Schnell gewöhnte man sich an, jede Minute für eine Mütze voll Schlaf zu nutzen, so mancher Unterrichtsinhalt rauschte an den abgeschalteten Ohren vorbei.

Als unschätzbaren Vorteil so früh in meiner Laufbahn habe ich es empfunden, dass wir alle im Seebetrieb erlebten, dass der Mensch nicht dem Element seinen Willen aufzwingen kann, sondern wissen muss, was möglich ist und was nicht – und sich dann daran zu halten hat. Unser Kommandant, KptzS Lohmeyer, beherrschte das Schiff offenkundig sehr gut. Bei Sturm in der Nordsee segelten wir unter Sturmsegeln und fühlten uns sehr sicher. Während einer Nachtwache, als wir offensichtlich den Fehler machten, den Eindruck von fröhlichem Unbeschäftigtsein zu verbreiten, ließ uns der Wachführer antreten und befahl sinngemäß: Sie wollen doch Offizier werden! Ich will, dass jeder von Ihnen – immer zwei gemeinsam – auf den Großtop (Großmast) aufentert bis zum Mastknopf (45m hoch) und ihn anfasst! Zur Herstellung der Seefestigkeit! Lassen Sie sich Zeit! Wer absolut nicht will, kann an Deck bleiben! Wer nicht mehr kann, pickt sich mit dem Sicherheitsgurt da an, wo er ist, ich lasse ihn dann von einem Unteroffizier herunterholen! Und jetzt – die ersten los! Mit meinem Freund Rainer S. habe ich es tatsächlich bis ganz nach oben geschafft (wie alle außer zwei Kameraden, die tatsächlich hängen blieben). Das Schiff stampfte, ritt die Wellenberge ab und lag gekrängt auf einer Seite. Die Nacht war pechschwarz, außer der Gischt auf den Wellenkämmen war nichts zu sehen, der Wind zerrte an den Hosenbeinen. Ich hatte richtige Angst – jeder von uns hatte Angst. Keine Macht der Welt hätte denjenigen gerettet, der abgestürzt wäre. Aber – wir waren oben gewesen und hatten das trotz aller Angst geschafft! Erst später ist mir klar geworden, dass ich es als Vorgesetzter niemals würde dulden dürfen, dass ein seemännisch nicht zu begründender Befehl gegeben würde, der die mir Anvertrauten ohne dringende Notwendigkeit einer solchen Gefährdung aussetzen würde.

Nach Den Helder besuchten wir noch Reykjavik und Isafjördur auf Island und Stavanger. Dort liefen wir unter Segeln in den Hafen. Der Kommandant ließ die Segel so zeitgenau festmachen, dass wir exakt an die Pier kamen. Die Norweger, diese große Seefahrernation, haben das sehr bewundert. Jeder von uns war in diesen Tagen stolz, zur Besatzung eines Schiffes zu gehören, dessen Kommandant ein so guter Seemann war. Da galt natürlich: Weiß ist das Schiff, das wir lieben!

Bedauerlich war nur, dass unser Kommandant sich ganz offensichtlich nicht um seine Besatzung, zumindest um die Auszubildenden, auch nur ansatzweise kümmerte – dabei waren wir eigentlich der Daseinsgrund für sein Schiff. Ich fand es damals bedauerlich, dass man in keinerlei Kontakt mit ihm kam, er so weit weg und so hoch wie auf einem Denkmalsockel zu stehen schien. Er schien es nicht für nötig zu halten, irgendetwas von seinen Anschauungen oder Erfahrungen an die zukünftigen Offiziere weiter zu geben.

Nach 83 Tagen, am 20.9.1966, war mit dem Einlaufen in Kiel und dem Vonbordgehen die Bordausbildung „Befriedigend" beendet.

Schon damals war mir klar, dass diese Ausbildung notwendig und auch erfolgreich war. Sie hat mich Landratte und Anfänger in einmaliger Weise und sehr nachdrücklich in körpernahen Kontakt mit dem Element, der See, gebracht. Sie hat Respekt vor der See gelehrt. Sie hat gezeigt, wozu man in See in der Lage ist, auch wenn im wahrsten Sinne des Wortes „die Hose killt". Sie hat aber auch eine große Enttäuschung gebracht. Meine Annahme, für diesen so wichtigen Ausbildungsabschnitt bei zukünftigen Marineoffizieren und seemännischen Unteroffizieren (eine unserer vier Wachen bestand aus seemännischen Unteroffizieranwärtern) lege die Marine Wert darauf, Ausbilder einzusetzen, die als Menschenführer besonders geeignet seien, erwies sich als völlig unbegründet. Sicher haben ich und einige Korporalschaften Glück gehabt – aber andere erlebten Negativerscheinungen, die sie sich auch nach einer schwierigen Grundausbildung so nicht hatten vorstellen können. Die Offiziere traten außerhalb ihrer Tätigkeit als Wachoffizier und Unterrichtende kaum in Erscheinung, schienen sich um die ihnen unterstehenden Männer kaum ernsthaft zu kümmern, sich damit zu bescheiden, das Schiff zu fahren. Es konnte ja wohl nicht wirklich richtig sein, dass unsere Ausbildung und Erziehung weitestgehend den Unteroffizieren überlassen wurden.

Auf dieser Reise hat sich das in der Grundausbildung langsam wachsende Gefühl der Zusammengehörigkeit, das sich noch sehr auf den eigenen Zug beschränkte, erweitert auf die Kameraden, die BOA, also Berufsoffizieranwärter, waren. Denn da die GORCH FOCK (oder der „Klemmdampfer", wie wir sie auch gerne bezeichneten) natürlich nicht gleichzeitig die 211 Mann unseres Jahrgangs und seemännische Unteroffizieranwärter aufnehmen konnte, waren wir aufgeteilt worden. Mit mir machten diese Reise alle BOA mit. Die Zeitoffizieranwärter würden die nächste Reise mitmachen.

Wie anders als vor sechs Monaten in Glückstadt war der Dienstantritt am 1.10.1966 zum „Technischen Grundlehrgang" an der Technischen Marineschule II in Bremerhaven! Damals unsicher, zivil, mit kleinem Koffer – jetzt in Uniform, Gefreiter OA, Mützenband „Segelschulschiff GORCH FOCK", mit Seesack auf dem deutlich breit gewordenen Rücken! Hier sollten wir in drei Monaten die „Grundlagen von Technik" lernen! Selten war mir und den meisten von uns so schnell klar, dass vieles von dem, was wir hier notgedrungen lernen sollten, mit größter Wahrscheinlichkeit in unserem zukünftigen Leben nicht zu brauchen sein würde – und entsprechend schwierig waren wir für den Inspektionschef, KKpt P., seinen Inspektionsleutnant und die Lehroffiziere. Meine spätere Erfahrung sollte dies umfänglich bestätigen – das handwerkliche Schmieden und Schweißen brauchte man wirklich nicht; ebenso erging es der Werkstoffkunde und dem Technischen Zeichnen, mit dem wir nach DIN ein ganzes Berichtsheft zu füllen hatten. Auch das handwerkliche Herstellen elektrischer Schaltungen wie auch die Grundbegriffe der E-Technik, mit der wir noch auf weiteren Lehrgängen gepeinigt wurden, waren überflüssig. Und über Schiffsoperations- und Schiffswaffenkunde kriegten wir noch ganze Lehrgänge. Aber es musste wohl sein.

Das Essen wurde gemeinsam mit dem Personal der Marineortungsschule eingenommen, die in der gleichen Kaserne lag wie die TMS II. Alle ärgerten sich über die in der ganzen Marine bekannte schlechte, lieblose Verpflegung. Fast noch schlimmer war aber, dass wir alle mittags nach dem Essen mit dem Aufstehen warten mussten, bis KptzS Dr. Otto Ites, Kommandeur der Marineortungsschule und Dienstältester beim Essen, nach ausführlichen Gesprächen an der Stabsback endlich „Mahlzeit" gesagt hatte – und dann als Erster aufstand. Und das angesichts der nicht allzu langen Mittagspausen, die für einen Schnellschlaf zu nutzen wir noch von GORCH FOCK her gewohnt waren.

Die Stimmung im Lehrgang brodelte, bis sich unsere zunehmende Selbstsicherheit eines Mittags entlud. An unseren Tischen war fertig gegessen, die Herren des Stabes um den Kommandeur der MOS plauderten noch gemächlich. Da erklang von meinem Kameraden

„Pitt" O. ein lautes „Mahlzeit", woraus sich natürlich der ganze Speisesaal erhob und dem Ausgang zuströmte. Zurück in der Inspektion kam schon vom Maat der Wache der Befehl, dass sich der Gefreite, der „Mahlzeit" gesagt hat, nach der Mittagspause bei KptzS Dr. Ites zu melden habe. Wir waren in Sorge um unseren Kameraden, der sich auch pünktlich meldete. Er kam gut gelaunt von einem väterlichen Gespräch zurück, in dem deutlich wurde, dass dem hohen Herren völlig unklar war, welche Folgen seine ausgedehnten Mittagsgespräche hatten. Am Ende des nächsten Mittagessen erscholl aus seinem Mund ein lautes: „Gefr O., Mahlzeit sagen!" Von da an ging alles sehr viel schneller. Dieser KptzS imponierte uns, und wir verstanden, warum er, Ubootkommandant und Ritterkreuzträger im Zweiten Weltkrieg, bei seiner Besatzung aber auch in der Bundesmarine den Beinamen „Pappa Ites" trug.

Auf diesem Lehrgang erhielt ich meine erste (und einzige) Disziplinarstrafe. Wir sollten einen Test in der mir verhassten Werkstoffkunde schreiben. Wie vor allen Tests hatte ich die wichtigsten Werte auf einem mittelgroßen Zettel zusammengestellt, der meine Lernunterlage war. Wie viele Kameraden büffelte ich noch in der Pause vor dem Test und legte den Zettel dann unter den Tisch. Unser Lehrer, der beleibte LtzS G., machte noch einmal deutlich, dass keine Hilfsmittel benutzt werden durften. Dann stellte er einen Tisch mitten in den Hörsaal und einen Stuhl auf diesen Tisch. Unter hörbarem Ächzen und Stöhnen erklomm er den Stuhl, um uns Schülerbrut besser im Auge halten zu können, und wurde von mir prompt vergessen. Ich schrieb an meinem Test, ohne Gedanken an meinen Lernzettel zu verlieren, bis sich plötzlich eine behaarte Hand unter meinen Tisch schob und triumphierend den Zettel herauszog.

Ich musste den Test beenden und mich umgehend beim Inspektionschef melden. Der fragte mich nach dem Zweck des Zettels, was ich ihm erläuterte. Dann fragte er, ob ich ihn benutzt, betrogen hätte, was ich verneinte. Dann fragte er, ob ich auf meine Ehre als Offizieranwärter (?!) erklären könne, dass ich auch für den Fall, dass ich eine sehr wichtige Frage nicht hätte beantworten können, versichern könne, dass ich dann den Zettel auf keinen Fall zu Rate gezogen hätte. Zu diesem Zeitpunkt war ich die Sache gründlich leid und erklärte kurz, das könne ich nicht. – Seine Reaktion zeigte mir, dass ich mich jetzt wohl sehr richtig verhalten hatte. Er strahlte mich an, legte kurz die Hand auf meine Schulter und bemerkte, dann müsse er mich – leider – bestrafen. Ich erhielt einen schriftlichen Verweis, wurde aber für den Rest des Lehrgangs dadurch von ihm ausgezeichnet, dass ich mich während der ungeliebten Stunden des Samstags-Großreinschiffs mit viel Muße darum kümmern durfte, in der umfangreichen Bibliothek beider Schulen Schiffsbilder zum Ausschmücken der Flure der Inspektion herauszusuchen, diese zu kopieren und die Bilder fertigen und aufhängen zu lassen.

Zum Jahresende waren wir einen weiteren Schritt weiter gekommen – wir „konnten Technik" – irgendwie.

Wie alle Crewkameraden meldete ich mich am 4. Januar 1967 in Kiel auf Schulschiff „DEUTSCHLAND" zum Dienst. Die ganze Crew war jetzt wieder vereint und würde die kommende fünfmonatige Auslandsausbildungsreise gemeinsam absolvieren, denn die DEUTSCHLAND, mit 5370 t Wasserverdrängung das größte Schiff der Bundesmarine, hatte eine Unterkunftskapazität für 550 Mann und konnte somit gut 200 Offizieranwärter aufnehmen. Sie war 1963 in Dienst gestellt worden, um für die im Aufbau befindliche Marine den zahlreichen Offizieranwärtern eine moderne Bordausbildung zu ermöglichen. Dazu verfügte sie über alle damals eingeführten Waffensysteme und Sensoren wie auch über die beiden Hauptantriebssysteme: Dieselmotoren und Hochdruckheißdampfkessel. Lediglich die auf den noch recht neuen Fregatten der KÖLN-Klasse eingeführten Gasturbinen waren hier nicht vorhanden. Von Anfang an wurde deutlich, dass sich hier alles um die Ausbildung der OA drehte und ernst genommen wurde. Dafür standen der Kommandant, KptzS Rehder, der Erste Offizier, FKpt Bethge und vor allem unser „Chef", der Kadettenoffizier und Chef der Kadettendivision, KKpt Paule „Bumm" Fischer. Der war Artillerist und vor seiner Reaktivierung durch die Marine Kommissar in Hamburg auf der Davidswache gewesen und erzählte dies auch gerne. Sein Hauptanliegen – von uns häufig belächelt – war die Entwicklung des „Crewgeistes", des engen Zusammengehörigkeitsgefühls aller OA und der Herausbildung einer CREW IV/66–Identität.

Aufgeteilt waren wir in sechs Züge von 30 bis 35 Mann. Jeder Zug wohnte in einem eignen Deck und hatte einen Zugoffizier,

LtzS/OLtzS, der zwar auch Abschnittsleiter für die Stammbesatzung war, sich aber in Hauptfunktion um seinen Zug zu kümmern und in seinem Abschnittsgebiet in den kommenden Monaten auszubilden hatte. Wie auf GORCH FOCK empfingen wir Hängematten und leider eine Riesenmenge von Bekleidung, denn zu allem, was wir als Mannschaftsdienstgrade brauchten, kam noch Khaki-Uniform und vor allem die Maatenuniform mit „Wäsche vorn" (Uniformanzug mit Hemd, Schlips und Schirmmütze) dazu, denn wir sollten ja unterwegs zu Seekadetten, einem Unteroffiziersdienstgrad, befördert werden.

Das Ausbildungssystem machte einen gut durchorganisierten Eindruck. Mit Dienstantritt wurden der 1. und mein 2. Zug der I. Division „Schiffswaffen" zugeteilt. Fast zwei Monate lang „wanderten" wir im Wachbetrieb auf See wie im Hafen durch die Abschnitte dieser Division, erhielten täglich Unterricht und hatten die Dienste zu leisten, die anfielen – wie Schiffspflege, reichlich Reinschiff in den Betriebsräumen und auch alles, was schmutzig machte und wenig geschätzt war. Gelegentlich konnten die Mannschaften der Stammbesatzung, die zum Teil Grundwehrdienstleistende waren, der Versuchung nicht widerstehen, zu den hässlichen, zeitaufwändigen Arbeiten vorrangig „ihre" OA einzusetzen (was wir dann auch zu akzeptieren hatten) – das waren aber eher die Ausnahmen. Insgesamt fiel schon auf, dass der ganz überwiegende Teil der Unteroffiziere sich ernsthaft um unsere Ausbildung kümmerte und faire, teilweise geschätzte Vorgesetzte und Kameraden waren. Das galt auch – bis auf einen – für die Zugoffiziere.

Am 31. Januar 1967 lief DEUTSCHLAND aus, verabschiedet von Verteidigungsminister Schröder. Unser erster Hafenaufenthalt war Ponta Delgada auf den Azoren, danach folgten Charleston und Houston in den USA, Balboa/Panama City nach Passieren des Panamakanals, San Diego und Vancouver. Auf der Rückreise besuchten wir wieder San Diego, Mazatlan/Mexiko, wieder Balboa vor der Passage durch den Panamakanal, New Orleans und Hamilton/Bermuda, bevor wir wieder in Kiel festmachten. Ende Februar hatte die Ausbildung in der III. Division „Operation" begonnen, was auch ausführlich viel Navigation, das gesamte Fernmelde- und Signalwesen und OPZ-Dienst beinhaltete. Ende April kam dann der Wechsel in die II. Division „Schiffstechnik". Vor allem der Dienst in den Seewachen war dort häufig anstrengend, durch Hitze, Lärm und Schmutz belastend, während wir während des Dienstes in der III. Division häufiger auch einmal von den Seewachen entlassen wurden, wenn Unterricht „durch" war und neben den laufenden Arbeiten in der Navigation und OPZ einfach nichts los war, da wir lange Zeit als Einzelfahrer unterwegs waren.

Mit dem Zugoffizier gab es praktisch täglichen Kontakt. Er und seine drei Korporale, die unsere drei Gruppen führten, waren viel im Gespräch mit uns. Die Korporale, zwei Obermaate und ein Maat, fühlten sich mit zunehmender Zeit auch menschlich mit ihren Gruppen verbunden, man saß auch zusammen oder traf sich gelegentlich zum gemeinsamen Bier mit ihnen. Jeder OA wurde mit einigen Kameraden einmal zum Mittagessen in die Offiziermesse eingeladen und später, in kleiner Gruppe mit dem Zugoffizier in die Kommandantensuite zum Mittagessen mit dem Kommandanten. Aus „Splissen und Knoten", der bekannten Anekdotensammlung aus der Kaiserlichen Marine, war mir die Geschichte mit den „Seekadettenprüfungsbirnen" für ähnliche Anlässe bekannt – hier gab es sie aber nicht sondern ein langes, ruhiges Gespräch mit dem Kommandanten über unsere Sicht von der Ausbildung auf seinem Schiff. Meine Kameraden und mich hat er beeindruckt.

Wie auf GORCH FOCK gab es auch hier einen Bordchor, zu dem ich mich von Anfang an meldete. Er wurde vom Kadettenoffizier persönlich geleitet. In den Auslandshäfen der USA und in Vancouver wurde er zu Veranstaltungen bei den deutschen Vereinen eingeladen und musste singen – Volkslieder und Seemannslieder. Die Gastgeber waren jedes Mal gerührt und überschlugen sich förmlich in Gastfreundschaft für die einzelnen Sänger.

Panama City auf der Hinfahrt war ein Erlebnis besonderer Art. Wir waren nicht darauf vorbereitet, dass Teile der alten Stadt, vor allem das Vergnügungsviertel, ein einziges riesiges Bordell zu sein schienen. Zum Glück fuhren wir auch hier in einer kleinen Gruppe von Freunden aus dem 2. Zug gemeinsam mit der Taxe an Land, unvorbereitet darauf, überall von hübschen Südamerikanerinnen offensiv kontaktiert zu werden. Der Preis für ihre Dienste betrug überall 5,00 $. Von verschiedenen Mitgliedern der Stammbesatzung wurden wir im Verlauf des Abends angepumpt – immer um 5,00 $. Unserer kleinen

Gruppe hat letztlich wohl auch geholfen, dass wir zu Viert von Bord gegangen waren und auch auf jeden Fall gemeinsam zu Viert wieder an Bord zurückkehren wollten – was wir auch taten. Der KO nahm angesichts der erkennbaren medizinischen Folgen dies zum Anlass, später ein langes Gespräch mit der ganzen Kadettendivision zu führen mit dem Inhalt „Verhalten an Land – Seekadetten und Bordell – geht gar nicht – wird durch ihn in Beurteilungen verwendet, wenn er sicheres Wissen davon erhält!" Mich hat sehr beeindruckt, was für eine klare Sprache, angereichert mit klaren persönlichen Überzeugungen, er führte.

Nach der Passage des Panamakanals liefen wir einige Tage nach Süden, um den Äquator überqueren und die Äquatortaufe erleben zu können. Das wurde ein riesiges Ereignis, das aufwändig vorbereitet und insgesamt an zwei Tagen durchgeführt wurde. Bis auf das inzwischen verpönte Schlucken der Speckschnur haben wir alles mitgemacht – in langer Schlange stehend von den Trabanten Neptuns beschmiert und mit scheußlichen Pillen traktiert, die geschluckt werden mussten; während des Wartens in brüllender Hitze immer wieder mit Seewasser aus Feuerlöschschläuchen besprüht; „Thetis" auf den Knien die beschmierten Füße geküsst; schlimme Fälle einen scheußlichen Hering gefuttert; ein- bis mehrmals durch den Windsack gekrabbelt mit Seewasser von vorne und von hinten und kräftigen Schlägen auf den außen sichtbaren Hubbel, der den Hintern des Täuflings anzeigte; auf dem Beckenrand sitzend „rasiert" und in die Zähne gepeilt; mit offenem Mund ins Taufbecken und kräftig und lange untergetaucht, bis man sich nicht mehr wehrte und möglichst keine Luftblasen mehr kamen; nach der Taufe ein Glas voller Seewasser-Sekt-Gemisch getrunken, dessen Inhalt nach dem Trinken umgehend zusammen mit dem Mageninhalt wieder nach oben kam; am Aktuar Neptuns vorbei und seinen Namen genannt – und fertig!!! Die Urkunde kam dann einige Tage später und wird seitdem gehütet….
Erst viel später, als ich mit wenigen Mann die Taufe einer Zerstörerbesatzung zu organisieren und durchzuführen hatte, ist mir so richtig klar geworden, was alles an Kontrolle und Vorsicht durch die „Veranstalter" aufgewendet worden sein muss, damit dabei wirklich nichts passierte – und es passierte nichts.

Am 1. April wurden wir alle zu Seekadetten befördert – ein gewaltiger

Schritt nach vorne. Ab Vancouver gingen wir nicht mehr als Mannschaften sondern eben auch sichtbar als Midshipmen an Land.

Der Abschied von der DEUTSCHLAND am 18. Juni markierte einen Einschnitt. Mir waren „Seebeine gewachsen", ich hatte den Dienst in der Flotte kennen gelernt und viel von seinen Herausforderungen erfahren. Die lange gemeinsame Reise hatte sehr viele Crewkameraden einander näher gebracht, wir hatten begonnen, uns in der Tat als CREW IV/66 zu fühlen. Die folgende „Schulzeit" auf der Marineschule Mürwik würde zeigen, was daraus werden könnte.

Das von jedem täglich zu führende Logbuch wurde übrigens auf DEUTSCHLAND nicht kontrolliert.

Mit dem Einzug auf der Marineschule Mürwik Anfang Juli begann eine intensive Schulzeit, wie der Name dieser Ausbildungsstätte es schon versprach – einer Schulzeit, in der die Führung mit unterschiedlichem Erfolg militärische Akzente setzte. Die Berufs- und Zeitoffizieranwärter der CREW IV/66 wurden leider wieder auseinander gerissen, da sie in verschiedenen Inspektionen ausgebildet und untergebracht waren – die BOA würden zwei halbjährige Offizierslehrgänge absolvieren, die ZOA nur einen, damit sie nach seinem Ende und einem oder zwei Fachlehrgängen wenigstens noch knapp zwei Jahre Dienst in der Flotte leisten konnten, bevor ihre vierjährige Verpflichtungszeit beendet sein würde. Unterrichts- und Dienstpläne unterschieden sich daher stark. Von Einzelfreundschaften mit den ZOA abgesehen bildete sich ein engeres Netz unter den BOA, mit den ZOA ging es weitgehend verloren und sollte sich erst nach Abschluss der Pensionierungsphase der Berufsoffiziere wieder neu und eng bilden.

Dass die wöchentlichen Musterungen durch Inspektionschef und Lehrgruppenkommandeur sein mussten, war klar. Auch in den Hörsälen herrschte natürlich militärischer Betrieb. Aber dass wir einmal im Monat Uniformtag hatten und in der Stadt Uniform tragen mussten, fanden alle affig. Wer nichts Dringendes zu erledigen hatte, blieb lieber in der MSM.

Wir haben sehr vieles gelernt, und sehr viel davon war sicherlich auch wichtig. Die unangefochtenen Renner waren natürlich Navigation in all ihren Feinheiten und Nautische Gesetzeskunde – gerade Letztere mit ihren zahlreichen Regeln, der Lichterführung und den vielen Aus-

nahmen war gefürchtet, bot sich geradezu für Tests an, für die man wirklich Bescheid wissen musste. Unterrichtet wurden sie von richtig guten Lehrern mit viel Praxiserfahrung. In der Taktikausbildung wurden uns die taktischen Vorschriften der NATO und die Taktische Navigation nahe gebracht, das musste sein und erfolgte recht intensiv. Während in Dienstvorschriften viele Zentrale Dienstvorschriften und solche der Marine gelehrt wurden, befasste sich der Rechtsunterricht mit Wehrbeschwerdeordnung, Soldatengesetz, dem Disziplinarrecht, dem Wehrstrafgesetz – alles Inhalte, die ja schon in unseren ersten Verwendungen auf uns zukommen würden. Erteilt wurde er von Oberregierungsrat Dr. B., einem Könner auf seinem Gebiet, der für alles Beispielfälle bereit hielt und der stets die ungeteilte Aufmerksamkeit des Hörsaals hatte. Noch Jahre später, in für ihn anderer Verwendung, freute er sich, wenn man ihn in einem besonders kniffeligen Fall anrief und um Rat fragte.
Natürlich wurden wir auch in den Vorschriften zur Inneren Führung unterrichtet. Aber jenseits dieser Vorschriften gab es das Thema „Menschenführung in der Truppe" nicht – übrigens im Umgang mit uns auch nicht. Keiner der Vorgesetzten fühlte sich bemüßigt – der Stundenplan sah das auch nicht vor – , die zukünftigen jungen Offiziere an die vielfältigen Aspekte der gelebten, ausgeübten Menschenführung heranzuführen, sie mit den eigenen Erfahrungen und Wertvorstellungen zu konfrontieren und diese mit ihnen zu diskutieren. Die Pflichten des Vorgesetzten als verantwortlicher Menschenführer kamen nur insofern vor, als sie im Rechtsunterricht als Disziplinarfall wegen Verstoßes gegen den § 10 Soldatengesetz „Pflichten des Vorgesetzten" abgehandelt wurden. Ich habe das damals schon, vor allem aber in späteren Jahren als großes Versäumnis betrachtet. Wichtig war der Englischunterricht, von OStRat P. mit Liebe und nicht nachlassender Energie geleistet, auch wenn so mancher gerade diesen Unterricht gerne nutzte, versäumte Nachtschlafstunden nachzuholen. Im Unterricht Schiffslehre bei „Papa" Fock war immer etwas los. Er verstand es, sein umfangreiches praktisches und wissenschaftliches Wissen locker und gut verpackt an uns heran zu tragen. Das Verständnis für bestimmte Schiffsformen wurde dann auch gerne durch eingeschobene Dias mit griffigen Darstellungen von weiblichen Formen gefördert. Seine knappen Feststellungen wie „Länge läuft" oder

in der Strömungslehre zu p x v = konstans „Der Kenner lächelt müde und sagt: Bernoulli!" hat kaum einer von uns jemals vergessen. Schwieriger war das mit der Seekriegslehre. Wir hatten einen baltischen Grandseigneur als Lehrer, der uns etwas vermitteln wollte, aber einen rechten roten Faden nicht zu haben schien. Bei ihm musste ich eine Ausarbeitung über den Einsatz des Hilfskreuzers „Wolf" im 1. Weltkrieg im Pazifik und Indischen Ozean anfertigen und vortragen, was ich auch gerne tat, da ich die Geschichte ohnehin schon kannte. Die Sinnhaftigkeit solcher Themen hat sich allerdings niemandem von uns so recht erschlossen – aber wir mochten ihn und schonten ihn.

Den Naturwissenschaften konnte man nicht entgehen. Das war meine Schwäche, hier rächte sich die Schulzeit als Altsprachler. Ich habe mir aber viel darauf eingebildet, zum Ende des Offizierlehrgangs II in Mathe, Physik, E-Lehre und Wärmelehre tatsächlich mit sehr viel Aufwand auf die „Zwei" hinaufgekrabbelt zu sein.

Und dann kam die praktische Seemannschaft. Wir sollten das Fahren mit Motorbooten erlernen, was für die meisten von uns neu war. Das sollte sicherstellen, dass wir zumindest die Bewegungen eines Motorfahrzeuges im Wasser beherrschen konnten, bevor wir später in die Flotte kommen würden. Ausbilder war der Hörsaalleiter, OLtzS B. Die Stunden in den Verkehrsbooten auf der Förde und bei den zahlreichen An- und Ablegern waren nie sehr schön, denn er konnte nicht erklären und auch nicht gut und überzeugend selber fahren. Aber irgendwie gingen sie rum, und irgendwie schafften es auch alle, ohne dass ein Verkehrsboot zu Brennholz gefahren wurde. Wir erhielten aber auch Segelunterricht und sollten nach Möglichkeit alle zumindest den „kleinen" Segelschein, den A-Schein, ablegen. Das wurde zum echten Problem, denn er konnte selbst nicht segeln. Der Segelunterricht sah zunächst das Auftakeln (Vorbereiten) eines Kutters mit Masten und Segeln vor. Danach sollte die Segelausbildung im Kutter stattfinden, woran sich dann die letztlich leichtere Ausbildung im Yachtsegeln anschließen sollte. Da er nicht segeln konnte, verbrachten wir unzählige Stunden mit Einräumen, Auftakeln, Abtakeln und Ausräumen des Kutters, um möglichst wenig Zeit zum Auslaufen und richtigen Segeln zu haben. Die Stunden waren extrem frustrierend. In meinem Hörsaal hat kein Kadett oder später Fähnrich einen Segelschein gemacht, der nicht vorher schon gut segeln konnte. Mich hat es damals immer wieder verwundert, dass trotz Vorgesetztendichte, trotz Anwesenheit eines hauptamtlichen Segeloffiziers das niemand an der MSM zu bemerken schien.

Der Inspektionschef, KKpt S., machte sich Gedanken über die Entwicklung des „Crewgeistes", der Identität der CREW IV/66 (BOA). Zur Entwicklung dieses Geistes hatten wir ein Crewfest zu veranstalten. Damenkontakte wurden über die in der Nähe gelegene Pädagogische Hochschule und die Jahn-(Sport-)Schule in Glücksburg geknüpft. Nicht von ungefähr war in den Folgejahren festzustellen, dass eine ganze Reihe von uns jungen Offizieren mit Sport- und anderen Lehrerinnen verheiratet war. Ein Kamerad hatte keine Lust, am Wochenende am Fest teilzunehmen, das auch nicht als Dienst befohlen war – einschließlich der aufzubringenden Kosten auch nicht befohlen werden konnte. Der I-Chef hat ihn disziplinar bestraft, weil er am Crewfest nicht teilgenommen hat. Für mich völlig unverständlich hat man diese Disziplinarstrafe nicht nur an der MSM sondern auch im Marineamt durchlaufen lassen (ORR Dr. B. war am Erstellen offensichtlich nicht beteiligt gewesen). Das hatte Auswirkung bis zu einer Verschiebung der Beförderung zum LtzS für diesen Kameraden, der sich sein Recht und die Aufhebung dieser Disziplinarstrafe erst auf dem Weg durch die Instanzen erkämpfen musste. Sein Beförderungsdatum wurde natürlich nicht zurück datiert. Statt dieses „Anschauungsunterrichts" hätte ich mir schon mehr Unterricht in richtiger Menschenführung gewünscht.

Nach Bestehen des Offizierlehrgangs I wurden wir zum Fähnrich zur See, nach dem Offizierlehrgang II und dem Bestehen der Berufsoffizierprüfung mit Wirkung vom 1. Juli 1968 zum Oberfähnrich zur See befördert – der erste halbe Kolbenring wurde an die Ärmel genäht. Er machte auch deutlich, dass wir von nun an Offiziersdienst leisten konnten – wenn man uns ließ.

Das Jahr an der Marineschule Mürwik war natürlich wichtig. Wir haben sehr viel wichtiges Grundwissen und Handwerkszeug erlernt und sind teilweise auch gut auf unseren zukünftigen Beruf vorbereitet worden – aber nicht so gut, wie es auch möglich gewesen wäre. Das war mir schon bald klar – und ist in der Rückschau ganz sicher. Auch hier wurde Zeit und Aufwand vertan, ohne dass klar war, was jeweils wirklich der Nutzen sein sollte – auch im Wissen um die Ausbildung, die noch folgen sollte.

Kurz vor Ende des OL II hatten wir ein Formblatt auszufüllen, in dem jeder seine gewünschte erste Verwendung in der Flotte nach Abschluss der Offizierausbildung angeben sollte. Ganz oben und mit „Sex Appeal" standen die Schnellboote – alles Andere war der Rest. Zerstörer und Fregatten waren ganz schlecht, weil zu groß und „Schwimmende Kasernen", zu denen man als Anfänger eigentlich nicht wollte. Fast alle tollen Kerle in meiner Crew – die echten und die, die sich dafür hielten – gaben „Schnellboot" an. Da konnte ich ohnehin nicht mithalten. Also schrieb ich doch „Zerstörer" als Erstwunsch, dann „Versorger" (was ich jetzt gar nicht mehr nachvollziehen kann) – und weil mir nichts weiter einfiel als Drittwunsch „Uboot". Mir war nicht bewusst, dass sich die Ubootwaffe im Aufbau befand und vor einem absehbaren starken Aufwuchs stand – und dass damals noch die Regel aus den Aufbaujahren der Ubootwaffe in der Kriegsmarine galt: Nur Freiwillige zu den Ubooten! Und das war ich mit meinem Drittwunsch, der damit die nächsten 15 Jahre meiner Marinelaufbahn bestimmen sollte.

Jetzt fehlten bis zur Beförderung zum Leutnant zur See noch das Bordpraktikum in der Flotte und der Zugführerlehrgang.

Der fand im Monat Juli 1968 an der Marineunteroffiziersschule in Plön statt, denn die Marine befürchtete wohl nicht ganz ohne Grund, dass uns während des Schülerdaseins an der MSM einige der segensreichen Fähigkeiten abhanden gekommen sein könnten, die wir in der Grundausbildung erlernt und auf den Schulschiffen zumindest halbwegs erhalten hatten: das Wissen um die Feinheiten des Formaldienstes, Kommandostimme, Landkampf, Marschieren, Handwaffendrill – und dann sollten wir noch von den modernsten Techniken der Didaktik profitieren, denn offenkundig ging man davon aus, dass wir alle demnächst in großen Hörsälen Unterrichte zu halten haben würden. Also kommandierten wir uns umschichtig gegenseitig in den folgenden vier Wochen, machten auch noch ein bisschen Landkampf und erlernten und übten das aktuelle Non-Plus-Ultra der Erwachsenen-Didaktik: Die Verwendung von Haftmaterial an den dafür speziell beschafften Tafeln, an denen das dann auch hängen blieb. Dazu mussten Schlagworte und Kerninhalte auf speziell zuvor zugeschnittene Streifen oder Blöcke eben dieses Haftmaterials aufgetragen werden (möglichst gut leserlich) und dann im schriftlich ausgearbeiteten Unterricht zum richtigen Zeitpunkt an die richtige Stelle „abgehaftet" werden, bis dann ein schönes komplettes Bild entstanden war, dass den Lernenden mehr als alles Andere motivieren und begeistern würde. Zum ersten – und letzten! – Mal in meiner Offizierlaufbahn, dafür aber umso intensiver, habe ich Haftmaterial benutzt – im Zugführerlehrgang an der MUS.

Wir waren wohl ein recht lockerer und aufmüpfiger Haufen, der Frischluft witterte und erahnte, dass zumindest das streng angeleitete Schülerdasein seinem Ende entgegen ging. Es gab übermütige Abende in der Offiziersmesse. Nachdem der große Kronleuchter in der Messe abgestürzt war, weil Crewkamerad S. ihn im fortgeschrittenen Stadium mit einer Schaukel verwechselt hatte, schritt der Kommandeur ein und sorgte dafür, dass es bis zum Ende des Lehrgangs etwas ruhiger blieb.

Anfang August 1968 meldete ich mich in Kiel auf Unterseeboot „U 8" zum Bordpraktikum – mein erster intensiver Kontakt mit der Ubootwaffe. Diese Zeit sollte meine Begeisterung für den zukünftigen Beruf auf eine ernsthafte Probe stellen.

Die Besatzung bildete eine enge Familie und beeindruckte mich ungemein. Die beiden Wachoffiziere nahmen mich zwar fast wie ältere Brüder an der Hand, dennoch fiel es mir schwer, einen eigenen Platz zu finden. Alles war neu, angefangen bei der komplizierten Technik – und dabei sehr gedrängt. Im engen Boot stand ich im wahrsten Sinn des Wortes fast immer im Wege, musste mir krampfhaft irgendwelche Aufgaben suchen, die, wenn ich sie denn gefunden hatte, in der Regel nicht wirklich wichtig waren.

Das Boot gehörte zur ersten Serie der Klasse 205, die aus den Booten „U 4 " bis „U 8" bestand. Es fuhr nicht viel zur See, bis es als Schulboot zur Ubootlehrgruppe nach Neustadt/Holstein verlegt wurde. Die zahlreichen technischen Probleme waren auch für mich als Neuling schnell zu erkennen. So hatte die Stahlkrise, die den Neubau von „U 1" und „U 2" erforderlich gemacht hatte, auch auf „U 4" bis „U 8" ihre Spuren hinterlassen. „U 8" hatte eine Tauchtiefenbegrenzung verordnet bekommen, und die Torpedorohre waren dicht geschweißt worden, um sicherzustellen, dass das Boot nicht als Waffenträger taktisch eingesetzt werden konnte. Die Tauch- und Antriebstechnik wirkten sehr stabil. Offensichtlich war hier die langjährige (Kriegs)-Erfahrung des Konstruktionsbüros IKL erfolgreich zum Tragen gekommen. Die Vielzahl von Ventilen und Leitungen war natürlich erst einmal verwirrend, überwältigend. Große Probleme bereiteten Sensoren und Waffentechnik. Dass die Waffenleitanlage eines holländischen Anbieters sehr unzuverlässig war und häufig ausfiel, mochte ja vielleicht nicht so wichtig erscheinen, da wir ja ohnehin keine Torpedos schießen konnten – aber die Bediener sollten ja mit ihr arbeiten, und außerdem war das auch die Anlage auf der zweiten Serie der Klasse 205, „U 9" bis „U 12". Das Radargerät war praktisch nicht zu gebrauchen, da es eine so große Totzone hatte, dass man bei echtem Nebel sicherer ohne Radar fuhr. Das UHF-Gerät führte ein Eigenleben und funktionierte nur, wenn man es nicht wirklich benötigte. Wir hatten eine Aktivsonaranlage mit einem großen Schwinger im Turm, die keiner kannte, weil die einzige Doktrin zu ihrem Einsatz lautete: Nicht benutzen. Relativ stabil und zuverlässig war wenigstens unsere Gruppenhorchanlage, das Passivsonar zur Geräuschortung. Das war ein Glück, denn ohne eine solche funktionsfähige Anlage hätten wir gar nicht tauchen dürfen. Und Bewaffnung hatten wir ja ohnehin nicht.

Dem Zustand des Bootes und der Mehrheit der anderen Boote entsprach die Stimmung im Geschwader – sie war unter den jungen Berufsoffizieren ausgesprochen schlecht. Geschwaderkommandeur und Kommandeur der Ubootflottille – beides kriegsgediente Offiziere – , hatten es offensichtlich nicht verstanden, in allen jungen, engagierten Ubootoffizieren, speziell den Schiffstechnischen Offizieren, die Zuversicht zu wecken, dass die gravierenden Mängel nicht nur gemeldet und von der Führung zur Kenntnis genommen, sondern auch mit Hochdruck behoben wurden – und nicht erst, wenn überhaupt, mit der nächsten Ubootklasse in 10 bis 15 Jahren. Eine Reihe dieser Offiziere hatte daher schon gekündigt, die Marine auf eigenen Wunsch und Risiko verlassen, weitere, darunter mindestens ein Kommandant, sollten noch folgen.

Das alles gefiel mir nicht; auch nicht, dass von der Führung immer dann, wenn von den großen Problemen die Rede war, dem Vernehmen nach großes Elitebewusstsein gepredigt wurde – denn schließlich waren wir deutsche Ubootfahrer, die ja eigentlich das richtige Ubootfahren erfunden hatten und damit auf eine große, bekannte Vergangenheit zurückblicken konnten – wenn das auch nicht so deutlich gesagt wurde. Aber wir waren schon deshalb gut, weil wir deutsche Ubootfahrer waren – wenn auch mit schlechtem Material. Nach etwa drei Monaten war mir klar, dass ich das alles nicht wollte. Die routinemäßige Anfrage, ob ich bereit war, zum 1. Januar 1969 zum Leutnant zur See unter Verleihung der Eigenschaft eines Berufssoldaten befördert zu werden, beantwortete ich ablehnend. Die Alternative, für die ich mich entschied, war das Ausscheiden aus der Marine als Leutnant zur See der Reserve mit Ende der Ausbildung noch 1969.

Die letzten zwei Monate des Jahres 1968 erlebte ich unter zunehmender nervlicher und emotionaler Belastung, je deutlicher wurde, dass ich in Kürze die Marine verlassen würde. Diese Vorstellung wurde zu meiner eigenen Überraschung immer schrecklicher, bis ich mich schließlich Mitte Dezember beim Geschwaderkommandeur meldete, dort meine Entscheidung revidierte und die Übernahme als Berufsoffizier beantragte. Zum Glück wurde diese Meinungsänderung noch von der Personalführung akzeptiert! Zwar konnte ich wegen der erforderlichen Neuausstellung der Beförderungsunterlagen nicht exakt zum 1.1.1969, sondern erst Mitte Januar zum Leutnant zur See befördert werden – aber was machte das schon aus.

Was hatte das Bordpraktikum auf „U 8" bewirkt? Das war zunächst die große Unsicherheit, ob der Dienst auf Ubooten wirklich das Richtige für mich sein könnte. Das würde ich ja bald erleben. Immerhin hat es mir die Sicherheit gebracht, dass ich auch bei Enttäuschungen auf jeden Fall Berufsoffizier in der Marine werden wollte – das war ja auch schon etwas – und ich habe es nie bereut.

Mit der Beförderung zum LtzS war die Offiziersausbildung noch nicht beendet. Im ersten Halbjahr 1969 folgten vier sechswöchige Offizier-A-Lehrgänge. Der Ortungslehrgang und der Fernmeldelehrgang waren für alle vorgesehen, während die Teilnahme an Waffenlehrgängen schon der zugewiesenen Waffengattung entsprach. Ich erhielt also mit anderen Ubootfahrern, Zerstörer- und Schnellbootfahrern danach den UJagd-Lehrgang und den Torpedolehrgang. Über die einzelnen Lehrgänge kann ich nicht mehr viel sagen. Wir wurden mit viel Wissen vollgestopft, das auch kontrolliert, abgefragt wurde. Vor allem spürten wir einen deutlichen Unterschied zu der Behandlung, die wir bislang an den Schulen der Marine erlebt hatten – das lag offensichtlich daran, dass wir mittlerweile tatsächlich Offiziere waren. Das gefiel allen, mir auch. Im ganzen dritten Quartal durchlitt ich dann mit vielen Kameraden zusammen drei Monate lang den Schiffstechnik-A-Lehrgang an der Technischen Marineschule I in Kiel. Mir und anderen Teilnehmern hat er sich als der schlimmste Lehrgang eingeprägt, was (mit einer Ausnahme) das pädagogische Geschick der Dozenten und die Qualität ihres Unterrichts wie auch die Behandlung durch den Schulstab anging. Mit mehreren Dozenten, uniformiert wie zivil, kam es zu heftigen Auseinandersetzungen. Die wurden auch dadurch befördert, dass eine Gruppe ehemaliger Zeitoffiziere am Lehrgang teilnahm, die sich als Berufsoffizier hatten übernehmen lassen und daher diesen Lehrgang noch nachmachen mussten, den die Zeitoffiziere normalerweise nicht erhielten. Als gefahrene Wachoffiziere konnten die diese Situation erst recht nicht ertragen. Für mich wie für die anderen Teilnehmer war die Botschaft eindeutig: Wer in der Schiffstechnik landete, hatte verspielt.

Dafür war am 27. September 1969 die gemeinsame Ausbildung der CREW IV/66 zum Berufsoffizier in der Marine beendet. Zum 1. Oktober erhielten alle ihre neuen, die ersten Kommandos.: Überwiegend als Wachoffiziere auf Schnellbooten, Minensuchbooten, UJagdbooten; als Abschnittsleiter auf Zerstörern und Fregatten; einige auch als Schiffstechnische Offiziere auf Booten oder Landkommandos. Mit den Crewkameraden, die wie ich eine Ubootverwendung gewünscht hatten, wurde ich zum 1. Oktober zur Ubootlehrgruppe nach Neustadt/Holstein versetzt, denn dort sollten wir den ersten Teil unserer Ubootausbildung erhalten. Als einzige Waffengattung der Marine führte nämlich die Ubootwaffe wegen der besonderen Herausforderungen und Risiken des Unterwasserbetriebs und des Seekriegs unter Wasser für alle Besatzungsangehörigen nach Abschluss ihrer allgemeinen und Fachausbildung eine dreimonatige Ausbildung durch. Für Offiziere wurden dies sogar zwei dreimonatige Lehrgänge – jeweils vor der Verwendung als WO und STO.

Der „Ergänzungslehrgang Ubootgrundausbildung für Offiziere (UWO-Lehrgang)" im vierten Quartal 1969 hatte überwiegend nicht das Ziel, Wachoffiziere für Uboote auszubilden – jedenfalls nicht so, wie ich und andere Lehrgangsteilnehmer das erwartet hatten. Sein

Ziel war es, uns ein tief gehendes Verständnis für das Waffensystem Uboot in seinen technischen und vor allem tauchtechnischen Aspekten beizubringen und dies so zu verankern, dass alles weitere Wissen und die Erfahrung eines WO darauf aufbauen konnten. Das war sicherlich auch richtig so, benötigte aber einige Zeit, um realisiert zu werden.

Eigentlich hatte ich nämlich fast die ganze Zeit über den Eindruck, als Vertreter des STO ausgebildet zu werden. Wir erlernten nicht nur die physikalischen Grundlagen der Unterwasserfahrt, sondern die Grundbegriffe des Tiefensteuerns und dann jede Menge Anlagenkunde aus dem Bereich der Schiffstechnik. Wir absolvierten eine Tauchretter-Rettungsausbildung bei der norwegischen Marine im Ubootstützpunkt Haakonsvern, wohin uns eine zugige NORATLAS-Transportmaschine der Luftwaffe flog. Die Norweger hatten dort einen sogenannten „Tauchtopf" von ca. 20m Höhe. In dem befand sich auf Bodenhöhe eine Art Ubootzentrale und darüber 20m Wassersäule. So konnte man das Fluten eines gesunkenen Ubootes und den Ausstieg aus dem gefluteten Boot aus 20m Wassertiefe üben. Für uns war das Bestehen dieser Rettungsausbildung Pflicht – auch wenn es mit dem bei den Norwegern wie bei uns genutzten Ausstiegsverfahren im Untergangs- oder Versenkungsfall schon genauer Navigation bedurfte, damit man das Boot noch in einer Tiefe von unter 70m auf den Meeresgrund bekam – denn sonst funktionierte das ganze Verfahren ohnehin nicht.

Zum Lehrgang gehörten auch einige Wochen Praktikum auf einem Schulboot. Die Ubootlehrgruppe verfügte über fünf Schulboote, und ich erkannte „U 8" und seine vier Schwestern von der ersten Serie der Klasse 205 wieder, die hier mit fast täglichen Ausbildungsfahrten in die Lübecker Bucht ihr Gnadenbrot sehr sinnvoll verdienten.

Während des gesamten Lehrgangs habe ich das völlig andere Umgangsklima zwischen Stamm und Ausbildern mit den Lehrgangsteilnehmern bewundert. Uns wurde fast täglich vor Augen geführt, dass das gesamte Personal der ULG für uns da war, dass wir wichtig waren, dass auch in unseren Händen die Zukunft der Ubootwaffe lag, dass dem Personal der ULG keine Mühe zu groß war, uns wirklich optimal auszubilden – und das auf der Grundlage eines reichen praktischen Wissens und praktischer Erfahrung aller Ausbilder.

Ich hatte bis dahin keinen in der Qualität vergleichbaren Lehrgang in der Marine erlebt. Mit seinem Bestehen Ende Dezember waren wir aber noch nicht ganz fertig. Als letzte Vorbereitung auf das erste Bordkommando folgte auf der Unterwasserwaffenschule ein sechswöchiger Waffenlehrgang für Ubootoffiziere. Hier wurden die Teilnehmer des UWO-Lehrgangs an der Waffenleitanlage der Uboote Klasse 205, an den Torpedorohren und an den Torpedos ausgebildet, die von unseren Ubooten eingesetzt werden konnten. Das waren der Geradeausläufer G7e, ein Elektrotorpedo, der sich schon vor 1945 „bewährt" hatte, und der amerikanische Torpedo Mk 37, der in seiner für die deutsche Marine adaptierten Version DM 3 hieß. Er bedeutete den Einstieg unserer Marine in den selbst zielsuchenden Torpedo, wenn er nahe genug am Ziel war. Er hatte keine so überragend große Reichweite – aber gegenüber dem G 7e als Geradeausläufer war das schon ein gewaltiger Sprung nach vorne. Außerdem war er nur halb so lang wie der G7e, weshalb wir von ihm zwei Torpedos hintereinander pro Rohr laden konnten – und eine Torpedobeladung von 16 Torpedos klang schon einmal ganz gut.

Am 20. Februar war dann das Lehrgangs- und Schülerleben endgültig vorbei. Es konnte losgehen – Wachoffizier auf einem Uboot.

Danach meldete ich mich zu meinem ersten „richtigen" Bordkommando als Zweiter Wachoffizier (II WO) auf Unterseeboot „U 9" bei seinem Kommandanten, KptLt H. Der war sehr ruhig, eher zivil, beinahe abgeklärt – was sich mir schnell erklärte, denn er gehörte zu den Ubootoffizieren, die gekündigt hatten. Er würde in Kürze die Marine verlassen, das Boot einen neuen Kommandanten bekommen.

Das Boot lag in diesen Wochen an der Pier, und ich konnte beginnen, meinen Aufgabenbereich – den Torpedoabschnitt, die Kombüse und Kantine sowie das Bootsbüro – und die dazu gehörenden Männer in Augenschein zu nehmen, kennen zu lernen und „Tritt" zu fassen.

Zum 1.4.1970 war dann Kommandantenwechsel – der „Neue" war Oberleutnant zur See P. Erst Jahre später wurde mir klar, wie viel ich an ihm gelernt habe, welche prägende Wirkung auf mich die Zeit unter seinem Kommando gehabt hat – denn er war die Personifizierung des Wortes, dass niemand ganz überflüssig ist, dass er zumindest als abschreckendes Beispiel genutzt werden kann. Und in der Tat wurde mir jetzt auf „U 9" täglich vor Augen geführt, wie ein Kommandant nicht sein darf.

Aber zunächst einmal hieß es abermals, auf Lehrgang zu gehen, dieses Mal nach Sylt zur Marineversorgungsschule in List, denn als II WO war ich verantwortlich für Kantine und Menage, also Verpflegung, weshalb der Grundlehrgang Versorgung dringend erforderlich war. Das galt besonders für das Kantinenwesen und den Umgang mit unverzollten Tabakwaren und Alkohol, denn in den letzten beiden Jahren war ein Wirbelwind von Zollverfahren über viele Bootsoffiziere hinweggefegt, die aus Unkenntnis oder Leichtsinn zu großzügig mit den unverzollten Dingen, die ja nur im Zollausland ausgegeben werden durften, umgegangen waren und teilweise unangenehme Strafverfahren und hohe Strafen hatten akzeptieren müssen.

Sylt und MVS waren schön, aber leider zu kurz. Dann begann wirklich der Ernst des Lebens für mich. Ich musste sehr schnell erfahren, dass mein Kommandant von einem unglaublichen Ehrgeiz getrieben war. Er ließ die ganze Besatzung wissen, dass sein Boot das Beste im Geschwader sein musste und würde – und zwar nicht wegen unseres Auftrags oder der Marine oder Staat und Gesellschaft, sondern seinetwegen – und dass daher für niemanden Platz an Bord wäre, der nicht das Beste könne und leiste. Er war nicht bereit, auszubilden – speziell seine beiden Wachoffiziere, sondern verlangte Höchstleistung ohne Abstriche. Da hatte ich als Anfänger, der noch dazu unsicher war, schlechte Karten und fing mir Anschiss auf Anschiss ein. Vor meinem ersten Auslaufen aus Kiel unter ihm hatte ich mich gründlich vorbereitet, wie man uns das beigebracht hatte, denn auf dem schmalen Ubootturm war ja kein Platz für eine große Seekarte. Man musste sich also einen umfangreichen „Spickzettel" für seine vier Stunden anfertigen mit allen Seezeichen und Kursen. Den wollte ich nach dem Ablegen zur Hand nehmen, um meine ersten Kursbefehle zu geben; das barsche „Ein Kieler WO hat alle Kurse zum Auslaufen im Kopf" des Kommandanten belehrte mich, dass ich da auf dem UWO-Lehrgang wohl etwas missverstanden hatte.

Dafür lernte ich jetzt schon die besondere Kameradschaft an Bord kennen und schätzen. Mein Abschnitt merkte sehr schnell, wie sehr der Kommandant mich „auf dem Kieker" hatte und überschlug sich förmlich, um ihm nur keinen Anlass zu sachlich begründeter Kritik zu bieten.

Als WO hatte ich große Probleme. Auf meinen Brückenwachen – wir fuhren ja doch mehr über als unter Wasser – machte ich nichts richtig. Entweder meldete ich etwas dem Kommandanten, dann war das überflüssig. Oder ich meldete nicht, dann gab es einen krachenden Anschiss. Ein Muster war dabei nicht zu erkennen. Als Konsequenz war mir eigentlich nur klar, dass ich ohnehin nichts richtig machen konnte und es daher eigentlich egal war, was ich machte. Ich fing an, mich nach dem Buchstaben seiner Befehle und der Kurs"empfehlungen" der Navigation zu verhalten und mich vornehmlich darum zu kümmern, dass dies alles exakt ausgeführt wurde – nicht aber das Geschehen um mich mit wacher Bereitschaft zur Reaktion auch ohne Befehl des Kommandanten zu beobachten. Jeder „Gefahr" von Selbständigkeit versuchte ich, aus dem Wege zu gehen.

Im Mai/Juni nahmen wir an einem Torpedoschießabschnitt mit unseren DM 3 -Torpedos teil. Zu meiner Überraschung – und wohl auch des Kommandanten – klappte dabei alles, was mit dem Torpedoabschnitt zu tun hatte. Allerdings hatte ich auch die Gelegenheit, bei einem Angriff, den der Kommandant nur vom Sehrohr und ohne weitere Hilfsmittel auf ein Zielschiff fahren sollte, zu erleben, dass er kühl das Radar ausfahren und die genaue Entfernung zum Ziel messen ließ – die er dann als „geschätzte" Zielentfernung nutzte und so einen exzellenten Schuss hinlegte. Ich empfand das nicht als vorbildlich.

Bei Rückkehr von diesem Schießabschnitt war mir klar geworden, dass meine Ubootzeit dabei war, extrem ungünstig zu beginnen. Da fiel auf dem Unterseeboot „U 8" bei der Ubootlehrgruppe in Neustadt/Holstein ein WO wegen längerer Krankheit aus, und mein Kommandant ergriff die ihm offensichtlich wie vom Himmel geschickte Gelegenheit und bot seinen schwachen II WO als Ersatz an. Mit den Worten: „Sie gehen nach Neustadt auf ‚U 8'. Ich tue Ihnen einen Gefallen und schreibe Ihnen keinen Beurteilungsbeitrag!" wurde ich knapp verabschiedet. Ob er ahnen konnte, wie dankbar ich meinem Schicksal war? Es konnte ja nur besser werden!

Ohne Abschiedschmerz habe ich mich von „U 9" verabschiedet und bin am 1.7.1970 sehr früh nach Neustadt zur Ubootlehrgruppe gefahren. Vor Dienstbeginn war ich im Hafen auf der Pier und konnte zum ersten Mal mein neues Boot sehen – die Seeklarvorbereitungen waren in vollem Gange. Beim Kommandanten, Kapitänleutnant Kößler, meldete ich mich als zweiter Wachoffizier zum Dienst. Der etwas ältere Kößler, von den jungen Kieler Kommandanten herablassend „Köselmeier" genannt, war das exakte Gegenteil meines letzten Kommandanten. Er war ruhig, sehr selbstsicher, führte das Boot mit ausgesprochener Gelassenheit, trug den achtungsvollen Beinamen „Der Alte" mit Recht – und sah es erkennbar als eine seiner Hauptaufgaben an, aus seinen WO's erfahrene, gute Ubootfahrer zu machen. Und da die Boote der Ubootlehrgruppe nahezu täglich mit Lehrgangsteilnehmern zur Ausbildung aus- und wieder einliefen, gab es mehr als genug Übungsmöglichkeiten in allem, was das Ubootfahren über wie unter Wasser ausmachte – wenn man vom taktischen Waffeneinsatz absah. Glücklicherweise war Neustadt auch kein ganz einfacher Hafen zum Ab- wie zum Anlegen, so dass ich nach einigen Wochen, in denen der ältere I WO ausführlich faulenzen und ich jeden Tag fast durchgehend auf der Brücke oder unter Wasser am Sehrohr als Wachoffizier das Boot fahren durfte, mit Befriedigung und Stolz feststellen konnte, dass mir der Kommandant nicht mehr „reinredete" und dann verkündete, ab jetzt werde durch die beiden WO's wieder normale Seewache gefahren, der IIWO müsse sich auch um seine Abschnitte kümmern können, die faule Zeit für den IWO sei vorbei. Ubootfahren hatte angefangen, mir Spaß zu machen – und das Gefühl, zumindest das Wichtigste zu können, entwickelte sich auch. So habe ich den Einsatz auf einem Schulboot als schlichtweg ideal für einen Anfänger empfunden.

Die Kameradschaft zwischen den Offizieren des Bootes und den Offizieren der anderen Boote war sehr gut. Bis auf die verheirateten Kommandanten wohnten wir alle in Einzelstuben in den Unterkunftsblöcken der Ubootlehrgruppe mit Namen wie SCHEPKE, PRIEN, WEDDIGEN – alles berühmte Ubootkommandanten beider Weltkriege – , in denen vor uns auch schon die Angehörigen der Ubootlehrdivision Neustadt bis 1945 gewohnt hatten. Das Messeleben war äußerst rege, während und nach der „Happy Hour" Donnerstag abends gelegentlich ausfernd und sehr fordernd.

Am 1.10.1970 bekamen wir einen neuen Kommandanten, KptLt L. Der hatte gerade als erster oder zweiter Ubootoffizier der Bundesmarine bei der Royal Navy am Kommandantenlehrgang für Uboote, dem

„Commanding Officers' Qualifying Course", mit Erfolg teilgenommen, der aus gutem Grund den Beinamen „THE PERISHER" trug, und war darauf so stolz, dass er kaum noch durch irgendeine Tür zu passen schien. Als Erstes ließ er nach der Vorlage einer LUX-Zigarettenpackung, die mit einer rot-goldenen Krone geschmückt war, eine ebensolche groß aus Blech fertigen, anmalen und vorne an unseren Turm heften. Da hatte er wohl entsprechende Fotos der Boote von Ubootassen aus dem 2. Weltkrieg gesehen. Wir mussten uns dafür viele hämische Bemerkungen unserer Kameraden von den anderen Booten anhören, aber – jetzt erlebte ich einen Kommandanten, der sein Uboot als WAFFE und nicht nur als Ausbildungsgerät sah und uns, speziell die beiden Wachoffiziere, schonungslos und ununterbrochen so ausbildete, als müssten wir in vier Wochen in einen Kampfeinsatz fahren. Ich lernte die Sehrohrroutine, den sparsamsten, zugleich aber sicheren Gebrauch des Sehrohres, der die Voraussetzung dafür bot, auch auf Sehrohrtiefe sicher durch einen ganzen Verband von Schiffen fahren zu können; alle Einzelheiten der verschiedenen Angriffsverfahren; das ständige optische Beobachten und Einschätzen von „Zielfahrzeugen" durch das Sehrohr auf große Entfernungen – besonders die Fähren von und nach Travemünde eigneten sich dafür besonders gut. Er besprach alle Übungen und seemännischen Manöver ausführlich, ließ mit sich diskutieren. Bei all seiner Aufgeblasenheit konnte ich auch später immer wieder feststellen, dass ich den Großteil meiner Sicherheit in Fragen des Ubootfahrens und des Waffeneinsatzes bei ihm gewonnen habe. Klar war uns beiden WO's dabei allerdings auch, dass unser Kommandant sein taktisches Wissen und seine Erfahrung eindeutig auf einem Lehrgang der Royal Navy – und nicht bei unserer Marine – erworben hatte. Offenkundig wussten die Brits, wie man ein Uboot taktisch mit Aussicht auf Erfolg einsetzte….

Im Frühjahr 1971 erkrankte unser I WO für längere Zeit. Mir erschien es dabei bereits selbstverständlich, dass der Kommandant entschied, der I WO werde nun ich, und einen anderen Offizier nachrücken ließ.

Als ich mich Ende Juni bei ihm für meine nächste Verwendung abmeldete, fühlte ich mich sicher – und wäre durchaus auch gerne einmal auf meinem ersten Boot U 9 eingestiegen, um zu sehen, ob dieser

Kommandant all das konnte, was ich von meinen beiden Kommandanten auf U 8 gelernt hatte.

Anfang Juli 1971 trat ich meinen Dienst als ZO III – Zugführer des 3. Zugs – in der 6. Kompanie des 3. Marineausbildungsbataillons in Glückstadt an der Unterelbe an – an dem Ort, an dem ich vor fünf Jahren meine Grundausbildung absolviert hatte. Mein Kompaniechef, KptLt. M., war schon etwas älter, sehr ruhig, häufig krank – und bereitete sich überwiegend auf seinen Stabsoffizierauswahllehrgang vor; er war also sehr häufig nicht vor Ort, was meinem Mitstreiter, ZO I, Leutnant zur See S. und mir einen sehr weiten Spielraum für unseren Einfallsreichtum und unser Engagement bot.

Der Bataillonskommandeur führte ein relativ strenges Regiment. Er war fest entschlossen, den Haufen seiner unternehmungslustigen jungen Offiziere im Griff zu halten und zu verhindern, dass die über die Stränge schlugen. Er wollte auf jeden Fall vermeiden, mit dem Ministerium Ärger zu bekommen, weil einer seiner Ausbilder etwas anstellte, was sich mit dem gängigen Verständnis von Innerer Führung nicht vertrug. So redete er mir bei der Antrittsmeldung ernsthaft ins Gewissen, mit meinen Rekruten nur Lieder zu singen, die im aktuellen „Liederbuch der Bundeswehr" standen – die also politisch geprüft und einwandfrei waren und keine Texte oder Melodien enthielten, die einen unguten Zusammenhang mit der Zeit vor 1945 aufwiesen. Speziell verbot er, das „Scharnhorstlied" (zu „Ehren" des Untergangs des Schlachtschiffes „Scharnhorst" am Heilig Abend 1943), das wir als Rekruten gelernt und mit Begeisterung gesungen hatten, mit unseren Rekruten zu singen, da es eben nicht mehr in diesem Liederbuch stünde: „Wenn ich einen von Euch erwische, der mit seinen Rekruten das Scharnhorstlied singt, dem ziehe ich die Ohren und die Hosenbeine lang!"

Dann meldete ich mich noch bei unserem Fachmann für heeresmäßige Landkampfausbildung, einem Major der Jägertruppe. Der sollte sicherstellen, dass wir mit unseren Rekruten nicht „Marine-Buschkrieg" spielten (also Blödsinn veranstalteten), sondern so ausbildeten, wie das in den Vorschriften des Heeres vorgeschrieben war. Er war ein feiner Kerl, mit dem man Pferde stehlen konnte – aber an den Tagen, an denen wir Heeresinhalte auszubilden und zu üben hatten, vor allem auf dem Truppenübungsplatz, und dabei doch gelegentlich Blödsinn veranstalteten, mussten wir stets auf der Hut sein, dass der Major nicht auf einmal hinter einem Busch hervorkam und uns ernsthaft ins Gebet nahm.

Mein Vertreter als Zugführer war Obermaat S., ein Heizer, der borddienstuntauglich geworden und daher in der Grundausbildung gelandet war. Wir beide standen auf völlig gleicher Wellenlänge, verstanden uns. Sein Hobby war das Exerzier-Reglement der Infanterie zur Zeit Friedrich des Großen. Er konnte die über 60 einzelnen Befehle beim Marsch ins Gefecht und beim Laden und Feuern der Vorderladergewehre. Und wenn der Zug auf dem Truppenübungsplatz Nordoe bei Itzehoe besonders fleißig gewesen war, „durfte" er sich in der Mittagspause nach dem Essen in zwei Linien zu 20 Mann „frederizianisch" drillen lassen – nur der Major durfte ihn dabei nicht erwischen!

Wie lief die Ausbildung nun aus der Sicht eines Zugführers ab?

Die Grundlage legten die vier Gruppenführer meines Zuges mit allen Aspekten des militärischen Alltags wie Sauberkeit, Ordnung, Pünktlichkeit, Pflege der Ausrüstung sowie Formaldienst, Waffenausbildung und Ausbildung auf dem Truppenübungsplatz, wo die Rekruten lernen mussten, die Aufgaben eines Sicherungssoldaten nach den Vorschriften des Heeres (dazu eben auch unser „Landkampfmajor") zu erfüllen. Schon dabei erwies es sich schnell als sehr sinnvoll, immer wieder in den einzelnen Gruppen persönlich Präsenz zu zeigen, damit alle – Gruppenführer wie Rekruten – das wachsame und interessierte Auge des Zugführers wahrnehmen konnten.

Jede Ausbildung des ganzen Zuges von ca. 40 Mann leitete ich als Zugführer persönlich; das war der wöchentliche Tag auf dem Schießplatz mit der praktischen Schießausbildung, die Marschausbildung des ganzen Zuges, der wöchentliche Ausbildungstag als Ganzes auf dem Truppenübungsplatz, die Märsche mit zunehmender Länge bis zu 30 km mit kompletter Ausrüstung; dann die zahlreichen Unterrichte im Bereich des Wehrrechts und aller möglichen Vorschriften; schließlich die Sportausbildung. Da hatte ich zunächst einige Bedenken, da ich ziemlich unsportlich war. Mein Ubootkamerad, OltzS „Zacki" S., der schon einige Monate länger in einer Nachbarkompanie diente, beruhigte mich: Alle Ausdaueranforderungen wie Märsche und Langlauf beherrsche ich eh; dann wären mindestens 98% der Rekruten sportlich so schlapp, dass ich ihnen etwas vormachen könne; und wenn es einmal einen wirklich guten Sportler im Zuge gäbe, wäre es ein probates Mittel, ihn dadurch auszuzeichnen und zu motivieren, dass man ihn in der Leichtathletik vormachen und führen lasse – und genau so war es dann auch.

In den Monaten, in denen ich dann den abwesenden Kompaniechef vertrat, hatte ich natürlich die Kompanieunterrichte zu halten – und das war ab Oktober 1971, in dem ich zum ZO I aufrückte, viele Monate lang der Fall.

Schon in den ersten Wochen hatte ich festgestellt, wie wichtig es war, zwar hohe Forderungen an die Rekruten zu stellen, dabei aber immer darauf zu achten, dass die nicht mit Erniedrigung oder Schikane verbunden waren, nicht als Demütigung aufgefasst werden konnten, mit einem „zwinkernden Auge" der Kameradschaft des Älteren, aber noch nicht so Älteren, verbunden waren – dass dabei aber auch immer wieder auch den Rekruten gegenüber, die die Grenzen ihres Widerstandes austesten wollten, eben diese Grenzen eindeutig und unverrückbar vor Augen geführt wurden. So erinnere ich mich an den Matrosen B.

An einem unserer ersten Tage auf dem Truppenübungsplatz in meinem ersten Quartal war „ABC-Schutz-Tag" durch das Bataillon befohlen. Das bedeutete, dass anstrengende Übungen – Laufen mit voller Ausrüstung durch Dünengelände – unter der ABC-Schutzmaske, die das Atmen erschwerte, durchgeführt werden mussten. Und während in vielen Zügen bei solchen Übungen nur die Rekruten die Maske zu tragen hatten, die Ausbilder aber nicht, war bei uns schon klar, dass auch meine vier Gruppenführer und ich diese Maske trugen. Und so tobte mein ganzer Zug durch diese Dünenlandschaft, bei Hitze und schwer atmend – bis auf einmal alle wie von Geisterhand bewegt stehen blieben. In einer Gruppe hatte nämlich ein recht fettleibiger Rekrut – eben der Matrose B. – seinen Stahlhelm und die ABC-Schutzmaske abgenommen und erklärte laut und deutlich, für alle zu hören: „Isch kann nimmehr, isch habs am Hezen!" Ich ließ alle die Masken abnehmen und bei mir einen Kreis bilden. Meine vier Unteroffiziere schauten erwartungsvoll, aber auch unsicher zu mir. Was tun? Wer sollte als „Sieger" vom Platz gehen?? Ich war mir in diesem Moment ganz sicher, dass B. wie auch der ganze Zug erwarteten, dass er aus dieser Konfrontation als Sieger hervorgehen würde – ein absolut schlechter Start für eine Grundausbildung. Natürlich war ich mir sicher, dass ein Herzfehler von B. bei seiner Einstellungsuntersuchung entdeckt worden wäre, aber 100%ig sicher konnte man natürlich nie sein – und darauf hatte unser junger Mann sicherlich spekuliert. Nach kurzem Nachdenken teilte ich dem Zug mit, dass wir hier den Ernstfall übten mit dem Durchqueren eines verseuchten Geländes. In dieser Übungslage hätten aber eben alle die Schutzmaske zu tragen. Wir würden daher die nächste Stunde wie geplant unsere Laufübungen mit Gepäck und unter der Schutzmaske fortsetzen, unseren herzkranken Kameraden B. aber natürlich nicht zurück lassen. Auch er habe die Maske aufzusetzen, brauche aber natürlich nicht mitzulaufen, sondern werde von jeweils vier Soldaten des Zuges mitgetragen – bei nur ca. 90 Kg Körpergewicht werde das ja wohl noch gehen. Und damit nicht einzelne Kameraden dadurch überlastet würden, werde regelmäßig gewechselt, so dass alle Kameraden in den „Genuss" kommen würden, ihren herzkranken Kameraden mitzutragen.

Allen dämmerte etwa zeitgleich, was das bedeutete – meine Gruppenführer strahlten; wenn die Blicke seiner Kameraden hätten töten können, wäre B. tot zusammen gebrochen; B. erklärte heftig, er sei kerngesund – was ich in Verantwortung für seine Gesundheit natürlich nicht akzeptieren konnte. Es wurde also so gemacht – und Probleme mit B. wie auch mit anderen Rekruten – gab es bis zum Ende dieser Grundausbildung nicht mehr.

Sehr schnell wurde mir klar, dass es wichtig war, die Rekruten, die vor für sie hohen Herausforderungen standen, zu motivieren, bei ihrem Ehrgeiz zu packen. Dazu ließ ich mir mit der Zeit Verschiedenes einfallen.

So hatte ich mich schon seit Längerem mit dem Sammeln von Waffen beschäftigt und u.a. auch Replicas von Revolvern aus dem 19. Jahrhundert erworben. Mit Schwarzpulver-Presslingen konnte man durchaus brauchbar – und nicht ohne gefährliche Wirkung – volle Bleikugeln verschießen. Ich besaß auch einige voll funktionsfähige Gewehre, mit denen man teils normale, teils Schwarzpulvermunition verschießen konnte. Schon nach einigen Tagen Schießausbildung auf dem Schießstand des Bataillons ließ ich stets nach dem offiziellen Ende des Schießens, wenn schon so langsam aufgeräumt wurde, unter den Ausbildern ein Schießen um den ersten und den letzten Platz (der das abendliche Bier zu bezahlen hatte) mit meinen Waffen durchführen – und der oder die besten Schützen aus dem Kreis der Rekruten durften mitmachen.

Dann das „Scharnhorstlied" – ja, das durften wir ja nicht mehr singen. Meinem Zug habe ich das auch erklärt. Zum Glück hatte es aber die gleiche Melodie wie das „Panzerlied" – und das stand im „Liederbuch der Bundeswehr"! Also schilderte ich meinem Zug mein Dilemma und seine – zugegebenermaßen illoyale – Lösung. Der Zug würde eben zwei Texte lernen müssen – Scharnhorst-Text und Panzer-Text. Und er würde den Textwechsel mitten im Lied üben müssen – wenn nämlich der Kommandeur in Sicht kam. Und das übten wir, singend im Gleichschritt. Die Rekruten waren mit Feuereifer bei der Sache. Der militärische Nutzen dieses Ausbildungsanteils war sicherlich begrenzt, der Motivationswert hoch. Und in der Tat – dann erschien tatsächlich der Kommandeur um die Ecke eines Blocks, vermutlich, weil er uns singen gehört hatte. Textwechsel, neue Strophe, zum Kommandeur marschiert, Zug marschierte, das „Panzerlied" singend, fröhlich und schwungvoll an ihm vorbei, ich machte Meldung – ein bisschen zweifelnd hat er schon geschaut, aber nichts gesagt.

Gleich in meinem ersten Quartal kam mir die Idee, die Rekruten für eine Art „Bierzeitung" zum Abschluss der Grundausbildung zu begeistern – und begeistert hat es! Auf der handgedrehten Ormik-Kopiermaschine wurden tolle Zeitungen vervielfältigt, in denen jeder Ausbilder sein Fett abbekam, und die nach der Grundausbildung gerne von den Nicht-mehr-Rekruten mit nach Hause genommen wurden.

Mit dem wehrpflichtigen Stabsarzt Albrecht K., der aus Lübeck kam, verstand ich mich auf Anhieb sehr gut. Vor allem im Sommer haben wir viel gemeinsame Zeit an der Ostseeküste und in Lübeck verbracht. Diese Freundschaft sollte entscheidende Konsequenzen für mich haben – denn nach meiner Glückstädter Zeit lernte ich über ihn in Lübeck meine spätere Ehefrau kennen.

Nach nur drei Quartalen war meine Zeit als Zugführer und – über lange Monate – de facto Kompaniechef schon vorbei, ich musste die 6. Kompanie – leider – verlassen. Diese drei Quartale habe ich als fordernd, zugleich als sehr befriedigend empfunden. Die Arbeit mit den Rekruten, die ja die Bundeswehr und das Leben in diesem System nicht kannten und nicht davon geprägt waren, erbrachte ständig unmittelbare Reaktionen auf das eigene Verhalten. Die Wirkung des eigenen Auftretens und Handelns war entscheidend für das Ergebnis, denn immer wieder wurde deutlich, dass ja fast alle Rekruten irgendwie Erfolg haben, gut durchkommen wollten. Wenn sie sich richtig ins Zeug legten, war das eigene Verhalten offenkundig „richtig" gewesen – wenn nicht oder über längere Zeit nicht, hatte man offenkundig etwas falsch gemacht. Mit einem weinenden Auge habe ich Glückstadt verlassen – das lachende schaute nach Neustadt.

Anfang April 1972 meldete ich mich „vom Landkommando zurück" in Neustadt bei der Ubootlehrgruppe zum Lehrgang „Schiffstechnischer Offizier Uboot". Es war wie ein Nachhausekommen an den vertrauten Ort und in die bekannte Kasernenanlage. Neu war allerdings seit meinem WO-Lehrgang der gut 40 m hohe Tauchtopf für die Ausbildung der Ubootfahrer im Buoyant Ascent-Verfahren beim Aussteigen aus einem gesunkenen Uboot und das deutlich erweiterte Angebot an technischen Originalanlagen in der Ausbildungshalle, an denen praxisnah Betrieb, Wartung und Störungsbeseitigung ausgebildet werden konnten. Dort standen auch Teile des Holzmodells der neuen Uboote der Klasse 206, die ja schon in Bau waren. Neu scheint mir auch der Tiefensteuersimulator gewesen zu sein (jedenfalls hatte ich aus meinem WO-Lehrgang keine Erinnerung daran!) – ein kardanisch aufgehängter Kasten, in dem drei Rudergänger, ein STO-Schüler und ein Ausbildungsoffizier Platz hatten, und der angeblich wirklichkeitsgetreu die Bewegungen eines Ubootes im getauchten Zustand in Abhängigkeit von der Nutzung der Tiefenruder simulieren können sollte – er sollte sich zu meinem Intimfeind entwickeln.

Zu den acht bis zehn Offizieren im Lehrgang gehörten auch einige Zivilisten – Männer mit zivilem Kapitäns- oder Ingenieurspatent, die von der Howaldtswerft Kiel eingestellt worden waren, um die Kommandanten- und STO-Aufgaben in den Werftbesatzungen zu übernehmen, welche die Exportboote der Klasse 209 für Griechenland, die Türkei und die südamerikanischen Marinen erproben und bis zur Übergabe an die Auftraggeber verantwortlich einfahren sollten. Wir waren ein bunt gemischter Haufen, der zu mancherlei Schabernack aufgelegt war.

In den folgenden drei Monaten wurde viel in den sehr kleinen Hörsaal investiert, und das Allermeiste war wirklich „Aus der Praxis – Für die Praxis". Bis dahin hatte ich mich immer als ziemlich technikfern gefühlt, woran der grauenhafte Schiffstechnik-A-Lehrgang an der Technischen Marineschule I in Kiel wie auch die technischen Unterrichtsfächer an der Marineschule Mürwik sicherlich nicht unschuldig waren.

Jetzt hatte Motorentechnik nur mit unseren Dieseln zu tun; Elektrotechnik nur mit unseren Umformern, Schalttafeln und Batterien; die meterlangen „Tapeten", d.h. Stromlaufpläne waren tatsächlich die einzige Möglichkeit, Fehler in Leitungen oder Schaltern zu lokalisieren (und das konnte sogar im Erfolgsfalle Spaß machen); Schaltungsabläufe durch Automatik oder von Hand interessierten tatsächlich nur für die uns schon bekannten Anlagen: Ausfahrgeräte, Steuerstände, Verdichter, Torpedorohre und vieles mehr. Alles war interessant und wichtig, lebenswichtig – und die ausbildenden Offiziere, PUO und Fachoffiziere waren alle Meister ihres Faches.

Aber dann kam der Tiefensteuersimulator. Der war als Vorbereitung auf die Ausbildung im Bordpraktikum von besonderer Bedeutung, denn an ihm sollten wir nachweisen, dass wir nicht nur die Theorie des Zusammenwirkens von Bootsrumpf, Tiefenrudern und Seitenruder, Geschwindigkeit, Gewicht und Trimm (d.h. Vor- bzw. Achterlastigkeit) verstanden hatten, sondern es praktisch auch „konnten": tauchen, auftauchen, Tiefen ändern und halten, beim Schnorcheln das Boot sauber auf Sehrohrtiefe halten – und das alles durch laufende Befehle an die beiden Tiefenrudergänger, mit denen ihnen jede einzelne Ruderlage vorgegeben wurde – häufig in schnellem Tempo, getrennt für jedes Tiefenruder. Das aber war ein Verfahren, das zwar ein eingefahrener STO beherrschen musste und konnte – aber nicht jeder Anfänger. Dazu kam, dass die Simulatorkabine sehr viel schneller reagierte als ein „lebendiges" Uboot – als Lehrgangsteilnehmer ohne intensive Tiefensteuererfahrung konnte man das allerdings nicht recht einschätzen, und der Ausbildungsoffizier, KptLt W., hatte das offenkundig auch noch nicht bemerkt.

Als offensichtlicher „Langsamlerner" war ich jedenfalls nicht in der Lage, diese Kabine in den Griff zu bekommen, und obwohl die drei Schüler (zwei Tiefenrudergänger und der „STO-Üb") und der Ausbildungsoffizier sich vor dem Einschalten des Geräts anzuschnallen hatten, wurden die Phasen, in denen ich dran war, regelmäßig zu Höllenfahrten, in denen wir senkrecht „nach unten" oder „nach oben" zu schießen pflegten. Das führte dann irgendwann dazu, dass ich dem Kommandeur, FKpt Bringewat, zugeführt wurde, der mir väterlich anbot, mich aus Krankheitsgründen vom Lehrgang ablösen zu lassen, da ich diesen offenkundig nicht bestehen würde – und so wenigstens ohne den Makel des Durchfallens an anderer Stelle der Marine mein Glück zu versuchen. Ich war aber dickköpfig und bestand auf meiner Teilnahme am Bordpraktikum.

Das fand dann etwa vier Wochen lang auf „U 10" statt, das von KptLt Q. geführt wurde. STO war OltzS „Zacki" S., den ich schon persönlich kannte. Alle wussten, dass mit mir ein schwerer Fall an Bord kam. Er erklärte mir am ersten Seetag das Ganze aus seiner Sicht noch einmal, und dann musste ich ran – und „U 10" und ich verstanden sich bestens vom ersten Tag an bis zu den schwierigen Übungen in den Tieftauchgebieten östlich von Bornholm. Ich konnte das Tiefensteuern, habe das Bordpraktikum wie auch den Lehrgang „Befriedigend" bestanden und den Tiefensteuersimulator mit meiner Verachtung gestraft.

Die Ausstiegübungen im Tauchtopf aus der gefluteten Ubootzentrale durch eine 33 m hohe Wassersäule nach oben fand ich spannend und befriedigend, da das unter Beachtung aller Vorschriften und unter Präsenz von Sicherheitstauchern in verschiedenen Wassertiefen hier gut klappte. Mir wie den anderen Lehrgangsteilnehmern war aber sehr wohl klar, dass hier im Grunde mit sehr hohem Aufwand und nicht ohne Gesundheitsrisiko für die Lehrgangsteilnehmer eine psychologische Beruhigung für den Fall vorgenommen wurde, dass einmal Besatzungsangehörige einfach Angst vor einem solchen Ernstfall haben sollten – denn das ganze System konnte ja nur in den relativ geringen Wassertiefen funktionieren, wie sie in der westlichen Ostsee anzutreffen waren.

Am 23. Juni 1972 wurde allen Lehrgangsteilnehmern das zum 1.4.1972 neu eingeführte Ubootabzeichen durch den Kommandeur der Ubootflottille verliehen. Nun hatte zwar der Eine oder Andere gelegentlich über die Ordensdichte in anderen Marinen gelästert – speziell die U.S. Navy war dafür ein gerne genommenes Ziel. Aber die

Tatsache, dass nun auch in der Bundesmarine die besondere Belastung und das besondere Risiko des Dienstes auf Ubooten durch das Ubootabzeichen gewürdigt wurden, fand ich wie alle meine Kameraden angemessen und überfällig. Wir waren stolz und froh – auch darauf, nun endlich in dieser Beziehung mit den Angehörigen der internationalen Uboot-Community gleichziehen zu können, denn in allen anderen Marinen (wie in unseren Vorgänger-Marinen) trugen Ubootfahrer ein besonderes Abzeichen – entweder Delphine oder, wie jetzt bei uns, ein stilisiertes Uboot. Ich habe dieses Abzeichen bis zu meinem letzten Tag in Uniform mit Freude und Stolz getragen.

Mit Lehrgangsende kamen die neuen Kommandos. Bis zum Vorjahr war es noch für alle Ubootoffiziere zwingend erforderlich gewesen, nicht nur die Ausbildung zum STO zu absolvieren, sondern auch (ganz im Gegensatz zur Regelung in der Kriegsmarine) als STO verwendet zu werden, bevor sie das Kommandantenzeugnis erhalten konnten. Das brachte zwar für die Kommandanten eine große Sicherheit im Wissen und der Erfahrung um die technischen Möglichkeiten und Grenzen ihrer Boote mit sich, dafür aber auch sehr häufige Wechsel auf diesem, für die Sicherheit der Boote besonders wichtigen Dienstposten, den potentielle Kommandanten häufig nur 12 bis 18 Monate ausfüllten, um nach den Jahren ihrer Verwendung als IIWO und IWO und den beiden Uboot-Sonderlehrgängen nicht zu viel Zeit bis zum Kommandanten zu „verlieren". Mittlerweile waren aber die Ubootflottille wie auch die Personalführung der Marine zu der Überzeugung gelangt, dass dies den hohen Anforderungen an die Aufgabe eines Uboot-STO auf die Dauer nicht genügte. In Zukunft sollten daher vermehrt solche Offiziere als Uboot-STO eingesetzt werden, die nicht zum Kommandanten geführt werden würden und daher mehrere Jahre auf ihren Dienstposten verbleiben könnten. Die zwingende Voraussetzung einer erfolgreichen STO-Verwendung vor Erlangen des Kommandantenzeugnisses war daher fallen gelassen worden – und mein Lehrgang war der erste, für den dies realisiert wurde.

Umso erfreuter war ich, als ich erfuhr, dass ich Anfang Juli 1973 meinen Dienst als STO auf dem in Neustadt beheimateten Unterseeboot „U 5" antreten würde.

Zum Dienstantritt meldete ich mich beim Kommandanten von „U 5", KptLt „Vogel" N. Ich lernte an ihm sehr schnell seine Ruhe und Übersicht schätzen. Mit der Erfahrung aus seiner Verwendung als STO unterstützte er mich und leitete mich kameradschaftlich und wirksam an bei den ersten eigenverantwortlichen Gehversuchen – so, wie dies auch meine beiden erfahrenen technischen PUO, MotMeister und EMeister, taten, so dass wir schnell ein aufeinander eingespieltes technisches Trio wurden.

Der laufende Ausbildungsbetrieb bei der Ubootlehrgruppe mit fast täglicher Seefahrt und ständiger Ausbildung auch technischen Personals schufen dabei für mich die beste Grundlage, um selbst die restliche Sicherheit im technischen Betrieb, vor allem aber in der Tauchtechnik und im Tiefensteuern, zu erlangen. Ich habe daher diese Verwendung auf einem Schulboot als optimal für einen neuen STO empfunden. Hinzu kam, dass unser Boot ebenso wie seine Schwesterboote „U 4" bis „U 8" trotz seiner relativen Jugend – es war ja erst am 4. Juli 1963, also vor neun Jahren, in Dienst gestellt worden – deutliche Abnutzungserscheinungen bei vielen Anlagen zeigte und damit die Erfahrung, aber auch den Einfallsreichtum und die Einsatzfreude des technischen Personals forderte, wenn nicht durch Hafenliegetage für Instandsetzungen zu viele Ausbildungstage in See verloren gehen sollten. Davon profitierte auch ich.

Dass Kommandant und Wachoffiziere sich kaum mit Fragen und Übungen des Waffeneinsatzes beschäftigten, hat mich als STO nicht interessiert, denn jeder Tag brachte neue Forderungen aus dem Betrieb über und unter Wasser und zum Erhalt der Funktionsfähigkeit aller Anlagen für die täglichen Ausbildungseinsätze. Dazu trug sicherlich auch bei, dass unser Boot wie seine Schwesterboote nicht nur eine Tauchtiefenbeschränkung erhalten hatte, sondern auch seine Torpedorohre zugeschweißt zur See fahren musste.

Mit Ausnahme des verheirateten Kommandanten wohnte die gesamte Besatzung in den Unterkunftsblöcken der Ubootlehrgruppe. Die Gemeinschaft und Kameradschaft unter den unverheirateten WO und STO war sehr ausgeprägt, wobei die STO mit ihrer Erfahrung und ihrem Wissen hier wie an Bord eine herausgehobene Stellung als „Zweiter Mann" hinter dem Kommandanten hatten. Ich zog im Sommer aus und in eine Eigentumswohnung, die ich in einem Neubau gekauft hatte in dem sicheren Wissen, dass ich nie heiraten würde – es war der Sommer, in dem ich später meine zukünftige Ehefrau kennen lernte.

Anfang Oktober erhielten wir mit KptLt B. einen neuen Kommandanten. Wir „Heizer" empfanden es als sehr wohltuend, dass der „Neue" nicht so viel dagegen einzuwenden hatte, wenn Instandsetzungen gelegentlich einen zusätzlichen ruhigen Hafenliegetag mit sich brachten – so konnten wir in Ruhe tagsüber arbeiten.

Den Nutzen der praktischen Tipps während des STO-Lehrgangs konnte ich unmittelbar erleben. Wir hatten gelernt, dass bei allen Ladezyklen unserer Batterien H2-Gas aus den Batterien austrat. Wegen der Explosionsgefahr bei einer Konzentration von über 4% dieses Gases in Verbindung mit Sauerstoff wurde daher bei allen Ladevorgängen in See wie im Hafen in vorgeschriebenen Zeitabständen die Gaskonzentration über ein Messgerät abgelesen, kontrolliert und aufgeschrieben. Besonders wichtig war dies bei den monatlichen Erhaltungsladungen, zu denen das Boot gut zwei Tage lang am Ladeprahm festmachte, der mit seinen starken Ladeaggregaten das Boot über viele Stunden mit einem regelbaren Ladestrom versorgte. Bei einem so langen und intensiven Ladevorgang musste die Gasungsgefahr besonders im Auge behalten werden. Und wir wussten, wie lebenswichtig das war – denn 1965 hatte es bei einer Batterieladung auf „U 7" in der Werft eine Knallgasexplosion gegeben, die Menschenleben gekostet und im Boot solche Zerstörungen angerichtet hatte, dass es im Bootsinneren praktisch neu gebaut werden musste.

Unsere Ausbilder hatten dazu einen einfachen Tipp gegeben: H2-Gas in zu hoher Konzentration riecht stark nach faulen Eiern. Bei solchem Geruch sofort die Ladung auslegen, Boot durchlüften, keine Schalter mehr im Boot betätigen, Personal im Hafen von Bord. – Während einer solchen langen Erhaltungsladung im Hafen kam ich nach einer langen Besprechung am Spätnachmittag an Bord zurück, und schon im Turm begrüßte mich ein starker Gestank nach faulen Eiern! Ich holte ruhig den wachhabenden technischen Unteroffizier von Bord, ließ die Ladung beenden und wartete den Effekt des Durchlüftens ab. Als sich der Eiergestank verflüchtigt hatte, gingen wir an Bord zurück und stellten fest, dass das H2-Messgerät, das noch vor der Ladung geprüft worden war, während der Ladung ausgefallen war und den ständigen Anstieg der Gaskonzentration nicht angezeigt hatte – und der Techniker der Wache war offenkundig geruchsunempfindlich!

Anfang 1973 verholte das Boot zu einer umfangreicheren Instandsetzung nach Kiel, denn an den Schweißnähten unserer Tauchzellen waren Löcher aufgetreten, an denen in Luftblasen kontinuierlich Luft austrat – und das mag der Ubootfahrer, der die Tauchzellen zum Auftauchen braucht, überhaupt nicht. Nach vorbereitenden Arbeiten im Marinestützpunkt sollte das Boot an einem Morgen in die Howaldtswerft verlegen. Nach reichlicher Arbeit in meiner neuen Neustädter Wohnung hatte ich aber wohl vergessen, mir den Wecker zu stellen, und wachte nur kurz vor der Zeit auf, zu der in Kiel „Seeklar" zum Verholen in die Werft befohlen war. Die Telefonverbindung war schon gelöst. Handys gab es nicht. Unter Übertretung aller Geschwindigkeitsbeschränkungen raste ich von Neustadt nach Kiel in fast 45 Minuten, denn ich wusste ja, dass das Boot gemäß MDv 485/1 „Uboottauchvorschrift" ohne einen STO nicht auslaufen durfte und Kommandant und Besatzung ungeduldig auf mich warteten.

Als ich im Tirpitzhafen ankam, war das Boot weg. Nach einer weiteren hitzigen Fahrt durch die Kieler Innenstadt zur Werft und der Ubootpier – wieder glücklicherweise ohne Polizeikontakt – kam ich gerade zurecht, als „U 5" sein Anlegemanöver beendete. Nicht nur das Grinsen meiner „Heizer", sondern auch den Gesichtsausdruck und Tonfall in der Stimme meines Kommandanten habe ich nicht vergessen, als er mich auf meine Meldung und Entschuldigung locker fragte: „Keine Lust heute, STO?" Es brauchte auch nicht mehr.

Neben seiner Gelassenheit, als schon alles zu spät war, hat er mir auch vorgeführt, dass es auch für ganz eindeutige Vorschriften Fälle geben konnte, in denen man in Eigenverantwortung „sinngemäß" handeln konnte – denn als ehemaliger STO konnte er leicht das kurze Verholmanöver im Kieler Hafen über Wasser ohne mich verantworten.

Nach der Reparatur hat das Boot dann eine weitere Tauchtiefenbeschränkung bekommen. Unsere Ausbildungstätigkeit hat das nicht beeinträchtigt, wenn ich mich auch manchmal gefragt habe, ob angesichts unserer brüchigen Tauchzellennähte eine Beschränkung auf erlaubte Wassertiefen, in denen wir gefahrlos tauchen konnten, sinnvoller gewesen wäre.

Als ich mich am 29. Juli 1973 von „U 5" und seiner Besatzung verabschiedete, konnte ich auf 13 interessante und fordernde Monate in einer Verwendung zurück blicken, von der ich mir noch kurz vorher nicht hätte träumen lassen, wie befriedigend sie für einen Nicht-Techniker wie mich sein würde.

Anfang August 1973 meldete ich mich in Eckernförde in der Kasernenanlage „NORD" am Kranzfelder Hafen zum Dienst in dem in Aufstellung befindlichen neuen 3. Ubootgeschwader bei KptLt Wüstenberg, dem Chef der zukünftigen Indienststellungsbesatzung des Unterseebootes „U 17" aus der neuen Ubootklasse 206, die für die Marine gebaut wurde. In den Folgewochen und -monaten wurde die Besatzung langsam komplettiert. Neben dem Kommandanten waren zu dieser Zeit aber mit dem STO und dem IIWO von Anfang an bereits alle Offiziere vorhanden. Stabsgebäude und Unterkunftsblöcke waren brandneu, für uns als erste Nutzer gab es so manche Ecken abzuschleifen.

Der Bau der Klasse 206 war auf zwei Werften aufgeteilt worden: Acht Boote waren bei den Howaldtswerken/Deutsche Werft in Kiel in Bau, zehn Boote wurden bei den Rheinstahl/Nordseewerken in Emden gebaut. Für uns traf es sich sehr günstig, dass „U 17" ein „Kieler Boot" war und unsere Besatzung ihre Baubelehrung in Kiel, vor der Haustür, absolvieren konnte, während andere Besatzungen dafür nach Emden mussten. Unser Boot war ja praktisch fertig und absolvierte noch Erprobungsfahrten unter Werftbesatzung. Außerdem wurden noch zahlreiche Restarbeiten und die ersten Reparaturen durchgeführt.

Im Rahmen unserer Baubelehrung machten wir intensive Bekanntschaft mit der neuen Klasse. Natürlich machte die Schiffstechnik einen verbesserten, ausgereiften Eindruck. Dass die Schiffstechnische Zentrale, hinter einem Pendelschott verborgen, nicht mehr eine räumliche Einheit mit der Operationszentrale darstellte wie auf den alten Booten, war zunächst sehr ungewohnt. Schnell gewöhnte man sich aber an die neue Raumaufteilung, zumal die breitere Sensorausstattung ohnehin mehr Raum für die Operationszentrale voraussetzte. Die Gewöhnung an das neue Sehrohr, um das man nicht mehr – wie in alten und ganz alten Zeiten – körperlich herumfuhr, sondern an dem man stets mit dem Körper nach „Backbord querab" stand, war bei aller übrigen Leistungssteigerung dagegen schon schwer und dauerte bei uns „alten" Ubootfahrern stellenweise sehr lange. Lange wurde gewitzelt, dass die Entwickler offenkundig davon ausgegangen waren, dass der moderne Ubootoffizier seine beiden Augen würde einzeln steuern können – eins geradeaus in die Ausblickoptik, das andere stets nach oben in die über dem oberen Bildrand eingeblendete Gradeinteilung, die als einzige ihm anzeigte, wohin er gerade sah – vielleicht hinter seinen eigenen Rücken.

Dass es mittlerweile eine Atemnotluftanlage gab, die über eine Rohrleitung mit Anschlussbuchsen durch das ganze Boot verlief und im Brandfall sicherstellte, dass die Besatzung weiteratmen konnte, wurde ebenso begrüßt wie das zweite, das Navigationssehrohr, das mit dem Schnorchel ausfuhr, für die Navigation genutzt werden konnte und es beim taktischen Schnorcheln einem zweiten WO ermöglichte, pausenlos die Luftraumüberwachung vorzunehmen.

An das Wohl der Besatzung hatten die Konstrukteure des Ingenieurkontor Lübeck mit ihrer Erfahrung aus dem Zweiten Weltkrieg ebenso wenig gedacht wie bei den Booten der Klasse 205. Nach wie vor gab es kein Süßwasser zur Körperpflege (bis auf das tägliche Zahnputzglas voll Wasser, das der Smut großzügig aus „seinem" Kochwasservorrat spendieren konnte). Die Besatzungen haben dann schnell „mit Bordmitteln" einen Schlauch von einer Torpedozelle im Vorschiff, die bis zum Torpedoschuss immer mit Süßwasser gefüllt war, zum Waschraum gelegt und sich so beholfen); da sich der Seemann bekanntermaßen mit Salzwasser nicht so gern wäscht, hatte man beim Bau auch gleich darauf verzichtet, die Bereitstellung von warmem Waschwasser in Erwägung zu ziehen. Und da Schmutz wärmt, war auch auf jede Form von Heizung im Bugraum, dem „Wohnbereich" der Besatzung, verzichtet worden. Später sollten die Besatzungen gelegentlich lästern, dass man auf die Heizung für den Winter (der in Ostsee und Nordatlantik bekanntermaßen kühl war) ja ebenso verzichtet hatte wie auf die Klimatisierung im Sommer (der an Bord warm werden konnte) – und „im Winter zu kalt" und „im Sommer zu warm" offenkundig nach Meinung der Konstrukteure und Planer eine akzeptable Durchschnittstemperatur garantierte. Ein winziger Kühlschrank von 50 bis 100 Liter Inhalt für 22 Mann garantierte, dass schon bei mehrtägigen Seefahrten – immerhin doch überwiegend im Friedensbetrieb – auch unsere heutigen Besatzungen schnell die Erfahrungen unserer Vorgänger in Bezug auf Dosenverpflegung und

Haltbarkeit von Frischverpflegung würden nachvollziehen können. Ob Planer und Konstrukteure, ob der Rüstungsbereich der Marine einmal – vielleicht bei der nächsten Klasse in zwanzig Jahren – realisieren würden, dass auch auf Ubooten Menschen fahren sollten, die über lange Zeit motiviert und leistungsfähig ihren anstrengenden Dienst versehen sollten?

Entscheidend war aber natürlich bei den neuen Booten die Verbesserung der Kampfkraft, auf die wir alle gewartet hatten. Und hier kündigten sich dann auch deutliche Verbesserungen an.

Die neue Waffenleitanlage des holländischen Herstellers sollte drei Ziele parallel bearbeiten und durch drei Torpedos parallel bekämpfen können (man nannte das die „3-3-Lösung") – und diese Torpedos waren nicht mehr der modifizierte amerikanische Kurzstreckentorpedo Mk 37/DM 3, sondern der deutsche drahtgelenkte Langstreckentorpedo DM 2, der ja bereits seit Jahren eingeführt und in der Schnellbootwaffe erfolgreich und störungsfrei verwendet wurde. Auch, dass das Passivsonar – unsere Gruppenhorchanlage – verbessert worden war und ein zusätzliches Minenmeidesonar zur Verfügung stand, war viel versprechend. Die zentrale Frage war natürlich, ob das neue Boot das halten würde, was uns versprochen worden war.

Als viertes Boot der Klasse 206 wurde „U 17" am 28.11.1973 in Dienst gestellt. Vor der Besatzung lag ein umfangreiches Einfahr-, Ausbildungs-, Erprobungs- und Funktionsnachweisprogramm – immer wieder unterbrochen von Instandsetzungsperioden.

Neben unvermeidlichen und auch erwarteten Kinderkrankheiten plagten uns dabei eine Reihe besonderer Probleme, die nicht nur uns, sondern auch den anderen Besatzungen in dem langsam auf seine volle Stärke von 12 Booten aufwachsenden Geschwader das Leben schwer machten.

So hatte wie bei vorhergegangenen Klassen die Marine ganz offensichtlich Einheiten in Dienst gestellt oder in Dienst stellen müssen, deren Funktionsnachweise noch nicht beendet waren und die teilweise für einen Teil ihrer Systeme noch nicht die geforderte Leistung erbringen konnten. Die Folge waren zeitaufwändige Nacharbeiten und Reparaturen oder einfach auch Verzicht auf bestimmte Leistungen. Auch war die Versorgungsreife der neuen Klasse ganz eindeutig nicht hergestellt worden. Beide Probleme vervielfältigten sich mit dem Aufwachsen der Klasse auf die gesamten 18 Boote. Ersatzteilmangel, lange Ausfallzeiten und sogar Ausbau von Einzelteilen auf Werftliegern oder noch nicht in Dienst gestellten Einheiten waren nichts Besonderes. Ich kann mich auch daran erinnern, dass ich zusammen mit unserem STO an der Außerdienststellung meines alten Bootes „U 5" am 17. Mai 1974 teilnahm – ausgerüstet mit großen Taschen und reichlich Werkzeug. Nach Abschluss des Zeremoniells und einigen Schlucken in der Offiziermesse des Bootes haben wir dann zum milden Entsetzen der Bootsoffiziere technische Ersatzteile, die für die Schwimmfähigkeit nicht benötigt wurden und auch auf unser neues Boot passten, ausgebaut – denn „U 5" sollte umgehend verschrottet werden, und unsere Ersatzteilnot war groß.

Dass unser Radar mit seiner Totzone von etwa 2 Sm Radius ebenso wenig zur sicheren Navigation brauchbar war wie das UHF-Gerät zum sicheren Sprechfunkverkehr, war ärgerlich – aber daran waren wir ja von den alten Booten her gewohnt. Schlimmer war, dass die neue Waffenleitanlage noch sehr instabil war und die geforderte „3-3-Lösung" einfach noch nicht erbringen konnte. Dass auch die Gruppenhorchanlage in den ersten Jahren sehr instabil war und Störungen wegen Ersatzteilmangels lange Ausfallzeiten zur Folge hatten, war natürlich sehr ärgerlich. Schlimm dagegen war, dass es uns und den anderen Booten in meiner ganzen WO-Verwendung nicht gelang, eine stabile Zusammenarbeit des Drahtlenktorpedos mit dem Boot zu erleben. Ständige Drahtrisse führten nicht nur zu Problemen in den Schießabschnitten, zur Gefahr des Torpedoverlustes, zur Gefahr, dass ein sowjetischer Beobachter den wertvollen Torpedo fischen und stehlen könnte – vor allem wurde unsere Besatzung total demotiviert. Da niemand eine plausible Lösung für einen Torpedo bieten konnte, der ja bei den Schnellbooten bestens funktionierte, war für mich und uns nur klar, dass wir letztlich ohne eine moderne, zeitgemäße und bedrohungsgerechte Bewaffnung zur See fuhren und eine Abhilfe wenigstens mittelfristig nicht in Sicht war.

Dafür war die Gemeinschaft unter den Offizieren an Bord, mit den fünf PUO – NavMeister, MotMeister, EMeister, Torpedo- und Sonarmeister – und den zwölf UO einfach phantastisch. Gemeinsam stritten wir mit dem neuen Waffensystem, mit dem Verantwortlichen an Land und freuten uns an den kleinsten Fortschritten. Sehr eng war auch die Kameradschaft zwischen den Besatzungen im Geschwader. Alle erlebten die gleichen Schwierigkeiten und halfen sich gegenseitig aus. Zunehmend betraf das auch den Personalaustausch zwischen den Booten, denn mit deren zunehmender Zahl verschärften sich die Probleme bei kurzfristigen Ausfällen, da unsere Boote mit ihrer knappen Besatzung und dem Zweiwachenbetrieb einfach keine Fehlstellen bei längeren Seefahrten zuließen. Einen Reservepool an qualifiziertem Personal gab es nicht. Da mussten dann eben die erforderlichen Fachleute von einem anderen Boot einspringen – auch wenn sie erst kurz zuvor mit ihrem Boot eingelaufen waren. Aber es wurde nicht geklagt.

Im Herbst 1973 meldete ich mich zu einer „Winterarbeit", wie sie damals vom Generalinspekteur jedes Jahr für jüngere Offiziere ausgeschrieben wurde. Für das Thema „Wandlungen im Selbstverständnis des Offiziers seit dem 1. Weltkrieg" suchte ich den Kontakt mit dem in Bad Godesberg lebenden KAdm. a.D. Siegfried Sorge, dessen Buch „Der Marineoffizier als Führer und Erzieher" in seiner ersten Auflage 1937 erschienen und uns als Seekadetten auf der Marineschule Mürwik an die Hand gegeben worden war. In einer Reihe langer Gesprächsrunden, die er mir gestattete, konnte ich zum ersten Mal ausführlich einen Zeitzeugen zur ersten Hälfte unseres Jahrhunderts, aber auch zu den Gründerjahren der Bundeswehr, hören. Dass meine Arbeit dann im Frühjahr 1974 in die obere Leistungsstufe eingeordnet wurde, hat mich gefreut.

Schon vor der Indienststellung hatte der Führungsstab der Marine dem Antrag der Stadt Kressbronn am Bodensee auf Übernahme einer Patenschaft mit einem Uboot zugestimmt und ihr unser Boot als „Patenkind" zugeteilt. Auslöser dieses Wunsches war der Umstand gewesen, dass mit OltzS. Wiedersheim, der einer Kressbronner Familie entstammte, auf dem dortigen Friedhof der am 14.9.1966 beim Untergang des Ubootes HAI ums Leben gekommene Kommandant bestattet war. Mit den Bürgern der Stadt wie auch mit der Familie des Toten hat sich schnell ein sehr enges Verhältnis entwickelt. Für uns alle war es eine ganz besondere Erfahrung, bei jedem Besuch der Patenstadt mit einer Abordnung an seinem Grab zu stehen.

Ende 1974 nahmen wir erstmals an einer internationalen Übung, dem JOINT MARITIME COURSE 744 der Royal Navy, teil. Unsere Alliierten waren sehr auf das neue Boot gespannt. Da sich ihre Fähigkeiten, die kleinen, amagnetischen deutschen Uboote zu orten, nicht verbessert hatten, gelang es uns, unentdeckt unsere Manöveraufgaben zu erledigen. Wie gewohnt mussten beim Hot-Wash-Up, der unmittelbar nach Abschluss durchgeführten ersten Auswertebesprechung, die mit meiner Spiegelreflexkamera – Sehrohrkameras hatten in unsere neuen modernen Boote noch keinen Einzug gehalten – durch das Sehrohr geschossenen Aufnahme des britischen Flugzeugträgers HERMES als Beweis dafür dienen, dass wir „dran" gewesen waren. Deutlich wurde dabei aber auch, dass die NATO-Marinen, allen voran die amerikanische und britische, zunehmend Anstrengungen unternehmen mussten, um angesichts der wachsenden Bedrohung durch die stärker werdende sowjetische Ubootflotte ihre Fähigkeit zur Ubootortung und -bekämpfung zu verbessern.

Dabei gewesen war der KASAK (KAtholische Sünden-Abwehr Kanone) Alfons Kordecki, katholischer Militärpfarrer der Ubootflottille. Der hatte sich in kürzester Zeit mit seiner Warmherzigkeit und dem Drang, möglichst häufig eine Ubootbesatzung auf See zu begleiten, die dicke Freundschaft aller Besatzungen erarbeitet. Auf „U 17" erhielt er eine gründliche Ausbildung als Tiefenrudergänger und konnte so die Besatzung entlasten. Seine Gottesdienste im Bugraum waren immer ein besonderes Erlebnis. Leider schnarchte er so stark, dass er schon bei der ersten Mitfahrt mit seinem Schlafsack auf den Propeller-E-Motor im hintersten Teil des Bootes umziehen musste und dies auch gerne stets und weiterhin tat, da seine Lärmentwicklung den todmüden Freiwächtern nicht gut bekam. Im Sommer 1975 hat er zusammen mit ihrem Pfarrer meine Frau und mich getraut.

Im Januar 1975 wurden wir für drei Monate als Schulboot zur Ubootlehrgruppe nach Neustadt abgestellt, die nach Außerdienststellung von „U 4" bis „U 8" nicht mehr über eigene Schulboote verfügte. Da mein Kommandant auf einen Lehrgang nach Hamburg kommandiert war, führte uns in Vertretung KptLt. H. aus unserem Geschwader, dessen Boot sich in der Werft befand. Alles verlief eigentlich problemlos – bis wir im Februar in winterlicher Kälte und Schneetreiben zur Tiefwasserausbildungsfahrt mit vier STO-Schülern, also mit 26 Mann an Bord, nach Bornholm ausliefen. Schon wenige Stunden nach Auslaufen wurde festgestellt, dass unsere Abfallschleuse – ein

200 L fassender zylindrischer Behälter für den Abfluss aus der einzigen Toilette, aber auch für Essensreste und Abwaschwasser – undicht und damit nicht mehr zu benutzen war. Vermutlich war die Gummidichtung der Außenklappe undicht. Mein Lösungsvorschlag hieß „Ersatzdichtung und Taucher über Funk anfordern – umdrehen und zurück nach Neustadt – nur wenige Stunden auf Ankunft der Dichtung und des Tauchers warten – wieder auslaufen – Ausbildungsverlust höchstens ein halber Tag." Der Kommandant, der Planänderungen nicht schätzte, hatte eine andere Idee, deren Durchführung er befahl: „Waschwasser und Urin über Trichter in leere Motorenölkanister – Stuhlgang in Überwasserfahrt (oder im Tauchgebiet nach Auftauchen) einmal am Tag für die ganze Besatzung und Schüler jeweils zu zweit auf dem Wintergarten an der Turmhinterkante auf mitgenommene Pappstücke – Klopaper wird mitgenommen – Akteure natürlich mit Sicherheitsgurt gesichert – volle Motorenölkanister werden nach dem Auftauchen entleert – gesamte Fahrt so durchführen." Solange wir über Wasser nach Bornholm fuhren, war das nur sehr ärgerlich und kalt. Klar wurde auch, dass es gut zweieinhalb Stunden dauerte, bis alle 26 Mann „durch" waren. Zunächst gelang es mir auch, die Unwilligen zu beruhigen. Nach dem ersten Tauchtag östlich von Bornholm tauchten wir dann morgens auf und machten zweieinhalb Stunden lang „Überwassertoilette". Der irgendwann heranstaffelnde UJäger der Baltischen Rotbannerflotte wird interessante Fotos gemacht haben…. Beim zweiten derartigen Tag war die Stimmung an Bord schon deutlich angespannt, da der Kommandant knallhart seine Entscheidung durchzog: Stuhlgang nur einmal in 24 Stunden, und zwar ab 08.30, bis alle durch waren. Dann ging die Stimmung deutlich in den Keller: „Herr Oberleutnant, ich muss aber jetzt und nicht morgen Vormittag!!" – Nach einer Reihe von Gesprächen mit meiner Besatzung machte ich ihm dann deutlich, dass alle an Bord lange und gutwillig genug seine – bescheuerte – Idee durchgeführt hatten, jetzt aber eindeutig Schluss sein musste, wenn nicht irgendwelche drastischen Dinge passieren sollten. Er ließ sich überzeugen, wir liefen nach Neustadt zurück und verfuhren so, wie ich ursprünglich vorgeschlagen hatte. Allerdings verloren wir so drei Ausbildungstage. Das Klima zwischen dem Vertretungskommandanten und mir hat darunter etwas gelitten.

Mit großer Freude wurde dann im April „unser" Kommandant nach seinem Lehrgang wieder von der Besatzung begrüßt. Zu meiner Freude stellte er Ende Juni in meiner Beurteilung fest, dass ich die Befähigung zur Führung eines Ubootes als Kommandant nachgewiesen hatte.

Die Konsequenz ließ nicht lange auf sich warten. Am 1. Oktober 1975 übernahm ich von meinem Kommandanten das Kommando über das mir so vertraute „U 17" und seine Besatzung – ein in der Marine an sich eher seltener Vorgang, denn normalerweise ist so ein Aufstieg mit dem Wechsel von Boot und Besatzung verbunden. Mich hat das sehr gefreut, da ich schon wusste, was für eine gute Besatzung ich haben würde – von der ich jeden Einzelnen bereits gut kannte.

Nach dreieinhalb Jahren in Verwendungen als II WO/I WO und einem Jahr als STO fühlte ich mich gut vorbereitet und sicher in der Handhabung des Bootes und der Führung der Besatzung. Das enge, vertrauensvolle Miteinander mit meinen Kommandanten auf U 8, U 5 und U 17 wie auch mit den anderen Offizieren an Bord hatte mich das Ausmaß der Verantwortung des Ubootkommandanten für die Sicherheit von Boot und Besatzung wie auch für die Erfüllung seines Auftrags ebenso häufig spüren lassen wie ich erkannt hatte, dass nur ein engagiertes, zuverlässiges Team, in dem sich jeder auf jeden unbedingt verlassen kann, die Voraussetzung dafür bildete, überhaupt im Uboot sicher über und unter Wasser zur See fahren zu können. Ich war stolz darauf, das Vertrauen meiner verantwortlichen Vorgesetzten zu spüren, diese Verantwortung tragen zu können.

Zunächst waren die erforderlichen Ausbildungsabschnitte zu durchlaufen, die zur Einsatzfähigkeit des Bootes führen sollten und für Uboote (im Gegensatz zu allen anderen Einheiten der Marine) nicht nur nach einer längeren Werftliegezeit, sondern nach jedem Kommandantenwechsel neu zu absolvieren waren. Damit wurde der zentralen Rolle des Kommandanten für alle Abläufe an Bord, angefangen beim normalen Seebetrieb über und unter Wasser, Rechnung getragen. Auf die bestandene See- und Tauchklarbesichtigung – Nachweis für die Fähigkeit der Besatzung, sicher über wie unter Wasser zur See fahren zu können – folgte die einwöchige „Tauchtechnische Gefechtsausbildung (TTG)".

Aus der Erfahrung der Kriegsmarine und als Reaktion auf den Untergang des Ubootes „HAI" am 14. September 1966 war diese Ausbildung Bestandteil der Ausbildung aller Ubootbesatzungen der Bundesmarine geworden. Dazu stieg ein Ausbildungsteam aus einem technischen Stabsoffizier der UFlottille und mehreren, sehr erfahrenen technischen PUO für eine Woche Seefahrt an Bord ein und bildete die ganze Besatzung, vornehmlich natürlich das technische Personal, im Umgang mit technischen Störungen und Beheben von Ausfällen unter einsatznahen Bedingungen aus. Dabei wurde der Realismus so weit wie möglich getrieben – bis hin zum echten Wassereinbruch, zum echten Ausfall von Anlagen aufgrund eingebauter Störungen in allen Bereichen bis hin zu denen, die für den sicheren Unterwasserbetrieb zwingend erforderlich waren. Das geringe Restrisiko permanenter, fataler Folgen trug das Ausbildungsteam, das die Quelle einer jeden Störung ja kannte, gemeinsam mit der auszubildenden Besatzung. Nach Bestehen der TTG konnte ich wie die ganze Besatzung sicher sein, für den Betrieb des Bootes unter erschwerten Bedingungen bestmöglich ausgebildet zu sein, und war damit befugt, dem Flottenkommando eine mittlere Stufe der Einsatzfähigkeit zu melden.

Für das Erreichen der uneingeschränkten Einsatzfähigkeit war danach die erfolgreiche Teilnahme an einem Torpedoschießabschnitt (TSA) der UFlottille Voraussetzung. Dabei sollte in den Schießgebieten im Skagerrak die sichere technische Beherrschung des Waffensystems Uboot mit Torpedo DM 3 bis hin zum nassen Schuss nachgewiesen und der Besatzung diese motivierende Gewissheit vermittelt werden. Die Besatzung sollte auch lernen und nachweisen, dass sie ein Ziel erfolgreich mit einem Übungstorpedo angreifen, einen Unterlauf erzielen konnte. Die im TSA vorgegebenen Schussbilder gaben dabei die Ausgangssituation von Uboot und Zielschiff wie auch das Zielschiffverhalten in abgestuften Schwierigkeitsgraden vor. Wann immer möglich nahm der Schießleiter oder ein anderer erfahrender Ausbilder dann auf der schießenden Einheit an den Anläufen teil und teilte dem Kommandanten und seinem Attackteam seine bewertenden Beobachtungen mit. Diese beruhten dann allerdings nicht auf einer bestimmten, allen Besatzung vermittelten und bekannten taktischen Doktrin sondern dem persönlichen Erfahrungshorizont des betreffenden Offiziers. Der für uns Ubootfahrer neue, aber für die Schnellboote ja schon lange eingeführte Drahtlenktorpedo DM 2, der den eigentlichen Quantensprung in der Kampfkraft der neuen Klasse bringen sollte, stand für einen normalen TSA noch nicht zur Verfügung, da die Einführungsgenehmigung für diese Waffe für die Klasse 206 auch drei Jahre nach der Indienststellung der ersten Boote immer noch nicht vorlag.

Wir führten damals eine Reihe von Funktionsschießen mit dem DM 2 A 1 durch. Die Ergebnisse waren ganz überwiegend entmutigend, da in der ganzen Zeit das Zusammenspiel zwischen Torpedo und Boot meistens immer noch nicht funktionierte. Wir konnten nicht nur die uns versprochene „3-3-Lösung" nicht üben, wir schafften meistens noch nicht einmal die „1-1-Lösung", weil sich der Torpedo nach Drahtriss selbständig machte. Dann war aber nicht nur der Schussanlauf verdorben, sondern auch die ganze Schießnacht – denn in dem ausgedehnten Seegebiet musste der Torpedo gesucht, gefunden und geborgen werden, bevor der häufig präsente Beobachter der sowjetischen Marine dies erledigen konnte. Nach meiner Erinnerung ist das zwar auch stets gelungen – aber der Frust über ein immer noch zutiefst unzuverlässiges Waffensystem, dessen Torpedo ja schon lange in die Flotte eingeführt war, saß bei den Besatzungen tief – zumal noch nicht einmal die Ursachen für die häufigen Versager bekannt waren.

Auch mich hat das sehr berührt. In diesen Jahren wurde in der Bundeswehr und in Teilen der interessierten Öffentlichkeit eine intensive Diskussion über das konventionelle Kräfteverhältnis zwischen Warschauer Pakt (WP) und NATO geführt. An der enormen zahlenmäßigen Überlegenheit des WP im Ostseeraum und in und über der Ostsee bestand kein Zweifel. Die Informationen aus unserem Militärischen Nachrichtenwesen boten keine Hinweise darauf, dass die hohe numerische Überlegenheit der WP-Kräfte sicher durch eine höhere Qualität unserer Einheiten ausgeglichen werden konnte – was ohnehin nur punktuell hätte wirken können. Im Gespräch mit einigen der jüngeren Kommandanten hielten wir uns unsere Lage vor Augen, falls der Spannungs- oder Verteidigungsfall durch einen Angriff des WP auf Westeuropa ausgelöst werden müsste.

Die sowjetische Militärdoktrin sah für diesen Fall in ihrer operativen Umsetzung die Ostsee als „Rollbahn" für den seeseitigen Angriff auf westdeutsches und dänisches Territorium, also für die seeseitige Unterstützung der Einnahme der Ostseezugänge vor. Träger dieses Angriffs als Teil der 1. Strategischen Staffel des WP würden die „Verbündeten Ostseeflotten" sein, also die Volksmarine der NVA, die Polnische Seekriegsflotte und die Baltische Rotbannerflotte, die mit ihren vereinten amphibischen Kräften in einem oder mehreren Landungsverbänden offensiv gegen Fehmarn, Ostholstein und die dänischen Inseln vorgehen würden. Im Falle einer drohenden Kriegsgefahr musste daher die Bundesmarine im Ostseeraum sicherstellen, dass

- der sich formierende Landungsverband so frühzeitig und so weit östlich wie möglich entdeckt und gemeldet wurde;
- seine Bewegungen gemeldet wurden, um so früh wie möglich eine unmissverständliche Indikation oder Warnung bezüglich der Absichten des WP für die politische Führung der Bundesrepublik und der NATO zu erhalten;
- im Falle eines sicher erwarteten oder begonnenen Angriffs des WP der Landungsverband so früh und so weit östlich wie möglich angegriffen würde mit dem Ziel, ihn abzunutzen oder zu neutralisieren, bevor er zu einer ernsthaften Bedrohung für das NATO-Territorium an der westlichen Ostsee werden würde.

Aufklärung aus der Luft würde zwar zu Beginn einer Krise noch erfolgen können, würde aber mit Verschärfung der Krise angesichts der Kräfteverhältnisse deutlich erschwert oder unmöglich werden. Eine Bekämpfung des Landungsverbandes durch Marinejagdbomber und FK-Schnellboote würde aus den gleichen Gründen frühestens in der westlichen Ostsee, also sehr spät, erfolgen können.

Damit blieben für die existenziell wichtigen Aufgaben „Aufklärung/Entdeckung/Meldung des Landungsverbandes – Angriff und Abnutzung so weit östlich wie möglich, schon in der mittleren Ostsee" nur unsere Uboote, die daher in der Krise in weit vorgeschobene, vorgeplante Einsatzgebiete verlegen würden. Auch wenn nachzuvollziehen war, dass in bestimmten Lagen „Aufklärung und Meldung" vor „Angriff" gehen würde, trübte die Erkenntnis, dass uns in einem solchen Fall die versprochene moderne Torpedobewaffnung mit großer Reichweite auf unbestimmte Zeit nicht zur Verfügung stehen würde, dieses Einsatzszenario erheblich.

1976 haben wir wieder an einem JOINT MARITIME COURSE, der großen Übung der Royal Navy, teilgenommen. Zum ersten Mal haben wir die Nordsee durchgehend getaucht überquert und die drei Wochen der Übung in der mittleren und nördlichen Nordsee durchgehend getaucht und ohne Landsicht durchgeführt – und ohne Satellitennavigation (die es noch nicht gab) oder gar Trägheitsnavigation, einzig abhängig von genauer Vorbereitung und exakter Koppelnavigation, die jede Kurs- und Fahrtänderung abbildete und die Tiefenänderungen des Meeresbodens konsequent zur Positionsbestimmung nutzte. Mein herausragender NavMeister zeigte mir in der Vorbereitung, dass zwar eine reale Gefahr für uns von den zahlreichen Ölbohrinseln ausging – und davon gab es in der mittleren und nördlichen Nordsee schon genug. Wirklich gefährlich aber waren die unzähligen Positionen, auf denen einmal Ölbohrinseln gemeldet waren. Die Förderkonzerne waren nämlich nie verpflichtet gewesen, bei Positionswechsel die alten Standbeine der Bohrinseln bis zum Meeresboden zu entfernen (was ohnehin wohl niemand kontrolliert hätte), sondern dies nur bis zu einer Tiefe von 30 – 40 m unter der Wasseroberfläche zu tun. Und auch das kontrollierte wohl niemand so genau. Für uns stellte daher jede dieser Positionen ein erhebliches Risiko dar, denn die Folgen einer Unterwasserkollision waren nicht absehbar. Nach langen Überlegungen entschied ich mich für einen Sicherheitsbereich von 2 Sm um jede dieser Positionen – und Teile der Nordsee wurden für uns zu einem Flickenteppich voller OFF-LIMITS-Gebiete. Nach etwa zwei Wochen bot sich die Gelegenheit, eine der tiefsten Stellen der Nordsee, „DEVIL'S HOLE", zu überqueren. Mit dem NavPersonal fieberte die ganze Besatzung auf den Moment, in dem der Echograph den großen Tiefensprung anzeigen würde – und der Jubel wie auch der Stolz der Navigatoren war groß, als der fast genau auf die vorherberechnete Minute eintrat. Dennoch war ich wie die ganze Besatzung begeistert, als nach über drei Wochen morgens früh zum Einlaufen in den Firth of Forth und nach Edinburgh das Leuchtfeuer von May Island, der Ansteuerung des Firth of Forth, beim Ausfahren des Sehrohres wirklich genau vor uns lag.

Inzwischen gab es einige Verbesserungen für die Menschen an Bord. In einer Werftliegezeit wurde im Wasch- und Toilettenraum unter den Flurplatten ein Durchlauferhitzer eingebaut. Der Ubootmann durfte warm duschen!! Auch der Einbau eines größeren Kühlschranks hatte alle Hürden des Entstehungsganges „Änderung von Wehrmaterial" durchlaufen und überlebt, was den Zeitraum gekühlter Verpflegung bei längeren Seefahrten deutlich verlängerte. Schließlich hatte ein ungenannter Verpflegungsfachmann in der Wehrverwaltung erkannt, dass sich in den zurückliegenden 30 Jahren für längere Seefahrten neben Konserven, Schiffszwieback und schimmelnder Frischverpflegung weitere Alternativen entwickelt hatten. Zu meiner großen Überraschung und Freude wurde U 17 beauftragt, eine Langzeiterprobung von „Lufthansa-Verpflegung" für Ubootbesatzungen durchzuführen. Wir wurden für ein Vorhaben in der mittleren Ostsee mit fertig vorgekochten, vakuumverpackten Tagesverpflegungssätzen in ca. sieben verschiedenen Tagesprogrammen für unsere 22 Mann ausgerüstet, aßen und bewerteten in See in einem akribisch geführten Testprotokoll. Auch wenn es hier noch Verbesserungsbedarf und -möglichkeiten gab und unser Smut fleißig nachkochte und nachwürzte, war der Fortschritt doch unverkennbar. Diese Verpflegung wurde dann bald für den Bedarfsfall eingeführt. Und dann gab es sogar – endlich – eine Ubootbekleidung, die diesen Namen verdiente. Trug bislang die Besatzung bis zum Kommandanten auf See Räuberzivil (Jeans und Isländer galten dabei schon fast als uniformähnlich), da die beengten Verhältnisse wie auch Schmutz und Gestank unseren normalen Uniformen nicht bekommen wären, so gab es jetzt das „Uboot-Oliv" – eigens entwickelt, strapazierfähig, tragefreundlich, vor allem auch im Stützpunkt als Uniform akzeptabel.

Auch für unsere Einsatzaufgabe gab es endlich eine Verbesserung. Während einer Werftliegezeit wurde ein Kurzsignalgeber eingebaut. Er ermöglichte die verschlüsselte und auf Bruchteile einer Sekunde komprimierte Abgabe von Aufklärungs- und anderen Meldungen. In den Erprobungen bewies er seine Standfestigkeit und blieb an Bord. Von jetzt an würden wir eine entscheidende Aufklärungsmeldung nicht mehr als eine leicht einpeilbare, im Volltext gesendete HF-Meldung abgeben müssen. Das Gerät war uns sehr willkommen.

Während der Teilnahme an einem TSA im Skagerrak hätte eine gebrochene Welle in einem Ventil sehr böse Folgen für unser Boot und seine Besatzung haben können.

Dazu ist voraus zu schicken, dass jedes Torpedorohr vor dem Torpedoschuss aus dem Boot heraus bewässert, mit Wasser gefüllt wurde, damit sich die Mündungsklappen auch gegen hohen Aussendruck sicher und geräuschlos öffnen ließen und nicht von außen hereinflutendes Wasser Geräusche verursachte und dem Torpedo schadete. Das hierfür benötigte Wasser befand sich in zwei Zellen im Vorschiff innerhalb des Druckkörpers. Die Zellen hatten nur dünne Wände. Sie mussten ja nicht wie der Druckkörper dem hohen Außendruck standhalten, da vor jedem Öffnen der Mündungsklappen das „Be-/Entwässerungsventil" in der Rohrleitung zwischen Torpedorohr und dieser Zelle sicher geschlossen und auf den Zustand „ZU" kontrolliert wurde. Für den unwahrscheinlichen Fall, dass dieses Ventil bei geöffneter Mündungsklappe einmal nicht ZU oder ganz ZU stehen sollte, befand sich an jeder der Zellen ein Sicherheitsventil, das bei Druckanstieg öffnen, hineinströmendes Wasser in die große Bugraumbilge ablassen und so die Zellenwände vor dem Zerreißen schützen würde.

Während einer der Übungsnächte führte U 17 einen Schussanlauf auf das Zielschiff durch, auf dem sich der Schießleiter des TSA, unser Geschwaderkommandeur, FKpt Horten, befand. Bislang war aus Rohr 2 geschossen worden, nun war Rohr 1 dran. Der Anlauf sollte auf Tiefe, etliche Meter unterhalb der Sehrohrtiefe, als „Blindanlauf", ohne Sehrohrgebrauch, einzig mit passiver Gegnerwertermittlung, durchgeführt werden. Die Zieldatenermittlung war abgeschlossen, die Feuerleitlösung erarbeitet, der Torpedoschuss konnte in wenigen Minuten erfolgen, das Be-/Entwässerungsventil an Rohr 1 war ZU. Ich ließ die Mündungsklappen Rohr 1 öffnen und dem Schießleiter über Unterwassertelefonie melden, dass mein Schussanlauf begann.

Doch das Ventil war nicht ZU. Aufgrund eines Materialfehlers oder Materialermüdung war die Ventilwelle im Innern gebrochen. Äußere Anzeige und Ventilstellung zeigten ZU, aber das Ventil war im Inneren AUF. Der erhebliche Wasserdruck auf 20 – 30 m Tauchtiefe schlug durch die Wasserleitung in die Zelle durch, die sofort voll war, deren Sicherheitsventil wie vorgeschrieben öffnete und in starkem Schwall ungehört Wasser in die Bugraumbilge abgab. Die lief ihrerseits schnell voll. Das zusätzliche Gewicht im vordersten Teil des Bootes – gegen Ende müssen sich über 2 Tonnen Wasser im Bugraum befunden haben – übte sehr schnell eine dramatische Wirkung auf den Trimm aus. Das Boot wollte unbedingt den Bug nach unten senken. Der STO, der die Ursache dieses Phänomens nicht kannte und den Kommandanten in den wenigen Minuten vor dem Torpedoschuss nicht stören und ablenken wollte, versuchte noch eine kurze Zeit, mit den ihm zur Verfügung stehenden Maßnahmen das Boot auf ebenem Kiel zu halten – bis alles zu spät war, der Bug des Bootes sich stark nach unten senkte und das Boot mit 40 bis 60 Grad Vorlastigkeit „durchrauschte". Die Meldungen des STO folgten schnell aufeinander: „30 m, 40 m, 50 m, 60 m – Boot ist nicht zu halten."

Im ohnehin tiefen Skagerrak wies unser Schießgebiet eine extreme Wassertiefe auf. Sie hätte alle Sicherheitsfaktoren des Druckkörpers von U 17 deutlich überfordert.

Nach den ersten Schrecksekunden ließ ich sofort die Mündungsklappen des Torpedorohrs schließen, um den Torpedo gegen Beschädigung durch zu hohen Außendruck zu schützen. Unbeabsichtigt wurde dadurch auch der Zufluss weiteren Wassers durch das offene Ventil beendet. Unter kräftiger Anwendung aller Maßnahmen, die wir für einen solchen Fall erlernt, in der TTG geübt und gelegentlich wiederholt hatten, gelang es, das Boot weit unterhalb der in Friedenszeiten maximal zulässigen Tauchtiefe abzufangen, zum Stehen zu bringen. Da mir die Ursache für diese Vorgänge völlig unklar und es mir dort einfach zu tief war, ließ ich sofort auftauchen. Erst nach den entsprechenden Befehlen meldete ich dem Schießleiter über Unterwassertelefonie, dass der Anlauf abgebrochen sei und das Boot umgehend auftauchen werde. Als sich dann während des Auftauchens der Bug des Bootes nach oben hob, rollte eine Flutwelle aus der Bugraumbilge durch das Boot und verursachte einige Schäden. Dann lag es ruhig an der nächtlichen Wasseroberfläche des Skagerraks – und die gesamte Besatzung einschließlich des Kommandanten fand das auch sehr gut; bis der Kommandeur, vom mittlerweile heran geschlossenen Zielschiff per Schlauchboot an Bord gekommen, mir einen gehörigen Anschiss verpasste. Da auch er die Zusammenhänge nicht überblicken konnte und zwischenzeitlich voller Sorge um U 17 gewesen war, von dem er seit der Schussankündigung nichts mehr gehört hatte, konnte er sich wohl zu diesem Zeitpunkt nur irgendeinen dramatischen Fehler der Besatzung und ihres Kommandanten vorstellen.

Sehr ungnädig wurden wir zur Ursachenfeststellung und Schadensbeseitigung entlassen. Der TSA war gelaufen.

Techniker des Marinearsenals Kiel entdeckten dort die Störungsursache und wechselten das Ventil aus. Wir waren exkulpiert – und der Kommandeur nahm seinen Anschiss formell zurück. Dies und das Bewusstsein, dass wir uns richtig verhalten und schweren Schaden verhindert hatten, reichten meinem STO und mir eigentlich. Aber angesichts der Tatsache, dass der Stab der UFlottille und ihr Kommandeur, KptzS E., gerne persönlich in Erscheinung traten, wenn mit einem Kommentar ein Lob oder Tadel verteilt werden und so die Führungsrolle der Flottille deutlich gemacht werden konnte, konnte ich mir damals wenigstens einen Händedruck und eine Tasse Kaffee bei ihm vorstellen – ihr Ausbleiben allerdings auch verschmerzen.

Nach diesen Erfahrungen traf es sich sehr gut, dass neben einem Schwesterboot auch U 17 beauftragt wurde, die Hydrazin-Erprobung durchzuführen. Das Bundesamt für Wehrtechnik und Beschaffung hatte ein Not-Auftauchverfahren für Uboote entwickelt. Dazu wurden in die beiden vorderen Tauchzellen Gasbehälter als Notanblaseanlage mit Hydrazingas im Ruhezustand installiert. Über ein Kommandogerät im Bugraum konnte das Gas aktiviert werden, das sich dann explosionsartig ausdehnte und das gesamte Wasser auch gegen hohen Außendruck vollständig aus den Tauchzellen hinausdrückte. Als Folge dieser plötzlichen erheblichen Gewichtserleichterung im Vorschiff sollte das Boot dann unaufhaltsam und schnell an die Wasseroberfläche schießen – und das tat es dann auch wirklich. Bei dem Schwesterboot zu sehen, dass es nach Auslösen auf mittlerer Tiefe so stark nach oben schoss, dass der komplette Bootskörper bis zum Turm aus dem Wasser austauchte, war sehr beeindruckend – und den Vorgang selbst und das starke Achterbahngefühl mit einem kompletten Uboot zu erleben, war es ebenfalls. Die Anlage wurde in alle Boote eingebaut, alle Besatzungen haben das begrüßt. Die Weisung, dass der Schlüssel für das Kommandogerät vom Kommandanten persönlich zu verwahren war, fand ich sehr vernünftig.

Für die „Historisch-Taktische-Tagung des Flottenkommandos" im Jahr 1977 hatte im Frühjahr 1976 in allen Flottillen die Suche nach Einzelthemen zu dem vorgegebenen Generalthema „Führen im Einsatz" begonnen. In der UFlottille hatten alle Aufforderungen des

Kommandeurs an die unterstellten Einheiten keinen eigenen Themenvorschlag erbracht. Auf eine erneute Aufforderung, doch ein Einzelthema vorzuschlagen, fiel mir das sehr innovative Thema „Ubootführung im Einsatz" ein. Trotz aller Marineerfahrung, die dagegen sprach, meldete ich den Vorschlag – der prompt ausgewählt und ich als Ideengeber auch umgehend beauftragt wurde, das Thema auszuarbeiten und vorzutragen. Mit mir zusammen trug KKpt Wilhelms, ehemaliger Ubootkommandant, zum Thema vor. Mein Mentor wurde der von mir sehr geschätzte Marinehistoriker Prof. Dr. Jürgen Rohwer, der einen eigenen Beitrag mit Erkenntnissen aus seiner Forschung zum Ubootkrieg im 2. Weltkrieg leistete. Mein Vortrag vor dem Befehlshaber der Flotte und den Teilnehmern an der Tagung im Januar 1977 war für mich ein eindrucksvolles Erlebnis, das den Arbeitsaufwand und die Nervenanspannung rechtfertigte. Ich empfand es als so interessant, dass ich im Laufe des Jahres wieder einen Einzelthemenvorschlag für die HiTaTa 1978 vorlegte.

Im April 1977 erhielt ich die schriftliche Mitteilung, dass ich durch die Personalführung für das Geschichtsstudium mit anschließender Promotion an der Christian-Albrechts-Universität in Kiel ausgewählt worden war. Dies würde das Studium bei Professor Salewski ermöglichen und einen Ortswechsel für meine junge Familie aus Eckernförde nach Bonn, wo Professor Hubatsch lehrte, entbehrlich machen. Die Entscheidung stand im Einklang mit mehreren Empfehlungen in meinen letzten Beurteilungen. Für die endgültige Entscheidung wurde mir Zeit bis zum Oktober 1977, dem Beginn des Wintersemesters, zugestanden.

Ende Mai bis Ende August 1977 absolvierte ich an der Führungsakademie der Bundeswehr in Hamburg den „Grundlehrgang Fortbildungsstufe C", auch „Christenverfolgung" genannt, da er als Prüfungslehrgang verschrien und sein Bestehen Voraussetzung für den Eintritt in die Laufbahn der Stabsoffiziere, die Beförderung zum Korvettenkapitän/Major war – ein Urteil übrigens, das nach meinem Erleben zu großen Teilen nicht berechtigt war. Mit der Lehrgangsbeurteilung wurde festgestellt, dass ich für die Admiralstabsausbildung geeignet war. Nach gründlicher Abwägung entschied ich mich darauf hin, auf das mir angebotene Geschichtsstudium, das einem Teil meiner Neigungen entsprochen hätte, zu verzichten – denn die ASTO-

Empfehlung erschien mir wichtiger für meinen weiteren Weg in der Marine.

Ende September 1977 übergab ich das Kommando über U 17 an meinen Crewkameraden Wolfgang K. Boot und Besatzung waren mir in vier langen, ereignisreichen Jahren ans Herz gewachsen und ließen mir den Abschied schwer werden. Die Ungewissheit über das „Danach" kam hinzu.

Das Problem mit dem Torpedo DM 2 war immer noch nicht gelöst – allerdings hatten Gerüchte über die tatsächliche Fehlerursache zu zirkulieren begonnen: Angeblich hatten in den Seegebieten, in denen unsere Schießabschnitte stattfanden, bestimmte Fischarten einen solchen Gefallen an dem neu entwickelten Lenkdraht gefunden, dass sie in ihn bissen und so beschädigten. Konnte diese aberwitzige Erklärung wirklich Substanz haben?

Zunächst aber begann im Oktober 1977 mein B-Lehrgang „Führungsdienste" an der Marineoperationsschule in Bremerhaven. Mit seinem ersten, dreimonatigen gemeinsamen Teil für alle Lehrgangsteilnehmer verfolgte er das Ziel, gemeinsame Grundlagen zu legen, auf die wir auf unserem Weg zur Eignung als Schiffseinsatzoffizier eines Zerstörers oder einer Fregatte im weiteren Teil des Lehrgangs aufbauen sollten.

Das war wohl auch dringend erforderlich, denn die Lehrgangsteilnehmer kamen ja aus allen Teilen der Flotte, als Abschnittsleiter auf Zerstörern und Fregatten, als Kommandanten von Schnell-, Minensuch- und Ubooten und hatten damit völlig unterschiedliche fachliche Hintergründe. Den Bootsfahrern, die die Mehrheit stellten, fehlte zudem das Verständnis für die Probleme, die das Fahren und die mehrdimensionale Seekriegsführung im Verband durch Kampfschiffe mit sich brachten. Die zahlreichen Übungen im Verfahrenstrainer waren dazu hilfreich, auch wenn sie uns häufig auch ziemlich anödeten.

Der theoretische Unterricht war dagegen in unangenehmer Weise verschult, manchmal schien sein Hauptzweck die nachvollziehbare Notenfindung in Tests zu sein. Die zehn Aufgaben des Ausgucks mussten wirklich auswendig gelernt werden – und wurden auch wirklich im Test abgefragt.

Die Lehrer waren ganz überwiegend sehr qualifiziert. Sie gingen ihre

Aufgabe engagiert an und bemühten sich mehrheitlich, mit ihrer schwierigen Klientel angemessen umzugehen. Und als Lehrgangsteilnehmer waren wir eine schwierige Klientel, die sehr gemischt zusammengesetzt war. Als Abschnittleiter, die auf den Kampfschiffen eine relativ enge, präsente Führung durch ihre Hauptabschnittsleiter und Erste Offiziere kannten, waren die Lehrgangsteilnehmer mit spürbarer militärischer Disziplin im Tagesablauf noch wohl vertraut. Die ehemaligen Bootskommandanten, die die Mehrheit stellten, waren dagegen an große Selbständigkeit in der Wahrnehmung ihrer großen Verantwortung und an das damit verbundene Ansehen gewohnt. Sie waren daran gewohnt, im Tagesablauf die Regeln und Grenzen der Disziplin zu setzen, nicht aber ihnen unterworfen zu werden.

Wo wir Lehrgangsteilnehmer das Gefühl hatten, dass diese Ausgangslage angemessen respektiert wurde, entwickelte sich schnell ein angenehmes Lern- und Arbeitsklima. Wo das nicht der Fall war – und das war nicht die Ausnahme – wurde es schwierig.

Bei der Wahl der Vertiefungsrichtung hatte ich mich für den Fachteil UJagd entschieden, der Ende des Jahres an der Marinewaffenschule, Lehrgruppe A in Eckernförde begann und bis zum Juli 1979 dauern sollte. Ich tat dies, obwohl sich dieser Teil in der Flotte eines ausgesprochen schlechten Rufes bezüglich seiner Qualität erfreute. Aber die Durchführung erfolgte am Wohnort meiner Familie, auf die anderen Fachteile hatte ich überhaupt keine Lust, und UJagd war ohnehin der Teil, auf dem sich alle ehemaligen Ubootkommandanten zu treffen pflegten.

Schon mit Dienstantritt an der Marinewaffenschule trat die Problematik des Verhältnisses Lehrer – Schüler in aller Schärfe in den Vordergrund, denn auf dem Fachteil UJagd befanden sich nur ehemalige Bootskommandanten (die Schiffsfahrer hatten offenkundig Angst oder Abscheu vor der UJagd), die von vorneherein nicht beabsichtigten, sich gezielt in einen in ihren Augen „niedrigen Schülerstatus" einzwängen zu lassen. Und große Teile des Lehrkörpers hatten offensichtlich ein so fest gefügtes Lehrer-Schüler-Bild, dass sie nicht mehr zwischen Rekruten oder Maatenschülern und unserem Hörsaal unterscheiden konnten oder wollten. Das Klima zwischen Lehrgang und Schule wurde schnell sehr schlecht.

Positive Erscheinungen waren die Ausnahme – wie FKpt H., der die

Bedienung der verschiedenen Waffenleitanlagen mit extremer Sachkenntnis und viel Herzblut unterrichtete (aber für den immensen Stoff nicht genug Stunden hatte); wie der Zivillehrer N., der mitreißend Rechnerkunde unterrichtete (aber mit einem nach unserer Überzeugung viel zu hohen Stundenansatz angesichts unserer Überzeugung, dass wir nie ohne eine weitere Spezialausbildung einen Rechner zu programmieren haben würden). Die negativen Beispiele waren deutlich – wie der Fachleiter UJagd, der von Ubooten gar keine und von UJagd nur begrenzte Kenntnis zu haben schien und uns den Eindruck vermittelte, dass UJagd wohl wirklich nur eine „schwarze Kunst" war, und durch seine Verfahren der Notenfindung erbitterten Widerstand auslöste – wie der Lehrer Ozeanographie, ein Austauschoffizier der U.S. Navy, der zwar sehr engagiert war, aber von seinem Fachgebiet kein Vorwissen hatte, sondern uns immer nur eine knappe Unterrichtsstunde im voraus war (was gegenüber ehemaligen Ubootkommandanten im Hörsaal nicht reichte) und uns mit Plebes im 1. Jahr der U.S. Naval Academy verwechselte, was dem Klima nicht förderlich war. Auch der Inspektionschef, KKpt F., passte gut in diese Reihe. Als Offizier, der den Großteil seiner Dienstzeit in Landverwendungen verbracht hatte, fühlte er sich wohl bemüßigt, uns ständig deutlich zu machen, dass wir in seinen Augen nichts anderes als Schüler waren gleich den Maaten und Bootsmannsschülern, die ihm disziplinar unterstanden und für die der Schulbetrieb heilig zu sein hatte. Dies gelang ihm ständig, und das Klima war entsprechend gespannt.

Im Vorjahr hatte ich für die HiTaTa 1978, die unter dem Generalthema „Die Flotte als Bestandteil der Marine" stand, ein Einzelthema vorgeschlagen:

„Die Stellung der Flotte in den Marinen der Vergangenheit – eine Untersuchung, ob verschiedene Gliederungsformen klare Befehlswege und die Erfüllung des Kampfauftrags ermöglichten, dargestellt an ausgewählten Beispielen des 1. und 2. Weltkriegs".

Das Thema war ausgewählt und ich mit Erarbeitung des Vortrags beauftragt worden. Ich hatte den Vortrag fertig gestellt und gegen Jahresende 1977 pünktlich über die Marineoperationsschule vorgelegt. Vor Beginn der HiTaTa erhielt ich dann vom Inspektionschef den Befehl, nur für den Vortrag selbst nach Glücksburg anzureisen und umgehend zurück zu kehren, nicht an der ganzen HiTaTa teilzunehmen, da jede einzelne versäumte Unterrichtsstunde das Bestehen des Lehrgangs ernsthaft in Frage stellen würde.

Obwohl ich zu diesem Zeitpunkt noch nicht wusste, wie lächerlich diese Behauptung angesichts der „Qualität" der Ausbildung war, fand ich diesen Befehl nicht angemessen. Ich meldete mich beim Lehrgruppenkommandeur, KptzS F., und trug ihm mein Unverständnis vor. Der zeigte wenigstens etwas Verständnis und erlaubte mir den ganzen ersten Tag zur Teilnahme. Auch dies schien mir nicht angemessen. Ich schlug ihm daher vor, meine Teilnahme und den Vortrag auf dem Dienstweg beim Befehlshaber der Flotte wegen der mittlerweile nur noch fünf strittigen Unterrichtsstunden abzusagen oder mich wie alle anderen Teilnehmer komplett teilnehmen zu lassen. Ich durfte teilnehmen und meinen Vortrag, der gut aufgenommen wurde, halten. Die überragende Bedeutung des Schulbetriebs wurde dann dadurch unterstrichen, dass mir die in der Flotte als Ausgleich für die viele Mehrarbeit üblichen drei Tage Sonderurlaub, die ja auch nach Lehrgangsende hätten genommen werden können, nicht gewährt wurden.

Dass wir schlechte Schüler waren, zeigten wir auch dadurch, dass wir Kritik an der miserablen Verpflegung übten. Nach einigen Monaten war unser Zorn so groß, dass ich als Vertrauensmann des Lehrgangs nach dem Mittagessen das Küchentagebuch anforderte und unter „Vorschläge zur Verbesserung" im Namen des Lehrgangs eintrug: „Besuch der Lehrküche der Marineversorgungsschule List, um die Mindest-Grundkenntnisse beim Küchenpersonal aufzufrischen". Dies trug mir ein Vier-Augen-Gespräch beim Lehrgruppenkommandeur ein, der mich ja schon kannte. Es ging dabei allerdings nicht um die Qualität des Essens, sondern einzig darum, was man als Schüler ins KTB schreiben durfte und was gefälligst nicht.

Am Ende des UJagdteils verfassten wir eine Lehrgangskritik, die ich als Vertrauensmann unterschrieb. Darin befassten wir uns ausführlich mit dem Schulbetrieb und jedem einzelnen Mitglied des Lehrkörpers. Noch viele Jahre später, als KptzS, wurde ich darauf von einem alten Kämpen des Marineamtes angesprochen: „Sie haben doch damals diese Lehrgangskritik unterschrieben, Herr Kap'tän?"

Den Ujagdteil habe ich „gut" bestanden. Selten hatte ich in sieben Monaten so wenig gelernt und mich so häufig geärgert. Aber ich war jeden Tag bei Frau und Sohn zuhause und hatte Freundschaften geschlossen, die sehr lange gehalten haben.

Die abschließenden drei Monate an der Marineoperationsschule dienten der Vertiefung und Abrundung. Wir alle blickten jetzt mit etwas anderen Augen auf den Unterricht und vor allem auf die Übungen am Verfahrenstrainer. Am Ende war auch mir bewusst geworden, dass die Mehrdimensionalität des Seekriegs auf Zerstörern und Fregatten gewaltige Herausforderungen mit sich brachte, auf die wir jetzt zwar ein wenig, aber bei weitem nicht ausreichend gut vorbereitet waren – und dass es zu deren Bewältigung in der Flotte und bei jedem von uns noch genug Schwachstellen und Lücken gab. Erst die Praxis würde zeigen, wie jeder von uns der Realität gewachsen sein würde.

Ich freute mich daher, als ich zu Lehrgangsende erfuhr, dass ich U-Jagdoffizier auf einem Zerstörer der FLETCHER-Klasse in Kiel werden würde. Die Praxis würde kommen. Ich würde dafür leider nur ein Jahr zur Verfügung haben – denn zwischenzeitig war ich als Lehrgangsteilnehmer am 21. Admiralstabslehrgang an der Führungsakademie der Bundeswehr in Hamburg ausgewählt worden, der im Oktober 1979 beginnen würde.

Mein Schiff war der Zerstörer „Z 4", der 1942 als „Claxton" und Einheit der FLETCHER-Klasse für die US-Navy von Stapel gelaufen und 1959 als Leihzerstörer unserer Marine übergeben worden war. „Z 4" gehörte zum 3. Zerstörergeschwader und war in Kiel stationiert – ein Geschenk für mein Familienleben. Hier sollte ich meine erste Schiffserfahrung als UJagdoffizier sammeln.

Kommandant war FKpt Tetzlaff, erfahrener „Shiphandler", immer ruhig und gelassen, der seine Wachoffiziere durch die außergewöhnliche Freiheit, die er ihnen gewährte, sehr forderte – und beim Manövrieren nur eingriff, wenn es wirklich unbedingt und sofort sein musste. Er traf seiner Besatzung gegenüber stets den richtigen Ton, mit dem er ohne Übertreibungen Zusammenhalt und „elitäres" Bewusstsein der Fletcherfahrer und den Stolz auf erbrachte Leistungen auf ihrem alten, veralteten Schiff unter extremen Lebensbedingungen am Leben erhielt.

Erster Offizier war Kkpt von der Planitz. Aus gemeinsamer Vereinsmitgliedschaft in Eckernförde war er mir gut bekannt, wir duzten uns. Gerade Letzteres schien mir in einer engen Offiziersgemeinschaft, in die ich neu hinzukam, als Merkmal eines besonderen Vertrauensverhältnisses wenig geeignet. Ich schlug ihm bei meiner Meldung vor, zu dem für alle einfachen „Sie" zurück zu kehren. Beeindruckt hat mich die Souveränität, mit der er es ablehnte, sein Verhalten mir gegenüber nur der dienstlichen „Optik" wegen zu ändern – im Übrigen werde er das den Kameraden schon angemessen zu erklären wissen. Er betraute mich mit der Nebenaufgabe des Bearbeiters der Alarmierungs- und Mobilmachungsunterlagen – eine aufwändige, ärgerliche, bürokratische Verwaltungsaufgabe mit „Streng Geheim"-Unterlagen, über die ich seitenweise genaue Nachweise zu führen hatte. Für sie gab es einen eigenen Panzerschrank in einer Offizierskammer und die Vorschrift, dass nur der mit dieser Aufgabe betraute Offizier alleine in dieser Kammer wohnen durfte. So kam ich zu dem Privileg, als Einziger neben dem Kommandanten und dem Ersten Offizier auf diesem engen, spartanisch eingerichteten Schiff eine Einzelkammer bewohnen zu dürfen – ein unglaublicher Luxus!

Wegen gesundheitlicher Probleme, die eine längere Behandlung erforderten, musste „vdP" leider bald das Schiff verlassen. Sein Nachfolger wurde KKpt. Kinast, der die Besatzung mit dem rauen Charme eines Fischdampferkapitäns führte. Beide Erste Offiziere bildeten, jeder auf seine Weise, mit dem Kommandanten zusammen ein Führungsduo, das ich als vorbildlich empfand und das Besatzung und Schiff erfolgreich führte.

Für mich ging es darum, möglichst schnell alles zu verstehen und zu erlernen, was auf einem Zerstörer völlig anders war als auf einem Uboot, nämlich so ziemlich alles, denn im November sollte das Schiff nach Portland zur Gefechtsausbildung verlegen.

Zunächst kam das Fahren des Schiffes, das Ship-Handling. Auf See war das kein Problem – der Kommandant schätzte es, wenn ich nachts Brückenwache hatte, denn er wusste, dass bei einem ehemaligen Bootskommandanten sein Schiff in sicheren Händen war.

Dann kam das Ablegen. Vor dem ersten Ableger von der Außenseite der Tirpitzmole in Kiel drückte er mir das Buch eines amerikanischen Marineoffiziers in die Hände: „SHIPHANDLING DESTROYERS" von Captain Smith. Hier hatte der erfahrene Zerstörerkommandant genau beschrieben, wie alle amerikanischen Zerstörerklassen gut und sicher gefahren werden sollten, natürlich auch die Zerstörer der

FLETCHER-Klasse. Und da hieß es sinngemäß: Beim Ablegen von einer festen Pier, wenn neben und hinter dir kein Schiff liegt, wirf einfach alle Leinen los, befehle BEIDE MASCHINEN ZURÜCK HALBE!, schließe die Augen, bete ein „Vater Unser", befehle BEIDE MASCHINEN STOP! und gehe dann mit Maschine und Ruderkommando gelassen auf Auslaufkurs. Vor dem Manöveranpfiff fragte mich der Kommandant: „UJO, haben Sie das gelesen?" Und als ich die Frage bejahte: "Dann machen Sie das so – Augen schließen und beten müssen Sie aber nicht unbedingt!" Auf der Pier waren ziemlich viele Menschen, und zwei Liegeplätze hinter uns lag „Z 2" – und ich hatte Nerven. Aber dann ging es los, wie von Captain Smith empfohlen – unsere Schornsteine spuckten schwarze Qualmwolken, und ich hatte das Gefühl, jetzt zu erleben, was S-Bootfahren bedeutete, als unser Schiff abklappte und wie ein D-Zug über das Heck losbrauste.

Anlegen war deutlich schwerer und machte mir lange Zeit Probleme. Zwischen einem Ubootrumpf mit Elektromotor und einer Schraube einerseits und einem Zerstörerrumpf mit Dampfturbinen und zwei Schrauben andererseits gab es doch erhebliche Unterschiede. Mit Engelsgeduld und ausgesprochener Risikobereitschaft bildete der Kommandant mich aus. Als ich wieder einmal mit dem Schiff 20m quer zur Pier versauert war und mich erkennbar wahnsinnig ärgerte, kam sein Kommentar, den ich nie vergessen habe: „UJO, Sie können das schon – Sie wissen das nur noch nicht!" Glücklicherweise hat er Recht behalten...

Als Ujagdoffizier war ich auch Decksoffizier und Boss aller Seeziegen, der 11er. Also musste auch Versorgung in See geübt und gelernt werden. Und wenn ich bisher gedacht hatte, der ungemütlichste Ort in der Marine wäre die Brücke eines Ubootes bei Überwasserfahrt in schwerer See, dann hatte ich noch nicht erleben dürfen, wie es im Ostseewinter bei Schnee und Eis auf dem Vorschiff eines Fletchers bei Seeversorgung und schwerer See von vorne zuging. Aber auch das klappte irgendwann.

Und dann kam natürlich noch das eigentliche Geschäft – die Ubootjagd oder besser das Finden eines Ubootes. Hier bestätigte sich erwartungsgemäß meine Erfahrung als Ubootkommandant und aus dem UJagdteil des B-Lehrgangs, dass es sich hier wahrhaftig um eine schwarze Kunst handelte, denn es wollte uns immer wieder nicht gelingen, eine saubere Ortung zu erzielen, selbst wenn uns das Uboot mit seinen Ausfahrgeräten geduldig zeigte, wo es sich befand. Ich erfuhr jetzt am eigenen Leibe, wie frustrierend es für Sonarpersonal und Ujagdoffizier war, alles Gelernte 100%ig anzuwenden, stundenlang zu suchen, das Schiff nur nach den Erfordernissen der modernsten Suchverfahren zu dirigieren – und wegen der extrem ungünstigen Wasserverhältnisse, der Salzgehalt- und Temperaturschichten in den Übungsgebieten das Uboot, von dem wir wussten, dass es da war, einfach nicht zu finden.

Und dann ging es für sechs Wochen nach Portland am Ärmelkanal, dem Standort des „Flag Officer Sea Training" der Royal Navy, der mit seinem großen Stamm hoch qualifizierter Ausbilder in den Übungsgebieten vor der Bucht von Weymouth mit all den Übungspartnern, die man benötigte – Uboote, einige Schnellboote, Hubschrauber, Jagdbomber, Versorgungseinheiten – die hochwertige Gefechtsausbildung für die Zerstörer und Fregatten der Royal Navy – und eben auch unserer Marine – durchführte. Am Tag nach dem Einlaufen fand die Sachstandsfeststellung durch die Ausbilder statt, der STAFF SEA CHECK. Auch wir UJäger sollten nun zeigen, was wir bzw. unsere Sensoren und Waffen konnten. Mir war absolut mulmig zumute. Zum Glück war mein Sonarmeister schon einmal in Portland gewesen und wusste daher, wie wichtig dabei Einsatzfreude und Kampfgeist waren – und dass unsere 24 HEDGEHOG-Wasserbomben unbedingt explodieren mussten, ganz egal, wo und warum. Und er kannte das kleine Gebiet, in dem Wasserbomben geworfen werden durften, und wusste, dass dort außer dem Sonarziel auch viele Steine lagen. Und so meldete er mit Überzeugung einen Sonarkontakt – auch, als wir keinen hatten –, und ich fuhr unverdrossen den HEDGEHOG-Angriff auf den falschen Kontakt, ließ eine HEDGEHOG-Salve feuern. Das Schicksal war uns gnädig. Eine Wasserbombe musste auf einen Stein geschlagen sein und explodierte, die anderen 23 folgten aus Sympathie. Der britische Ausbildungsleiter war zufrieden – nur der anwesende Sonar-Chief hat etwas skeptisch geguckt…

Trotz des erfolgreichen Lärms, den unsere Wasserbomben produziert hatten, hatten wir die Prüfer mit unserer ersten Vorstellung aber offenkundig noch nicht recht überzeugt – und so wurde das ganze UJagd-Team mit mir, seinem Chef, für vier halbe Tag in dieser ersten

Hafenwoche in den Trainer im Stützpunkt beordert, um dort noch einmal unter Anleitung Ubootjagd zu üben – und der Staff Officer Anti Submarine Warfare, ein Commander, leitete diesen Ausbildungsabschnitt. Wir fingen wohl ziemlich schlecht an, aber schon am zweiten Tag erhielt ich eine typisch britische Aufmunterung: „Tremendous progress, UJO – but still UNSAT(isfactory = Mangelhaft!)!" Nach den vier halben Tagen hatte ich dann das Gefühl, in der Praxis der Ubootjagd und -bekämpfung mehr gelernt zu haben als im halben Jahr B-Lehrgang an der Unterwasserwaffenschule! Wir haben danach alle Übungen gemeistert, die Ausbilder wurden sehr zufrieden mit den UJägern von „Z 4".

In einer späteren Woche kam der Tag des Luftzielschießens, den wir alle fürchteten, denn die Kette Feuerleitradar – Rechner – 3˝-Geschütze arbeitete schon lange so langsam, dass wir es nie schafften, auf den Luftsack das Feuer zu eröffnen, wenn der Kommandant erst dann Feuererlaubnis gab, wenn der WO mit „ON TOP" meldete, dass das Schleppflugzeug genau über uns und damit aus dem Gefahrenbereich war. Da offenkundig ich am überzeugendsten flunkern konnte, fuhr ich bei diesen Anläufen als WO und hatte mit dem Brustton der Überzeugung „ON TOP!" zu melden, wenn das Schleppflugzeug erst in einem Winkel von 70 Grad über uns stand. Bei den Vorübungen schien das ganz gut zu klappen.

Dann kam der erste scharfe Anlauf. Der Staff Officer Gunnery, ein Lieutenant Commander, stand auf der Brücke und beobachtete. Ich meinte es sehr gut und meldete schon „ON TOP!", als das Schleppflugzeug erst in einem Höhenwinkel von etwa 60 Grad über uns stand. Und diesmal funktionierte unsere Flugabwehr auf einmal so, wie sie das noch nie getan hatte – und um das Schleppflugzeug herum explodierten unsere Granaten. Der Pilot klinkte das Schleppseil aus und entzog sich dem Beschuss durch einen Sturzflug über die Wasseroberfläche. „Halt! Batterie halt!" vom Kommandanten – und entsetztes, eisiges Schweigen auf der Brücke; Anlauf vergeigt, dramatischer Verstoß gegen Sicherheitsbestimmungen – garantiert ein UNSAT für die ganze Übung…

Da dreht sich der britische Lieutenant Commander zum Kommandanten, der immer noch mühsam um Fassung ringt, und sagt trocken mit hochgezogener linker Augenbraue: "Revenge for the BIS-

MARCK, Sir??"
Nie habe ich britischen Humor so dankbar entgegen genommen! Alles atmete erleichtert aus – und ein UNSAT haben wir auch nicht bekommen sondern sind mit einem blauen Auge – einem BELOW STANDARD (also „4-") – davon gekommen – wegen der besonderen, hervorzuhebenden Einsatzfreude unserer Artillerie!
Die Ausbildung haben wir mit einem „SATISFACTORY", also einem „BEFRIEDIGEND" bestanden und waren sehr stolz darauf.
Am 12. Februar 1979 liefen wir zu einer „Ausbildungsreise in Ausländische Gewässer" aus, auf die sich die Besatzung in den zurückliegenden Monaten schon intensiv vorbereitet hatte – nicht nur materiell, sondern u.a. mit einer intensiven Impfaktion. Zusammen mit den Zerstörern „BAYERN", „HAMBURG", dem Versorger „GLÜCKSBURG" und dem Tanker „RHÖN" sollten wir erstmals für die Bundesmarine im Verlauf einer Ausbildungsreise intensiv einen Großteil der westafrikanischen Staaten besuchen, „Botschafter in Blau" sein. Geführt wurde der Verband von KptzS v. H., der sich zu unserer großen Freude als Führungsschiff einen der anderen, moderneren Zerstörer ausgesucht hatte.
Nach einem kurzen Stopp in Brest ging es aber zunächst ins Mittelmeer nach Toulon. In den Übungsgebieten vor Toulon konnten wir als Zuschauer aus nächster Nähe miterleben, wie unsere moderneren Kameraden ihre MM 38-Seezielflugkörper auf schwimmende Ziele weit hinter dem Horizont verschossen – eindrucksvolle Anblicke!
Und dann ging es „nach Afrika"! Über Mindelo/Kap Verdische Inseln fuhr der Verband nach Abidjan/Elfenbeinküste, Lomé/Togo, Lagos/Nigeria, Tema/Ghana, Monrovia/Liberia, Douala/Kamerun und von dort über Dakar/Senegal wieder nach Hause – eine Reise voller bunter Eindrücke. Unterwegs absolvierten wir das typische Zerstörer-Ausbildungsprogramm: Beinahe täglich Kraftstoff- oder Stückgutübernahme von unseren Versorgern und häufig die beliebten Personentransfers mit der Manila-Hochleine von den Zerstörern auf die Versorger und zurück; Fahr- und Stationierungsübungen (das beliebte „Wasserballett"), Fernmelde- und andere Verfahrensübungen. Dabei nahm die Intensität dieser Übung ab, je weiter wir nach Süden kamen, denn die Aufenthalte in den Häfen wurden zur echten Strapaze für die Besatzungen, und die kurzen Seephasen zwischen den Häfen

mussten auch genutzt werden, um ein Mindestmaß an Erholung bieten zu können. Ganz besonders betraf das „Z 4", denn da wir fast nie in einem Hafen Stromversorgung von Land bekamen, mussten wir uns selbst mit Strom versorgen – und die Zerstörer der FLETCHER-Klasse hatten keine E-Diesel sondern Dampfgeneratoren, die Strom erzeugten. Und das bedeutete, dass auch im Hafen, bei tropischen Temperaturen und hoher Luftfeuchtigkeit, stets ein Kessel unter Dampf gehalten, ein Kraftwerk in Betrieb sein musste – und das ohne Klimaanlage und ohne auch nur einen Hauch von Fahrtwind. Die Hitze, die sich so zusätzlich zu den hohen Temperaturen noch im Schiff verbreitete, ist kaum vorstellbar – und die Leiden der Heizer, die dort verkürzte Wachen von zwei Stunden Dauer über die gesamten Hafenliegezeiten gehen mussten, spotteten jeder Beschreibung. Aber es gab kein vernehmbares Murren.

Die Aufnahme durch die einheimischen Bevölkerungen war durchweg überaus herzlich, wie auch die Gastfreundschaft und Herzlichkeit der Vertreter der deutschen Industrie vor Ort, die sich geradezu um Angehörige des Verbandes rissen. Dagegen wirkten die Bemühungen der deutschen Botschaften um Einbindung unseres Besuchs in ihre Arbeit fast durchweg stümperhaft bis lieblos – erstaunlich angesichts der Tatsache, dass die enge Kette unserer Hafenbesuche auf eine Forderung des Auswärtigen Amtes zurück ging, das unbedingt einmal eine intensive „Flottentour" durch die Staaten Westafrikas gefordert hatte.

Schon nach wenigen Häfen konnten die Besatzungen zwei sehr unterschiedliche Formen der Menschenführung erleben. Da in allen Häfen Westafrikas bei ungeschütztem Geschlechtsverkehr die Gefahr von Ansteckungen mit Geschlechtskrankheiten besonders hoch war, war befohlen worden, dass sich alle Besatzungsangehörigen nach einem ungeschützten Verkehr vom jeweiligen Schiffsarzt würden untersuchen lassen müssen, um notfalls frühzeitig eine Behandlung beginnen zu können. So weit so gut. Später wurde bekannt, dass Soldaten, die sich angesteckt hatten, aber aus Bequemlichkeit oder Furcht vor der unangenehmen Untersuchung gar nicht zum Arzt gegangen waren, auf den anderen Schiffen mit einer deutlichen Bestrafung wegen Nichtausführung des Befehls zu rechnen hatten. Daher trauten sich dann solche potentiell Kranke nicht mehr, überhaupt zu ihrem Schiffsarzt zu gehen – mit möglicherweise katastrophalen Folgen für sie selbst und die Kameraden, mit denen sie ja auf engstem Raum zusammen lebten. Nachdem dies unserem Schiffsarzt zugetragen worden war, kam es bei uns zu einer sehr ernsthaften Offiziersbesprechung. Es galt, die Forderung nach Loyalität gegenüber den anderen Kommandanten abzuwägen gegen die nach einer menschlichen, auf das Wohl des Einzelnen und seiner Familie bedachten Heilfürsorge. Wir haben dann beschlossen – und der Kommandant hat dies mitgetragen – den Schiffsarzt zu ermächtigen, durch Besatzungsangehörige unauffällig und sehr vorsichtig den Kameraden der anderen Einheiten zuflüstern zu lassen, dass auf „Z 4" in den Häfen auch Angehörige der anderen Schiffe, die fürchteten, sich angesteckt zu haben, in seine Sprechstunde kommen und sich behandeln lassen könnten, so weit das möglich war. Die erforderliche Meldung würde dann erst vor Verlassen des letzten Hafens unter dem Siegel der Verschwiegenheit an die zuständigen Schiffsärzte erfolgen. Und so geschah es – und ist jedenfalls auf dieser Reise den anderen Kommandanten nicht bekannt geworden.

Ein erster Höhepunkt der Reise war nach dem Auslaufen aus Abidjan die „Äquator-Nottaufe". Schließlich würden wir vor dem Besuch von Kamerun den Äquator passieren und die Besatzung taufen lassen müssen. Von den 280 Mann Besatzung waren aber nur neun getauft – außer mir noch drei Offiziere und fünf Unteroffiziere. So veranstalteten wir NEUN für 40 Mann, auch unseren Kommandanten, erst einmal eine „Äquator-Nottaufe". Einen halben Tag lang wurden sie bei heißer Sonne ordentlich maltraitiert, mussten scheußliche Pillen schlucken, der Thetis (gespielt von unserem milchgesichtigen II. Artillerieoffizier) die Füße küssen, wurden eingeseift und schließlich in dem Wasserbecken, das auf der Schanz aufgebaut war, ordentlich untergetaucht und getauft. Jeder der getauften Offiziere hatte dabei eine besondere Station, an der er darüber wachte, dass es nicht zu kräftig her ging. So verbrachte ich den Nachmittag im Taufbecken, um sicherzustellen, dass alle Täuflinge auch atmend wieder aus dem Wasser zum Vorschein kamen. Die übrige Besatzung hat das köstlich amüsiert, hämische Bemerkungen gab es reichlich – dabei war den Wenigsten klar, dass sie einige Tage später von den soeben Not-Getauften selbst getauft werden würden!

In den meisten Häfen fühlten wir uns sicher. Einzige Ausnahmen waren Abidjan/Elfenbeinküste – dort sollte die Zahl der tödlichen Verkehrsunfälle eine der höchsten der Welt sein, und wir glaubten das schon nach dem ersten Landgang – und Lagos/Nigeria, in dem wir uns selbst als Kriegsschiffe im Hafen vor Piratenüberfällen zu schützen hatten und vor einer brutalen Kriminalität und Gewalt gewohnten Gesellschaft gewarnt wurden, vor deren Exzessen selbst Polizei und Militär nicht sicher waren. Speziell hier war die Erleichterung auf allen Schiffen groß, als wir endlich wieder auslaufen konnten und uns kein Mann fehlte.

Größer Höhepunkt wurde dann die echte Äquatortaufe, an der ich als der Pastor Neptuns teilnahm und das Geschehen mit dirigierte bzw. im Auge behielt. Arm dran war unser Erster Offizier, der sich als Ungetaufter mutig und zum Zweck der Motivationspflege bis zum Tauftag an die Spitze derer gestellt hatte, die über Neptun und seine Mannen im Bordrundfunk lästerten und Lügen verbreiteten wie die, dass Thetis, seine Gemahlin, Blechtitten habe – was an sich in unserem Fall der Wahrheit entsprach, aber ungeschickt war. Mit jeder seiner zügellosen Bemerkungen wuchs sein Strafkonto – noch mehr Pillen schlucken, noch länger im Pranger sitzen, noch einmal mehr durch den Windsack, in den Wasser aus Feuerlöschschläuchen gespritzt und auf dessen höchste Erhebung – seinen Allerwertesten – kräftig geklopft wurde. Da er der Disziplinarvorgesetzte der Besatzung war, war klar, dass die Täuferschar es nicht zulassen würde, dass ihm auch nur eine einzige dieser „Strafen" erlassen werden würde. Aber wir brauchten ihn ja noch für den Rest der Reise... Er wird es nicht bemerkt haben, aber über den ganzen Verlauf der Taufe bin ich nicht von seiner Seite gewichen, um seine Überlebensfähigkeit und die Arbeitsfähigkeit am Folgetag gewährleisen zu können – was auch gelang. Aber es war hart, und nach seiner endlich erfolgten Taufe ward er für den Rest des Tages nicht mehr gesehen.

Unser altes Schiff, seine Technik und seine Besatzung haben die ganze Reise bravourös gemeistert und sind am 29. April 1979 stolz in Kiel wieder eingelaufen.

Die folgenden Monate wurden für Instandsetzungen und kleinere Seefahrten genutzt, bis ich mich im September von Schiff und Besatzung verabschiedete, um die Admiralstabsausbildung an der Führungsakademie der Bundeswehr zu beginnen. Dieses Jahr auf „Z 4" hat mich für meine späteren Verwendungen auf Zerstörern sehr geprägt. Mein Kommandant ist dabei mein großes Vorbild geblieben.

3. Der Weg in den Admiralstabsdienst

Anfang Oktober 1979 trafen sich an der Führungsakademie der Bundeswehr in Hamburg ein Zerstörerfahrer, zwei Schnellbootfahrer, zwei Minensucher, drei Ubootfahrer, drei Strahlflugzeugführer, ein Logistiker, zwei Schiffstechniker, ein Luftfahrzeugtechniker, ein französischer Zerstörerfahrer, ein amerikanischer Hubschrauberpilot und ein portugiesischer Minensucher, um die folgenden 21 Monate in einem Hörsaal als 21. ASTO (Admiralstabsoffizierslehrgang) gemeinsam zu verbringen. Einige der deutschen Bootsfahrer hatten, wie ich auch, bereits eine Verwendung auf einem Zerstörer hinter sich. Hier fand sich eine Gruppe ausgesprochener Individualisten zusammen, in der sich zwar lange haltende Freundschaften in Kleingruppen bildeten, in der sich aber nie eine so enge Gruppenkohäsion entwickelte, wie uns das von älteren Lehrgängen bekannt war. Auch die weitgehende Einigkeit in der Ablehnung der Erziehungsversuche des Lehrgangsleiters formte nicht den Zement, der den ganzen Hörsaal zu einer geschlossenen, engen Gemeinschaft zusammengefügt hätte. Hinzu kam sicherlich auch, dass eine großer Teil des Hörsaals wie ich auch nicht mit der Familie nach Hamburg umzog sondern in der Regel nicht nur am Wochenende, sondern auch einmal in der Woche zu den Familien in den Standorten an der Ostseeküste oder beim Marinefliegergeschwader 1 oder 2 zurück kehrte.

Mit unserem französischen Kameraden, der sehr gut Deutsch sprach, entwickelte sich schnell ein herzliches Verhältnis. Mit dem amerikanischen Kameraden war das zunächst etwas schwieriger. Er sprach ausreichend Deutsch – aber wir konnten uns gelegentlich in totaler Gedankenlosigkeit unsere Witze über seinen umfangreichen „Fruit Salad", die mehreren Reihen von Ordensspangen auf seiner Brust, nach dem Motto „ein Orden für jede erfolgreiche Teilnahme an der Truppenverpflegung", nicht verkneifen, was es ihm etwas schwer machte. Dies ging so lange, bis wir vom Lehrgangsleiter unauffällig gebeten wurden, festzustellen, was Harry als oberste Reihe seiner Orden trug – es war die „Congressional Medal of Honour", die höchste Tapferkeitsauszeichnung für einen amerikanischen Soldaten, die er für einen unglaublichen, mutigen, heldenhaften Einsatz zur Rettung von Kameraden im Vietnamkrieg trug. Wir haben uns geschämt und ihm das auch gesagt. Dann entstand schnell ein sehr herzliches Verhältnis, das bis heute andauert. Der portugiesische Kamerad hatte einen schlechten Start. Er sprach kaum deutsch, was sich auch während des Lehrgangs nur in winzigen Schritten langsam etwas verbesserte. Er blieb ein Einzelgänger und kann sich nicht wohl gefühlt haben. Seine Marine wie auch die Führungsakademie waren wohl beide der Meinung, dass dieses Experiment so nicht wiederholt werden musste.

In 21 Monaten wurde uns ein unglaublich reichhaltiges und vielseitiges Lern- und Weiterbildungsangebot gemacht. Besonders intensiv war das auf dem A 3-Gebiet: Einsatz, Planung, Operation. Da wir unsere taktische Ausbildung auf dem B-Lehrgang weitgehend abgeschlossen hatten, konnten wir sehr frühzeitig und intensiv mit allen Aspekten des militärischen Planungsprozesses vertraut gemacht werden und damit üben, angefangen bei der Beurteilung der Lage bis zum Erarbeiten kompletter Operationspläne für den Einsatz von See- und Seeluftstreitkräften. Damit waren wir deutlich weiter als die Kameraden vom Heer – die noch im gesamten ersten Jahr in der Taktik der Divisions- und Korpsebene ausgebildet wurden und entsprechende Übungen durchführten – und von der Luftwaffe – die zu großen Teilen noch an eine enge Einbindung ihrer Verbände schon in Friedenszeit in eine feste NATO-Kommandostruktur gewöhnt waren.

Herausragend waren die Stunden in Wehrgeschichte – hier natürlich Marinegeschichte, in denen wir von unserem geschätzten Dozenten, Fkpt Dr. R., jenseits der Verengung auf einzelne militärische Aktionen intensiv mit den Rahmenbedingungen vertraut gemacht wurden, in denen deutsche Marinen seit Beginn des 20. Jahrhunderts gehandelt und die sie beeinflusst haben. Unter seinem Nachfolger, Fkpt Dr. H., fanden hier gelegentlich hitzige Diskussionen vor allem dann statt, wenn es um öffentlich wirksame Personen ging. Beispielhaft dafür stand die Diskussion über das von Bundesminister Dr. Apel ausgesprochene Verbot einer Teilnahme an der Beerdigung von Karl Dönitz in Uniform – an deren Ende ich mich entschloss, zusammen mit meinem Lehrgangskameraden und Ubootfreund Heinz-Eugen in Zivil teilzunehmen. Angesichts der Reden, die wir da zu hören bekamen, und der verbalen Anfeindungen, denen wir ausgesetzt waren (da die alten Herren wegen unseres Haarschnitts und unserer Haltung in uns zu Recht Marineoffiziere in Zivil vermuteten), wurde uns überzeugend klar, wie berechtigt und weise das von Minister Apel ausgesprochene Verbot war.

Der Fachbereich Sozialwissenschaften war immer für heftige Auseinandersetzungen gut. Seine überwiegend zivilen Dozenten vermittelten gelegentlich das Gefühl, dass sie das Gehalt ihres Arbeitgebers, der eigentlich in einer modernen friedliebenden Welt überflüssig war, nur entgegen nahmen, um den Führernachwuchs vielleicht doch noch auf den rechten Weg zu setzen. Außerdem reklamierten sie die völlige Freiheit der Lehre, auch gegen die Bundeswehr. Von manchen Dozenten wurden diese Auseinandersetzungen auch mit Genuss herausgefordert oder provoziert. Diese Dozenten waren allerdings auch gut, sie bestanden auf klarer Gedankenführung und sauberen Argumenten. Wir wurden mit vielen gesellschaftspolitisch wichtigen Themen konfrontiert. Für ein spezielles Seminar hatten wir eine Arbeit zum Generalthema „Bundeswehr in der zivilen Gesellschaft" zu erarbeiten und vorzutragen, konnten dazu aus einer langen Themenliste auswählen. Mit meinem Crewkameraden Christoph entschied ich mich für das Thema „Der Ehebruch in der Zivilgesellschaft und in den Streitkräften – seit der Großen Strafrechtsreform 1969". Wir arbeiteten intensiv, interviewten Richter am Truppendienstgericht Nord, bekamen Gerichtsakten, die kunstvoll geschwärzt waren. Es war für den ganzen Lehrgang sehr aufschlussreich, dass wir hier nachweisen konnten, dass auf diesem Gebiet der Soldatenberuf tatsächlich ein Beruf „sui generis" war – denn was in der Zivilgesellschaft seit 1969 (juristisch) erlaubt, vor Gericht folgenlos blieb, führte in den Fällen, in denen Ehebruch zwischen Kameraden, also mit einem Eindringen in eine Kameradenehe stattfand, nach wie vor wegen schweren Verstoßes gegen die gesetzliche Pflicht zur Kameradschaft (§ 12 Soldatengesetz) regelmäßig zu Strafverfahren vor einem Truppendienstgericht, das dabei empfindliche Laufbahnstrafen aussprechen konnte und in den meisten Fällen auch tat, wie wir uns überzeugen konnten. Wir freuten uns, dass unser Dozent, Wissenschaftlicher Rat K., zumindest hier zugestehen musste, dass es etwas Besonderes beim Soldatenberuf gab.

Als unschätzbarer Vorteil erwies sich die Möglichkeit, erstmals ganz offen die anderen Teilstreitkräfte, ihre Eigenheiten und Denkweisen, kennen zu lernen – einmal durch die z.T. engen persönlichen Kontakte mit den Lehrgangsteilnehmern von Heer und Luftwaffe, durch die ausführlichen Informationsreisen dorthin, aber auch durch Unterrichtseinheiten und Übungen. Sehr gut erinnere ich mich an eine mehrtägige Übung, in der unser Hörsaal nach vorangegangener Unterrichtung und Begleitung durch Dozenten des Fachbereichs Führungslehre Heer Schlüsselpositionen des NATO Hauptquartiers LANDJUT besetzte und im Rahmen eines simulierten Angriffs des Warschauer Pakts die Verteidigung Schleswig-Holsteins eine geraume Zeit lang führen musste. Uns öffnete sich eine völlig unbekannte, neue Welt.

Ein herausragendes Element des zweiten Jahres waren die Informationsreisen zu den wichtigsten Verbündeten – nach Paris, London, Washington und New York – und zu einzelnen NATO-Hauptquartieren. Wenn uns dann dabei der sehr freundliche Direktor Lehrgänge, FAdm Dr. K., führte bzw. begleitete, trug der Hörsaaldienst eine besondere Verantwortung für die englischen Dankesworte des Admirals an die Gastgeber, da der nur über sehr rudimentäre Kenntnisse auf diesem Gebiet verfügte. In Bodö/Norwegen vergaß ich die von mir ausgearbeitete Dankesrede im Hotel – der Admiral musste englisch improvisieren...

Highlights waren auch die ersten Übungen, bei denen die Übungsstäbe gemischt von Offizieren der drei Teilstreitkräfte besetzt wurden. Alle lernten unglaublich viel von- und übereinander.

Mitte des zweiten Jahres mussten wir unsere Lehrgangsarbeiten vorlegen, für deren Erarbeitung 12 Monate zur Verfügung gestanden hatten. Die Themenfindung hatte sich für alle als schwierig erwiesen. Einerseits hatte es ein Themenangebot gegeben, das vom Ministerium wie auch den Fachleitern für die Führungslehre Heer, Luftwaffe, Marine erarbeitet und in der Erwartung verteilt worden war, dass sich jeder Teilnehmer für eines der Themen entschied. Andererseits konnte man es auch mit Phantasie versuchen, wenn ein Dozent mitmachte, der sich für das neue Thema als Mentor zur Verfügung stellte. Ich hatte das Glück, dass mir etwas offenkundig Interessantes einfiel und sich der bereits erwähnte Dozent Wehrgeschichte bereit erklärte, hierfür die Mentorenschaft zu übernehmen.

Geschichte und speziell Seekriegsgeschichte hatten schon immer zu meinen Interessengebieten gehört. Seit der Lektüre von Buchheims „Das Boot", der Romanverarbeitung seines Einsatzes als Kriegsberichterstatter während einer Feindfahrt auf „U 96", und seitdem ich in den Besitz einiger Original-Jahrgänge der damaligen Truppenzeitung „Die Kriegsmarine" gelangt war, hatte ich mich gefragt, wie die Propaganda in der Wehrmacht im 2. Weltkrieg organisiert war, wie sie gearbeitet hat – und vor allem, ob und wie man damals ihre Wirkungsweise kontrolliert hat. Ich traute mir zu, das herauszufinden, und entschied mich für das Thema:

Propaganda und Realität im Kriege. Eine vergleichende Untersuchung über das Bild des deutsch-britischen Seekriegs 1939–45 in der zeitgenössischen deutschen Publizistik anhand ausgewählter Beispiele.

Der Dozent Wehrgeschichte machte mir Mut mit der Bemerkung, dieses interessante Thema habe bislang noch kein Historiker bearbeitet. Sehr spät erst realisierte ich, dass es für einen solchen Sachverhalt nur einen von zwei Gründen geben konnte: 1. die fehlende Möglichkeit, überhaupt zu einem Ergebnis zu gelangen – oder 2. ein völlig unverhältnismäßiger Arbeitsaufwand, bevor man überhaupt etwas erkennen konnte. Zum Glück traf der erste Grund nicht zu.

Die Aufgabe ließ sich lösen – und ich war einigermaßen stolz, als mich gegen Ende des Lehrgangs der Kommandeur, KAdm Wellershoff, zu sich rufen ließ und mir mitteilte, dass die Auswahlkommission nach Auswertung der Lehrgangsarbeiten entschieden hatte, dass ich für die beste Lehrgangsarbeit die Goldmedaille der Clausewitz-Gesellschaft erhalten solle (was dann auch geschah). Gleichzeitig legte er mir einen Aufnahmeantrag in die Clausewitz-Gesellschaft vor mit der Bemerkung, wenn ich von denen schon eine Medaille erhalte, könne ich dem Verein auch beitreten. Ich trat bei – und habe das nie bereut, denn die CG hat mich seitdem bis zum heutigen Tag mit ihrem einmaligen Informationsangebot und ihrer sehr ausgeprägten Gemeinschaft in einer Weise begleitet, für die ich dankbar bin.

Kurz vor Ende des Lehrgangs wurden von dem angereisten Personalführer die neuen Kommandos bekannt gegeben. Mein Freund Heinz-Eugen und ich erhielten die Mitteilung, dass wir wieder, wie schon vier Jahre vor dem Lehrgang, Ubootkommandanten werden würden, da die UFlottille dringend zwei Kommandanten benötige. Ihm sei klar, dass das für uns angesichts der Tatsache, dass alle anderen Kameraden in der nächsten Verwendung weiter geführt werden würden, schwer zu schlucken sei. Aber dann hat er uns mit zwei Wahrheiten konfrontiert, die ich mir gemerkt habe:

Die Personalplanung ist nicht dazu da, in erster Linie Karrieren zu bauen, sondern den Bedarf zu decken. Und in den nächsten zehn Jahren werde sich das alles unter den Kameraden ausgleichen.

Ende Juni 1981 war der 21. ASTO beendet. Eine interessante, erlebnisreiche Zeit ging zu Ende, in der ich sehr viel gelernt und erfahren hatte; in der ich hatte realisieren können, wie klein der Marineteil der Bundeswehr als Teil des Ganzen war, das ich bis dahin kaum gekannt hatte. Es war einfach phantastisch, dass die Marine fast zwei Jahre in meine Lehrgangskameraden und mich investiert hatte, um uns auf künftige Aufgaben vorzubereiten. Mir schwante damals schon, dass sie sich das später würde mit Zinsen zurückzahlen lassen.

Wie schon angekündigt meldete ich mich im Juli 1981 beim Kommandeur des 3. Ubootgeschwaders, FKpt L., als zukünftiger Kommandant von „U 21" zum Dienst. Erst später sollte ich realisieren, dass und warum dieser Anfang unter keinem glücklichen Stern stand.

Schon bei meiner Ankunft im Geschwader hatte ich ebenso wie mein Lehrgangskamerad Heinz-Eugen das Gefühl, nicht willkommen zu sein, obwohl der Geschwaderkommandeur sich persönlich alle Mühe gab, den gegenteiligen Eindruck zu vermitteln. Als Absolvent des Admiralstabslehrgangs oder „Zauberlehrling" (wie man es gelegentlich von Gleichaltrigen zu hören bekam) schien ich mit einem Makel behaftet zu sein, weil ich nach diesem Lehrgang wieder in eine Verwendung zurückkehrte, die ich schon einmal, vor vier Jahren, beendet hatte – was tatsächlich für Lehrgangsteilnehmer dieses Lehrgangs ungewöhnlich war. In der Tat war auch im Geschwader selbst nichts davon bekannt, dass durch uns dringend zwei Kommandantenstellen besetzt werden mussten, weil andernfalls zwei Boote sonst hätten angebunden werden müssen. Das Gefühl, als Fremdkörper betrachtet zu werden, obwohl ich doch viele Jahre „dazu gehört" hatte, war stark und lähmte die Freude an einer Aufgabe, von der ich ja eigentlich wusste, wie schön sie war und wie wenige Offiziere der Marine sie überhaupt nur ausfüllen konnten.

In den zwei Monaten bis zur Übernahme des Bootes war ich mein eigener Herr im Geschwaderstab. Ich nutzte sie, um mir einen Überblick über die Entwicklungen zu verschaffen, die seit dem Ende meiner Kommandantenzeit vor vier Jahren in der Ubootwaffe stattgefunden hatten – und die sich kaum in nüchterne Worte fassen lassen.

Dies betraf zunächst den Torpedo DM 2. Intensive Untersuchungen der beschädigten Lenkdrähte in den Jahren 1976 und 1977 hatten bestätigt, was sich 1977 abzuzeichnen begann – tatsächlich hatten Fische einer besonderen Art in die Lenkdrähte gebissen und dabei sogar einmal einen Zahn im Draht hinterlassen, der letztlich die genaue Identifizierung des Übeltäters ermöglichte. Als Konsequenz war ein neuer Lenkdraht mit einer neuen Beschichtung entwickelt worden, der den Fischen nicht mehr schmeckte. Außerdem hatte der Hersteller des Torpedos die Zeit genutzt und die Elektronik so weiterentwickelt, dass damit die Leistungsfähigkeit des Torpedos ganz erheblich gesteigert worden war. Dem Torpedo war daher 1980 die Einführungsgenehmigung erteilt worden. Kameraden berichteten mir von Schießabschnitten, in denen tatsächlich mehr als ein Torpedo eines Bootes gleichzeitig zu den Zielen erfolgreich unterwegs war.

Für mich war aber die geradezu epochale Veränderung die, die auf dem Gebiet der Ausbildung geschafft worden war. Das „Ausbildungsgerät Waffensystem U-206" oder AWU-206 war vor gut zwei Jahren im Ausbildungszentrum der Uboote in Eckernförde in Betrieb genommen worden. Sein Kernstück war eine 1 : 1 – Replik der Operationszentrale eines Ubootes der Klasse 206 mit allen Sensor- und Waffenleitbediengeräten, über die das Boot verfügte. Eine sehr leistungsfähige, große Rechneranlage simulierte für die OPZ alle Informationen, die das Boot in See gewinnen konnte – ozeanographische, akustische bezüglich der Schiffsgeräusche oder einfallender Sonarimpulse, Ergebnisse der eigenen aktiven Schall- oder Radarortung, selbst die optischen Informationen durch einen Blick durch das Sehrohr – und war dabei so leistungsfähig, dass diese Informationen kaum von den realen zu unterscheiden waren. Auch die Auswirkungen des eigenen Bootsverhaltens: Kurs, Fahrt und Tiefe wurden simuliert und „spürbar" gemacht. Die Übungsleitung konnte alle Ziele, aber auch gefährliche Gegner, realitätsnah simulieren lassen und natürlich auch „fahren". So war es zum ersten Mal möglich geworden, komplexe taktische Angriffsszenarien in allen Details bis zur angestrebten „3-3-

Lösung" ebenso durchzuspielen und auszubilden wie defensive Szenarien gegen UJagdgruppen, die über UJagdflugzeuge und -Hubschrauber verfügten. Die einzelnen Übungen wurden im Auditorium mit dem Attackteam des auszubildenden Bootes nach der Übung ausführlich besprochen.

Das erfolgreiche Absolvieren von Ausbildungsabschnitten am AWU-206 war mittlerweile Bestandteil des standardisierten Ausbildungsprogramms für Uboote geworden. So war es in den zurückliegenden Jahren gelungen, Verfahren erfolgreich auszubilden und für vergleichbare Standards zu sorgen – wie ich das so nie kennen gelernt hatte. Ich beobachtete Teams, die alle Übungen bewältigten und berichteten, dass ihr Können mittlerweile weitgehend dem erreichten Leistungsstand entspräche. Ich war begeistert von der Erkenntnis, dass sich das Uboot Klasse 206 im Zusammenspiel von Mensch/Technik und modernster Simulationsausbildung zu einem äußerst leistungsfähigen Waffensystem entwickelt hatte, das diese Bezeichnung endlich verdiente und keine Vergleiche und keinen Gegner zu scheuen brauchte. Die taktische Professionalisierung hatte sogar bis auf die Kommunikation in der OPZ durchgeschlagen. Vor vier Jahren noch Zukunftsmusik – jetzt gab es Headsets und leistungsstarke Mikrofone, die einen hoch konzentrierten, ruhigen Informationsfluss im gesamten Team zwischen Kommandanten und allen Mitgliedern ermöglichten.

Mir wurde klar, dass ich auf diesem Gebiet wahrscheinlich über weniger aktuelle Erfahrung verfügte als die Offiziere von „U 21" und viel dazu würde lernen müssen.

Bei den Übungen, die ich beobachtete, fiel mir auf, dass es für die Teams keine handliche, schnell verfügbare Unterlage gab, die die für Uboote wichtigen Zielparameter wie Antriebsdetails, Sensoren und Ujagdbewaffnung komprimiert wiedergab und auf Unnötiges verzichtete. Es gab lediglich die gleichen dickleibigen, unhandlichen roten Aktenordner, wie sie das Militärische Nachrichtenwesen für die ganze Marine zur Verfügung stellte, die sich aber als Nachschlagwerke „auf die Schnelle" in der engen OPZ eines Ubootes überhaupt nicht eigneten. Ich bot an, das fehlende Handbuch im handlichen DIN A 5-Format zu erstellen und zu aktualisieren. Das Vorhaben wurde gebilligt, von mir realisiert und während meiner Kommandantenzeit weiter geführt.

Ende September 1981 übernahm ich von KptLt B. das Kommando über das Unterseeboot „U 21" und seine Besatzung. Dem Hinweis meines Vorgängers, dies sei das beste Boot des Geschwaders, dessen Besatzung alles gut könne, schenkte ich wenig Beachtung. Ich hatte sehr genaue Vorstellungen davon, wie die verschiedenen Handlungsabläufe an Bord zu passieren hatten – nämlich so, wie ich sie von U 17 her kannte. Auf die Idee, meine neue Besatzung mir erst einmal zeigen zu lassen, ob und wie sie wirklich alles „am Besten" konnte, kam ich ebenso wenig wie ich überlegte, ob ich mich als der „Neue" vielleicht irgendwie in das vorhandene Team integrieren könne oder solle. Ich entwickelte vielmehr ein Ausbildungsprogramm mit den entsprechenden Wiederholungen, wie es sicherlich nach einer langen Werftliegezeit für eine unerfahrene Besatzung begründet und erforderlich war – aber wohl doch nicht für erfahrene Profis. Die Stimmung an Bord, die zunächst abwartend, offen gewesen war, begann, kühler zu werden, ohne dass ich darüber besonders nachdachte.

Nach der See- und Tauchklarbesichtigung absolvierten wir den obligaten ersten Ausbildungsabschnitt am AWU-206. Wir „rutschten" nach einer Woche soeben durch – und allen Beteiligten war klar, dass das ganz überwiegend am neuen Kommandanten lag.

Dann kam die Tauchtechnische Gefechtsausbildung, der ich mit meiner Erfahrung und der beginnenden Kenntnis meiner jetzigen Besatzung mit völliger Gelassenheit entgegen sah – wir konnten alles aus den Eff-Eff. So schien es auch zu gehen – bis zum letzten, dem Prüfungstag nach vier Ausbildungstagen auf dem Rückmarsch nach Eckernförde. Bei der großen, mehrstündigen, benoteten Abschlussübung wurden die Kommentare des Ausbildungsleiters und seiner PUO immer kritischer, bis die Übung endlich beendet war, wir auftauchten und den Rückmarsch fortsetzten. Dann nahm mich der mir persönlich gut bekannte und vertraute Ausbildungsleiter, FKpt. S., zur Seite und teilte mir mit, er verstehe die Welt nicht mehr, denn meine Besatzung könne alles sozusagen im Schlaf; aber heute seien so viele Fehler gemacht worden, dass das für eine Prüfungsübung beim besten Willen nicht zu akzeptieren sei; es täte ihm sehr leid, denn mit dieser Leistung müsse U 21 durchfallen, denn so gehe das nicht; ich müsse darüber gründlich nachdenken, denn irgendetwas liefe an Bord grundsätzlich falsch. Er habe das Gefühl, die Besatzung wolle einfach nicht. Woran das liegen könne?

Eine TTG nicht zu bestehen war der GAU für ein Boot und seine Besatzung und in diesem speziellen Fall für den neuen Kommandanten, dessentwegen die TTG ja nur durchgeführt wurde. Am liebsten wäre ich unsichtbar in Eckernförde eingelaufen und hätte mich um die Meldung des Misserfolgs an den Kommandeur herumgedrückt. Viel schlimmer aber war der eigentliche Sachverhalt.

Auf dem Rückmarsch hatte ich genug Zeit zum Nachdenken. Nach dem Anlegen ordnete ich für die ganze Besatzung noch am gleichen Abend ein Beisammensein mit Getränken in der Bootsunterkunft an. Zu Beginn schilderte ich allen ganz offen meine Situation bei Übernahme des Bootes und meine darauf folgenden Überlegungen. Ich legte offen dar, dass offenkundig nicht 21 Männer von U 21 sondern einer, nämlich ich, gravierende Fehler gemacht hatte – und fragte, welcher oder welche Fehler das gewesen seien. Die folgende, mehrstündige Aussprache verlief sehr offen, zunächst schonungslos, dann von wachsendem gegenseitigen Respekt getragen. Meine Männer machten klar, dass sie sich und ihre individuellen Fähigkeiten nicht persönlich erkannt und wahrgenommen gefühlt, sondern sich nur als unpersönliche Funktionsträger oder -maschinen behandelt gesehen hatten. Daher waren sie auch zunehmend nicht mehr bereit gewesen, den Wechsel von ihrem äußerst lockeren, genialistischem und damit sehr erfolgreichen Kommandanten, der das Boot vier Jahre lang geführt hatte, zu seinem strafferen, auch formaleren Nachfolger nachzuvollziehen und zu akzeptieren. Ihre Reaktion und die „Pannen" am Prüfungstag seien eine Art Hilfeschrei gewesen.

Mir wurde klar – und ich gab das auch offen zu – , dass ich in meinem schwierigen Einstieg fundamentale Wahrheiten außer Acht gelassen hatte, die ich ja aus meinen vergangenen Bordkommandos sehr genau kannte:

Fachliche Qualifikation, Wissen und Erfahrung des militärischen Führers in der Bordgemeinschaft alleine genügen nicht. Er muss das Vertrauen der von ihm Geführten erwerben und erhalten. Dazu muss er sich als der Mensch hinter seiner Funktion zu erkennen geben und sich in gleicher Weise bemühen, den Menschen in jedem seiner Männer zu erkennen und zu respektieren. „Wer Menschen führen will muss Menschen mögen" ist kein allgemeiner Satz, sondern muss seine

Anwendung auf die Männer der Besatzung finden. Leistungswillen vorauszusetzen und sich präsentieren zu lassen ist wichtiger als von vorneherein zu reglementieren und keine persönlichen Freiräume zu lassen.

Am Ende, nach etlichen seelischen Tränen bei allen Beteiligten, habe ich vorgeschlagen, einen gemeinsamen Neuanfang zu versuchen – sie mit mir, ich mit ihnen. Wir wurden uns darin einig. Die ungeschminkte Offenheit, mit der ich dabei mit meiner Rolle, meiner Person und meinem Verhalten umgegangen bin, hat dazu beigetragen.

Wir wiederholen die TTG. Ausbildungsteam und Besatzung waren am Prüfungstag begeistert, wie glänzend alles gemeistert wurde. Aber das hatten wir ja vorher gewusst.

Die gegensätzlichen Erfahrungen dieser ersten Wochen haben das Verhältnis zwischen mir und meiner Besatzung in meiner ganzen restlichen Kommandantenzeit geprägt. Wir sind zu einem engen, familiären Team zusammengewachsen, in dem jeder jeden gut kannte, respektierte, „mochte" – ohne dass dabei die gegebenen Verantwortungen, Pflichten und Rechte des Einzelnen in Frage gestellt wurden. Der Zusammenhalt der ganzen Besatzung wurde letztlich enger, als ich das von meinen vier guten Jahren auf U 17 kannte.

In dieser Zeit kam der Film „Das Boot" in die Kinos. Einer unserer PUO hat sich den Film sofort in Kiel angesehen und kam beunruhigt zum Dienst: Was denn unsere Frauen bei der nächsten Seefahrt denken würden, wenn sie das in unserer Abwesenheit unkommentiert sähen (er meinte damit nicht die Gelageszene am Anfang)? Nach kurzer Beratung setzte ich einen Ausflug der Besatzung mit Ehefrauen und Freundinnen nach Kiel ins Kino an. Wir sahen den Film gemeinsam und besprachen ihn und besonders die großen Unterschiede zwischen der Welt der damaligen Ubootfahrer und unserer Welt ausführlich. Unsere Frauen waren beruhigt. Kurz danach erhielten wir zwei HÖR ZU-Journalisten als Gäste für eine mehrtägige Seefahrt eingeschifft. Sie wollten gerne etwas über das Leben auf unseren heutigen Ubooten schreiben und fotografieren. Heraus kam ein begeisterter Artikel mit tollen Photos. Für die gute Aufnahme an Bord bedankten sie sich damit, dass sie uns ihr gesamtes Photomaterial schenkten, das ich dann an die Besatzung verteilen konnte.

1982 nahm U 21 an einem großen NATO-Manöver in nördlicher

Nordsee und Norwegensee teil. Als ich die Transitstrecken und unsere Einsatzgebiete vorbereiten ließ wie fünf Jahre zuvor auf U 17 war eine große Zahl von OFF-LIMITS-Positionen dazu gekommen – offensichtlich waren die Ölbohrinseln sehr mobil gewesen oder es waren mittlerweile mehr ehemalige Positionen bekannt geworden. So oder so bereitete mir das durchaus mulmige Gefühle.

Während der Übung war unser Hauptziel der amerikanische Flugzeugträger JOHN F. KENNEDY mit seiner Escort Group, die wir auch fanden. Wie wir das mittlerweile konnten, führten wir auf große Entfernung simulierte Angriffe durch, die wir dokumentierten. Aber auf diese Entfernung konnten weder die Übungspartner den grünen Stern sehen, der den simulierten Torpedoschuss anzeigte, noch konnten wir das begehrte Zielphoto mit dem Flugzeugträger im Fadenkreuz des Sehrohrs schießen. Ich entschloss mich daher, durch den Screen der Escorts zu gehen und einen klassischen Sehrohrangriff – mit Photo – zu fahren. Das Photo wurde geschossen, unser grüner Stern auch. Den musste jemand gesehen haben, denn jetzt erlebte ich eine UJagd durch mehrere Einheiten mit Hubschraubern, wie ich sie auch am AWU noch nicht erlebt hatte. Es dauerte Stunden, bis es endlich gelang, die Verfolger abzuschütteln. Ich war froh, dass wir den Tag mit vollen Batterien begonnen hatten – und beeindruckt von Überwassereinheiten, die spürbar viel in ihre Fähigkeit zur Bekämpfung von Ubooten investiert hatten. Hier spiegelte sich offenkundig die vor Jahren getroffene Entscheidung der U.S.Navy wie auch der NATO spürbar wider, auf die zunehmende Bedrohung durch die wachsende Ubootflotte der Sowjetunion mit der Intensivierung und dem Ausbau der UJagdkapazitäten zu antworten.

Im gleichen Jahr führten wir eine Erprobung des neuen Minengürtels für Uboote durch. Er bestand aus zwei länglichen Behältern, die mit ihren Halteklammern an beide Seiten des Vorschiffs zwischen Bug und Turm in dort angebrachte Halterungen eingehängt wurden und jede bis zu 12 Grundminen aufnehmen konnten. Über ein Kommandogerät an Bord konnten die Minen einzeln geworfen und beide Behälter, die die Manövrierfähigkeit und Geschwindigkeit des Bootes beeinträchtigten, nach dem Minenlegen abgeworfen werden. Das Verfahren klappte. Allerdings war unsere Navigation beim Minenlegen sehr gefordert, denn eine Navigation auf hoher See mit einer solchen

Genauigkeit, dass die Taucher die Übungsminen möglichst im ersten Anlauf fanden, war nun doch nicht unser tägliches Brot.

Die Entwicklung des Minengürtels fanden wir genial und optimal auf das vorrangige Einsatzspektrum unserer Boote in der Krise und in einem Konflikt zugeschnitten. Die zusätzliche Minenlegefähigkeit erhöhte die Kampfkraft unserer Boote beträchtlich, bot der Führung zusätzliche Handlungsoptionen und ging nicht auf Kosten unserer Torpedobewaffnung.

Im Herbst 1982 sollten wir einen neuen Geschwaderkommandeur erhalten, FKpt L. sollte durch FKpt P. abgelöst werden. Der alte Kommandeur hatte zwar stets einen menschlich sehr warmherzigen Umgang mit seinen Kommandanten gepflegt, wenn sie ihm zufällig im Stabsgebäude begegneten. Aber nicht nur mir sondern auch meiner Besatzung war aufgefallen, dass er in den zurückliegenden zwölf Monaten kein einziges Mal an Bord gewesen war – weder im Hafen, noch in See, nicht während eines Torpedoschießabschnitts, auch nicht während eines Ausbildungsblocks im AWU. Ein Gespräch mit mir über meine Leistungen und deren Bewertung hatte nie stattgefunden. Vielleicht hatte ich ja damals einen zu hohen Anspruch an das Führungsverhalten eines Geschwaderkommandeurs – vielleicht hatte mich auch mein eigenes Erleben bezüglich meines Anspruchs an Führungsverhalten zu sehr sensibilisiert. Auf jeden Fall war ich durch entsprechende Fragen meiner Besatzung verärgert.

Am Morgen des Kommandeurwechsels meldete ich mich beim Noch-Kommandeur mit einem persönlichen Anliegen. Als er mir nach einer Tasse Kaffee das Wort erteilte, fragte ich ihn, ob er mir jetzt, vor der Übergabe an seinen Nachfolger, noch mitteilen könne, ob ich in seinen Augen ein schlechter oder ein guter Kommandant sei.

Aus der Frage sprach natürlich der Vorwurf mangelnder Führungsleistung, ein erheblicher Ärger des dadurch Betroffenen, eine gehörige Unverfrorenheit des Jüngeren, offenkundig aber auch die unbewusste Gewissheit, diesem Kommandeur eine solche Frage überhaupt stellen zu können, ohne langfristig erhebliche Nachteile durch ihn befürchten zu müssen (was dann auch den Tatsachen entsprach). Eine verwertbare Antwort erhielt ich nicht. Das Gespräch war kurz danach beendet.

Gegen Ende des Jahres nahmen wir an der nationalen Übung „SEF" teil, die sich mit einer Unterbrechung über die Feiertage bis in den

Februar 1983 hinzog. Erstmals würde das Typschiff der neuen Fregatten der Klasse 122, die BREMEN, die kurz zuvor in Dienst gestellt worden war, für eine Phase der Übung teilnehmen. Vor der Übung wurde ich von einem Kameraden, der mit der BREMEN Sonarerprobung gefahren hatte, sehr deutlich gewarnt: Dies seien endlich UJagdeinheiten, die diesen Namen verdienten – nämlich sehr leise (wenn man sie gut hört, ist man schon dicht dran) und mit einem Sonar, das tatsächlich unsere Boote unter bestimmten Bedingungen orten könne!

Die Ankündigung bewahrheitete sich. Wir waren überrascht und erfreut, auf moderne Kampfschiffe unserer Marine zu treffen, die ein echtes Ujagdpotential hatten – das noch sehr viel größer sein würde, wenn erst einmal die vorgesehenen Bordhubschrauber eingeschifft wären.

Anfang Februar erlitten wir im Skagerrak leider einen der seltenen Ausfälle des einzigen Luftverdichters an Bord (die „alten" Boote hatten davon noch zwei gehabt). Und Druckluft braucht das Uboot zum Auftauchen wie der Mensch Luft zum Atmen. Wir unterbrachen das Manöver und liefen zur Reparatur Kristiansand in Norwegen ein. Und dort lief alles wie vertrackt – Monteure kamen nicht oder spät, Ersatzteile waren falsch oder fehlten. Wir erlebten eine fast 7tägige Zwangspause im tief verschneiten Kristiansand, die wir mit Wartungsarbeiten, politischer Bildung, Ski-Langlaufausbildung durch norwegische Ausbilder – und meiner ausgedehnten Verabschiedung von jedem meiner Männer nutzten, denn nach Einlaufen des Bootes in Eckernförde würde ich am 13. Februar 1983 das Kommando über U 21 abgeben.

Diese Kommandantenzeit mit ihrem schlimmen Start und ihrem ganz besonderen Zusammenwachsen der ganzen Besatzung hat alle meine folgenden Verwendungen beeinflusst. Sie hat meine Einstellung und mein Verhalten gegenüber untergebenen Soldaten oder zivilen Mitarbeitern wesentlich geprägt. Ich hatte gelernt, jeden Untergebenen – und sei er ein Matrose – bewusst als gleichgewichtiges, gleichwertiges Gegenüber zu sehen und zu behandeln, woran unterschiedliche Erfahrung, Wissen, Pflichten, Rechte, Dienststellung, Dienstgrad und Besoldung nichts ändern. Ich hatte auch gelernt, dass es richtig ist, zunächst von jedem Untergebenen Leistungswille und Leistungsbereitschaft vorauszusetzen und sich lieber vom Gegenteil überzeugen zu lassen als von vorneherein vorzuschreiben, zu reglementieren – und mit der geringen Fehlerquote zu leben. Ich hatte erleben können, wie notwendig und hilfreich die Fähigkeit des Vorgesetzten ist, ohne Scheu und ganz offen über eigene Fehler und Versäumnisse zu sprechen und sich der Diskussion darüber zu stellen. Danach sollte er sie dann allerdings auch beheben.

In allen Folgejahren wollte ich besonders diese Erfahrung aus meiner Ubootzeit nicht missen.

Am Tag des Einlaufens gab ich das Kommando über U 21 ab und verließ Boot und Besatzung mit Tränen in beiden Augen. Meine Frau und die beiden Söhne holten mich ab in unser leeres Haus, vor dem der gepackte Möbelwagen stand, denn am nächsten Tag würde es nach Meckenheim ins Rheinland gehen – zum 1. April war ich im Verteidigungsministerium in den Führungsstab der Marine versetzt worden. Meine Frau hatte alles alleine vorbereiten dürfen.

Nach einer ersten Nacht im angemieteten Haus in Meckenheim musste ich mich dann verabschieden, um nach London zu fliegen, denn für die nächsten vier Wochen leistete ich als Verstärkungspersonal Dienst während eines großen NATO-Manövers im NATO-Hauptquartier des Befehlshabers Uboote Ostatlantik (COMSUBEASTLANT) in Northwood bei London. Als Angehöriger einer der drei Wachen im Stab für konventionelle Uboote hatte ich die ständige Koordinierung mit dem Stab für den Einsatz der strategischen Raketen-USchiffe (SSBN) und der atomgetriebenen Angriffs-Uboote (SSN) vorzunehmen und konnte so zum – wahrscheinlichen – Ende meiner UBootzeit Einblicke in einen Teil des UBooteinsatzes nehmen, der mit bislang völlig verschlossen war.

Ende März kehrte ich nach Meckenheim zu meiner Familie zurück. Meine Frau hatte das Einrichten des neuen Hauses ungestört durch mich vornehmen können.

Ende März 1983 begann mein Dienst im Bundesministerium der Verteidigung als Referent im Referat Fü M I 3 des Führungsstabs der Marine. Mit seiner offiziellen Bezeichnung war das Referat verantwortlich für die Presse- und Öffentlichkeitsarbeit und Innere Führung in der Marine. Die Innere Führung sollte mein Aufgabengebiet werden. Das Referat selbst betrachtete sich als das „Hausreferat" des Inspekteurs, als sein „Mädchen für alles", während der Volksmund im Fü M es gelegentlich auch als zuständig für „Fahne, Rotz und Geistlichkeit" bezeichnete, in dem eben neben den Hauptaufgaben auch alles das landete, was sich niemandem sonst aufhalsen ließ, aber das Interesse des Inspekteurs gefunden hatte.

Meine ersten ministeriellen Gehversuche fanden in einer sehr günstigen personellen Konstellation statt, die das Einarbeiten erleichterte und meine Einstellung zur Arbeit im Fü M, ja im BMVg überhaupt über viele Jahre prägen sollte.

Inspekteur der Marine war VAdm Bethge, mein Erster Offizier auf Schulschiff „DEUTSCHLAND". Auch einem jungen KKpt und Referenten-Anfänger hörte er zu und vermittelte den Eindruck, ihn ernst zu nehmen. Er prägte nach meinem Eindruck den positiven, kameradschaftlichen Umgangsstil im Fü M.

Sein Stellvertreter, KAdm „Hanne" Vohs, führte den Stab souverän und mit lockerer Hand.

Stabsabteilungsleiter I war FAdm „Ede" H., Marineflieger, stets leicht berlinernd, der vor allem Ruhe in seinem Laden haben wollte, sich aber auch bereitwillig Standpunkte eines Anfängers, wie ich das war, anhörte und erläutern ließ – auch wenn er sich deswegen ungern mit anderen Stellen auseinandersetzte.

Referatsleiter war KptzS „Daggi" G., ebenfalls ehemaliger Marineflieger. Er führte das Referat einschließlich unserer beiden Schreibdamen mit väterlicher Hand. Er verhehlte mir schon bei meiner Antrittsmeldung nicht, dass sein einziges Interesse auf der Presse- und Öffentlichkeitsarbeit lag und ihn der ganze „Rest" (nämlich mein sehr breit gefächertes Arbeitsgebiet) weder interessierte noch er Ahnung davon hatte. Ich müsse schon alleine klar kommen, er verlasse sich völlig auf mich und werde mich machen lassen (was er auch tat). Wenn ich meine, er solle etwas besonders Wichtiges unterschreiben, werde er das tun. Wenn er mit wichtigen Dienstgraden sprechen solle, werde er das auch tun (was er auch tat) – aber dann müsse ich ihn gut vorbereiten.

Im Übrigen sei das Referat auch für die Planung und Durchführung des jährlichen Marineballs am ersten Freitag im November zuständig (siehe oben „Fahne, ..."). Da werde immer ein geistreicher Sketch aufgeführt. Er habe gehört, ich „könne Humor". Den Sketch im kommenden November würde ich aufzuführen haben – ich solle beizeiten schon mal eigene Ideen entwickeln.

Crewkamerad Gerd S., der mich freundschaftlich einwies und besonders in den ersten Monaten unterstützte, machte die Pressearbeit für den Inspekteur, schrieb seine Namensartikel, trug die tägliche Presselage bei ihm vor, war Chefredakteur der Truppenzeitung, hatte die Endfassung der „Bw-Filmschau" für die Marine abzunehmen. Wenn er abwesend war, hatte ich ihn zu vertreten.

Ein Referent war der Redenschreiber des Inspekteurs und begleitete ihn zu seinen Rederterminen. Auch ihn hatte ich gelegentlich zu vertreten. En weiterer Referent war stark in der Öffentlichkeitsarbeit engagiert und war die Ansprechstelle in der Marine für die Marineattachés an den Botschaften in Bonn.

Und dann kam ich mit allem, was mit Innerer Führung, Fahne und Geistlichkeit auch nur im Entferntesten zu tun hatte. Das waren zuerst alle Fragen und Probleme der Menschenführung in der Marine. Dazu kam die Politische Bildung. Ich war die Ansprechstelle und der Auskunftgeber für das Amt des Wehrbeauftragten des Bundestags und für den Deutschen Bundeswehrverband. Ich hatte alle Fragen der Tradition zu bearbeiten – angefangen von der Wappenrolle der Einheiten der Marine bis zur Namensgebung von Einheiten und Kasernen der Marine. Hatte ich in meiner Zeit auch keine Indienststellung einer Einheit zu bearbeiten, so fiel doch in meine Verantwortung das sehr aufwändige Verfahren der Namensgebung für die Kasernenanlage Wilhelmshaven-Sengwarden, die den Namen „Admiral Armin Zimmermann-Kaserne" in Würdigung des ersten Generalinspekteurs der Bundeswehr, der Admiral war, erhielt.

Ich war der Sachverstand der Marine für die Neufassung des „Liederbuchs der Bundeswehr" und war für die „Geistlichkeit", also für alle Fragen der Militärseelsorge ebenso zuständig wie für die Anwendung des Bundespersonalvertretungsgesetzes in den gemischt militärisch-zivil besetzten Dienststellen der Marine – und….. und alle Themen, die nicht in andere Referate und bei uns nicht zu Presse- und Öffentlichkeitsarbeit passten.

Gleich in den ersten Tagen besuchte ich meine Pendants im Fü H und Fü L wie auch das Leitreferat „Innere Führung" im Führungsstab der Streitkräfte, Fü S I 4, unter Oberst i.G. Freiherr v. St. Der war ein beeindruckender „Herr und Gentleman", der sehr engagiert versuchte, sein und unser Aufgabengebiet voranzubringen. Er beklagte sehr deutlich, dass Fragen der Menschenführung auch 28 Jahre nach Aufstellung der Bundeswehr nicht die Bedeutung bei der Auswahl des Führerkorps hatten, die ihnen zukam; dass man problemlos in die höchsten Dienstgrade aufsteigen konnte, obwohl man nach klarem Wissen aller Beteiligten ein miserabler bis schlimmer Menschenführer war (er kannte Namen – zum Glück nur des Heeres), während niemand in ähnliche Höhen aufstieg, weil er ein besonders guter Menschenführer war.

Uns „offizielle Menschenführer" der Führungsstäbe Heer, Luftwaffe, Marine und Streitkräfte verband die Erkenntnis, dass unsere jeweilige Führung für unser Hauptaufgabengebiet, die Innere Führung, nur ein mildes Desinteresse hatte, gepaart mit dem sehr starken Wunsch, mit dem eigenen Bereich nicht dumm in der Öffentlichkeit oder bei der Politik aufzufallen und auf jeden Fall bei allen Initiativen aus dem Bereich der Leitung, der Politik und des Parlaments zumindest optisch einen äußerst engagierten und aktiven Eindruck zu verbreiten. Darüber hinaus war wohl alles Andere wichtiger.

Ich habe in dieser Zeit viel gelernt. Den Wert von „Aufklärung" im Ministerium lernte ich schnell kennen. – In einer komplexen Fragestellung hatte ich für den Inspekteur mehrere Lösungsvorschläge zu erarbeiten und einen davon zur Realisierung zu empfehlen. Mit sehr viel Mühe, hohem Zeitaufwand und ausgewählten Formulierungen bewies ich, dass nur Lösung „Zwei" brauchbar war und Realisierung verdiente. Ich überzeugte schnell den Referatsleiter und den Stabsabteilungsleiter – hatte aber nicht ermittelt, dass und warum der Amtschef des Marineamtes, ein Crew- oder Lehrgangskamerad des Inspekteurs, sich schon für eine andere Lösung ausgesprochen hatte. Für diese Lage hatte ich nicht gut genug argumentiert – und seine Lösung wurde natürlich genommen.

Ich erlernte den Wert „konspirativer Stabsarbeit" – vor wichtigen Sitzungen oder Verhandlungen Verbündete in anderen Referaten und Führungsstäben zu finden, Absprachen zu treffen, dabei möglichst vielen Beteiligten Erfolge zu ermöglichen; auch einmal darauf zu verzichten, mich durchzusetzen, wenn dafür ein wichtiger Partner gewonnen werden konnte; für gutes Klima in der Zusammenarbeit mit anderen Referaten ihre Vorstellungen auch dann einmal zu akzeptieren, wenn ich nicht ganz davon überzeugt war. Ich lernte, dass es sich auszahlte, Angehörigen anderer Referate hilfsbereit und entgegenkommend auch dann gegenüber zu treten, wenn ich das nicht nötig hatte; sachliche Fehler Anderer auch einmal durchgehen zu lassen und darauf zu verzichten, sie an die große Glocke zu hängen (dies den Betroffenen aber durchaus unauffällig realisieren zu lassen).

Unter diesen Rahmenbedingungen begann die Arbeit im Fü M mir Spaß zu machen.
Anfang November 1983 fand der Marineball statt – und ich führte, wie befohlen, den Sketch auf. Meine Idee hatte Gnade vor den Augen meiner Vorgesetzten bis zum Inspekteur gefunden. Im weißen Arbeitspäckchen eines Matrosen saß ich auf der Bühne an einem Tisch mit Telefon und spielte die Vertretung in der Telefonvermittlung des Ministeriums am Wochenende, die sich auf „Leicht-Rheinisch" (also auch von Nordlichtern zu verstehen) am Telefon mit Freundin Anita unterhielt und nebenbei alle eingehenden Anfragen selber beantwortete, weil von der Führung ja niemand da war. Ich war angenehm überrascht gewesen, dass mir auch sehr aufmüpfige bis freche Witze über Minister Wörner und seine Staatssekretäre Rühl („Raketen-Lothar") und Würzbach („PKW") genehmigt worden waren. Meine Antwort auf die Frage eines Journalisten, warum die Seefahrt „christlich" genannt werde – „weil der Befehlshaber der Flotte Fromm heißt" (und so hieß er damals) – war dagegen noch sehr zahm. Die Gäste waren von der Aufführung angetan, und ich befürchtete Schlimmes für den nächsten Marineball.
Ende März 1984 trat KAdm Vohs in den Ruhestand. Ihm folgte KAdm Wellershoff, der mein Kommandeur während des ASTO-Lehrgangs an der Führungsakademie gewesen war. Entgegen der üblichen Rollenverteilung, die den Stellvertreter des Inspekteurs und Chef des Stabes sich auf die Führung des Stabes konzentrieren sah, übernahm er von Anfang an eine sehr aktive Rolle in der Vermittlung sicherheitspolitischer Zusammenhänge und Notwendigkeiten in der Öffentlichkeit – im politischen Raum, in der Wirtschaft, vor Medien. Seine Reden hatte der Redenschreiber des Inspekteurs in unserem Referat zu schreiben – aber zunehmend rutschte ich in diese Zusatzaufgabe hinein, weil das so von ihm vorgegeben wurde. Drei Jahre

später sollte das Folgen haben.

Immer wieder belastete, stresste mich das völlig unnötig komprimierte Arbeitstempo bei Themen, die eigentlich das Einholen von Wissen und Expertise aus den Kommandobehörden der Marine, gründliche Abstimmung unter Experten und kreatives Nachdenken ohne Zeitdruck verdienten und erforderten. Stattdessen erhielt ich immer wieder umfassende Aufträge, die innerhalb weniger Tage, manchmal auch nur weniger Stunden, zu bearbeiten waren, ohne dass es für solchen schädlichen Zeitdruck erkennbare Gründe gab. Mit der Blauäugigkeit des Anfängers legte ich daher gegen Ende meiner Verwendung meinen Vorgesetzten eine Darlegung dieses Problems vor (siehe Anhang 1), die sogar amüsiertes Lächeln auf den Gesichtern hoher Dienstgrade produziert haben soll. Bei meiner nächsten und den darauf folgenden Verwendungen im Ministerium konnte ich mich dann davon überzeugen, dass das unverdrossen so weiter ging.

Im Sommer 1984 erhielt ich einen Anruf meines Personalführers. Zum 1.10. sei der Posten des Ersten Offiziers auf Zerstörer BAYERN zu besetzen, er habe dabei an mich gedacht. Da ich nach Umzug der Familie erst 15 Monate auf dem Dienstposten sei, könne ich auch ablehnen (dies sollte das einzige Mal in 40 Jahren bleiben, dass mir eine solche Möglichkeit offiziell eröffnet wurde). Aber das war ein Angebot, dass man wirklich nicht ablehnen konnte.

Ein Blick in die Planung für BAYERN ab Oktober 1984 machte schnell deutlich, dass es sich für meine Familie nicht lohnen würde, mit mir nach Wilhelmshaven zu ziehen, denn ich würde die meiste Zeit ohnehin nicht dort sein. So entschied ich mich, die IO-Kammer auf BAYERN zu meinem Wohnsitz zu machen.

Ende September verabschiedete ich mich von meinen geschätzten Kameraden im Fü M I 3 und den Innere Führung-Mitstreitern im Ministerium. Den Sketch auf dem Marineball 1984 produzierte ein Anderer.

Mit leicht mulmigen Gefühlen fuhr ich Ende September 1984 nach Wilhelmshaven, wo Zerstörer BAYERN zu einer Instandsetzungsphase in der 4. Einfahrt lag. Zwar hatten mich alle Kameraden im Fü M auf die Mitteilung, dass ich I O auf einem Zerstörer werden würde, zunächst beglückwünscht. Meine weitere Auskunft „auf BAYERN" hatte dann aber stets lange Gesichter und mitleidige Wünsche für mein Wohlergehen zur Folge gehabt bis hin zu der Hoffnung, dass dies hoffentlich meine Karriere bei der Zerstörerflottille nicht vorzeitig beenden möge. Offenkundig gab es dort erhebliche Probleme in der Besatzung, die sogar in Bonn bekannt waren. Und da es in der ganzen Marine wohl keine Dienststellung gibt, in der ein kompletter Verwendungszweig – ohne einen zweiten Versuch – daran hängt, dass der unmittelbare Vorgesetzte, hier also der Kommandant, dies durch die Beantragung des Kommandantenzeugnisses für richtig hält, hatten mich diese dunklen Hinweise schon etwas beunruhigt.

Die „BAYERN" lag in der 4. Einfahrt an einer Schwimmpier. Schon auf den ersten Blick war ich von diesem schlanken, hohen Schiff mit der prägnanten Brücke und den zwei Schornsteinen fasziniert. Und das sollte sich nie ändern – sie war einfach ein schönes Schiff! Wie schon geplant bezog ich die IO-Kammer an Bord.

Mein Vorgänger, KKpt C., hatte eine intensive Übergabe vorbereitet. Viel dreht sich um das angespannte Verhältnis zwischen Kommandant und Offizieren, Kommandant und PUO. Als Teil eines Experimentes, nämlich Erste Offiziere mit Erfahrung auf den Zerstörern der HAMBURG-Klasse (in Wilhelmshaven) zu Kommandanten auf der LÜTJENS-Klasse (in Kiel) und in umgekehrter Richtung auch zu machen, war der Kommandant IO auf einem Zerstörer der LÜTJENS-Klasse gewesen und jetzt zum ersten Mal in Wilhelmshaven als Zerstörerkommandant eingesetzt. Er hatte offensichtlich erhebliche Probleme mit dem Fahren in den Tidengewässern der Nordsee. Es hatte eine unerfreuliche Havarie gegeben. Seitdem war jede Seefahrt schwierig, nervenaufreibend geworden. Die Entfremdung zwischen Kommandant einerseits und Offizieren wie PUO andererseits war sehr groß geworden. In seiner Position zwischen Kommandant und Besatzung hatte sich der IO fast aufgerieben.

Den Kommandanten erlebt ich in den folgenden Hafenwochen als erfahrenen Vorgesetzten, mit dem sich gut zusammen arbeiten ließ. Es fiel mir nicht schwer, Loyalität ihm gegenüber zu entwickeln. Mit der Besatzung machte ich mich schnell bekannt, fand einen guten Zugang. Der nie endende Wust an Arbeit mit täglich vielen persönlichen Kontakten, mein fast durchgehender Aufenthalt an Bord erleichterten das. Da ich zuhören und Ansichten austauschen, meine Absichten bei guten Gegenargumenten auch ändern konnte, entwickelte sich schnell ein gutes Verhältnis mit den PUO, die sich ausnahmslos ihrem Schiff sehr verbunden fühlten. Mit den Offizieren war dies schwieriger, da ich mich nicht scheute, ihnen meine Auffassung von ihren Pflichten, besonders ihrer Loyalität zu Schiff und Besatzung – und das bedeutete zwangsläufig eben auch zu ihrem Kommandanten, auch wenn er „schwierig" war – deutlich zu machen.

Dann kamen die Seefahrten. Es wurde schwierig, manchmal nervenaufreibend, weil die Schiffsführung, vor allem in engen Gewässern, häufig hektisch stattfand, häufig Chaos drohte. Als IO, der nicht mit der Schiffsführung beauftragt war, wenn der Kommandant anwesend war, war ich in einer schwierigen Situation – sah und beobachtete, ohne eingreifen zu können. Andererseits profitierte ich von der Bereitschaft des Kommandanten, mir im Wechsel mit ihm in einem JOINT MARIRIME COURSE der Royal Navy im November in den Gewässern um Schottland unter Mehrfachbedrohung die taktische Führung des Schiffes zu übertragen.

Nach unserer Rückkehr nach Wilhelmshaven fand dann Ende November überraschend, nach nur kurzer Vorankündigung, ein Kommandantenwechsel statt. Der „Neue" war FKpt K., der eigentlich 1985 eine Fregatte übernehmen sollte und jetzt kurzfristig „einspringen" musste. Die Besatzung, ich auch, gewöhnte sich schnell an ihn und seine lockere, unverkrampfte Art. Während einer Mittelmeer-Ausbildungsreise im Frühjahr 1985 zeigte er, wie man souverän und ohne Schlepperhilfe in fremden, engen, schwierigen Häfen – so z.B. in Tunis – das Schiff anlegte. Leider ließ er mich nach wenigen „Durchgängen" viel seltener das Schiff selber fahren, als ich wollte…

Auf dieser Reise führten wir in den französischen Schießgebieten vor Korsika einen Schießabschnitt durch, in dessen Verlauf wir 4 Flugkörper MM 38 auf Zielscheiben feuerten. Ich hatte die Idee, nach dem ersten Schuss mit dem Bediener, dessen Gefechtsstation das war, die übrigen drei Schuss unter der Besatzung zu versteigern, damit auch andere Soldaten, z.B. Wehrpflichtige, die Gelegenheit bekommen könnten, dies zu tun und zuhause stolz davon zu berichten. Der Kommandant stimmte sofort zu – und am Abend vor dem Schießen veranstalteten wir in der Cafeteria eine große amerikanische Versteigerung, die ich selbst durchführte – so konnte ich letztlich auch an einem günstigen Moment bestimmen, wann wer den jeweiligen

Durchgang gewonnen hatte. Die Gewinner – ein Unteroffizier und zwei Mannschaften – erhielten dann eine Urkunde und später ein Foto, das sie mit ihrem Finger auf dem Abfeuerknopf in der OPZ zeigte. Später, auf der Rückfahrt, veranstalteten wir ein großes Skatturnier, dessen erster Gewinner am folgenden Sonntag vom IO das Frühstück an die Koje gebracht bekam. Beide Ereignisse zeigten, mit wie einfachen Mitteln Motivation und Stimmung an Bord gehoben werden konnten.

Zu meiner Überraschung wurde ich während einer Kommandantenmusterung am 1.4.1985 zum Fregattenkapitän befördert – und der unerwartete Applaus der angetretenen Besatzung war ein großes, zusätzliches Geschenk. Kurz danach konnte ich zum ersten Mal mit ca. 25 Mann einen Patenschaftsbesuch in Bayern durchführen und die überströmende, herzliche Freundschaft der Verantwortlichen in der Staatskanzlei, unserer Betreuer von der Bereitschaftspolizei (den „Beppos") und überall dort erleben, wo wir hinkamen.

Am 4. Juli erhielt ich das Kommandantenzeugnis, unterschrieben vom Befehlshaber der Flotte, VAdm Mann – und eine erste Ahnung, dass ich wohl keine zwei Jahre in dieser Verwendung erleben würde.

Immerhin erlebte ich noch meinen dritten Kommandanten, der das Schiff am 27.9.1985 übernahm, so dass sein Vorgänger endlich, wie geplant, die Fregatte „BREMEN" übernehmen konnte. Auch mit dem „Neuen" verstand ich mich ausgesprochen gut. Wir fuhren noch gemeinsam ein Manöver, bis ich dann vor Weihnachten verabschiedet wurde, denn zum Jahresbeginn 1986 sollte ich meine neue Verwendung im Führungsstab der Marine in Bonn antreten.

Am 2. Januar 1986 trat ich meine zweite Verwendung im Führungsstab der Marine als Grundsatzreferent im Referat Fü M III 1 „Operative Grundlagen", dem Leitreferat der Stabsabteilung Fü M III „Operation", an. Für den ganz unerwartet, plötzlich verstorbenen Referatsleiter war seit kurzem neuer Referatsleiter KptzS Giermann. Ihm eilte ein sehr spezieller Ruf voraus:

- Anerkannter Schnellboot- und LINK 11-Fachmann, der die FK-Schnellboote der Klasse 143 im 2. Schnellbootgeschwader zur vollen Einsatzreife im koordinierten FK-Einsatz unter Nutzung der automatisierten Lagebildübertragung geführt hatte;

- 100%iger Verfechter der herausragenden Bedeutung der Schnellbootwaffe für die Auftragserfüllung der Marine;
- der herausragende operative Kopf der Marine;
- in seinen Forderungen an Mitarbeiter und Untergebene gefürchtet;
- bekannt als schwieriger Vorgesetzter, unnachsichtig gegenüber allen, die seinen hohen Ansprüchen nicht genügten.

Das würde wohl nicht einfach werden!

Im Referat fand ich eine kleine, verschworene Gemeinschaft vor, die mich vom ersten Tag an aufnahm und in der ich ein täglich enges, ja freundschaftliches Miteinander erlebte, wie ich es bislang noch nicht gekannt hatte. Das sollte sich von Anfang an als ein starker Fels in der Brandung erweisen:

- FKpt B. bearbeitete die operativen Forderungen und Grundsätze aus der Überwasser- und Minenkriegführung gegenüber der Rüstung, aber auch im Fü M, in der NATO und natürlich gegenüber dem nachgeordneten Bereich, dem Flottenkommando, dem Marineamt und dem Marineunterstützungskommando.
- FKpt P., Jetpilot, tat dasselbe für den gesamten Bereich der Marineflieger. Außerdem war er zu unserem großen Leidwesen für das ganze Ministerium als „Fahrdienstleiter" für die Marineoffiziere tätig, die weiterhin in Norddeutschland wohnten und nach Bonn pendelten. Ab Mittwochmittag klingelte bei ihm ständig das Telefon, weil die Fahrgemeinschaften nach Norden immer wieder umgeplant werden mussten, um den dienstlichen Entwicklungen am kommenden Freitag Rechnung tragen zu können. Später folgte ihm mein Lehrgangskamerad Uli O.
- KKpt B. war unser See- und Völkerrechtler und Mädchen für alles.
- Ich selbst bearbeitete alle übergreifenden operativen Grundlagen und Fragen national wie gegenüber dem Bündnis sowie, in Entsprechung zu B.., die operativen Forderungen aus der Unterwasserkriegführung.

Brandung umtoste das Referat und mich als Vertreter des Referatsleiters in der Tat vom ersten Tag an!

Mit unserem Aufgabenpaket stand das Referat im Zentrum aller Fragen und Themen, die den Einsatz und die Auftragserfüllung der Marine in Frieden und Krieg, jetzt und in Zukunft behandelten. Im Führungsstab der Marine mit seinen sieben Stabsabteilungen und ca. 35 Referaten, die alle nach der „Geschäftsordnung der Bundesministerien" arbeiteten (viele Zuständigkeiten, wenig klar definierte Verantwortungen, viel Zeit für lange Mitzeichnungsgänge) bedeutete das nach unserer und der Überzeugung unseres Referatsleiters die Zuständigkeit für die Bewertung aller Maßnahmen, besonders der Rüstungsplanung, mit Auswirkung auf die Einsatzfähigkeit der Flotte – den Daseinszweck der Marine. Von uns wurde dies mit Energie und vom Referatsleiter mit nie nachlassender Streitlust – gleich, wem gegenüber – verteidigt und die Beteiligung des Referates, implizit damit auch das letzte Wort, eingefordert. In letzter Konsequenz bedeutete dies, dass wir uns aus eigener Überzeugung oder auf Weisung des Referatsleiters in fast alle wichtigen Themen der anderen Stabsabteilungen einmischten (wenn wir nicht ohnehin von vorneherein beteiligt waren) und sehr wenig Freunde hatten.

Einen besonderen Widerpart hatten wir Referenten, speziell ich, in dem Referat Fü M VI 1 „Konzeption und Planung der Marine", dem unser Referatsleiter in herzlicher Abneigung verbunden war. Ständig schlug der natürliche Gegensatz in den Aufgabenstellungen der beiden Referate auf uns, die Arbeitsebene, durch. VI 1 beanspruchte nämlich aus seiner Zuständigkeit für die Weiterentwicklung der Marine, die Neufassung der „Konzeption der Marine" und den Marineanteil im jährlichen (Rüstungs-)Bw-Plan in sehr vielen unserer Themen ebenfalls das letzte Wort. Ständige Reibereien waren so vorprogrammiert. Glücklicherweise hatten wir besonders dann, wenn die Diskussionen auf der Ebene der Referatsleiter angekommen waren, häufig die besseren Argumente. Aber das Leben in einem ständigen halben Kriegszustand mit dem anderen wichtigsten Referat im eigenen Stab machte uns und mir, der ich häufig den Referatsleiter zu vertreten hatte, das Leben schwer.

Dass wir uns auch im häufigen Dissens mit den Stabsabteilungen Fü M V/Betrieb, Logistik und Fü M VII/Rüstung befanden, versteht sich fast schon von selbst. Die Fachleute in diesen Stabsabteilungen hatten natürlich oft ihre eigenen Vorstellungen davon, wie die stets zu zahlreichen Einzelprobleme der Marine in der Gegenwart (Betrieb, Logistik) und der Zukunft (Rüstung) bei ständiger Unterfinanzierung und damit einem chronischen Fehl an Haushaltsmitteln unter Nutzung aller Tricks, Beziehungen und Hintertüren in ihren Systemen wenigstens halbwegs zu lösen waren – auch, wenn dazu gelegentlich Umwege oder Verzögerungen in Kauf zu nehmen waren. Wenn dies aber nicht zu den Vorstellungen von uns Referenten oder des Referatsleiters passte, hatten wir dafür zu sorgen, dass sich unsere Lösungsvorstellungen durchsetzten.

Im Dissens lagen wir immer wieder auch mit der Stabsabteilung Fü M II/Militärisches Nachrichtenwesen. Sie war national wie international zuständig für die Darstellung und Bewertung der aktuellen Bedrohung der Marine durch den Warschauer Pakt. Häufig hatten wir Vorstellungen, die sich von Stückzahlbetrachtungen lösten und Möglichkeiten des Handelns gegen unsere und die verbündeten NATO-Seestreitkräfte unter realitätsnahen operativen Blickwinkeln betrachteten und dann zu anderen Bewertungen führten. Dann gab es auch hier Auseinandersetzungen.

Über allen Disputen und gelegentlich hitzigen Diskussionen thronte mit KAdm Weyher ein Chef des Stabes, der es mit erstaunlicher Gelassenheit meistens schaffte, seine Stabsabteilungsleiter doch noch zu Ergebnissen zu führen.

Neben der Brandung von den uns umgebenden Referaten und Stabsabteilungen gab es auch noch Brandung vom eigenen Referatsleiter. Schon in meinen ersten Wochen erwischte es mich. Mit einer Vorlage zu einem überschaubaren Problem, dessen Lösung mir zweifelsfrei ganz logisch erschien und die ich bereits ausführlich mit ihm vorbesprochen hatte, musste ich noch einmal zum Vortrag vor seinen Schreibtisch. Dort erlebte ich, wie er jeden meiner Gedanken scharfzüngig zerpflückte, in Frage stellte, negierte, das schlichte Gegenteil behauptete. Ich war zunächst fassungslos, dann zornig und dickköpfig, verteidigte meine Lösung, erkannte allerdings auch einige eigene gedankliche Unschärfen. Als ich endlich entlassen war, klärte ich die letzten entfernten kleinen Unklarheiten und meldete mich mit der gleichen Lösung ein zweites Mal. Das gleiche üble Spiel, in dem ich meine Lösung begründete und verteidigte, begann von neuem – bis der Referatsleiter plötzlich grinste, mich mit Vorname und „Sie" anredete und erklärte, von vornherein gewusst zu haben, dass mein Vorschlag richtig war. Er hätte nur einmal sehen wollen, wie gut ich wirklich alles durchdacht hätte und wie entschlossen ich zu einer Lösung stehen würde, von deren Richtigkeit ich überzeugt war.

Damit war das Eis offenkundig gebrochen. Schnell entwickelte sich zwischen ihm und mir ein besonderes Vertrauensverhältnis. Sein „Prüfungsverfahren" fand ich aber nicht in Ordnung. Ich war mir auch sicher, dass der größte Teil der Angehörigen der Stabsabteilung III diese „Prüfung" nicht bestanden, in seinen Augen versagt hatte und als Konsequenz nicht für voll genommen, missachtet wurde.

Das 1. Halbjahr 1986 war u.a. geprägt von starken Auseinandersetzungen mit Fü M VI 1, wo die neue Konzeption der Marine erarbeitet wurde. Nicht nur Inhalte, auch Formulierungen, die dort gefunden wurden, missfielen meinem Referatsleiter ständig. Seine kritischen Gegenvorstellungen hatte ich durchzusetzen. Inhaltlich gelang es nach langen Diskussionen, erstmals die Bedeutung des „Nordflankenraumes" als operative Einheit mit bewusstem Negieren aller Kommandobereichsgrenzen hervorzuheben und den Begriff der „Nordsee und der angrenzenden Gewässer" einzuführen und dabei bewusst so mehrdeutig zu halten, dass damit bei Bedarf nicht nur die Norwegensee, sondern auch Atlantik wie auch Nordpolarmeer verstanden werden konnten. Dies war für die Marine und speziell für unsere Zerstörer und Fregatten ein wichtiger Schritt der Öffnung unserer planerischen Einsatzräume hinaus aus Nordsee, Ostsee und Ostseezugängen in den Atlantik und die Kommandobereiche der atlantischen Befehlshaber.

Am 1. April 1986 wurde unser Stabsabteilungsleiter, FltlAdm Brost, zur NATO versetzt. KptzS G. wurde unter Beförderung zum FltlAdm sein Nachfolger. Als sein Nachfolger war Ende März KptzS K. zur Einweisung erschienen, die größtenteils ich vornehmen musste. Aus seiner mangelnden Vorfreude auf die bevorstehende Unterstellung machte er uns gegenüber kein Hehl. Wie vom Himmel gesandt muss ihm da der Zufall erschienen sein, dass an der Führungsakademie der Bundeswehr unerwartet der Dienstposten des Fachleiters Führungslehre Marine, des Lehrbeauftragten des Inspekteurs der Marine, nachbesetzt werden musste. Er nahm das Angebot sofort an

und verabschiedete sich von uns in bester Laune. Wir aber hatten keinen Referatsleiter und damit auch keinen KptzS – und das angesichts der zahlreichen Themen, bei denen der ganze Fü M einen kampfeslustigen KptzS G. als Referatsleiter gewohnt war.
Ihn schien das nicht sonderlich zu beunruhigen. Ich wurde in sein neues, deutlich größeres Dienstzimmer beordert, zum Kaffe eingeladen, und dann eröffnete er mir: Viktor, Sie machen das schon! Der Chef Stab werde mich für einige Monate kommissarisch als Referatsleiter einsetzen, bis ein Neuer gefunden sei. Und so geschah es auch.
Als Referatsleiter Fü M III 1 war ich als FKpt der ständige Vertreter des Admirals und den drei anderen Referatsleitern, alle KptzS, praktisch vor die Nase gesetzt. Unbekümmert erteilte er mir Aufträge, die eindeutig in die Zuständigkeit der anderen Referate fielen und mich nötigten, deren Referatsleiter aufzusuchen und diese Aufträge an sie weiter zu geben. Dass der kameradschaftliche Umgang darunter nicht merklich litt, lag neben ihrem Verständnis wohl auch daran, dass ich nie den Anschein aufkommen ließ, mir auf meine „neue Würde" – um die mich auch niemand beneidete! – etwas einzubilden.
Die folgenden Monate bis Ende Juni 1986 wurden äußerst arbeitsintensiv. Wir drei Fregattenkapitäne und unser Jurist hatten alle Hände voll zu tun, um überhaupt die wichtigsten Themen zu bearbeiten. Gelegentlich hatte ich den Admiral in der wöchentlichen Lage des Inspekteurs und Stellvertreters mit allen Stabsabteilungsleitern zu vertreten, saß dann als FKpt zwischen lauter Admiralen und vertrat – oder verteidigte – die Stabsabteilung „Operation". In dieser schweren Zeit bewährte sich die enge Verbundenheit im Referat, mit der jeder für jeden einsprang, keine persönlichen Belange zu kennen schien und meine Mitreferenten mich an allen Fronten und zu jeder Zeit rückhaltlos unterstützten.
Als dann im Juni 1986 der „Neue" kam, war uns und speziell mir das hoch willkommen. Mit KptzS L. erhielten wir zu unserer Überraschung einen „reinrassigen" Ubootfahrer als Chef dieses Referats, dem ich schon einmal, 1981 – 1982, als Ubootkommandant unterstellt war. Ihm war ich ja als Kommandant „U 21" sehr kritisch entgegen getreten. Seine Offenheit, mit der er mich auf diese gemeinsame Vergangenheit ansprach, und seine Bitte um kameradschaftliche, ehrliche Unterstützung, wie auch sein offenkundig völlig unvorbelastetes Ver-

halten mir gegenüber haben mich dann sehr beeindruckt und für ihn eingenommen. Die gemeinsame Arbeit, die natürlich auch von dem guten Vertrauensverhältnis zwischen Admiral G und mir profitierte, verlief dann vertrauensvoll und fast freundschaftlich.

In diesem Jahr betrat die Bundeswehr auf dem Gebiet der Rüstungsbeschaffung endlich Neuland. Jahrzehntelang hatte das Bundesamt für Wehrtechnik und Beschaffung (BWB) bei der Verhandlung mit der Rüstungsindustrie und bei den Vertragsabschlüssen die interne Kostenstruktur für ein einzelnes Vorhaben nicht überprüft oder überprüfen können und daher akzeptieren – oder eben ablehnen – müssen. Nun hatte sich die Leitung des Ministeriums entschlossen, erstmalig ein System zu Überprüfung der Kostenstruktur im Detail einzusetzen, das in der Wirtschaft schon lange bekannt war – die Wertanalyse. Dabei wird ein komplexes System in einem umfassenden Fähigkeitsbaum so lange in einzelne Fähigkeiten oder Leistungen herunter gebrochen, bis schließlich die verbindlichen Kosten transparent werden, die durch jedes einzelne Element verursacht werden – bzw. dafür in Rechnung gestellt werden sollen. Der Anbieter muss dann diesen Kostenanteil erläutern oder begründen, der Auftraggeber kann so lange nachbohren, bis ihm die Zusammenhänge hinreichend klar erscheinen – und dann akzeptieren oder nicht, oder seine Forderungen reduzieren. Bei dem ganzen Verfahren haben die Anbieter zunächst das erste und der Auftraggeber oder Nutzer das letzte Wort. Die Leitung hatte beschlossen, als ersten Probelauf ein richtig komplexes Waffensystem zu wählen: Das neue Uboot Klasse 211, das der Nachfolger der Uboote Klasse 206 werden sollte, sich in einem sehr fortgeschrittenen Entwurfsstadium befand und kurz vor der Beschaffungsentscheidung stand.

Während BWB einen Systempreis eines Bootes von 600 Mio DM ermittelt und die Industrie über 700 Mio DM berechnet hatten, hatte der Inspekteur der Marine, VAdm Mann, als Planungsgröße 330 Mio DM für ein Boot festgelegt. Das alles passte natürlich nicht übereinander. Für die Arbeit des Wertanalyseteams hatte er eine Kostenobergrenze von 450 Mio DM festgelegt. Diese galt es zu erreichen.

Im Wertanalyseteam saß für die Marine als Vertreter des Nutzers das Referat Fü M III 1 in Gestalt des Referenten für operative Forderungen aus dem Unterwasserseekrieg in der Arbeitsgruppe – das war ich.

Dazu kamen für das Rüstungsmanagement der Marine der Referent Unterwasserseekrieg aus Fü M VII 5 (ebenfalls Ubootfahrer) und der Vertreter des Marineamtes, Marinerüstung (Ubootfahrer). Aus der Hauptabteilung Rüstung des BMVg stießen Vertreter der Referate Rü V 2 und Rü V 4 zum Team und vom BWB der Systembeauftragte für das Waffensystem als informeller Leiter für die Auftraggeberseite. Ein externer Moderator war ebenfalls beauftragt worden, zwei Vertreter der Bundesakademie für Wehrverwaltung und Technik nahmen als externe Beobachter teil. Auf der „anderen Seite" standen die Auftragnehmer, vor allem und stets die Vertreter des Generalunternehmers (HDW) und des Konstruktionsbüros (IKL) sowie der Unterauftragsnehmer, renommierter, international tätiger Firmen. Monatelang trafen wir uns, in der Regel einmal wöchentlich, in einer Liegenschaft der Hauptabteilung Rüstung in der Stadt. Die Auftragnehmer erläuterten dem Wertanalyseteam in einem schier endlosen Prozess Kosten und begründeten diese mit sehr unterschiedlichem Erfolg. Manche Kostenanteile waren nur sehr schwer oder kaum zu erläutern. Wir stießen erstmalig auf exorbitante Managementkosten, erfuhren von Kostenberechnungen, die niemand mehr nachvollziehen oder erläutern konnte. Wir erhielten aber auch Einsicht in die Kostenkonsequenzen von Forderungen, über die nicht in letzter Konsequenz nachgedacht worden war. Dann landete die letzte Frage bei mir, wie

- x Torpedorohre kosten also…., x-2 kosten ……… – Müssen es also x sein??
- Wenn wegen des erforderlichen Spantenabstands eine maximale Sicherheitstauchtiefe y …….. kostet, y-50m ……. – Muss es y sein oder reicht auch y-50?
- Wenn jeder Kn Unterwassergeschwindigkeit ab z Kn …… kostet, muss es dann wirklich z+5 sein oder reicht nicht auch z+3?
- Wenn ein Ladediesel mit Generator in einem entsprechend engen hinteren Druckkörper xx ……. kostet, zwei Ladediesel mit Generator und breiterem hinteren Druckkörper yy….. kosten – müssen es dann wirklich zwei Ladediesel sein oder genügt auch einer?
- Oder schließlich: Wenn ein kompletter Satz Ausbildungsgeräte OPZ oder komplette Technische Dienstvorschriften für alle An-

lagen xxx und yyy kostet – Muss es das dann wirklich sein – oder geht auch weniger??

Nur selten konnte ich unmittelbar antworten. Da es aber schnell gehen musste, folgten häufig lange Diskussionen mit dem Referatsleiter (der ja glücklicherweise auch Ubootfahrer war!) und Admiral G. sowie dann die Abstimmung mit dem Ko-Referenten Fü M VII 5, damit ich in der nächsten Sitzung eine verbindliche Antwort geben konnte.

Im Januar 1987 hielten wir beide Referenten einen Vortrag vor dem Inspekteur und den Stabsabteilungsleitern und konnten berichten, dass das Vorhaben unter Inkaufnahme vertretbarer Abstriche in einigen Bereichen eine neue, von allen Beteiligten akzeptierte Kostenobergrenze erreicht hatte: 497 Mio DM – und wir waren stolz wie die Schneider! Es hat dann dennoch keine Aufnahme in den Bundeswehrplan gefunden, weil für die Marine einfach nicht genug Planungsgeld bewilligt war, um parallel zwei Großvorhaben aufzunehmen. Konkurrent war damals die Fregatte Klasse 123 – für die sich der Inspekteur der Marine entschied.

Für alle Beteiligten der Auftraggeberseite war dies eine sehr zeitaufwändige, aber nur oberflächlich enttäuschende Erfahrung, die sehr viele Erkenntnisse mit sich brachte, die in die weitere Arbeit wie in das Ubootprojekt Klasse 212 einfließen konnte. Und das wurde realisiert.

1986/87 arbeiteten wir intensiv an einer deutschen Position für den Marineanteil an der „Tri-MNC-Force Requirement Study", also an der Neufassung der offiziellen Forderungen der drei Major NATO Commanders (MNC) SACEUR, SACLANT, CINCHAN nach Zusagen deutscher See- und Seeluftstreitkräfte für ihre Verteidigungsplanungen. Bislang waren alle unsere Kräfte im Kommandobereich Europa, genauer im Bereich Nordeuropa mit seiner Verantwortung Ostsee, Ostseezugänge und Teile der Nordsee assigniert, also für den Verteidigungsfall eingeplant. Wie wir schon bei den Arbeiten an der neuen Konzeption klar gemacht hatten, hielten wir es aber für zwingend erforderlich, unsere großen Einheiten aus dieser Planungs-„Enge" zu befreien und dort einzubringen, wo sie im Ernstfall auch sinnvoll eingesetzt werden würden – im Bereich der weiteren Nordsee und der an sie angrenzenden Gewässer bis deutlich in Atlantik und

Norwegensee. Einmal so erfolgt, wollten wir dann auch sicherstellen, Einfluss in den neuen Kommandobereichen auf ihre Einplanung und letztlich auf ihren Einsatz nehmen zu können. Wir wollten also zumindest eine deutsche Kampfgruppe aus Zerstörern, Fregatten und Versorgern in das Kräftedispositiv des Kommandos Ostatlantik einbringen, das in Northwood/UK saß und seinerseits vom Oberbefehlshaber Atlantik (SACLANT) in Norfolk/USA geführt wurde.

Die atlantischen Kommandos, die immer über zu wenige Escorts im Atlantik zur Konvoisicherung klagten, fanden diesen Ansatz gut – und der Führungsstab der Streitkräfte nach endlosen Diskussionen auch. So gelang es uns schließlich, auf den Planungskonferenzen im Hauptquartier SHAPE diese Kampfgruppe aus dem Kräftedispositiv des SACEUR herauszulösen und in den Kommandobereich Ostatlantik zu übertragen. Gegen heftigsten Widerstand aus Großbritannien, das selbst mit eingebrachten Kräften stets auch Einfluss (möglichst stärker als die eingebrachten Kräfte!) verband und deutschen Einfluss im Kommandobereich Atlantik auf jeden Fall verhindern wollte, war dies letztlich nur möglich, weil es uns in Vorgesprächen gelungen war, die Unterstützung des SACLANT und ganz speziell der US Navy zu gewinnen. Der konzeptionellen Ausweitung des Einsatzgebietes unserer Marine in den Atlantik hinein konnte so auch ihre Verankerung in die Kräfteplanung für den Atlantik folgen.

Diese und vielfältige andere Absprachen erfolgten einerseits auf den normalen Kommunikationswegen zwischen den Stäben oder Ministerien. Eine besondere Möglichkeit boten stets die Admiralstabsgespräche zwischen dem Fü M und einzelnen der mit uns verbündeten Marinen. Sie erfolgten im Jahresrhythmus abwechselnd in Bonn oder der entsprechenden Hauptstadt – also in London, Paris, Rom und Washington bzw. Norfolk. Die Verantwortung für alle Absprachen und Vorbereitungen inhaltlicher Art auf deutscher Seite lag in meinen Händen, bis hin zur Festlegung und Durchführung des sozialen Programms bei den zwei- bis dreitägigen Besuchen der ausländischen Delegationen in Bonn. 1987 führten wir erstmals einen solchen Besuch einer Delegation der sowjetischen Marineführung bei uns durch – und diskutierten lange und ausführlich über den Abschluss eines „Abkommens zur Verhinderung von Zwischenfällen auf See", wie es dies schon seit einiger Zeit zwischen der amerikanischen und sowjetischen Marine gab.

Planung und Durchführung dieser Gespräche brachten stets einen erheblichen Arbeitsaufwand mit sich, der auch durch interessante Reisen zu den uns verbündeten Marinen nicht ausgeglichen wurde – und die Festlegung der deutschen Delegation war stets von Ärgernissen begleitet. Waren wir die Gastgeber, gab es inhaltliche Beiträge aus anderen Teilen des Fü M nur unter erheblichen Schwierigkeiten und Protesten, und dabei sein wollte sowieso keiner. Ging es ins Ausland, war der Andrang, in die Delegation aufgenommen zu werden, schon deutlich größer – aber möglichst ohne eigenen fachlichen Beitrag! Und häufig genug kamen die fachlichen Beträge dann so spät, dass es Probleme mit der Übersetzung gab.

Eine unserer Misshelligkeiten und Niederlagen war die Geschichte um das neue Forschungsschiff der NATO. Seit 1959 betrieb die NATO in La Spezia das „SACLANT ASW Research Centre", das die guten ozeanographischen Forschungsbedingungen im Mittelmeer für ausgedehnte Forschungen auf dem Gebiet der Ozeanographie, Akustik und speziell der Ubootortung nutzte. Geführt wurde es von SACLANT. Seine wissenschaftliche Besetzung war international. 1986 war sein wissenschaftlicher Leiter ein deutscher Wissenschaftler. In diesen Jahren wurde ein neues Forschungsschiff gebaut, das als „ALLIANCE" 1988 in Dienst gestellt werden sollte. Die einflussreichen Briten im Hauptquartier SACLANT hatten rechtzeitig dafür gesorgt, dass der lukrative Betriebsvertrag für dieses Schiff „frei" ausgeschrieben und auch sogleich an einen britischen Reeder vergeben worden war. Jetzt ging es noch darum, welche Flagge das Schiff führen sollte. Auf nicht nachvollziehbaren Wegen war diese Frage über den deutschen wissenschaftlichen Leiter an die Bundesregierung herangetragen worden, und ein Minister hatte zügig, offenkundig erfreut über diese Frage, eine zustimmende Antwort gegeben. Erst zu diesem Zeitpunkt wurden wir mit der schon fast gefällten Entscheidung konfrontiert, dieses Schiff unter der Flagge der Seestreitkräfte in die Liste deutscher Kriegsschiffe aufzunehmen. Jetzt wurde zum ersten Mal unser Jurist eingeschaltet. Schnell war klar, dass diese Lösung völlig unmöglich war – einem international besetzten, von einer zwischenstaatlichen Organisation geführten, jedem Zugriff und jeder Kontrolle durch deutsche Behörden, geschweige denn die deutsche Marine entzogenen Schiff die hoheitlichen Pflichten und Schutzrechte eines Kriegsschiffes zu verleihen, war überhaupt nicht zu verantworten. Wir versuchten, das Vorhaben mit lauter guten Gründen zu kippen. Es gelang uns nicht. Schließlich mussten wir froh über den gefundenen Kompromiss sein: Die „ALLIANCE" würde zwar nicht unter der Dienstflagge der Seestreitkräfte, aber als Staatsschiff unter deutscher Flagge und mit deutschem Kapitän in Dienst gestellt werden. Hoheitliche Risiken bei Bedrohungen, Unfällen, Katastrophen würde Deutschland tragen. Geld würde damit ein englischer Reeder verdienen – kurz: Auch hier war eine von vielen „bewährten" NATO-Regelungen gefunden worden. Und so geschah es dann.

Besonders intensiv war unsere Mitarbeit an der Entstehung des Marineteils im Bundeswehrplan 1987 und 1988. Dabei saßen wir, jeder Referent für seinen fachlichen Anteil, in der Regel zwischen allen Stühlen. Fü M VI 1 war als Federführer dem Inspekteur und dem Führungsstab der Streitkräfte verantwortlich für den Gesamtplan und vor allem für die Einhaltung des stets erheblich zu geringen Finanzrahmens für die Summe der erforderlichen Investitionen in Großvorhaben, die Geräterüstung und den gesamten Betrieb der Marine. Fü M V musste den Betrieb sicherstellen, Fü M VII die Fortführung und den pünktlichen Beginn von Rüstungsvorhaben. Die Kommandobehörden der Marine kämpften für ihre Anliegen, die in der Regel alle unverzichtbar waren und immer beim Flottenkommando und der Einsatzfähigkeit der Flotte anfingen. Wir, jeder von uns, mussten dann den jeweiligen Kompromissen, den schmerzlichen Verzichten oder planerischen Lücken aus Sicht der Auftragserfüllung der Marine zustimmen oder eben um andere Lösungen kämpfen – auf Kosten anderer Lücken.

In dieser Zeit bewegten uns im Referat und mit Admiral G. heftig die ersten Überlegungen zur Nachfolgefrage für unsere FK-Schnellboote, die mit Stapelläufen zwischen 1973 und 1983 zwischen 2000 und 2010 spätestens das Ende ihrer Nutzungsdauer erreichen würden – von ihrer Leistungs- und Überlebensfähigkeit als Waffensystem einmal ganz zu schweigen. Würde die Marine auch noch in 20 Jahren mit solchen Einheiten in der Ostsee bestehen können? In den ersten Diskussionen und Überlegungen begann sich als Lösung ein größerer Typ zu entwickeln, der über eine längere Seeausdauer, vor allem über eine ungleich wirksamere Bewaffnung gegen Flugkörperbedrohung, ein Mehrwachenkonzept und eine leistungsfähige modular aufgebaute Operationszentrale verfügen müsste. Als „Ostsee-optimierte" Einheit sollte sie nicht über eine eigene UJagdfähigkeit verfügen, aber einen Hubschrauber als Fremdorter tragen können. Vor allem aber dürfte sie auf keinen Fall von Größe und Leistungsfähigkeit in die Nähe einer Fregatte kommen, um nicht als „billigerer Ersatz" für diese genommen und dann für die Ostsee ein zu teures Ziel zu werden. Wir nannten diesen ersten Lösungsansatz „Korvette".

Es gab noch eine Fülle weiterer Probleme und Auseinandersetzungen. Trotz allem habe ich das Arbeitsklima im Fü M als gut und kameradschaftlich empfunden. Auch in der Lage der Stabsabteilungsleiter für den Inspekteur habe ich bei allen, manchmal scharfen Auseinandersetzungen einen letztlich kameradschaftlichen Umgang miteinander festgestellt. Vieles wurde dann doch nicht so tierisch ernst genommen: Stabsabteilungsleiterlage-Lage in Abwesenheit des Chefs des Stabes und Inspekteurs. Ein Stabsabteilungsleiter, FltlAdm „Stoni" S., hat den Vorsitz. Das ungerührte Geplapper aller durcheinander will nicht aufhören. Stoni: " Meine Herren, bitte etwas Ruhe!" – Keine Reaktion, der Lärmpegel nimmt nicht ab. – Stoni: „Meine Herren, bitte etwas Ruhe, schließlich führe ich hier heute!" – Ein aufmüpfiger FltlAdm: „Und wie machen Sie das, Herr S.?" – Stoni: „Ich strahle Ruhe aus." Und er strahlte – und es wurde ruhig.

Anfang September wurde ich überraschend zum Generalinspekteur, Admiral Wellershoff, befohlen. Er war mir ja als mein Kommandeur an der Führungsakademie der Bundeswehr und später als Chef des Stabes im Fü M bekannt. Der Dienstposten seines Marineadjutanten war nach zu besetzen, und offensichtlich hatten mehrere Vorschläge der Personalabteilung nicht seine Zustimmung gefunden. Irgendwie war ich ins Gespräch gekommen. Es gab nur ein kurzes Gespräch: Ob ich mir vorstellen könne, sein Adjutant zu werden; es würde aber ein harter Job sein; aber schaden würde es auch nicht.

Ich hatte schon lange eine besonders hohe Meinung von Admiral Wellershoff gehabt. Das war ein Angebot, das man nicht ablehnen konnte.

Am 1. Oktober 1987 trat ich meinen Dienst in der Adjutantur des Generalinspekteurs der Bundeswehr, Haus 207, an. In der langen

Zimmerflucht im fünften Stock arbeiteten neben dem GenInsp, Admiral Wellershoff, dem Chefadjutanten, O i.G. D. (Heer), dem Adju (Luftwaffe), OTL i.G. S., dem Adju (Marine), drei schreibende Damen und Stabsfeldwebel G. als „Mädchen für alles".

Bei meiner Meldung erlebte ich den Admiral so, wie ich ihn bislang gekannte hatte – als beeindruckende Persönlichkeit, in sich ruhend, sehr souverän, der sich auf seine hohe Stellung nichts einzubilden schien. Seiner engen Umgebung, also der ganzen Adjutantur, vermittelte er die sichere Überzeugung, dass er den hohen Einsatz jedes Einzelnen nicht als gegeben und selbstverständlich annahm, sondern ihn zu würdigen wusste, anerkannte, ja dankbar entgegen nahm. In der ganzen Adjutantur herrschte eine fast familiäre Atmosphäre, in der jeder alles in seiner Macht stehende jederzeit und gerne für den Admiral leistete. Der enge Zusammenhalt bezog auch die Ehepartner mit ein, die sich mehr als einmal in die Wohnung der Wellershoffs eingeladen sahen. Dass er mit ruhiger, selbstsicherer Gelassenheit auch in der Öffentlichkeit ohne Umschweife seine Meinung sagte und mit seinem Blick auf unsere Gesellschaft, ihr Verhältnis zur Bundeswehr und den sicherheitspolitischen Gegebenheiten und Erfordernissen nicht hinter dem Berg hielt, nahm für ihn ein und begründete sicherlich das hohe Ansehen, das er in der Öffentlichkeit wie in der Politik und der Leitung des Ministeriums genoss.

Nachdem er mich ausführlich über meine Familie und mich, meinen Werdegang und meine weiteren Vorstellungen hatte berichten lassen, bemerkte er noch, die Personalabteilung beabsichtige, mich auf dem nächsten „freien" Zerstörer Klasse 101A als Kommandant einzusetzen. Ich könne ganz beruhigt sein – auch wenn dann meine zwei Jahre noch nicht „voll" sein sollten, werde er einer solchen Versetzung dann nicht im Wege stehen. Schließlich sei er selbst Kommandant auf der HESSEN gewesen und wisse, was das bedeute. Damit konnte ich anfangen und mich in Ruhe auf meine Arbeit konzentrieren.

Der Oberst war der Chef direkt nach dem Admiral, ließ daran auch keinen Zweifel. Er war sehr erfahren, blitzschnell und kannte keine Rücksichten, wenn irgendetwas oder irgendjemand dem GenInsp in die Quere zu kommen drohten. Er war bei allen wichtigen Besprechungen und Sitzungen anwesend und führte bei Bedarf Protokoll. Das galt insbesondere für die Sitzungen des Militärischen Führungsrates, in dem der GenInsp mit den Inspekteuren der TSK zusammen saß und in dem viele wichtige Entscheidungen getroffen oder zumindest vorbereitet wurden. Er war auch unser „starker Arm", der absolut nichts auf die Adjutantur kommen ließ, wenn Herren mit höheren Dienstgraden der Meinung waren, diese gegenüber dem Adju (M) oder dem Adju (Lw) ausspielen zu müssen. Ich erinnere mich an eine meiner ersten Reden, für die ich eine Zuarbeit aus einem Fachreferat des Fü S benötigte – und der zuständige Referatsleiter einen solchen Auftrag ungehörig fand angesichts seiner anderen wichtigen Aufgaben, und überhaupt so kurzfristig.... Ich berichtete dem Oberst, der sofort zum Telefon griff: Herr Oberst, ich höre, dass Sie für eine dringende Zuarbeit für den Generalinspekteur wegen Ihrer anderen, wichtigeren Arbeiten keine Zeit haben – ich stelle Sie jetzt durch, dann können Sie ihm das persönlich mitteilen... – Es gab nie wieder Probleme – mit ihm nicht und mit anderen Referatsleitern auch nicht.

Der Adju (Lw) wurde von uns allen bemitleidet, und man versuchte, wann immer möglich, sein schweres Los zu lindern – denn er hatte jedes Tagesprogramm und alle Reise- und Besuchsprogramme zu organisieren und dabei immer mindestens einen Schritt weiter zu sein als die letzte Änderung. Er war ein stets zuverlässiger, hilfsbereiter Kamerad, für den die hektische Terminarbeit nie aufhörte.

Als Marineadjutant war ich der „Mann für's Geistige" und fand das auch ganz adäquat.

Meine erste tägliche Verpflichtung war die Presselage für den Admiral, wenn er gegen 08.00 zum Dienst erschien. Auf der Fahrt von Flamersheim zur Hardthöhe hatte er dann die F.A.Z. bereits genau studiert – Infos über diese Inhalte benötigte er also nicht mehr, sehr wohl aber die der „Welt", „Süddeutsche Zeitung", „Frankfurter Rundschau", „Neue Züricher", „Spiegel" sowie britische und US-Zeitungen und Magazine, wenn vorhanden – und ganz besonders deren Berichte zu wichtigen Themen, über die auch die F.A.Z. berichtet hatte. Diese Zeitung hatte ich bislang noch nie gelesen – zu groß, unhandlich, und dann noch das unmögliche gotische Schriftbild! Aber es half nichts – ich musste täglich auf jeden Fall zuerst die F.A.Z. gelesen haben, um dann auf dieser Basis den „Rest" auszuwerten und das Ergebnis um 08.00 vortragsreif zu haben. Ich habe mich dann sehr schnell an diese Zeitung gewöhnt, die meine Lieblingszeitung wurde und die ich bis heute lese.

Dazu kam die Verantwortung für die Presse- und Medienarbeit des GenInsp in Abstimmung mit dem Informations- und Pressestab, insbesondere die Pflege der Kontakte und Gespräche mit Journalisten und dem Fernsehen. Ich hatte Namensartikel des GenInsp zu verfassen und einzubringen, Interviews vorzubereiten, zu begleiten und frei zu geben bis hin zu „Home Stories" wie der durch Graf Nayhauß für die BILD. Der WDR produzierte zu dieser Zeit die Talkserie „Ich stelle mich", in der sich Personen öffentlichen Interesses live der Kamera und mit Claus Hinrich Casdorff einem gefährlichen Moderator stellten, der seine „Opfer" gerne öffentlichkeitswirksam demontierte und wohl die Macht des Fernsehens auf seiner Seite wusste. Kurz nach meinem Dienstantritt erreichte uns die Anfrage des WDR zu einer Folge dieser Sendung, der Admiral sagte sofort zu und überließ mir die Vorbereitung seines Auftritts – der ich deutlich unsicherer entgegen sah als er.

Mit einigen Fachleuten der „Schule für Psychologische Verteidigung" in Waldbröhl entwickelte ich einen umfassenden Satz möglicher kitzliger Fragestellungen, für die ich dann die Fakten zusammen stellte und sie dem Admiral vorlegte. Dann fuhren wir für einen halben Tag nach Waldbröhl, wo ein Fachmann den „ekligen Moderator" spielte und versuchte, den Admiral vor laufenden Kameras in die Zange zu nehmen. Das anschließende Replay wurde dann noch einmal kritisch begutachtet. Außerdem besorgte ich die Informationen über den Moderator, die damals offen verfügbar waren. Dann kam der Auftritt, zu dem die ganze Adjutantur auf Wunsch des Admirals mit Ehepartnern als Gäste ins Studio mit eingeladen worden waren. Zunächst lief alles ganz ruhig, bis der Moderator plötzlich fragte, ob das Gehalt B 10 für einen General oder Admiral, der doch letztlich gar keine Truppen persönlich führe, nicht eigentlich für den Öffentlichen Dienst zu hoch sei. Wellershoff kam ganz locker mit seiner Replik, dass es einem einfachen Moderator im öffentlich-rechtlichen Fernsehen, dem WDR, ja wohl auch sehr gut gehe, wenn er sich davon einen Reitstall halten könne (was den Tatsachen entsprach). Casdorff wurde schlagartig sehr freundlich. Es wurde eine sehr schöne, erfreuliche Sendung. Im Rückblick war ich dann ganz stolz darauf, dass wir gut 80% der Fragen des Moderators voraus gesehen hatten.

Alle Briefe an den GenInsp gingen über meinen Tisch. Ich hatte zu entscheiden, welche ihm vorgelegt wurden. Die Briefe beantwortete ich selbständig oder nach seinen Vorgaben, so wie ich auch die Briefe schrieb, die er von sich aus als GenInsp verschickte. Das konnte gelegentlich sehr schnell gehen: Irgendwann, 1988, hatte er morgens in der F.A.Z. gelesen, dass der Mainzer Kardinal Lehmann zum Vorsitzenden der Deutschen Bischofskonferenz gewählt worden war – und wollte noch am gleichen Tag ein persönliches Glückwunschschreiben unterschreiben. Von Lehmann hatte ich noch nie etwas gehört. Google und Wikipedia gab es nicht. So musste über befreundete Journalisten und Zeitungsarchive nachgeforscht werden, bevor noch am gleichen Tag ein persönlicher Brief entstehen konnte, der zeigte, dass sich der GenInsp in den zurückliegenden Jahren um wenige Dinge intensiver gekümmert hatte als um das Leben und Wirken des Kardinals.

Dann waren da die Reden des GenInsp, für deren Erstellung ich verantwortlich war. Gelegentlich machte er dazu Vorgaben wie

Adj/Adj(M)
Die nachfolgenden Gedanken bitte ich in Grundsatzreden einzubauen.

Wel 20/1
FREIHEIT – FRIEDE - RECHT – MACHT – ABSCHRECKUNG
Frieden *ist ohne Freiheit, ohne Menschenrechte überall fragil und vorläufig. Er braucht ein Gleichgewicht der Kräfte, Stabilität der internationalen Beziehungen.*
Freiheit *verlangt eine Rechtsordnung. Die Freiheit des jeweils Anderen muß gesichert werden. Dies gilt innerstaatlich wie international durch UN-Charta und Völkerrecht.*
Recht *braucht Macht. Es muß durchgesetzt werden, auch das internationale Recht. Die Gemeinschaft muß vor Einzelinteressen und kurzsichtigen Emotionalismen geschützt werden.*
Macht *muß legal und kontrolliert sein. Die Bundeswehr hat einen Verfassungsauftrag. Ihre Kontrolle erfolgt durch das Primat der Politik, den Verteidigungsausschuss des Bundestages, den Wehrbeauftragten und die Rechtsprechung.*

Abschreckung nennt man die Androhung eines empfindlichen Nachteils durch legale Macht für den Rechtsbrecher. Die menschliche Natur und die historische Erfahrung lehren diese Notwendigkeit.

Es kam aber häufiger vor, dass nur Anlass und Termin vorgegeben waren. In jedem Fall hatte ich rechtzeitig den fertigen Redeentwurf vorzulegen, den ich entweder selbst erstellte oder immer dann, wenn Fakten oder politische Aussagen ganz sicher die Linie des Ministeriums oder der Bundesregierung wiedergeben mussten, auf der Grundlage von fachlichen Beiträgen oder ganzen Entwürfen der zuständigen Referate zusammen stellte.

Dazu wies mich mein Vorgänger in ein für mich neues Gerät ein, das ich bislang im Dienst nicht benutzt hatte – einen Personal Computer, „den PC". Darin hatten unsere Damen alle fertigen Reden gespeichert. Er – und dann auch ich – schrieben zwar noch nicht selbst daran, aber ausgesuchte Teile gebilligter Reden konnten beliebig ausgedruckt und genutzt werden, wenn die neue Rede erarbeitet wurde. Die wiederum wurde dann von den Damen neu geschrieben und abgespeichert.

So entstanden in meinen zwölf Monaten 83 längere und kürzere Reden zwischen 10 und 50 Minuten Dauer, in Stichworten oder Volltext, als Vorträge, Tischreden, Begrüßungen und Verabschiedungen sowie Pressestatements.

Mit der Billigung des Entwurfs durch den GenInsp bzw. nach seiner Überarbeitung war erst ein Zwischenschritt getan. Zu jedem Redeauftritt begleitete ich ihn persönlich, um ihn „in action" – aber auch die Reaktion des Publikums in den häufig folgenden Diskussionen erleben und für die Zukunft auswerten zu können. Dabei variierten seine Reden sehr – von extremer Texttreue gemäß dem Konzept bis hin zu einer völlig eigenständigen Rede, die mit dem mühsam erarbeiteten Text nichts gemein hatte außer der Überschrift. Und dann war eine solche Rede auch noch gut – für den Redenschreiber schon demotivierend.

Alle Reisen – zu Vorträgen, Truppenbesuchen, dienstlichen wie privaten Besuchen – wurden, wenn nicht Lufttransport genutzt werden musste, wegen der hohen Gefährdungsstufe des GenInsp in einem schweren gepanzerten Mercedes und zwei Begleitwagen mit Personenschützern nach der Maxime „Geschwindigkeit ist der beste Schutz" durchgeführt; dies bei praktisch allen Strassen- und Verkehrsverhältnissen mit für meinen Privatgebrauch erheblich zu hoher Geschwindigkeit und einem Abstand zwischen den Wagen von maximal zwei Metern zu erleben war sehr gewöhnungsbedürftig. Gerade bei nasser Strasse sorgte das bei mir für einige Anspannung. Passiert ist nie etwas.

Die Arbeitstage waren lang. Wenn keine Abendveranstaltungen für den Admiral eingeplant waren – zu denen er in der Regel von einem Adjutanten begleitet wurde –, beendete er zwischen 20.00 und 21.00 Uhr mit uns den Dienst mit einem kurzen Rückblick auf den Tag und einer Vorschau auf den nächsten. Danach wurde er nach Hause gefahren. Dann klärte jeder Adju Kopf und Schreibtisch, bevor wir Drei uns – häufig mit einem Glas Cognac bewaffnet – zu einer letzten Nach- und Vorbesprechung zusammensetzten. Vor 22.00 Uhr war ich selten zu Hause – an normalen Tagen.

Ich empfand es als besondere Auszeichnung, den Admiral auf Reisen oder zu solchen Besuchen begleiten zu dürfen, die ihm besonders am Herzen lagen, wie

- zu mehrfachen Treffen des Ehepaars Wellershoff mit General a.D. Altenburg, seinem Vorgänger, und dessen Gattin;
- zu Besuchen in seinem Elternhaus;
- auf der Reise zur Wehrkundetagung nach München;
- zu einem Geburtstagsbesuch bei Minister a.D. Leber in seinem Haus am Königssee in Oberbayern – bei dem wir der Einfachheit halber mit einem Flugzeug der Flugbereitschaft in Uniform nach Salzburg flogen, wo ihm der österreichische Generalmajor, Kommandeur des dortigen Militärbezirks, am Flugzeug formvollendet Meldung machte, bevor wir ohne weitere Formalitäten über die Grenze nach Deutschland zu Lebers fuhren.

Ein Thema, das Admiral Wellershoff ständig beschäftigte, war die bei vielen Anlässen zu beobachtende erschreckende Unkenntnis und die mangelnde Erfahrung in der Befassung mit sicherheitspolitischen, politisch-strategischen Fragen bei den deutschen politischen und wirtschaftlichen Eliten, die uns gegenüber unseren wichtigsten Verbündeten immer wieder regelrecht provinziell erscheinen ließen. In unseren langen Diskussionen entwickelte er das Modell einer neuen zentralen deutschen Weiterbildungseinrichtung, die militärische, politische und wirtschaftliche Führungskräfte gemeinsam an Fragen der Sicherheitspolitik und Strategie heranführen könnte. In vielen Gesprächen mit hochrangigen Kontakten auch außerhalb des Ministeriums wurde er nicht müde, dafür zu werben. Nach seiner Zurruhesetzung sollte daraus die Bundesakademie für Sicherheitspolitik werden, deren erster Präsident er wurde.

Neben allen dienstlichen Belastungen hatte der GenInsp genügend Reserven, um sich mit den geistigen Grundlagen des Soldatenberufs zu beschäftigen. Er wollte ein Buch über die „Soldatischen Tugenden" schreiben und lud zu mehreren, viele Stunden langen intensiven Gesprächsrunden nach Burg Flamersheim seinen Vor-Vorgänger, General a.D. de Maizière, den Konteradmiral a.D. Topp, hoch dekorierter Ubootkommandant des 2. Weltkriegs, und den Völkerrechtler Professor Dr. Isensee. Den sehr offenen, sehr persönlichen und nachdenklichen Gesprächen durfte ich als stiller Zuhörer mit einem Aufnahmegerät und Notizblock beiwohnen und hatte danach dem Admiral jeweils eine Abschrift ohne Kopie zu übergeben. – Zu dem Buch ist es dann aber nach seiner Zurruhesetzung meines Wissens leider nicht mehr gekommen.

Mitte September 1988, mein erstes Jahr war noch nicht vollendet, teilte der GenInsp mir nach der morgendlichen Presselage trocken mit, zum 1.10. werde es auf dem Zerstörer HESSEN, seinem ehemaligen Schiff, einen Kommandantenwechsel geben, und wie versprochen würde ich der neue „Alte" sein. Sofort begann eine hektische Suche nach einem Nachfolger für mich. Mehrere Vorschläge der Personalabteilung gefielen schon uns Adjutanten wenig – und dem Admiral überhaupt nicht. Nach dem zweiten unbefriedigenden Angebot blieb daher die Frage an mich, ob ich nicht einen guten Nachfolger empfehlen könnte – und ich konnte: FKpt S. wurde so mein Nachfolger.

Zu meiner Beurteilung durch den Chefadjutanten vom 23.9.1988 schrieb der Generalinspekteur unter

„L. Stellungnahme des nächsthöheren Vorgesetzten:
Ich stimme dieser Beurteilung uneingeschränkt zu.

FKpt Toyka war mir durch seine Einsatzfreude, Leistungsstärke und Loyalität ein ausgezeichneter Adjutant."

Ich glaube, er hat das so auch gemeint – wie er immer das gemeint hatte, was er sagte und schrieb. Das war es wert gewesen.

4. Zerstörerkommandant

Am 28. September 1988 übernahm ich das Kommando über den Zerstörer HESSEN – über das Schiff und seine 290 Mann Besatzung. Wie für jeden Marineoffizier war dies für mich ein großer, besonderer Tag, der Anlass für viele bewegende Gedanken war. Zuerst erfüllte mich Stolz darauf, als zweiter ehemaliger Ubootkommandant unserer Marine für ausreichend qualifiziert, „würdig" befunden worden zu sein, diese hohe, mit keinem anderen Bereich des Berufslebens eines Marineoffiziers zu vergleichende Verantwortung zu tragen. Gleich traten aber die Sorgen daneben: Würde ich dieser Verantwortung gewachsen sein und den Wechsel von der Position des Zweiten Mannes (des Ersten Offiziers) auf die des Ersten Mannes, der niemanden mehr fragen konnte, verkraften und den Erwartungen der Besatzung auf die endgültige, manchmal sehr schnelle und vor allem richtige Entscheidung in allen Lagen ohne „Nerven" entsprechen können? Ich hoffte das…

Schon vor der Kommandoübernahme war mir bewusst geworden, wie groß in unserem Beruf die Gefahr war, sich im täglichen Betrieb von der Fülle der zu erledigenden Arbeiten bestimmen zu lassen. Ganz gleich, ob an Bord oder im Ministerium, stets war die Gefahr groß, dass das Eilige das Wichtige verdrängen, dass dem Wichtigen nicht genügend Zeit und Aufmerksamkeit gewidmet werden könnte. Als die beiden wichtigsten Aufgaben des Kommandanten hatte ich schon in meiner Ubootzeit und in der Verwendung als Erster Offizier die unmittelbare Führung des Schiffes – nautisch/navigatorisch wie taktisch – und das Gewinnen des Vertrauens der Besatzung, die Fähigkeit zur Beeinflussung ihrer Stimmung und Haltung zu ihrem Schiff und dem jeweiligen Auftrag erkannt. Wenn ich nicht der Konzentration auf die erste Aufgabe und die ohnehin erforderlichen administrativen Arbeiten erliegen wollte, was meine Kontakte auf bestimmte Teile der Besatzung im Bereich der Schiffs- und Einsatzführung beschränkt hätte, dann musste ich einen Weg finden, der sicher stellte, dass ich auch die zweite Aufgabe täglich in Angriff nehmen könnte und würde. Ich beschloss daher, täglich an einer beliebigen Stelle im Schiff ohne besonderen Anlass mit genügend Zeit den Kontakt mit Besatzungsangehörigen herzustellen, mit ihnen zu sprechen, sie kennen zu lernen, sie mich und meine Anschauungen über das Militärische hinaus kennen lernen zu lassen. Und um hier nicht einen bloßen Vorsatz zu fassen, der vom Tagesgeschäft leicht verdrängt werden konnte, beschloss ich auch, täglich nach meinem persönlichen Dienstschluss ein Tagebuch zu schreiben, das die Beschäftigung mit meinen beiden wichtigsten Aufgaben belegen würde – und wenn dies nicht möglich wäre, würde ich den Kontakt mit Besatzungsangehörigen noch am gleichen Tag wahrnehmen, bevor das Tagebuch abgeschlossen und ich „fertig" wäre. So habe ich es dann auch konsequent in See und im Hafen gehalten, und so entstand mein Kommandantentagebuch, das ich als Kommandant täglich hier wie auch später auf Zerstörer BAYERN führte.

Am Tag nach der Kommandoübernahme stellte ich mich den Offizieren vor und erläuterte ihnen meine Vorstellungen. Für den Abend hatte ich mich über den Messeältesten der PUO-Messe in die Messe eingeladen und um Präsenz aller PUO gebeten, um mich auch dort vorzustellen. Es wurde ein besonderer Abend. Mit genügend Bier versehen arbeitete ich mich durch die verschiedenen Tischrunden, bis ich deutlich nach Mitternacht wie durch Zufall am Tisch des Messeältesten und der Meinungsführer der PUO landete. Und dann richtete mein Navmeister oder „Steuermann" auf einmal das Wort mit einer kurzen Ansprache an mich, die etwa so klang:

„Herr Kap'tän, Sie sind unser neuer Kommandant. Wenn Sie glauben, diesen Job erledigen zu müssen, weil Sie den für Ihre weitere Karriere brauchen, dann werden Sie hier auf die Schnauze fallen. Wenn Sie aber ab heute nur an dieses Schiff und seine Besatzung, an nichts anderes denken und mit allem nur für uns da sind, dann werden wir unsere Hände unter Sie halten und Sie auf's Pferd heben."

In dieser Runde und zu dieser Nachtzeit ließ ich das einfach stehen. Einigermaßen verblüfft habe ich mich später verabschiedet. Das waren Worte, die mit einem herkömmlichen Hierarchieverständnis nicht so recht in Einklang zu bringen waren – und die man auch dem übermäßigen Alkoholgenuss hätte zuschreiben können. Zwei Dinge wurden mir aber am nächsten Tag klar: Die PUO mussten irgendwann mit einem ihrer Kommandanten Erfahrungen gemacht haben, die sie nicht wiederholen wollten und vor denen sie jetzt warnen zu müssen glaubten – das konnte mir egal sein, das war Vergangenheit. Daneben aber sprach aus diesen Worten eine tiefe Verbundenheit mit ihrem, mit meinem Schiff, wie ich es mir besser nicht wünschen konnte. Und das war mir mehr als recht. In dieser Einschätzung bin ich von Anfang an täglich bestätigt worden. Für diese PUO gab es vor allen persönlichen Belangen nur ihr, unser, mein Schiff – dafür taten sie alles, dafür hatte so mancher schon auf eine förderliche Versetzung an Land verzichtet. Die Älteren nahmen so die Jüngeren unter ihre Fittiche und erzogen sie, wenn nötig. Ich lernte die Älteren schnell als eine unverzichtbare, hilfreiche Führungsebene schätzen und nutzen, die sich jederzeit in meinem Sinn einsetzen ließ und so manche Schwächen im Offizierkorps auszugleichen half. Wenn HESSEN immer noch den Beinamen HAPPY HESSEN trug, so lag dies nach meiner festen Überzeugung auch an diesem, mit seinem Schiff verschworenen PUO-Korps.

Zuerst galt es, Schiff und Besatzung kennen zu lernen. In den ersten Wochen muss ich so manchen Besatzungsangehörigen erschreckt haben, wenn ich in den tiefsten Räumen des Schiffes, in den hintersten Winkeln im Blaumann erschien und herumkroch und häufig genug mit einem Werftarbeiter verwechselt wurde – bis sich das dann herumgesprochen hatte und auf allen meinen Klamotten endlich meine Namenläppchen aufgenäht waren.

Daneben galt es, die Vorbereitungen auf die Teilnahme am Manöver JOINT MARITIME COURSE (JMC) 883 der Royal Navy und eine vorgeschaltete Einzelausbildung in der Nordsee abzuschließen, zu der wir Mitte Oktober ausliefen und von denen wir nach dem Manöver Mitte November nach Wilhelmshaven zurückkehrten. Schiff und Besatzung erwiesen sich als „eingefahren" und leistungsfähig, echte personelle oder gravierende materielle Ausfälle waren nicht zu verzeichnen. Ich war zufrieden.

Ab Dezember nahm die Vorbereitung der großen Vorhaben des kommenden Jahres immer mehr Raum ein.

Vom 18.2. bis 21.3.89 würde HESSEN an einer Ausbildungsreise teilnehmen, die der Kommandeur des 2. Fregattengeschwaders mit den Fregatten KARLSRUHE und BREMEN, den Zerstörern HAMBURG und HESSEN sowie dem Versorger FREIBURG und dem (leider viel zu langsamen) Tanker EIFEL ins Mittelmeer führen würde.

Dort sollte HESSEN dann den Verband verlassen und in La Spezia Teil der 38. NAVAL ON-CALL FORCE MEDITERRANEAN (NAVOCFORMED) werden, ein NATO-Verband, der mit Schiffen aus fünf Nationen vom 4.4. bis 16.5. gemeinsam operieren würde. Anschließend würden wir vor Barcelona an einer Flottenparade teilnehmen, zu der die spanische Marine aus Anlass der Indienststellung ihres neuen Flugzeugträgers PRINCIPE DE ASTUERIAS eingeladen hatte, und am 6.6. nach Wilhelmshaven zurückkehren.

Im Sommer sollte dann eine große, mehrmonatige Werftliegezeit folgen, die ein sehr umfangreiches Arbeitspaket zu bewältigen haben würde, damit HESSEN noch weitere drei Jahre in Fahrt bleiben konnte. Die Arbeitslisten mussten vor dem Auslaufen im Februar fertig sein und beschäftigten daher alle Bereiche des Schiffes.

Angesichts einer fast viermonatigen Abwesenheit unseres Schiffes stellten einige Offiziere die Frage, ob wir nicht Gebrauch vom „Mitflugerlass" des Ministeriums machen wollten. Dieser sah vor, dass bei Abwesenheit einer Einheit von ihrem deutschen Standort für mehr als drei Monate Ehefrauen mit ohnehin verkehrenden Flugzeugen der Luftwaffe zum oder in die Nähe des neuen Aufenthaltsortes mitfliegen, ihren Männern nachreisen durften – alle anderen Kosten waren natürlich privat zu tragen. Da wir an zwei Wochenenden in Kreta sein würden, wohin jede Woche eine TRANSALL der Luftwaffe flog, könnte alles passen. Ich hielt von dieser Idee absolut nichts, denn einerseits war ich überzeugt, dass man sich zu einer so langen Reise eben verabschiedete und dann „weg" war – und die ganze Besatzung gemeinsam alles erlebte oder ertrug, und nicht in einem Hafen auf einmal einige Besatzungsangehörige vom Zuhause in Gestalt ihrer Ehefrauen eingeholt wurden. Und dann hatte ich mehr als einmal gehört, dass bei langen Fahrten unserer Zerstörer der LÜTJENS-Klasse in die Karibik auch einige Ehefrauen der Offiziere – die nämlich die erheblichen Zusatzkosten tragen konnten – nachgeflogen waren und der Rest der Besatzung „in die Röhre" guckte. Das wollte ich auf keinen Fall zulassen. Schließlich fand ich, dass in jedem Auslandshafen alle Vorgesetzten für die Besatzung da sein und nicht „Ferien mit Ehefrau" machen sollten.

So erzählte ich das auch am Wochenende zu Hause meiner Frau, was mir eine entgeisterte Frage eintrug, warum ich sie nicht fragen würde. Als Ergebnis dieser Frage und des folgenden, längeren ehelichen Gedankenaustausches entschied ich am folgenden Montag an Bord, dass wir eine Mitfluggenehmigung für eine Gruppe von Ehefrauen und Lebenspartnerinnen (auch, wenn Letztere im Erlass eigentlich nicht vorgesehen waren) stellen würden – unter der Bedingung, dass sich darin Ehefrauen aller Dienstgradgruppen vom Wehrpflichtigen bis zum Kommandanten befinden würden. Der Antrag wurde dann tatsächlich so gestellt und auch genehmigt.

Wenige Tage vor Auslaufen meldete sich bei mir einer der technischen Offiziere mit der schlimmen Nachricht, dass seine Frau möglicherweise lebensbedrohlich erkrankt sei. Untersuchungen und Tests seien gemacht, das Ergebnis werde aber erst einige Tage nach Auslaufen vorliegen. Nach kurzer Abstimmung mit dem Schiffstechnischen Offizier entschied ich, den Offizier auszuschiffen und ihn anzuweisen, zum ersten Auslandshafen, Lissabon, wenn möglich nachzureisen.

Aus dem Tagebuch Donnerstag, 16.2.89:
N.N. verabschiedet sich per Sektumtrunk. Tenor seiner kurzen Rede: Die Tatsache, dass die Schiffsführung so schnell und unbürokratisch entschieden hat, ihn – koste es, was es wolle – auf jeden Fall bei seiner Frau zu lassen, hat ihm gezeigt, dass die Marine doch etwas Besonderes ist. Er ist stolz, unsere Uniform zu tragen…

Wenige Tage später liefen wir aus, um zunächst einige Tage Verbandsausbildung in der Nordsee zu absolvieren, bevor der Marsch durch den Kanal Richtung Biscaya begann.

Aus dem Tagebuch Mittwoch, 22.2.89.:
Kurz vor 14.00 brauche ich das erste Stück meines Glücks-Vorrats als HESSEN-Kommandant auf! Beim ersten Stationieren in den uns zugewiesenen Sektor vertieft sich der WO so sehr auf das Radarbild, dass er einen ca. 30m langen

Fischkutter total übersieht und dazu ansetzt, ihn mit unserem Schiff direkt zu überlaufen. Aus Zufall bin ich auf der Brücke, bin gerade nicht im Kartenhaus, und sehe hoch, als der Bug der HESSEN auf den Fischer zudreht. Immerhin bleibt mir noch eine gute Minute, ganz ruhig aus meinem Brückenfenster zu sehen und dann, als wir noch zwei Kabel entfernt sind, ganz ruhig (äußerlich) mit einem Hartrudermanöver den Zusammenstoß zu vermeiden. Dem WO ist der Schreck in alle Glieder gefahren...

In der Biscaya erwischte uns ein schwerer Sturm, der fast stündlich an Heftigkeit zunahm und schließlich mit Windstärken 11, in Böen 12 blies. Aus Südwesten hatte sich eine gewaltige Dünung aufgebaut, die zunehmend von schweren Brechern aus Nordwest bis Nord überlagert wurde. Die arme EIFEL, die schon bei normalem Wetter nur eine Höchstgeschwindigkeit von 12 Kn laufen konnte und damit für einen Verband von Fregatten und Zerstörern alle Attribute eines wandelnden Mühlsteins besaß, kam nur mit wenigen Kn Geschwindigkeit über Grund voran – manchmal konnte man auf einem Wellenkamm ihren Unterwasseranstrich bewundern, kurz danach war sie einschließlich ihrer Masten komplett verschwunden. Der Kommandeur, der sie bei diesem Wetter nicht „im Stich" lassen wollte, reduzierte die Fahrt des gesamten Verbandes auf 8 Kn, was für HESSEN praktisch bei dieser See nicht möglich war, ohne den Verlust der Steuerfähigkeit zu riskieren. Zwei Tage lang folgten wir mit wechselnden Kursen und Geschwindigkeiten unserem Generalkurs, dabei erreichte das Schiff Krängungen von bis zu 40 Grad. Das beunruhigte mich zunächst nicht sonderlich – bis mir der Schiffstechnische Offizier erklärte, dass bei 48 Grad Krängung die E-Diesel automatisch abstellen würden, damit deren Kurbelwellen durch Ausfall der Ölschmierung sich nicht festfressen konnten. Das würde dann allerdings auch den sofortigen Ausfall der Rudermaschine wie auch der Ölbrenner in den Kesseln bedeuten, also den Verlust des Antriebs und der Steuerfähigkeit nach sich ziehen – bei diesem Wetter kein Zustand, den ich erleben wollte. Zwei Tage lang pendelten wir also zwischen Dünung und Seegang bei wechselnden Kursen und Geschwindigkeiten hin und her, bis der Sturm dann am dritten Tag langsam abzuflauen begann. Bei meinen Gängen durch das Schiff hatte ich aber überall ruhige, gelassene Männer angetroffen, die guter Dinge waren – auch wenn es an vielen Stellen deutlich säuerlich roch…

Als wir in Lissabon einliefen, stand der nachgereiste Leutnant N.N. strahlend auf der Pier, bei dessen Ehefrau sich der schlimme Verdacht, gottlob, nicht bestätigt hatte.

Nach einem intensiven Übungsprogramm war Souda auf Kreta unser nächster Hafen. Hier sollten wir einen Wochenendbesuch machen, dann an einer Übung mit der griechischen Marine teilnehmen und ein zweites Wochenende hier verbringen. Beim Festmachen standen an unserem Liegeplatz meine Frau und 13 weitere Damen in wehenden Röcken, die per TRANSALL am Tag vorher aus Ahlhorn eingeflogen waren – eine Riesenfreude nicht nur für ihre Ehemänner sondern, das war deutlich zu spüren, für die ganze Besatzung, die das als Auszeichnung empfand.

Die enge Gemeinschaft, die an Bord bestand, zeigte sich bei einer kleinen Begebenheit mit meiner Frau. In Vorbereitung eines Empfangs auf unserem Schiff kam ich am Samstag Nachmittag mit meiner Frau an Bord und ging vor ihr durch den Backbord-Längsgang ins Vorschiff, vorbei am Durchgang zum Schiffssicherungsgefechtsstand, in dem ein Wehrpflichtiger der technischen Wache lehnte, der jetzt seinen Kommandanten auf sich zukommen sah – und dahinter eine Dame mit blondem Kopf. Aus etwa 2 m Entfernung sprach er mich mit verschwörerischem Grinsen an: „Na, Herr Kap'tän, auch Damenbesuch??" Auf meine knappe Bemerkung, dass dies meine Frau sei, wurde er knallrot, entschuldigte sich und verschwand blitzartig in seinem Gefechtsstand. Mir gefiel, dass er mich hier im Hafen offenkundig für einen guten Kumpel hielt, dem er einiges zutraute…

Bevor wir am Montag früh zu unserer Seewoche ausliefen, ordnete ich zwölf der Männer, deren Frauen hier zu Besuch waren, zu deren freudiger Überraschung „zu dringenden Erledigungen" in das griechische Marinearsenal von Souda ab mit dem Auftrag, beim Einlaufen am Freitag auf der Pier zu stehen. Sie und ihre Frauen haben das sehr genossen. Sie haben sich dann auch um die Frauen des Kommandanten und des NavMeisters gekümmert, die ja nicht aussteigen konnten.

Nach Souda wurden wir aus dem Verband verabschiedet, um in Vorbereitung auf den Einsatz im NATO-Verband in Toulon eine mehrtägige Instandsetzungsperiode zu absolvieren. Beim Einlaufen entschied ich mich, angesichts sehr moderaten Windes keinen Schlepper zum Anlegen zu nehmen, zumal der eingeschiffte Lotse uns einen Liegeplatz an einer leicht zu erreichenden Pierkante zuwies. Als wir dann aber im Hafen unseren Anlaufkurs einzunehmen begannen, schien er plötzlich aufzuwachen, rief über Sprechfunk den Hafenkapitän an und bedeutete uns hektisch, dass wir zwei Piers nach Backbord an einen anderen Liegeplatz mussten – sofort! Mir war sofort klar, dass ich diesen „neuen", verkürzten Anlauf meinem WO nicht zumuten konnte, und übernahm daher selber das Kommando: „Kommandant fährt weiter!" Mit Brachialgewalt, Nutzung beider Schrauben in verschiedenen Fahrtstufen voraus und zurück gelang es dann, den Bug des Schiffes in relativ kurzer Zeit nur wenige Meter vor dem gewünschten Punkt im ersten Anlauf an die Pier zu bringen und mit Schrauben und Leinenarbeit das Schiff so zügig festzumachen, als hätten wir nie etwas anderes vorgehabt. Jetzt konnte die Besatzung sehen, dass der „Alte" so etwas konnte.

In den Morgenstunden des 4. April 1989 trafen sich auf Reede vor La Spezia die Schiffe der 38. NAVOCFORMED – der türkische Zerstörer ALCITEPE mit unserem zukünftigen Commodore, einem türkischen KptzS, der amerikanische Zerstörer CHARLES F. ADAMS, die britische Fregatte HMS ACTIVE und HESSEN. Unser italienischer Mitstreiter, die Fregatte ESPERO, lag schon im Hafen. Als drittes Schiff sollte HESSEN einlaufen. Das „Med(Mediterranean)-Mooring" war befohlen – also das Festmachen des Schiffes mit dem Heck an der Pier neben bzw. zwischen anderen Schiffen, die ebenfalls mit dem Heck festgemacht hatten oder festmachen würden. Wie das geht, hatten wir zwar nachgelesen – aber auf HESSEN hatte das einschließlich des Kommandanten noch kein Offizier gemacht. Und der Unterschied zwischen Theorie und Praxis kann groß sein. Besonders deutlich wurde mir das, als der an der Hafengrenze an Bord kommende Lotse mitteilte, heute gebe es keine Schlepper – „Difficile, Capitano!" – hoffentlich keinen Wind – und mir zeigte, dass ich zwischen ALCITEPE und ESPERO rückwärts „einparken" musste – die sich allerdings beide etwas „verparkt", zu nahe an meinen Liegeplatz gelegt hatten, so dass nicht mehr als etwa 5 m Freiraum auf beiden Seiten zwischen den 13,40 m der HESSEN und ihren Nachbarn bleiben würde – wenn alles gut ging. Deutlich vor den schon fest liegenden Schiffen – deren Kommandobrücken schwarz von Zuschauern waren! – drehte der WO das Schiff und begann, es langsam zurück zu ziehen. Unsere Bordwände waren mit allem gepolstert, was man als Fender bezeichnen konnte. Der Lotse zeigte mir, wo wir als vorderen Haltepunkt unseren Anker fallen lassen sollten. Danach sollten wir am besten unsere beiden Schrauben teilen – eine für die langsame Rückwärtsfahrt für den WO, eine für das Bremsen und Aufstoppen bei Gefahr für mich. Von der Schanz berichtete der IO laufend die Bewegungen des Hecks, die Annäherung an unsere Nachbarn und die Pierkante. Ich hatte das Gefühl, dass der WO und ich beim langsamen „Einparken" ständig von Nock zu Nock hin und her rasten, um selber zu sehen, welche Tendenzen das Schiff entwickelte – und dann lagen wir ca. drei Meter mit dem Heck vor der Pier, hatten mit straffen Leinen festgemacht und hingen an einer straffen Ankerkette – und hatten keinen unserer beiden Nachbarn auch nur mit einem Fender berührt! Von den Brücken der ALCITEPE und ESPERO wurde geklatscht – aber der WO und ich mussten zuerst einmal unsere durchgeschwitzten Hemden wechseln!

In den folgenden Tagen entwickelte sich ein intensives soziales Leben zwischen den Besatzungen, speziell den Offizieren und ganz besonders den Kommandanten, dem Commodore und seinem italienischen Stabschef, einem FKpt., der ihm vom NATO HQ NAVSOUTH, dem wir unterstehen würden, beigegeben worden war. Mit dem entwickelte ich schnell ein besonders gutes persönliches Verhältnis, und wenn mich später in See – häufig genug – auf Kanal 16 UKW, der internationalen Seenotfrequenz, weit ab von allen NATO-Sprechfunkverfahren, auf der Brücke ein Anruf ereilte: „HESSEN this is ALCITEPE – Vittorio, we ave a problem…", dann wusste ich, dass planerisch oder in der Ausführung auf dem türkischen Flaggschiff wieder einmal etwas dabei war, krachend in die Hose zu gehen…

Natürlich wurden auch die Vorhaben des Verbandes, seine Manöverteilnahme und die große Aktivierungszeremonie nicht nur besprochen, sondern mehrfach geübt, so dass die dann auch am 7. April im Beisein des Stellvertretenden NATO Oberbefehlshabers Europa, des deutschen ****Generals Eimler, sehr eindrucksvoll mit Abordnungen aller Besatzungen über die Bühne gehen konnte. Auch das Übungsprogramm der ersten Seetage, das ich als erster „Passage

Commander" entwerfen und in der Durchführung leiten sollte, wurde von uns entwickelt und mit den Teams der anderen Schiffe, dem Commodore und seinem Stabschef ausführlich besprochen und abgestimmt, bevor ich es in Kraft setzte. Dabei fiel immer wieder auf, in welch erschreckendem Ausmaß die Operationsoffiziere des amerikanischen Zerstörers keinerlei Ahnung von NATO-Vorschriften und -Verfahren, speziell im Fernmeldebetrieb, zu haben schienen.

Nach dem Auslaufen waren die nächsten Tage angefüllt mir Übungen bis weit in die Nacht, um die Brücken- und OPZ-Teams, vor allem aber die Fernmeldeteams aneinander zu gewöhnen – und wieder einmal zeigte sich, dass die größten Probleme durch die sehr unterschiedlichen bzw. nicht vorhandenen Kenntnisse der NATO-Fernmeldeverfahren verursacht wurden. Positiv davon hob sich lediglich die routinierte, störungsfreie Zusammenarbeit mit der britischen Fregatte ACTIVE ab – hier merkte man eben, dass unsere beiden Schiffe ihre Gefechtsausbildung am gleichen Ort, beim FLAG OFFICER SEA TRAINING in Portland/UK, absolviert hatten.

Den Tag des Einlaufens in Carthagena/Spanien habe ich in meinem Tagebuch als „meinen bislang schwärzesten Tag auf der HESSEN" bezeichnet.

Aus dem Tagebuch Freitag, 14.4.89:

......Nach Rückkehr an Bord erfahre ich dann durch unseren S 6 im Auftrag des Kommandeurs Z-Flottille ganz offiziell, dass

- *dies für die HESSEN die letzte Fahrt ist*
- *wir im Juni außer Fahrbereitschaft gehen*
- *und Anfang nächsten Jahres außer Dienst gestellt werden sollen!*

Grund: Finanzzwänge! Die Marine muss dringend die 50 Mio DM, welche unsere Werftzeit kosten sollte, einsparen. Ich bin niedergeschmettert und wie gelähmt. Kann überhaupt nicht verstehen, wie sich eine Finanzlage so schnell so dramatisch ändern kann – wenn nicht irgendwo auf unverantwortliche Weise geschlampt worden ist!

Dass man eine so dramatische, schwerwiegende Entscheidung innerhalb von 14 Tagen treffen und verkünden muss! Beides ist aber geschehen, und vermutlich pfeifen es in Wilhelmshaven schon die Spatzen von den Dächern. Ich kann auch nicht verstehen, dass mir dies ein S 6/ KptLt mitteilen muss, obwohl mein Kommandeur am Ort anwesend ist! Das ist echte Menschenführung!

Nach kurzem Besinnen rufe ich IO, Hauptabschnittsleiter sowie die dienstältesten PUO zusammen und eröffne ihnen die Neuigkeiten. Sprachlosigkeit, Erschütterung, stellenweise Tränen (bei mir übrigens auch). Es ist ein Gefühl, als würde einem der Boden unter den Füßen weggezogen; als eröffnete einem die Frau, die man liebt und von der man geliebt zu werden glaubt, dass sie einen in einer Woche verlassen wird – jedenfalls fast so. Erst jetzt merke ich, wie mir das Schiff und seine Männer, die teilweise noch viel mehr unter der Nachricht leiden als ich, in den wenigen Monaten ans Herz gewachsen sind...

Da die Fortsetzung des offiziellen Programms für die Kommandanten unmittelbar bevorstand, musste ich die Mitteilung an die Besatzung auf den nächsten Tag verschieben und die „Mitwisser" zum Schweigen verdonnern. Mir war aber klar, dass ein weiterer Aufschub nicht möglich war, denn in Wilhelmshaven würde sicherlich schon geredet werden.

Von einer festlichen Abendeinladung spät und müde zurückgekehrt, wurde ich dann mitten in der Nacht telefonisch geweckt, der „innere Kreis" der PUO saß in der PUO-Messe, hatte das heulende Elend und bat mich, zu ihnen zu kommen. Bis kurz vor dem Frühstück saßen wir zusammen, es flossen viele Tränen, eigentlich wurde zum ersten – und bestimmt nicht zum letzten Mal – sehr emotional Abschied von unserem Schiff genommen.

Am Tage hatte ich dann schwere Pflichten zu erfüllen. Zuerst teilte ich die Nachricht den Offizieren, dann den PUO, dann schließlich auf der Schanz der ganzen Besatzung mit. Die Reaktion war überall – in Abstufungen – gleich: Überraschung, Schock, Trauer, Tränen. Ich appellierte an die Besatzung, sich jetzt erst recht ins Zeug zu legen, jetzt erst recht nichts auf unser Schiff kommen zu lassen, sicherzustellen, dass wir in einem solchen Zustand in Wilhelmshaven einlaufen würden, dass sich jeder verständnislos fragen würde, warum so ein Schiff außer Dienst gestellt werden soll.

Mein Lagebericht an die vorgesetzten Dienststellen und den Führungsstab der Marine reflektierte die neue Lage an Bord:

Aus P 181745 Z APR
SITREP 03 AAG 104/89

……..
ECHO. 2. Die Entscheidung zum Verbleib Zerstörer HESSEN musste, da in der Heimat bereits bekannt geworden, der Besatzung offiziell mitgeteilt werden. Bei allen Besatzungsangehörigen löste sie schockartige Bestürzung und Trauer aus, welche bei Längerdienenden schnell durch die Sorge um die Anschlussverwendung sowie die Unsicherheit um die Berücksichtigung persönlicher Belange bei der Personalplanung verstärkt wurde. In vorbildlicher Haltung haben alle Dienstgradgruppen inzwischen das erste Stimmungstief überwunden und sind bemüht den Einsatz dennoch vorbildlich zu Ende zu führen. Trotz dieses ersten Erfolgs bei der Motivation der Besatzung wird es nicht als empfehlenswert betrachtet, eine Entscheidung von dieser Tragweite einer Besatzung kurzfristig während des nunmehr letzten Einsatzes mitzuteilen….

Im Rahmen der üblichen Gewohnheiten beim Verfassen von Lagemeldungen aus einem Einsatz war das ein kräftiger Anschiss von unten nach oben. Die umgehende Antwort des Inspekteurs der Marine hat mich dann aber doch überrascht und auch etwas getröstet. Ich habe sie natürlich der ganzen Besatzung zur Kenntnis gegeben:

Aus BMVg InspM R 191434 Z APR
……..
3. Mir ist es aufgrund des Entscheidungsganges im Ministerium nicht möglich gewesen, diesen, auch für mich schweren Entschluss früher bekannt zu geben. Ich rechne mit Ihrem kameradschaftlichen Verständnis für diese, das Gesamtinteresse der Marine berücksichtigende Entscheidung Dass Ihnen das schwer wird, weiß ich.
Mann, VAdm

Die folgenden Wochen, auch die Teilnahme an dem Manöver DRAGON HAMMER, standen stark unter dem Einfluss dieser Entwicklung und dem Bemühen der meisten Vorgesetzten, an Bord wieder eine unbeschwerte Stimmung aufzubauen. Dass dies offenkundig einigermaßen gelungen war, zeigte das Einlaufen in die Dardanellen nach Manöverende am 1. Mai zum Hafenbesuch in Istanbul. Noch vor Erreichen der Dardanellen, in den dunklen Morgenstunden, wurde ich geweckt, und mir wurde gezeigt, was die Artilleristen zur Feier des 1. Mai angerichtet hatten – das Geschützrohr des Turms DELTA reckte sich senkrecht nach oben, war mit bunten Bändern in den hessischen Landesfarben rot-weiß umwickelt, trug an der Mündung einen Maikranz und wurde mit bunten Bändern von Oberdeck aus wie ein echter Maibaum „gehalten". Und dann kam die bange Frage – es war ja noch dunkel – „Kann das stehen bleiben, Herr Kap'tän?" Es konnte – und meinen Kommandantenkameraden erklärte ich, was ein Maibaum in Deutschland war.

Die Schiffe des Verbandes ankerten in „Schokoladenlage" direkt vor dem Dolhambacepalast in Istanbul. Natürlich konnten Besatzung wie Gäste nur mit unserem Kutter das Schiff verlassen oder erreichen. Während dieses Hafenbesuchs veranstalteten die Offiziere ein gemeinsames Abendessen an Bord. Der Proviantmeister und seine Mannen hatten auf Rechnung der Offiziermesse ein festliches Mahl gerichtet. Dazu hatten wir auch die Ehefrau und ca. 25jährige Tochter unseres Artilleriewaffenleitoffiziers, KptLt G., die ihn besuchten und dazu Quartier in einem Hotel in der Innenstadt von Istanbul genommen hatten, eingeladen. Der Abend verlief sehr angenehm. Unsere Oberleutnante umschwirrten die hübsche Tochter. Es wurde locker gegessen und getrunken (G. offenkundig etwas mehr) und nicht mehr auf die Zeit geachtet. Bis seine Frau irgendwann meinte, dass es jetzt vielleicht Zeit sei, ins Hotel zurück zu kehren. Es war sofort klar, dass G. weder in der Lage noch willens war, seine Damen jetzt in den Kutter zu begleiten, an Land zu begleiten und in ihr Hotel zu bringen – dessen Namen sie ohnehin vergessen hatten. Guter Rat war teuer. Frau G. bot ich unsere Kommandeurkammer an, die ein Waschbecken und immer eine bezogene Koje und Handtücher hatte – und begleite sie selbst dorthin, händigte ihr den Schlüssel aus. Für die Tochter ließ ich die Kommandantenkoje neu beziehen, wies sie in die Bedienung meines Badezimmers ein, brachte sie deutlich später dorthin und gab ihr meinen Schlüssel. Ich bezog die Kommandantenkoje in dem kleinen Bereitschaftsraum hinter der Kommandobrücke. So weit so gut. Am nächsten Morgen, nach einem geruhsamen Frühstück mit den Damen, war alles wieder gut. Unser AWLO konnte die Seinen jetzt auch ins Hotel begleiten. Vor dem Auslaufen rief ich noch einmal meine Frau zu Hause an und erzählte ihr dabei diese Geschichte. Ich konnte sie förmlich durch das Telefon lächeln hören –

denn sie hatte sie auch schon, allerdings grob auf den Sachverhalt „Junge Frau in der Kommandantenkammer!" verkürzt, über Damen aus Wilhelmshaven gehört!

Auf den erlebnisreichen Hafenbesuch in Istanbul folgte der Rückmarsch nach Neapel, wo die 38. NAVOCFORMED mit großem Zeremoniell aufgelöst wurde.

Nach einem kurzen Zwischenaufenthalt in Marseille nahm HESSEN dann – regelrecht als „krönenden" Abschluss ihrer aktiven Laufbahn – als deutscher Vertreter an der großen Flottenparade am 27.8. vor Barcelona teil, mit der die spanische Marine vor ihrem Königshaus die Indienststellung ihres neuen Flugzeugträgers PRINCIPE DE ASTURIAS feierte. Dazu schiffte sich bei uns der Befehlshaber der Flotte, VAdm Rehder, ein. 20 große Kriegsschiffe lagen bei strahlendem Wetter in drei Reihen vor dem Hafen vor Anker und warteten auf den Flugzeugträger, der in der Spitzenposition ankern sollte – und dann passierte ausgerechnet diesem Flugzeugträger, was kein Kommandant jemals erleben will: Seine Ankerkette rauschte – und rauschte – und rauschte aus, bis sie ganz im Wasser verschwunden war, denn offenkundig konnte man sie nicht zeitgerecht abbremsen, und in der Werft war sie nicht mit dem letzten Schäkel im Schiff befestigt worden! So musste das Schiff mit Maschinenkraft auf Position gehalten werden! Die Königsfamilie nahm dann, auf dem Brückenhaus einer Fregatte stehend, mit langsamer Fahrt die Parade und die Ehrenbezeugungen der angetretenen Besatzungen ab. Sehr eindrucksvoll war der festliche Abendempfang, den das Königshaus für die Teilnehmer der Flottenparade gab. Zu später Stunde saßen König Juan Carlos und Königin Sophia lange in trauter Runde mit den Offizieren der HESSEN zusammen und unterhielten sich mit uns auf Deutsch über Deutschland und die Marine.

Am 6. Juni lief Zerstörer HESSEN zusammen mit dem Kommandeur der Zerstörerflottille, FAdm Böhmer, der vorher an Bord gekommen war und sich hatte berichten lassen, zum letzten Mal in Wilhelmshaven ein.

In den folgenden Tagen bestätigten sich für mich erste Vermutungen aus Telefonaten, die ich seit Carthagena geführt hatte. Anfang Oktober würde ich den Zerstörer BAYERN übernehmen und wenige Wochen später mit diesem Schiff, das gerade aus einer langen Werftliege-

zeit kam, zur Einsatzausbildung zum FLAG OFFICER SEA TRAINING nach Portland/UK verlegen. Noch im August nahm ich an ersten Vorbesprechungen dazu auf der BAYERN teil.
Das „Außerdienststellungsdrama" von Carthagena hatte noch einen Nachklapp.

Aus dem Tagebuch Mittwoch, 5.7.:
……
Am frühen Nachmittag verhole ich die BAYERN. Während ich noch auf der Brücke bin, werde ich über UHF informiert, dass überraschend der Inspekteur der Marine auf HESSEN ist. Hetze nach Festmachen zurück. Der Inspekteur – der den IO in der Unterhose beim Umziehen zum Sportfest angetroffen hatte – sitzt in der PUO-Messe, um die Stimmung wegen der aD-Stellung zu erkunden. Gutes, langes Gespräch. Meine PUO's haben einen guten Eindruck gemacht – er auch.

Am 26. September übergab ich im Marinearsenal Wilhelmshaven, wohin das Schiff bereits verlegt worden war, das Kommando an meinen IO, der die Restbesatzung bis zur Außerdienststellung führen sollte. Dem Fernschreiben, das mein letzter Vorgesetzter, der Generalinspekteur der Bundeswehr, schickte, war nicht viel hinzuzufügen:

P 260816Z SEP
FM BMVG GENINSPBW
TO FGS HESSEN
Mit der Abschiedsmusterung für Ihren Kommandanten geht Zerstörer HESSEN endgültig aus der Fahrbereitschaft. Als ehemaliger Hessenfahrer bin ich an diesem Tag in Gedanken bei Ihnen.
Mit Stolz und Befriedigung können Sie und alle Ehemaligen auf den Beitrag sein, den die HESSEN zur Sicherung des Friedens in Freiheit geleistet hat.
Dafür danke ich Ihnen und wünsche allen – ob sie nun von Bord gehen oder noch bleiben – alles Gute. HAPPY HESSEN hat in 21 Einsatzjahren ihre Pflicht getan.
Dieter Wellershoff
Admiral

Eine Verschnaufpause gab es nicht, und noch am 26. September 1989 übernahm ich das Kommando über den Zerstörer BAYERN. Seit Juni 1988 hatte BAYERN bis August 1989 eine 14-monatige Depotinstandsetzung absolviert und in den darauf folgenden Wochen neben den Mess- und Abnahmefahrten lediglich eine mehrtägige Einzelausbildung durchführen können.

Mir war von Anfang an bewusst, dass dieser Wechsel für meine neue Besatzung und mich einen außergewöhnlichen Neubeginn darstellte, der von mir besondere Aufmerksamkeit und Sensibilität verlangte – aber auch besondere Chancen bot.

Schließlich gab es bei Zerstörern und Fregatten eigentlich für niemanden zwei Kommandantenverwendungen. Jede Besatzung hatte nach einem Kommandantenwechsel normalerweise etwas Zeit, sich an den neuen „Alten" zu gewöhnen, während dieser, erstmals Kommandant eines solchen Schiffes, zunächst einmal seine neue Aufgabe erfassen, Probleme erkennen, Lösungen suchen und seinen eigenen Weg finden musste – bis hin zum Fahren seines eigenen Schiffes in voller Verantwortung. Und so etwas dauerte naturgemäß einige Zeit. Jetzt kam mit mir jemand, der nach einem fordernden Kommandantenjahr auf HESSEN zumindest glaubte, die meisten Probleme und ihre Lösungen zu kennen und „er-fahren" zu haben; der seinen persönlichen Stil im Umgang mit einer Besatzung längst gefunden hatte und wohl weniger geneigt sein würde, sich behutsam voran zu tasten als jemand, der ganz neu in diese Aufgabe kam. Und dann war da noch auf die Eifersucht zu achten! Wie auf HESSEN wurden auch auf BAYERN vor allem die PUO und älteren Unteroffiziere von einer tiefen emotionalen Bindung an „ihr" Schiff getragen, für das sie sich ohne Einschränkungen einsetzten. Und jetzt kam ich mit meiner – noch – ebenso tiefen Bindung und Gewöhnung an „meine" HESSEN und würde mich hüten müssen, ungewollte Vergleiche zwischen HESSEN und BAYERN anzustellen!!

Als große Chance sah ich dagegen die Tatsache, dass ich wahrscheinlich ein deutlich schärferes Auge für Probleme in Organisation, Ausbildung und Einsatz der Besatzung und des Schiffes hatte als der Großteil der Besatzung und ihres Führungspersonals, die alle in den letzten 16 Monaten nur wenig Seefahrt erlebt hatten.

In getrennten Gesprächen mit den Offizieren und den PUO trug ich ihnen offen diese Gedanken vor und bat um Geduld und um Verständnis dafür, dass ich mir häufig nicht viel Zeit lassen würde, wenn es Entscheidungen zu treffen gäbe – zumal wir diese Zeit ohnehin nicht hätten, da wir in nur fünf Wochen zur sechswöchigen Einsatzausbildung nach Portland/UK zu verlegen und vorher noch einen Ausbildungsabschnitt und die Seeklarbesichtigung absolvieren mussten. Denn das sah die Einsatzplanung der BAYERN vor. Das alles läge in meiner Verantwortung, mit einer Besatzung, die mich nicht – und die ich nicht kannte, wenn ich von einigen PUO absah, die ich noch aus meiner Verwendung als Erster Offizier in Erinnerung hatte. Ich gewann den Eindruck, dass diese offenen Worte verstanden wurden.

Zur Kommandoübernahme erhielt ich noch die Mitteilung, dass dem Ersten Offizier über den Kopf des Kommandanten hinweg frei gestellt worden war, sich vom Schiff weg versetzen zu lassen. Fünf Wochen vor Beginn der äußerst fordernden und für das Schiff entscheidenden Ausbildung in Portland hätte dies eine Katastrophe bedeuten können. Ich habe es ihm hoch angerechnet, dass er Schiff und Besatzung nicht im Stich lassen wollte und an Bord blieb.

Die nächsten Wochen waren angefüllt mit einem nicht endenden Wirbel von meinen „Besuchen" in den Hauptabschnitten und Abschnitten; mit Feststellen des Standes der Vorbereitungen auf Seeklarbesichtigung, Seefahrt und Einsatzausbildung; mit Besprechungen, Diskussionen wie auch Erkundungen verschiedenster Teile des Schiffes.

Mir wurde dabei schnell klar, dass es noch viele Probleme in der Bordorganisation, in der Ausbildung, bei Material und Ausrüstung gab, die eigentlich vor der Seeklarbesichtigung des Geschwaderkommandeurs behoben sein mussten. Die Besatzung hätte unter ständig höchsten Druck gesetzt werden müssen, um alle Schwachstellen zu beseitigen. Aber eigentlich war das alles kaum zu schaffen! Als einziges „Pfund" erlebte ich dafür eine hoch motivierte Besatzung, die den Ernst der Lage erkannt hatte, sich unglaublich ins Zeug legte und auf Ermahnungen, Änderungen, Vorgaben engagiert reagierte. Ich begann, den „BAYERN-Geist" wieder zu erkennen. Ich riskierte daher bewusst, kleinere, nicht dramatische Fehler und Pannen einfach zu übersehen und vielmehr nach Möglichkeiten zu suchen oder sie gar zu erfinden, die Besatzung oder Teile von ihr zu loben – um wenigstens diese Motivation zu erhalten und zu pflegen.

Und tatsächlich befand sich das Schiff zum Hafenteil der Seeklarbesichtigung Mitte Oktober in einem Top-Zustand, war die Einsatzfreude der Besatzung so deutlich zu erkennen, dass wir ein dickes Lob einheimsten.

Im Anschluss konnten wir noch eine einwöchige Einzelausbildung durchführen – meine ersten Seetage mit diesem Schiff und meiner neuen Besatzung! Danach verlegten wir in die Lübecker Bucht, um die viertägige Schadensabwehr- und Gefechtsausbildung bei der Schiffssicherungslehrgruppe in Neustadt zu absolvieren, mit der die Besatzung in Brandabwehr, Leckabwehr und ABC-Abwehr einsatznah ausgebildet werden sollte – die für diese Bereiche letzte Ausbildung vor der Einsatzausbildung in Portland. In diese Tage fiel mein 43. Geburtstag, zu dem ich mich früh vor Mitternacht zurückzog, da das Schiff vor Neustadt vor Anker lag.

Aus dem Tagebuch Sonntag, 22.10.1989:
Um Mitternacht erlebe ich einige tolle Überraschungen: Vor meiner Kammer ertönt ein Ständchen – HAPPY BIRTHDAY DEAR CAPTAIN! – von den Offizieren, die mir mit einem Glas Sekt gratulieren. Im Traditionsgang aufgereiht stehen dann 18 Mannschaften des Hauptabschnitts III, die mir alle gratulieren, wonach dann einer von ihnen ein rührendes Gedicht auf ihren neuen „Komo" vorliest:

> *Wenn man von der HESSEN über Nacht*
> *zum Komo auf der BAYERN wird gemacht,*
> *auf einmal vor dem Problem man steht,*
> *nach Portland auf die Reise geht:*
> *vor allem es wird dadurch schwer,*
> *dass man wird älter mehr und mehr;*
> *so ist es trotzdem angebracht,*
> *dass keine Sorgen man sich macht,*
> *weil eine Mannschaft Mann für Mann*
> *sich für den Komo opfern kann.*
> *Wir Blitzer wünschen Ihnen nun*

viel Glück zu allem Ihrem Tun.
Drum schließen wir mit viel Trara
und einem dreifach kräftigen
Hurra Hurra Hurra!

Danach tritt ein Signalgast vor und erklärt: „Wir überreichen dem Alten zu seinem Kahne diese schöne Bayernfahne!" und überreicht mir eine 2 x 3m weiß-blaue Rautenfahne, wie wir sie bei jedem Ein- und Auslaufen und bei Seeversorgung setzen. Ich bin völlig überrascht, nach so kurzer Zeit an Bord, ganz improvisiert, ein solches Geschenk zu erhalten. Ein schöneres Geschenk hätte man mir nicht machen können. Danach kommen noch einige PUO, und in der O-Messe wird noch lange auf die Glocke mit Sektkorken geschossen.

Auch dieser Ausbildungsabschnitt und die anschließende Seeklarbesichtigung in See wurden „Befriedigend" bestanden, und wenige Tage später liefen wir nach Portland aus.

An dieser Stelle sind einige Anmerkungen zu dieser Ausbildung, zur Benotung durch die Dienststelle des Flag Officer Sea Training und zur Bedeutung des Endergebnisses für Schiff und Kommandant angebracht.

Der hohe, entscheidende, durch nichts zu ersetzende Wert dieser Einsatzausbildung war in der Flotte anerkannt und wurde immer wieder aufs Neue von den Kommandanten und Verbandsführern, auch im internationalen Vergleich, bestätigt. Unbestritten war aber auch, dass das Bestehen dieser Ausbildung und die „Höhe" der Abschlussnote eine unmittelbare Wirkung auf den „Ruf" des Schiffes und seines Kommandanten hatten. Auch wenn die deutsche Marine nicht so hart auf Misserfolg beim FOST reagierte wie die Royal Navy – dort wurde der Kommandant eines „Durchfallers" noch in Portland abgelöst, und sein IO hatte das Schiff in den Heimathafen zu verlegen – war doch klar, dass auch bei uns ein schlechtes Ergebnis oder gar ein Nichtbestehen am Schiff, ganz besonders aber am Kommandanten „hängen blieben". Dieses Wissen verlieh den Noten für die einzelnen Übungen und speziell bei der Final Inspection für Kommandant und Besatzung ihre besondere Bedeutung:

UNSAT – „Unsatisfactory" durfte man nicht haben, war „mangelhaft" und nicht ausgleichbar. Die Übung musste wiederholt werden – und eine solche Note durfte in der Final Inspection nicht vorkommen.

BELOW STANDARD – „unter Durchschnitt" war zwar überhaupt nicht gut, sondern nur „knapp ausreichend", die Übung musste aber nicht automatisch wiederholt werden. Häufig war dies die Eingangsnote eines Schiffes nach der Ankunft in Portland – die damit auch deutlich machte, dass die Ausbildung dringend erforderlich war.

SAT – „Satisfactory" war in Ordnung, befriedigend. Dieser Level sollte im Lauf der Ausbildung wenigstens überall erreicht werden. Mit einem solchen Gesamtergebnis konnte man auch nach Hause kommen – allerdings ohne damit besonders positiv aufzufallen.

VSAT – „Very satisfactory" war eindeutig über dem Durchschnitt. Damit konnte man zufrieden sein, es enthielt eine eindeutige Anerkennung.

GOOD – war richtig „gut", Spitzenklasse. Wenn das verteilt wurde, konnte man mit Recht stolz sein. Als Endergebnis war es einsame Klasse.

VERY GOOD – ob es das überhaupt gab, weiß ich nicht. Es war wohl auch nicht nötig.

Damit war klar, dass ich bei der Ankunft in Portland wie auch in den folgenden sechs Wochen unter der Anspannung stand, die die ständig vergebenen Noten wie auch die Frage nach dem erwarteten – oder erhofften – Endergebnis in der Besatzung, aber auch bei mir selbst auslösten.

Dort liefen wir Anfang November ein und absolvierten am folgenden Tag in See den „Staff Sea Check", bei dem etwa 50 Spezialisten der Royal Navy sowie dort eingesetzte Offiziere und PUO der deutschen und niederländischen Marine einen Tag lang das Schiff auf den Kopf stellten und die Besatzung möglichst viel von den Abläufen und Übungen vorführte, die sie beherrschen sollte. Das hatte ich ja schon vor elf Jahren als „kleiner" UJO erlebt – jetzt aber ging es für mich nicht um einen Abschnitt, sondern um das ganze Schiff. Das ausführliche, viele Seiten lange schriftliche Ergebnis mit vielen Schwachpunkten galt als Eingangsfeststellung zu Beginn der Ausbildungswochen und pflegte, wie ich von Vorgängern wusste, häufig den „Ton" für den Umgang der Ausbilder mit der Besatzung zu setzen. Daher freute mich der schriftliche Report:

Aus Commander Sea Training, 7 November 1989
FOST Staff Sea Check Report
FGS BAYERN
1. At the Staff Sea Check today FGS BAYERN achieved a Satisfactory overall assessment...
.....
6. The ship is in a sound condition to start Operational Sea Training...Levels of experience are variable but the ship's company appear keen to start training and determined to do well....

Mit dem Einlaufen vom Staff Sea Check begann die Routine, die in den folgenden Wochen täglich nach dem Festmachen oder Ankern das Leben der ganzen Besatzung bis zum letzten Tag bestimmen sollte:
Abgabe der oft viele Seiten langen Reports der unterschiedlichen Ausbilder bei mir über die einzelnen Abschnitte wie auch jede einzelne Übung gemäß Ausbildungsprogramm – vom Ablegen oder Ankern über Navigation, seemännische Manöver, Seeversorgungen, Fernmelde- und OPZ-Übungen zu Waffeneinsatz und dem „Weekly War" jeden Donnerstag mit taktischen Lagen
- mit reichlich Mängelpunkten, aber auch Lob und Anerkennung und natürlich
- einer Benotung;
- Verteilung, häufig in einer Besprechung bei mir, an die Hauptabschnittsleiter
- und Festlegung der Prioritäten beim Abarbeiten der Mängel;
- Beseitigen von Unklarheiten, Mängelbeseitigung, Übungen – häufig genug für größere Teile der Besatzung bis in die Nacht- oder Morgenstunden oder ins Wochenende.

Mein Ziel – aber erkennbar auch das der ganzen Besatzung – war es dabei, für die Ausbilder deutlich werden zu lassen, dass wir besser werden wollten, lernen wollten und bereit waren, Ratschläge, Forderungen, Vorgaben anzuhören und umzusetzen; dass wir – „The Bayerns", wie es bald bei den Ausbildern hieß – mit unserem Schiff und für unser Schiff Spitze sein wollten.

In dieser Woche machte ich auch meinen Antrittsbesuch beim Vertreter des FOST, einem Captain RN. Im folgenden Gespräch fragte er mich nach meiner Meinung zur Frage einer deutschen Wiedervereinigung – angesichts der Ereignisse in unserer Prager Botschaft, den Montagsdemonstrationen in der DDR und der Grenzöffnung an der ungarisch-österreichischen Grenze. Auf meine Antwort, mittlerweile – doch erst seit den Ereignissen der letzten Wochen – könne ich mir vorstellen, eine Wiedervereinigung doch noch erleben zu können, schüttelte er entschieden den Kopf und stellte fest, er sei absolut überzeugt, noch in diesem, spätestens im nächsten Jahr werde es die DDR nicht mehr geben.

Die Nachrichten aus Deutschland verfolgten wir in diesen anstrengenden Tagen nicht. Umso mehr überraschte mich am Freitag, 10.11., vormittags ein Anruf aus dem Geschwaderstab in Wilhelmshaven. Mir wurde mitgeteilt, ich solle auf jeden Fall die Post abwarten, die am späten Vormittag planmäßig mit einer Do 27 und einigen Ersatzteilen aus Wilhelmshaven auf dem hiesigen Marineflugplatz ankommen werde – und die mitgeschickten Videokassetten mit der Besatzung ansehen. Das habe ich dann auch veranlasst. Am frühen Nachmittag saßen wir alle gedrängt in der Cafeteria – und sahen die Videofilme vom Mauerfall und der ganzen Nacht des 9./10. November. Alle waren fassungslos und überwältigt – und es gab niemanden, der nicht Tränen in den Augen hatte.

Ganz unerwartet zeigt sich am folgenden Sonntag die erste Wirkung der hohen Motivation der Besatzung beim ersten „Sunday Walkaround", den wie jeden Sonntag der Kommandant einer der auszubildenden Einheiten, in diesem Fall einer britischen Fregatte, in Begleitung eines Chief Petty Officers des Stabes vornahm, das Äußere jeden Schiffes peinlichst kontrollierte und das Ergebnis seiner Überprüfung im Auftrag des FOST per Fernschreiben offiziell verkündete:

Aus R 121132Z NOV 89

From HMS Minerva
To ......
......Sunday Walk Round – 12 NOV 89
1. .....
2. C. FGS BAYERN
Appearance outstanding. No pick-up points.

Ich habe mich nicht nur gefreut, sondern war auch sehr froh, dieses frühe Lob – noch dazu von einem britischen Kommandanten – an die Besatzung, speziell an das seemännische Personal, weitergeben zu können.
Ihren Abschluss dieser für den Ruf der BAYERN wichtigen kleinen Episode bildete dann das gemeinsame Auslaufen (Co-ordinated Departure) des Ausbildungsverbandes am darauf folgenden Montag früh, das, wie alle anderen Übungen, vom Ausbilderstab beobachtet, ausgewertet und bewertet wurde:

Aus R 130955Z NOV 89
From FOST
To ......
A......Co-Ord Departure
1.....
2. *Appearance – RN ships were disappointingly scruffy and unimpressive, particularly as the majority of points had been picked up at the sunday walkaround.*
   Detailed points are:
   .....
2) BAYERN – *Exceptionally smart. BZ.* (Erl.: NATO Marine-Signalbuch: "WELL DONE!")

Aber das Aussehen oder An- und Ablegen des Schiffes sind nicht die Fähigkeiten, auf die es in erster Linie bei einem Kriegsschiff ankommt. Schon wenige Tage später, nach den ersten Ausbildungstagen in See, erlebten wir unseren ersten „Weekly War" als taktischen Übungstag, zu dem sich zu meinem Schrecken auch noch der FOST,

Rear Admiral Newman, persönlich bei uns einschiffte.

Aus dem Tagebuch Donnerstag, 16.11.1989
Mit Auslaufen um 07.45 beginnt unser erster WEEKLY WAR, der bis 11.30 dauert und uns gleich die Anwesenheit des FOST persönlich beschert. So etwas habe ich bislang noch nicht erlebt! Passage eines minenfreien Weges mit durcheinander stolpernden Schiffen und bei schwerer See, danach drei Stunden lang unter Mehrfachbedrohung mit anfliegenden Flugzeugen und Flugkörperprofilen, Uboot-Kontakten und einem Überwasserfeind – in einer OPZ, in der die Wellen über uns allen zusammenschlugen! Obwohl es auch einige Dinge gab, die nicht ganz so schlecht waren...
Anschließend einlaufend mit Navigationsübung – nicht gut -, FOST von Bord, auslaufend mit Navigationsübung – auch nicht gut, Seeversorgungsübung mit Highline mit Fregatte KARLSRUHE – Ok, SAT(isfactory), einlaufend wieder Navigations-Übung – schon erheblich besser, dann Maschinenstörübungen, einlaufen, wieder raus, Übung mit Uboot HMS OTUS bis 01.00, ankern.
Ein harter Tag mit viel Tiefen und einigen wenigen mittleren Höhen!

Nach zwei harten Ausbildungswochen, in denen das Schiff montags auslief, täglich in den späten Nacht- oder ganz frühen Morgenstunden vor der Einfahrt ankerte und die Ausbilder abgab, nachts „Schularbeiten" machte, am nächsten Morgen Ausbilder übernahm, ankerauf ging und zum nächsten vollen Tagesprogramm auslief... und erst am Freitag Mittag oder Nachmittag einlief und festmachte, folgte eine weitere Ausbildungswoche im Hafen, in deren Verlauf neben Instandsetzungsarbeiten Aufgaben geübt wurden, die unter diesen Bedingungen wahrzunehmen oder jedenfalls auszubilden waren, wie

- Hilfe bei einer Katastrophe an Land
- Tauchereinsatz
- Abwehr von Sabotage oder Terrorakten in einem fremden/feindseligen Hafen
- Bekämpfung eines Großbrandes auf dem eigenen oder einem benachbarten Schiff oder an Land
- Untersuchung und Aufbringen eines unbekannten Schiffes durch ein Prisenkommando

- Vermessen unbekannter Einfahrten und noch mehr...

und die wiederholt werden mussten, wenn nicht wenigstens ein SAT dabei herauskam.

Aber nicht nur „Einsatz" kam dran, sondern auch die militärische Disziplin, z.B. die große Besatzungsmusterung durch den FOST persönlich:

Aus dem Tagebuch Montag, 27.11.
..... Anschließend folgt <u>das</u> große Ereignis: Die FOST-DIVISIONS=Anzugsmusterung der ganzen Besatzung durch Admiral Newman persönlich. Er ist sehr angetan und lobt Besatzung und Schiff als den Beweis dafür, dass seine Standards nicht zu hoch sind und tatsächlich erreicht werden können! Entsprechend fällt dann sein Fernschreiben aus, das wir – (und vor allem der IO) uns ganz sicher hinter den Spiegel stecken können"
...
Aus R271616Z NOV 89
From FOST
TO FGS BAYERN
From Flag

1. Divisions today were of a very satisfactory standard with many good aspects noted.
2. The ship was well prepared for this serial and looked immaculate. It was clear that a great deal of hard work had been put in by the ship's company to reach the agreed standards. They should be congratulated for their efforts.......
3. This was a pleasant and well organized serial.

Zu Beginn der 3. Seewoche, vor dem morgendlichen koordinierten Auslaufen der Ausbildungseinheiten, ärgerte uns der Stabs-IO (verantwortlich für die Ausbildung in Sauberkeit und militärischer Disziplin) erheblich. Kurz vor dem Auslaufen kam er überraschend an Bord und inspizierte die achteren Mannschaftstoiletten – die zwar wie gefordert nach dem morgendlichen Reinschiff vor zwei Sunden blitzsauber gewesen waren, aber jetzt inzwischen doch einige deutliche Benutzungsspuren vorwiesen. Prompt erhielten wir für Sauberkeit ein BELOW STANDARD, und mein IO war fuchsteufelswild.

Der Beginn der 4. und letzten Seewoche brachte ein besonderes

Highlight für den IO. In der Annahme, der Stabs-IO werde erneut vor dem Auslaufen an Bord kommen, um abermals benutzte Mannschaftstoiletten monieren zu können, hatte er diese präparieren lassen: Mit geschmolzener, flüssiger Schokolade hatte er dort künstliche „Bremsspuren" aufbringen – und die Toiletten dann unauffällig gegen jede Benutzung absichern lassen. Und der Stabs-IO kam tatsächlich, ging schnurstracks zu den achteren Mannschaftstoiletten und inspizierte sie. Auf seine vorwurfsvolle Frage an unseren, ihn begleitenden IO: "What is that, Commander?" steckte dieser seine Hand in die Toilettenschüssel, fuhr mit den Fingern intensiv durch die „Bremsspur", steckte sie in den Mund, leckte sie ab und antwortete trocken: „Shit, I suppose!" – Dem Offizier soll beinahe schlecht geworden sein, bis er realisierte, dass man ihn öffentlich lächerlich gemacht hatte. Er verschwand und kam nicht wieder – und nicht nur „The Bayerns", sondern auch unsere Ausbilder an Bord lachten.

Die „Final Inspection" brachte dann ein letztes Mal einen schweren „Weekly War", den die Besatzung jetzt mit Ruhe, Übersicht und der hart erarbeiteten Routine bewältigte. Das Ergebnis war durch sechs Wochen schwerer Arbeit und hohen Einsatzes verdient:

Aus R 141755Z DEC 89
From FOST
To CINCGERFLEET, ..., FGS BAYERN
1. FGS BAYERN has completed Basic Operational Sea Training to the standards established and is ready to continue with her programme.
2. A very satisfactory overall assessment was achieved with many good aspects...
The ships performance at her sea inspection was assessed as very satisfactory.
3. The ships company approached sea training with considerable enthusiasm and a very receptive attitude. Steady progress was made from initially basic levels resulting in high standards by the end of operational sea training. The hard work by individuals, their adaptability and their determination to succeed have been most impressive. They have been an enjoyable ship to searide. The ship's company should be proud of the standards they have achieved.

Da konnte ich mit einer zufriedenen Besatzung den Rückmarsch nach

Wilhelmshaven antreten! In seinem Report an den Kommandeur der Zerstörerflottille hielt Rear Admiral Newman persönlich später u.a. fest:

Aus Flag Officer Sea Training, H.M.Naval Base Portland, 18 December 1989
.....
Commander Toyka arrived for sea training with an old and manpower intensive ship, with its inherent equipment limitations, and considerable inexperience amongst her company. It is to his considerable credit therefore that the ship rose remarkably to the occasion to produce commendable results in all areas....He was able through firm but thoughtful leadership to instil tremendous loyalty and enthusiasm in the crew....He fights his ship well and makes the most of his AIO team. He is a competent and safe shiphandler who runs a good bridge....An experienced Commanding Officer his leadership style is most positive as witnessed by the good results obtained...

Nach dem Einlaufen in Wilhelmshaven begann die Vorbereitung von Schiff und Besatzung auf die Weihnachtspause, während ich mit fünf Mann zum jährlichen Weihnachtsbesuch nach München fuhr, um auf Einladung der Staatskanzlei wieder vier Tage in Bayern zu verbringen, dabei in zwei Regierungsbezirken zwei Waisenhäuser zu besuchen und dort die Weihnachtsbescherung vorzunehmen. Dafür waren – wie jedes Jahr – knapp 10.000,- DM, welche die Besatzung mit vielerlei Aktivitäten über's Jahr für die „Waisenhauskasse" gesammelt hatte, von uns vorher an die Staatskanzlei überwiesen und von dort an die beiden Waisenhäuser für den passenden Weihnachtseinkauf verteilt worden. Für unsere kleine Gruppe waren das Erlebnisse, die sich sehr wohltuend vom Stress der Einsatzausbildung abhoben.

Das neue Jahr bot keine Verschnaufpause. Zuerst offenbarte mir ein sehr offenes Gespräch mit einem meiner Offiziere, wie unglücklich das nach außen hin „normale" Berufsleben eines Marineoffiziers verlaufen kann, der mit konstanter Überforderung und zunehmender Verantwortung nicht fertig wird:

Aus dem Tagebuch Freitag, 5.1.1990
Langes, fast zweistündiges Gespräch mit KptLt....Seine letztendliche Aussage

dabei lautet:
- *Er wollte eigentlich nie richtig zur See fahren.*
- *Die Bordkommandos haben ihn sehr belastet.*
- *Ungewollt ist er „hoch gerutscht" bis zum Kommandant eines ......bootes.*
- *Die Kommandantenzeit war ein furchtbarer psychischer und physischer Stress, den nur seine Frau und er bemerkt haben.*
- *Er ist voller Pessimismus, ohne Selbstvertrauen, fühlt sich auch seiner jetzigen Aufgabe nicht gewachsen.*
- *Er will auf keinen Fall IO werden und so bald wie möglich auf ein Landkommando.*

Seine Verzweiflung und die Überwindung, die ihn dieses Gespräch gekostet hat, sind sehr echt und glaubhaft.....

Mit Respekt, Anerkennung und Bedauern – denn nach schwierigem Start hatte ich mittlerweile eine höhere Meinung von seinen Fähigkeiten als er selbst – habe ich dazu beigetragen, dass sein Wunsch erfüllt wurde und er ein Landkommando bekam.

Mitte Januar 1990 liefen wir zu einer Ausbildungsreise aus, die uns zusammen mit Zerstörer LÜTJENS, der Fregatte NIEDERSACHSEN, dem Tanker SPESSART und dem Versorger GLÜCKSBURG nach Spanien und Frankreich führte. Schon in den ersten Tagen wurde erwartungsgemäß deutlich, dass nach dem Personalwechsel zum Jahresende bereits wieder Dinge geübt und gedrillt werden mussten, die bei der Rückkehr aus Portland im Schlaf geklappt hatten.

Ende Januar liefen wir in den südspanischen Hafen Almeria ein. Der letzte deutsche Kriegsschiff-„Besuch" dort hatte am 31. Mai 1937 stattgefunden. An diesem Tag hatten das Panzerschiff ADMIRAL SCHEER mit den Torpedobooten SEEADLER und ALBATROS die von den Republikanern gehaltene Stadt und Hafen als Vergeltung beschossen für den am 29. Mai durchgeführten Angriff republikanischer Bomber und Zerstörer auf das vor Ibiza liegende Panzerschiff DEUTSCHLAND. Dabei waren 31 Besatzungsangehörige ums Leben gekommen und das Schiff erheblich beschädigt worden. In Almeria hatte es erhebliche Zerstörungen und auch Menschenverluste gegeben. Es war erfreulich, dass unsere Besatzungen dort nicht weniger gastfreundlich aufgenommen wurden als in anderen spanischen Häfen.

Nach einer stürmischen Rückfahrt durch die Biscaya und einen Hafenaufenthalt in Brest lief BAYERN dann am 8. Februar wieder in Wilhelmshaven ein. Vor Schiff und Besatzung lag mit den nächsten zwei Monaten jetzt erstmals eine längere Ruhepause, die wir gut für die Vorbereitung auf das nächste Vorhaben nutzen konnten: eine weitere Reise ins Mittelmeer vom 3. April bis 22. Juni, in deren Verlauf wir an der 40. Aktivierung der NAVAL ON-CALL FORCE MEDITERRANEAN (NAVOCFORMED) teilnehmen würden – ähnlich der Aktivierung, die ich im Vorjahr mit HESSEN miterlebt hatte – und anschließend mit einem Hafenbesuch in Haifa als erstes deutsches Kriegsschiff und erste Einheit der Bundeswehr überhaupt den Staat Israel besuchen sollten (wenn man den einige Jahre zuvor stattgefunden Besuch des Segelschulschiffes GORCH FOCK im politischen Sinn nicht als Kriegsschiffbesuch wertete).

Der Besuch in Haifa erforderte eine intensive Abstimmung mit der Botschaft in Tel Aviv, die ich selbst vornahm. Aus Gesprächen mit den Vertrauensmännern, mit den Offizieren und PUO entwickelte sich dann ein Vorbereitungsprogramm auf diesen wichtigen Besuch, mit dem wir noch im Februar begannen und das wir in den letzten Tagen vor dem Einlaufen in Haifa abschlossen.

Ich legte dafür drei Themenbereiche fest, zu denen dann Informationsmaterial, auch Filme beschafft wurden:

Die Judenverfolgung im III. Reich, die Geschichte des Staates Israel und die aktuelle Entwicklung in Deutschland, speziell nach dem Mauerfall.

Dann bestimmte ich für jeden Themenkreis einen Offizier, der sich einzuarbeiten und dann nach einem festen Zeitplan bis zum Einlaufen in Haifa mit Unterricht und Diskussion durch alle Abschnitte „durchzuarbeiten" hatte. Ich beauftragte alle Vorgesetzte, mit den Männern ihrer Abschnitte gezielt das Gespräch zu diesen Themen zu suchen – und tat dies später selbst auch.

Aus dem Tagebuch Mittwoch, 28.2.1990
Am Vormittag lasse ich eine Offizierbesprechung durchführen zu den Themen
- *Vorbereitung NAVOCFORMED*

- *Vorbereitung Haifabesuch.*
Dazu gibt der IO seine Richtlinie für die Israelvorbereitung aus, und ich weise intensiv auf meine Zielsetzung hin: Wissen der Besatzung um die besondere Lage; Sensibilisierung, aber nicht Indoktrination; Scham, aber ohne Abwehrreaktion, Verängstigung, „Büßergewand"; Vermeidung der Kohl-Haltung („Gnade der späten Geburt").

Nach meinen positiven Erfahrungen mit dem Nachfliegen von Ehefrauen während der HESSEN-Fahrt ins Mittelmeer im vergangenen Jahr ließ ich auch für diese Reise einen Mitflugantrag für Ehefrauen und Lebensgefährtinnen aus allen Dienstgradgruppen nach Cagliari/Sardinien (wo die Luftwaffe in Decimomannu eine Ausbildungseinheit unterhielt) stellen, obwohl wir die Voraussetzung einer dreimonatigen Abwesenheit vom Heimathafen nicht ganz erfüllten. Nach einigem Zögern ließ ich im Antrag auf diesen Formfehler ausdrücklich hinweisen, bat aber angesichts der Belastung für die Besatzung dennoch um Genehmigung. Wie die ganze Besatzung war ich dann angenehm überrascht, als der Antrag tatsächlich genehmigt wurde und 13 BAYERN-Damen in Cagliari auf der Pier standen. Im Wissen um die sehr intensive Einbindung eines Kommandanten in alle Verbandsaktivitäten hatte ich dieses Mal allerdings darauf verzichtet, auch meine Frau nachfliegen zu lassen.

Als das Schiff am 3. April ins Mittelmeer auslief, kam zum ersten Mal unser „Video-Team" zum Einsatz. Ein Offizier und zwei Video-affine Mannschaften hatten den Auftrag, interessante Ereignisse – wie das Ablegen, Auslaufen, Seeversorgungen und andere Übungen – zu filmen. An Tagen, an denen sich das nicht ergab oder möglich war, sollten sie Besuche auf Wachstationen oder in Wohndecks machen und Interviews aufzeichnen. Die Spots wurden dann jeden Abend vor und nach Wachwechsel in der Cafeteria gezeigt – und häufig genug sah ich sie mir selbst dort an. So entstand ein umfangreiches Videomaterial, das gegen Ende der Reise zu einem kompletten Film geschnitten, nach dem Einlaufen in Wilhelmshaven kopiert und an jedes Besatzungsmitglied ausgegeben wurde. Die gesamte Besatzung, ganz besonders aber unsere Wehrpflichtigen, die Ende Juni entlassen wurden, schätzten dies sehr.

Auf dem Marsch nach Palma de Mallorca bewahrte uns die Aufmerksamkeit der „Heizer" vor einer schweren Havarie mit katastrophalen Folgen. Durch die zuverlässige, peinlich genaue Kontrolle der Dampf- und Turbinenanlage wurde festgestellt, dass sich möglicherweise Metallteile in der Hochdruckheißdampfleitung „auf dem Weg" zur Steuerbord-Vorwärtsturbine befanden. Auf ihre Empfehlung ließ ich die Welle festsetzen und den Marsch mit einer Schraube fortsetzen. Die in Palma durchgeführten Kontrollen und Untersuchungen ergaben dann, dass die Metalldichtungen im Hauptabsperrventil eines Kessels wegen eines Materialfehlers nur noch hauchdünn waren. Bei weiterem Betrieb der Dampfleitung hätte es eine Hochdruckheißdampfhavarie mit Lebensgefahr für das Kesselraumpersonal gegeben, die Metallbrocken in der Dampfleitung hätten die Turbine zerstören können.

Ich habe mich bei meinen „Heizern" an einem langen Bier- und Cognac-Abend für das ganze Schiff und seine Besatzung bedankt.

Triest erreichten wir pünktlich zur Aktivierung der 40. NAVOCFORMED und zu den zahllosen vorbereitenden Gesprächen zusammen mit der italienischen Fregatte EURO (Flagschiff des italienischen Commodore), der spanischen Fregatte CAZADORA, dem türkischen Zerstörer ANITTEPE, dem amerikanischen Zerstörer TATTNALL und dem britischen Zerstörer LIVERPOOL.

Am 24. April lief der neu aufgestellte Verband aus Triest aus und hatte einen sehr schweren Anfang vor sich – denn neben dem sehr unterschiedlichen Ausbildungsstand, der LIVERPOOL und BAYERN mit ihrer Einsatzausbildung in Portland ganz deutlich von den anderen Einheiten abhob, waren es wieder die völlig unterschiedlichen Kenntnisse der NATO-Marine-Fernmeldeverfahren, die eine Kommunikation anfangs fast unmöglich machten. Wie ich dies schon in der 38. NAVOCFORMED mit HESSEN erlebt hatte, hatte auch jetzt der amerikanische Zerstörer nur rudimentärste Kenntnisse auf diesem Gebiet.

Aus dem Tagebuch Dienstag, 24.4.1990
Die Fernmelderei im Verband ist eine völlige Katastrophe und scheint alles in den Schatten zu stellen, was schon aus dem letzten Jahr bekannt war. Nicht nur

ANI, auch TAT sind äußerst schlecht und unzuverlässig, was den Commodore zu einem ersten Zornesausbruch veranlasst und TAT einen Sonderanschiss einträgt…

Zum Auslaufen aus dem nächsten Hafen, Cagliari/Sardinien, führten wir im Verband ein erstes Cross-Polling, den Austausch einzelner Besatzungsmitglieder zwischen einzelnen Schiffen, durch. Gegen einen unserer Radarbediener in der OPZ, der auf die LIVERPOOL ging, erhielt ich einen britischen Petty Officer als Radarbediener. Während der Seeklararbeiten vor dem Auslaufen sah ich ihn an der Konsole sitzen, ging zu ihm hin und fragte kurz, wie er sich an Bord fühle, ob er gut eingewiesen und untergebracht sei usw. Zu meinem Schrecken traten ihm Tränen in die Augen, er schien mühsam um Fassung zu ringen. Eines Fehlers war ich mir nicht bewusst und fragte ihn, was denn los sei. Er schluckte und sagte dann, er fahre jetzt seit sieben Monaten auf der LIVERPOOL in der OPZ wie hier – aber heute, auf der deutschen BAYERN, habe „sein Captain" zum ersten Mal das Wort an ihn gerichtet.

In den 14 Tagen bis zum Einlaufen in Barcelona nahm der Verband an der großen NATO-Übung DRAGON HAMMER teil, die in weiten Teilen des Mittelmeers stattfand. Leider hatten die Übungsplaner in Neapel es nicht verstanden, unseren NATO-Verband so einzusetzen, wie dies in einem Krisenfall seine Rolle gewesen wäre. Stattdessen wurden wir als „ORANGE Opposing Force" im Mittelmeer von Ost nach West und zurück gejagt, um immer wieder „BLUE Forces" anzugreifen und dabei offenkundig den Nachweis zu ermöglichen, dass die beiden „BLUE" Flugzeugträger nicht versenkt werden konnten. Für unseren Verband war das wenig motivierend, überdies schlecht geplant und Quelle zahlreicher Friktionen.

Immerhin funktionierte vieles nach dem Auslaufen aus Barcelona im Verband deutlich besser – auch hier war wieder einmal der Effekt einer „Learning Curve" zu sehen.

Nach einem weiteren Hafenaufenthalt in Marseille lief der Verband Ende Mai in Neapel zur Deaktivierung ein. Am Rande dieser Aktivitäten erfuhren wir Kommandanten, dass der NATO-Rat inzwischen beschlossen hatte, endlich auch für das Mittelmeer wie schon für den Atlantik einen ständigen NATO-Verband aufzustellen – eine STAN-

DING NAVAL FORCE MEDITERRANEAN – STANAVFOR-
MED als Pendant zur dort schon seit über 20 Jahren ständig operierenden STANAVFORLANT. Damit würde das unsägliche Verfahren
der zweimal jährlich stattfindenden mehrwöchigen Aktivierung eines
NATO-Verbandes, das auch wir gerade mit Anstand hinter uns gebracht hatten und das ich nun in zwei Jahren zum zweiten Mal auf
ähnliche Weise hatte erleben müssen, endlich der Vergangenheit an-
gehören.
Unmittelbar nach der Deaktivierung verließen wir Neapel und begann-
nen den Marsch ins östliche Mittelmeer.
Am 4. Juni machte BAYERN in Haifa fest. Mit dem Leiter des Bonner ZDF-Studios und Moderator der Fernsehsendung „Bonn Direkt",
der sich zu einer Wehrübung hatte einberufen lassen, stand ein „Geschenk" des Fü M auf der Pier, dessen Wert ich sehr schnell zu schätzen lernte, denn er steuerte für mich die Medienarbeit, führte uns das
ZDF-Team Tel Aviv zu und verfügte über ausgezeichnete Kontakte
zu israelischen wie deutschen Medien. So wurde der viertägige Besuch
trotz ständiger Begleitung aller unserer Programmpunkte und speziell
aller meiner „Auftritte", des Besuchs einer Delegation der BAYERN
in Yad Vashem und meiner Kranzniederlegung in der dortigen Krypta
durch deutsche und israelische Print- und TV-Medien ohne einen
Ausrutscher oder medialen Fehltritt zu einem vollen Erfolg. Meine
Gesprächspartner betonten immer wieder, dass alle Besatzungsangehörigen – vom Wehrpflichtigen bis hin zum Kommandanten – mit
ihrer Ernsthaftigkeit, dem Wissen um die Probleme der Vergangenheit und Gegenwart wie auch um das Besondere in der Situation
deutscher Soldaten in Uniform in Israel überzeugten und die israelische Bevölkerung für Deutschland und die deutsche Marine einnah-
men. Bezeichnenderweise trugen viele meiner Männer auch nach dem
Einlauftag, für den ich das Tragen von Uniform befohlen hatte, frei-
willig Uniform, weil sie darin in der Stadt besonders freundlich aufgenommen wurden.
Als besonders bemerkenswert habe ich eine Mittagseinladung in den
Marinestützpunkt Haifa empfunden, die der dortige Befehlshaber,
KAdm Tal, für 10 Offiziere der BAYERN und mich wie auch für 10
israelische Marineoffiziere ausgesprochen hatte. Ich war sehr überrascht und besonders berührt, als ich feststellte, dass alle israelischen

Teilnehmer – Schnellbootfahrer, Minensucher, Ubootfahrer, Minentaucher – fließend Deutsch sprachen und sich freuten, dass sie jetzt endlich einmal die Gastfreundschaft erwidern konnten, die sie alle in Deutschland so lange erlebt hatten – denn sie waren alle in unserer Marine ausgebildet worden. Sie wurden auch nicht müde zu betonen, dass das, was sie heute konnten, alles auf der deutschen Ausbildung aufbaute. Und dann entspann sich ein intensives Frage- und Antwortspiel: „Was macht FKpt …. jetzt?", das fast den Eindruck erweckte, die Runde unserer Gastgeber kenne Teile der deutschen Marine, von denen ich selbst nur sehr wenig wusste.

Als BAYERN nach vier Tagen Haifa verließ und den Rückmarsch antrat, hatten wir einen Hafenbesuch hinter uns, der nach allen Sorgen und Unsicherheiten in der Vorbereitung und Unwägbarkeiten in der Durchführung für unsere Marine und unser Land erfolgreich verlaufen war:

Aus Diplo Tel Aviv
Einzelbericht des MilAtt Stabes Tel Aviv Nr. 16/90 vom 20.06.90
………
5. Zusammenfassende Bewertung
Die mit diesem Besuch verbundene Zielsetzung wurde in jeder Beziehung erreicht, zum Teil übertroffen….Wesentlicher Anteil an diesem Erfolg ist der Besatzung zuzuschreiben.
Für drei Tage gehörte die weiße Marineuniform zum Haifaer Stadtbild. Die deutschen Marinesoldaten haben erneut einen hervorragenden Eindruck in Israel hinterlassen, indem sie, auf den Besuch gründlich vorbereitet, selbstbewusst, aber bescheiden ihren Landgang antraten und dabei in Kenntnis und im Bewusstsein historischer Verpflichtung und Verantwortung sehr sensitiv Rede und Antwort standen. Ihre Einstellung und Haltung lässt sich in den Worten des Kapitäns zusammenfassen, der bei seinem Höflichkeitsbesuch beim Haifaer Bürgermeister vor der Presse anführte: „Ich bin mit zwiespältigen Gefühlen nach Israel gekommen. Einerseits bin ich stolz darauf, der Kommandant des ersten deutschen Kriegsschiffes zu sein, das nach Israel kommt. Andererseits bin ich verunsichert und weiß nicht, was ich hier antreffen werde angesichts des schwarzen Kapitels der deutschen Geschichte." Die Antwort auf diese Frage gaben die israelischen Gastgeber, die in positiver Hinwendung ihren deutschen Gästen ausnahmslos die

Hand reichten... Der Besatzung der BAYERN ist es gelungen, den Besuch eines deutschen Kriegsschiffes in Israel wie jeden anderen Schiffsbesuch zu kategorisieren; darüber hinaus darf sie aber auch das Gefühl haben, dass aufgrund ihres blitzsauberen Eindrucks deutsche Marinesoldaten in Israel ein wenig herausgehobener gesehen werden als andere.

Beim Einlaufen in Wilhelmshaven am 22. Juni konnte ich – wie die ganze Besatzung – stolz auf eine erfolgreiche Reise zurück blicken.
Die fordernden Seefahrten meines Schiffes hatten die stürmische Entwicklung in der DDR nicht aus meinem Bewusstsein verdrängt. Im Frühjahr 1990 hatte sich nach der ersten freien Volkskammerwahl am 18.3. und durch die Entwicklung der politischen Diskussion in der DDR immer stärker die Wahrscheinlichkeit einer Vereinigung von der DDR mit der Bundesrepublik in überschaubarer Zukunft abgezeichnet. Für mich wie für meine Offiziere und PUO stellte sich damit immer häufiger die Frage, was dies für ein zu erwartendes „Miteinander" von Bundeswehr und Nationaler Volksarmee bedeuten würde. Die Grundwerte der Bundeswehr wie auch unser Wissen über die NVA begründeten dabei bei mir wie bei meinen Kommandantenkameraden, aber auch bei meiner Besatzung die sichere Überzeugung, dass jede Art von Gemeinsamkeit nur darin bestehen könnte, dass sich eine von Grund auf reformierte NVA dem inneren Gefüge und der gesellschaftlichen Einordnung der Bundeswehr würde anpassen müssen. Daraus folgte für mich wie für meine Männer die Frage: „Kann ich/können wir uns vorstellen, überhaupt mit Offizieren und PUO, die in der Volksmarine groß geworden sind, gemeinsam Dienst zu leisten? Kann das überhaupt gehen? Passen Offiziere der Volksmarine, Offiziere einer Parteiarmee, Mitglieder der SED, in die Bundeswehr? Ist das den Soldaten der Bundeswehr, speziell den Wehrpflichtigen, überhaupt zuzumuten?"
Alle Gespräche in diesen Monaten ergaben überwiegend eine starke Ablehnung jeder Form eines zukünftigen gemeinsamen Dienstes. Dazu trug auch in besonderem Maße unser Wissen um die Erziehung zum Hass auf den „Klassenfeind" bei, deren Träger in der NVA nach unserer Einschätzung nicht nur die Politoffiziere unmittelbar, sondern auch alle Vorgesetzten waren. Wie sollte es da ein gemeinsames Dienen nach den Regeln der Bundeswehr geben können?

Dass neben diesen sehr weit verbreiteten Überlegungen, die auch ich teilte, ebenso nachdenklichere Gedanken geäußert wurden wie die, ob wir die Bedeutung der Parteimitgliedschaft der Offiziere der NVA wie auch der Hasserziehung nicht überbewerteten, möchte ich nicht verschweigen. Sie waren aber die seltene Ausnahme.

Angesichts dieser drängenden, wichtigen Fragen vermisste nicht nur ich Gedankenanstöße, Diskussionsmaterial und -angebote unserer militärischen Führung.

Als daher am 7. Juli eine Weisung des Fü M einging, mit der das komplizierte Verfahren beschrieben wurde, nach dem Einheiten unserer Marine Kontakt zu Einheiten der Volksmarine aufnehmen konnten, fand ich, dass dies viel zu spät war, um erkennbare Wirkung auf beiden Seiten zu erzielen. Das Verfahren sah vor:

- Stellen eines Kontaktantrags der Bundesmarine-Einheit, die eine solche Verbindung aufnehmen wollte, mit Bezeichnung der gewünschten Einheit der NVA/VM, des Zeitraumes, der Dauer und der Personalstärke eines Besuches dieser Einheit im Westen;
- Weiterleitung des Antrags auf dem Dienstweg zum Fü M, bei Befürwortung von dort zum Ministerium für Abrüstung und Nationale Verteidigung der DDR und von dort zum Kommando Volksmarine in Rostock;
- Weiterleitung an die vom Kommando ausgewählte Flottille und Festlegung der Einheit, die den Besuch im Westen vornehmen würde;
- Meldung dieser Einheit bei der einladenden Einheit, Planung und Durchführung des Kontaktes.

Obwohl ich dieses Verfahren für funktionsunfähig hielt, führte ich in den folgenden Wochen intensive Gespräche mit meiner Besatzung, bis wir das von mir angestrebte Einvernehmen erzielt hatten, „es zu versuchen". Am 8. August stellte ich den Kontaktantrag mit einer Fregatte oder einem UJagdschiff der Volksmarine. Nach meiner Erinnerung war der Kommandant der Fregatte NIEDERSACHSEN der einzige weitere Kommandant der Zerstörerflottille, der das Gleiche tat. Er „erhielt" dann die Fregatte HALLE der KONI-Klasse, ich erhielt am 28.8. zu meiner großen Überraschung die Mitteilung, meine Einladung sei angenommen worden, 30 Mann des UJagdschiffes

PERLEBERG (der PARCHIM-Klasse) würden vom 11. bis 13.9. zu einem Besuch nach Wilhelmshaven kommen. Beide Einheiten gehörten zur 4. Flottille der Volksmarine in Warnemünde. Als sich dann am 30.8. tatsächlich ein KptLt R. telefonisch aus dem immer noch Welten entfernten Warnemünde meldete, war klar: Die kommen!!

In der Zwischenzeit hatte am 23.8. die Volkskammer der DDR in ihrer historischen Sitzung den Beitritt der DDR zum „Geltungsbereich des Grundgesetzes" – also zur Bundesrepublik Deutschland – mit Wirkung vom 3. Oktober 1990, 00.00 Uhr, beschlossen. Unsere Besucher – und wir – wussten also bei ihrer Ankunft am 11. September, dass sie in drei Wochen zunächst einmal Angehörige der Bundeswehr werden würden! Diese Erkenntnis wurde dann aber von Anfang an schnell überlagert von einer intensiven, hellwachen Neugier, wie weder wir noch unsere Besucher sie bislang erlebt hatten: Wir würden in den nächsten Tagen hier in Wilhelmshaven, auf der BAYERN, Soldaten der anderen deutschen Marine persönlich kennen lernen, die im Kriegsfall unsere nahesten Gegner gewesen wären und für die wir Gegner, „Klassenfeinde" waren. Wer hätte das noch vor einem Jahr gedacht!!

Entsprechend unsicher war ich mir zunächst, war sich auch meine Besatzung, waren sich erkennbar unsere Besucher. Aber dann überrollten uns gemeinsam unser Programm und die Tatsache, dass wir alle als deutsche Marineangehörige unterhalb der Schwelle von Politik oder Ideologie in vielen Bereichen eine ähnliche, wenn nicht sogar gleiche Sprache sprachen. Viele Teile des Programms ließ ich in Dienstgradgruppen getrennt durchführen, damit auf gleicher Ebene und ohne die Anwesenheit von Vorgesetzten oder Untergebenen möglichst offen und ungezwungen gesprochen werden konnte.

Für alle Beteiligten wurden es Tage voller Überraschungen. Für die PERLEBERGER:

Der unverkrampfte, lockere Umgangston in meiner Besatzung, auch vom Wehrpflichtigen zum Kommandanten, war aus dem Erleben in der Volksmarine wie auch aus ihrem „Wissen" über die Bundeswehr völlig unvorstellbar. Er setzte das eigene System in schlechtes Licht, strafte ihre Propaganda Lügen.

Bei den umfassenden Erläuterungen zum inneren Gefüge der Bundeswehr, hier der Marine, wurde ihnen der riesige Unterschied zwischen ihrer und unserer Marine überdeutlich – zumal sie in diesen Tagen auf BAYERN ein sehr lebendiges, überzeugendes Beispiel vor Augen hatten.

Desgleichen passte die Offenheit, mit der ihnen bis auf den Funkraum wirklich das ganze Schiff gezeigt wurde, überhaupt nicht zu ihrem Bild von der Bundeswehr.

Für sie kam die Erkenntnis als Schock, mit welchen geringen Wachen unsere Schiffe am Wochenende im Hafen lagen, während sie Jahrzehnte lang mit Zweidrittelbesatzung an Bord lebten, um „angemessen" auf den jederzeit möglichen Überfall der NATO und der Bundesrepublik reagieren zu können.

Bei der Erläuterung unserer Führungsmittel bis hin zu PALIS/Link 11 und unserer OPZ stellten sie fest, dass wir ihnen ja „haushoch" überlegen waren.

Wie sehr uns die Frage nach der Bedeutung der Parteizugehörigkeit der Offiziere und überhaupt des Dienstes in einer Parteiarmee, die ja nur dem Namen nach eine „Volks"-Armee war, beschäftigte, war ihnen überhaupt nicht klar gewesen. Dies führt zu teilweise heftigen Diskussionen, die auch Vorwurf- und Rechtfertigungscharakter erhielten.

Dass sie insgesamt sehr kameradschaftlich bis freundschaftlich aufgenommen wurden, hat sie regelrecht umgehauen.

Für die BAYERN bedeutete dies:

Die deutlich spürbare Hochachtung der Besucher vor den Systemen und Fähigkeiten unseres 25 Jahre alten Schiffes mit der ältesten, ja veralteten Technologie innerhalb der Zerstörerflottille weckte in mir ernste Zweifel, ob wir uns von den militärischen Fähigkeiten der Volksmarine ein zutreffendes Bild gemacht hatten.

Führungsorganisation und -verfahren der Volksmarine schienen im Vergleich zu unseren Systemen und in dem engen Operationsgebiet der westlichen Ostsee nicht gut abzuschneiden.

Die Bereitschaft zum politischen Wandel bis hin zur Vereinigung war bei allen da, wenn auch unterschiedlich stark ausgeprägt. Dagegen sprach die persönliche Zukunftsangst jedes Einzelnen – je älter, desto deutlicher.

Eine Bereitschaft zur Auseinandersetzung mit der eigenen Rolle in der NVA und damit im politischen System der DDR, speziell bei den Berufssoldaten, war kaum zu erkennen. Sie wurde bei unseren Gästen ganz überwiegend ersetzt durch die Feststellung, sie hätten letztendlich das Gleiche getan wie wir – in der Marine dem Frieden gedient – allerdings unter schwierigeren Bedingungen (hohe Bereitschaftsdienste, Politüberwachung, materielle Situation nach 40 Jahren Sozialismus). Mit unseren Fragen nach der eigenen Rolle in den bewaffneten Organen einer sozialistischen Ein-Parteien-Diktatur drangen wir in der Regel nicht durch.

Wie mir drängte sich schließlich vielen unserer Teilnehmer an dem Besuch und den zahlreichen Gesprächsrunden aber die Erkenntnis auf, dass unsere bisherige „saubere" Schwarz-Weiß-Sichtweise: Mit NVA-Berufssoldaten geht gar nichts! – wohl nicht zur Realität passte.

Aus dem Tagebuch Mittwoch, 12.9.1990
Unsere Besucher sind von allem, was sie hier erleben, rundherum geplättet und erklären immer wieder, dass ihnen das niemand glauben wird – vor allem unseren Umgang miteinander, die rundherum motivierte Besatzung!....

Bei der Abreise der Besucher waren alle bewegt. Unsere Gäste haben sich ehrlich und gerührt bedankt – und versprochen, alles zu versuchen, um uns noch vor dem 3.10. einen Gegenbesuch auf der PERLEBERG zu ermöglichen.

Während dieses „historischen" Besuches auf der BAYERN war am 12.9. Weltgeschichte geschrieben worden: Der „Zwei-plus-Vier-Vertrag" zwischen den vier Siegermächten des 2. Weltkriegs und den beiden deutschen Staaten war an diesem Tag unterschrieben worden. Er enthielt Bestimmungen, die für alle Deutschen, besonders aber für die Soldaten der Bundeswehr und der Volksarmee von herausragender Bedeutung waren:

- Ein vereintes Deutschland würde weiterhin Mitglied der NATO bleiben können.
- Die „Westgruppe der Truppen", sowjetische Besatzungs- und Bündnisarmee in der DDR, würde bis Ende 1994 endgültig vom Gebiet der DDR abgezogen sein.
- Gesamtdeutsche Streitkräfte würden einen maximalen Umfang

von 370.000 Soldaten haben.

Gerade aus der letzten Bestimmung wurde erkennbar, dass angesichts eines gegenwärtigen Personalumfangs von 500.000 Soldaten Bundeswehr und ca. 120.000 Soldaten/-innen der NVA auf die zukünftigen gesamtdeutschen Streitkräfte eine umfassende Neustrukturierung, vor allem aber ein dramatischer Personalabbau zukamen.

In diesen Tagen erreichten die Auswirkungen internationaler Abrüstungsaktivitäten auch die BAYERN:

Im Mai 1986 hatten US-Präsident Reagan und Bundeskanzler Kohl vereinbart, einseitig als Maßnahme zur Vertrauensbildung zwischen NATO und WP wie auch im Interesse der deutschen Bevölkerung sämtliche noch in der Bundesrepublik lagernde chemische Munition des amerikanischen Heeres, ca. 14..000 Tonnen chemisch bestückter Artilleriegranaten der Kaliber 155mm und 203mm, bis Ende 1992 aus Deutschland abzuziehen. Sie sollte dann auf dem Johnson-Atoll, einer kleinen Inselgruppe südwestlich von den Hawai-Inseln, in einer erst noch zu bauenden Delaborierungsanlage vernichtet werden. Im Frühjahr 1989 hatte Präsident George Bush entschieden, den Abtransport zu beschleunigen und bis Ende 1990 abzuschließen. Nach insgesamt mehrjährigen Vorarbeiten war ab dem 12. September die gesamte Munition in eskortierten Konvoys von dem US-Depot Miesau in Rheinland-Pfalz nach Nordenham an der Unterweser gebracht und dort in den folgenden sieben Tagen auf die beiden großen Transporter USNS GOPHER STATE und USNS FLICKERTAIL STATE verladen worden, die dem Military Sealift Command der U.S.Navy angehörten. Während des PERLEBERG-Besuches hatte BAYERN den Auftrag erhalten, für diese Schiffe mit ihrem Ablegen in Nordenham am 23. September die militärische Eskorte zu stellen, sie weserabwärts zu geleiten und an der Grenze der deutschen Hoheitsgewässer an ihre amerikanische militärische Eskorte, den Kreuzer USS BAINBRIDGE, zu übergeben. Dazu mussten wir genau zu dem Zeitpunkt vor Nordenham angekommen sein und im Fluss auf Auslaufkurs gedreht haben, zu dem die beiden Schiffe losmachten, damit wir dann vor ihnen weserabwärts auslaufen konnten – oder eben bei Verspätung der Amerikaner so lange im Strom „auf der Stelle treten", bis sie abgelegt haben würden. Ich habe mich zunächst gefragt, warum ausgerechnet die BAYERN diesen Auftrag erhielt – die mit 134m Länge so lang war wie das Weserfahrwasser vor Nordenham breit (in dem wir ja drehen mussten) und die mit ihrem Dampfantrieb nicht so manövrieren konnte wie ein Fahrzeug mit Motorantrieb; warum also die Marine für diese nur politische Aktion keine geeignetere Einheit finden konnte als einen Zerstörer der Klasse 101A; und ob dies eine dämliche Planung der OP-Abteilung im Flottenkommando war oder man einfach nur die Besten nehmen wollte. Ohne rechte Überzeugung entschied ich mich für die zweite Antwort, und nach gründlicher Absprache mit dem für uns vorgesehenen Weserlotsen und Herstellung sicherer Fernmeldeverbindungen mit den beiden Schiffen dafür, dass es klappen würde – und das tat es auch. Wir erschienen am 23. 9. pünktlich vor Nordenham und übernahmen am Vorschiff einen „Bremsschlepper". Dann drehten wir mit Hartruderlage und solcher Fahrt auf das gegenüberliegende Weserufer zu, dass der Schlepper das Schiff gerade noch halten konnte und wir gegen den Strom wendeten. Als wir erst einmal „halb rum" waren, drückte der Weserstrom uns ganz herum und auf Auslaufkurs – und die Amerikaner legten ab. Beim Einlaufen in Wilhelmshaven fand ich zu meiner freudigen Überraschung die gar nicht mehr erwartete Gegeneinladung der PERLEBERG für den 25. – 27.9. nach Warnemünde vor – und mit den ca. 20 Betreuern aus dem Besuch in Wilhelmshaven fuhr ich morgens früh am 25. in Zivil und mit Privatwagen in die DDR. Die Genehmigung dazu hatte ich problem- und verzugslos erhalten.

Auch das war ein Novum, dass ich erst einmal verdauen musste: Auf Einladung einer Einheit der Volksmarine fuhr ich mit meinen Leuten in die DDR!

Als wir am Spätnachmittag dieses Tages nach schier endloser Fahrt über enge, schlechte Straßen Mecklenburgs, über die sich auch eine endlose Kolonne von LKW in beide Richtungen schleppte, den Marinestützpunkt (hieß hier „Objekt"!) Warnemünde erreicht hatten und von einem älteren Angehörigen eines zivilen Wachdienstes nach kurzer Identifizierung freundlich hinein gewunken worden waren, war ich entsetzt über den Zustand von Hässlichkeit und Verwahrlosung der ganzen Anlagen: Nackte Freiflächen mit holprigen Betonplatten und vielen Schlaglöchern, graue ein- bis zweigeschossige Gebäude aus Betonplatten, die den Eindruck erweckten, als Notunterkunft in Eile hingestellt worden zu sein. Aber dies war seit Jahrzehnten der Stützpunkt der 4. Flottille der Volksmarine, einer der beiden Haupteinsatzverbände der Volksmarine.

Auf der PERLEBERG wurden wir von Kommandant und Besatzung herzlich begrüßt. Dabei wurde deutlich, dass das Schiff zwar technisch fahrklar war, aber nicht mehr über die komplette Besatzung verfügte, da sich viele Mannschaften und auch Unteroffiziere und PUO schon „ins Zivilleben verabschiedet" hatten.

Meine Männer wurden auf einem der Wohnschiffe untergebracht, ich erhielt die Kommandantenkammer der PERLEBERG – und allen Kammern war ein eigentümlicher Geruch eigen, den wir im Wesentlichen dem überall verwendeten „Plaste" zuschrieben.

Am nächsten Morgen meldete ich mich korrekt beim dortigen Kommandeur, einem KptzS – der die Meldung entgegen nahm, aber offenkundig an einem Gespräch nicht interessiert war. Danach konnten wir das Seeklarmachen der PERLEBERG miterleben, denn der Kommandant hatte mich schon abends mit der Mitteilung überrascht, dass ihm noch ein letzter Tag Seefahrt mit dem Besuch der BAYERN-Abordnung genehmigt worden war, bevor sein Schiff wie fast alle PARCHIMs am 3.10. endgültig außer Dienst gestellt werden würde, da sie nicht von der Bundesmarine übernommen werden sollten. Mich interessierte alles an diesem Schiff, denn während meiner Ubootzeit im Kalten Krieg hatte ich alle verfügbaren Informationen über diese Schiffe im Kopf, die im Ernstfall unsere ersten ernsthaften Gegner gewesen wären und als moderne, leistungsfähige, gefährliche UJagdeinheiten galten

Die Erkenntnisse aus diesem einen Tag Seefahrt, während dem uns die Besatzung ihr Schiff in allen Funktionen demonstrierte, war niederschmetternd – für die Realität des wahren militärischen Potentials dieser Klasse wie auch für die „Realität" ihres uns von unserem Militärischen Nachrichtenwesen vermittelten Gesamtpotentials:

Mein Sonarmeister überraschte uns alle, indem er die mit vielen kyrillischen Schildchen beschriftete umfangreiche „moderne sowjetische" Rumpfsonaranlage schrittweise selbständig in Betrieb nahm und anschließend bediente, weil sie ihn so intensiv an eine (heute völlig veraltete) Anlage aus seiner Ausbildung in den späten 70er Jahren erinnerte.

Die drei 56-Zylinder-Stern-Dieselmotoren des Schiffes (abgeleitet aus sowjetischen Flugzeugmotoren) machten einen Höllenlärm, der diesen UJäger förmlich als Geräuschboje zur See fahren ließ! Und Eigengeräusche braucht man als UJäger nun am wenigsten!

Zur Ubootortung mit dem vorhandenen Tauchsonar (aus der Ausrüstung für sowjetische UJagdhubschrauber) musste das Schiff nicht nur stoppen, um den Ortungsschwinger außenbords ins Wasser hinab zu lassen. Dazu und zur Ortung lag es als bewegungslose Zielscheibe im Wasser. Da aber die 3 x 56 Zylinder im Leerlauf schnell zu verkoken drohten, mussten sie schon nach wenigen Minuten auf hohe Drehzahl „hochgejubelt" werden, was einen Höllenlärm produzierte und jede Ortung unmöglich machte.

Der „Gefechtsstand" des Schiffes (bei uns Operationszentrale), wie auch die uns vorgestellten UJagdverfahren erschienen kaum zeitgemäß, wenn nicht unbrauchbar.

Mir wurde schnell klar, dass diese Schiffe keine echte Bedrohung für unsere Uboote dargestellt hätten und die Entscheidung der Marine, sie nicht zu übernehmen, nur folgerichtig war. Das änderte nichts daran, dass ich sehr bewegt war, als mir der Kommandant nach dem Anlegen, das er selbst fuhr, und nach dem Niederholen der Seeflagge der Seestreitkräfte der DDR mir diese zusammengefaltet überreichte mit den Worten: „Die werde ich nicht mehr brauchen, Herr Kap'tän."

Als wir uns von den PERLEBERGERN verabschiedeten, nahm ich zwei Einsichten mit:

Die Seestreitkräfte der DDR waren möglicherweise anders, weniger leistungsfähig, als es uns unser „amtliches" Wissen vorgespielt hatte.

Und die Lage der „Verlierer", deren ganze berufliche Welt, Erfahrung und Selbstverständnis dabei waren, komplett weg zu brechen – und die jetzt auch noch begannen zu erkennen, dass sie uns in Waffentechnik, Führungsverfahren und Ausbildung vermutlich nicht gewachsen gewesen wären, war schlimm – und zunächst nur voller dunkler Perspektiven. Das musste irgendwie berücksichtigt werden!

Der 3. Oktober 1990 brachte den Anschluss der DDR an die Bundesrepublik Deutschland, die Eingliederung der NVA in die Bundeswehr und alle die Umwälzungen, die die politischen wie gesellschaftlichen Kräfte in dem neuen, geeinten Deutschland in Anspruch nahmen.

Auch wenn diese Entwicklungen die Aufmerksamkeit und Gedanken der Deutschen fesselten, machte die Weltgeschichte deswegen doch keine Pause. Der Irak Sadam Husseins hatte am 2. August 1990 das Scheichtum Kuweit überfallen und annektiert. Der Sicherheitsrat der Vereinten Nationen hatte mit der Sicherheitsratsresolution Nr. 661 am 6. August und 662 am 9. August dieses Vorgehen als völkerrechtswidrige Aggression verurteilt und das Recht von Kuweit wie auch der anderen Mitglieder der UN bekräftigt, Maßnahmen der individuellen wie kollektiven Selbstverteidigung gem. Artikel 51 der UN-Charta gegen den Irak zu ergreifen. Die USA hatten eine Koalition aus zuletzt 34 Staaten, zunächst zum Schutz Saudi-Arabiens, später zur Befreiung Kuweits gebildet.

In der stürmischen politischen Entwicklung der deutschen Frage war wohl jedermann klar, dass eine unmittelbare deutsche Beteiligung mit Streitkräften vor Ort unmöglich war. Schließlich war auch zu berücksichtigen, dass der „Zwei-plus-Vier-Vertrag" ohne die Ratifizierung durch die Sowjetunion, die erst im März 1991 erfolgte, noch nicht einmal Rechtskraft erlangt hatte. Dennoch unterstützte das vereinte Deutschland die amerikanischen Streitkräfte auf vielfältige Weise – und das betraf auch die BAYERN.

Nachdem der Sicherheitsrat der Vereinten Nationen mit seiner Resolution Nr. 678 am 29. November die Mitgliedstaaten ermächtigt hatte, alle notwendigen Mittel einzusetzen, um seine früheren Resolutionen vom August zu unterstützen und durchzuführen, falls der Irak nicht bis zum 17.1.1991, 00.00 Ortszeit diesen Folge geleistet haben würde – also Kuweit geräumt haben würde, war klar, dass es Krieg gegen den Irak geben würde. Ende November erhielt ich erste Hinweise, dass der Fü M der U.S.Navy angeboten hatte, ihre Flugzeugträgerkampfgruppen, die demnächst von Norfolk über den Atlantik in den Arabischen Golf zum Einsatz gegen den Irak verlegen würden, bei der Stärkung ihrer Abwehrfähigkeit gegen die irakische Luftwaffe zu unterstützen. Schließlich war bekannt, dass die irakische Luftwaffe über den französischen Seeziel-Flugkörper AM 39 verfügte, den sie bereits einmal mit hoher Wirkung gegen die amerikanische Fregatte USS STARK eingesetzt hatte. Mit dem Seeziel-Flugkörper MM 38 verfügten die Zerstörer der HAMBURG-Klasse wie auch die Fregatten der BRANDENBURG-Klasse über die bordgestützte Variante

173

dieses Flugkörpers. Zwei Schiffe könnten im Atlantik Übungsflugkörper, also solche ohne Sprengkopf, gegen die Flugzeugträgerverbände schießen, um deren Abwehrabläufe noch einmal „im scharfen Schuss" zu prüfen und ggf. zu verbessern. Bei Annahme dieses Angebots würden die Zerstörer BAYERN und SCHLESWIG-HOLSTEIN diesen Auftrag übernehmen.

Anfang Dezember übernahmen daher beide Schiffe zur Sicherheit schon einmal Übungs-Flugkörper und ließen die zeitaufwändigen Vermessungen und Kontrollen vornehmen, die zu den Vorbereitungen eines Flugkörperschießens gehören. Als dann Mitte Dezember zwei Offiziere der U.S.Navy erschienen, um den Ablauf dieses Schießvorhabens detailliert zu erörtern und festzulegen, war klar, dass es losgehen würde. Mich hat dabei sehr beeindruckt, dass wir in kleiner Runde gefragt wurden, wie weit der MM 38 wirklich maximal fliegen würde – „bergab und mit Rückenwind" – und die Amerikaner dann wirklich nur noch eine sehr kleine Sicherheitsmarge hinzurechneten und so die Abschussentfernung festlegten.

Dann kam auch der Einsatzbefehl, nach dem SCHLESWIG-HOLSTEIN und BAYERN am 28. Dezember aus Wilhelmshaven auszulaufen hatten und am 5. und 6. Januar 1991 südlich der Azoren hintereinander ihre Flugkörper gegen zwei Trägerkampfgruppen schießen sollten. Vorsorglich hatte ich der Besatzung mitteilen lassen, dass die Weihnachts- wie auch die Neujahrstage gefährdet waren, so dass sich die Aufregung jetzt in Grenzen hielt – zumal dieses Vorhaben ja etwas wirklich Besonderes darstellte. Wir liefen pünktlich aus. Der Kommandeur der Zerstörerflottille, FAdm Laudien, hatte sich als Verbandsführer auf SCHLESWIG-HOLSTEIN eingeschifft (eine Entscheidung, die uns auf der BAYERN sehr gefiel!).

In See führten wir täglich intensive Übungen zum FK-Einsatz durch – aber auch eine Sylvesterparty mit Kostümfest bei ruppiger See während der Durchquerung der Biscaya. Pünktlich lief am 5. Januar der Flugzeugträger USS THEODORE ROOSEVELT aus Westen auf uns zu. FAdm Laudien ließ sich per Hubschrauber auf das amerikanische Flaggschiff übersetzen und übertrug mir die Leitung des Schießens. Nach dem abgesprochenen Verfahren feuerten dann beide Zerstörer die Hälfte ihrer Flugkörper, die anschließend von den Einheiten der Trägerkampfgruppe mit den verschiedenen Systemen bekämpft werden konnten. Anschließend erhielten wir die Einladung, ganz dicht an ROOSEVELT vorbeizulaufen. Wir ließen uns das nicht zweimal sagen – mit hoher Geschwindigkeit brausten wir in enger Kiellinie ca. 50 m neben ihrer Bordwand vorbei – unsere Besatzungen zur Ehrenerweisung in Passieraufstellung, große Teile der Besatzung auf dem Flugdeck des Trägers, uns laut applaudierend. Dahinter standen die Flugzeuge, schon sandfarben gestrichen. Für sie – und ihre Piloten – würde es in Kürze sehr viel ernster werden, als wir uns das wirklich vorstellen konnten. Diese Begegnung hat mir und meiner Besatzung die enge Verbundenheit unserer beiden Marinen überzeugender vor Augen geführt, als ich das jemals vorher erlebt hatte.

Am folgenden Tag wiederholten wir den Ablauf gegen die nächste Trägerkampfgruppe, versorgten anschließend aus den Flottenversorgern dieser Kampfgruppe und traten den Rückmarsch nach Wilhelmshaven an, wo wir – stolz und sehr zufrieden – am 11. Januar einliefen.

Der Krieg begann am 17.1.1991. Sein Ausgang ist bekannt.

Am 12. März 1991 gab ich das Kommando über Zerstörer BAYERN ab. Der Abschied von Schiff und Besatzung fiel mir schwer. Ich wusste, wie dankbar ich für eine Besatzung sein konnte, die sich in allen Lagen rückhaltlos eingesetzt hatte und mit dieser Haltung alle Aufgaben bravourös gemeistert hat. Viel stärker als vor 18 Monaten, als ich die HESSEN verließ, wurde mir beim Abpullen durch die Offiziere meines Schiffes bewusst, dass ein entscheidender Teil meines Lebens als Marineoffizier hinter mir lag – und das ich dieses schöne Schiff und seine hoch motivierte Besatzung vermissen würde.

5. Dienst für die Zukunft der Streitkräfte

Am 1. April 1991 übernahm ich das Referat Fü M VI 1 im Führungsstab der Marine von meinem Vorgänger, Kapitän zur See „Nino" F., der „einen heraufrutschte" und als Nachfolger von FAdm Ciliax Stabsabteilungsleiter Fü M VI wurde. Im Referat arbeiteten neben dem Geschäftszimmer-Stabsbootsmann und einem Mannschaftsdienstgrad drei Stabsoffiziere als Referenten und ein Kapitänleutnant als Sachbearbeiter. Die Aufgabengebiete der drei Referenten waren eng miteinander verzahnt:

- Konzeption der Marine und Bearbeitung aller Fragen, die darauf Einfluss hatten oder im Licht der Konzeption, also der Grundausrichtung der Marine, betrachtet und bearbeitet werden mussten – also unter der Fragestellung: Dürfen/Wollen/Sollen/Können wir das? Diese Fragen stellten sich natürlich bei fast allen wichtigen Themen, so dass wir ein weites Themenfeld zu bearbeiten hatten und gelegentlich als Eindringlinge in die Arbeitsbereiche anderer Referate betrachtet wurden;
- Erarbeiten des Marineteils im Bundeswehrplan, der jedes Jahr neu die verbindliche Rüstungsplanung der Marine für die kommenden 12 Jahre im Rahmen des vom Generalinspekteur der Marine zugebilligten Finanzrahmens festschrieb. Damit das geschehen konnte, mussten die gut begründeten Forderungen von Flottenkommando, Marineamt und Marineunterstützungskommando geprüft und bewertet werden; dazu kamen die Forderungen aus dem Führungsstab selbst, speziell bezogen auf die großen Vorhaben – schwimmende und fliegende Systeme. Für alles reichte das zugestandene Geld bei weitem nicht, also galt es zu streichen, zu schieben, zu strecken. Bei den Großvorhaben wurde auch unter meiner Verantwortung so gesündigt wie vor und nach mir: Wenn das Geld überhaupt nicht reichte, wurde eben an der Versorgungsreife, der Ersatzteil- und Munitionsbevorratung und dem Ausbildungsgerät gespart – denn das war ja noch nachzuholen, wenn die Hauptsysteme erst einmal zugelaufen waren (hofften wir jedenfalls). Bevor wir dem Inspekteur der Marine einen solchen Marineplan präsentieren konnten, mussten wir es gründlich mit allen Beteiligten verdorben haben. In diesen Jahren war darüber hinaus die ganze Prozedur mehrmals im Jahr durchzuführen, weil die finanziellen Mittel für die Streitkräfte angesichts der Kosten für die Vereinigung immer wieder reduziert wurden.
- Zuständig waren wir auch für die Zusammenarbeit der Marine mit der NATO in allen Fragen der Bündnis-Streitkräfteplanung einschließlich aller Fragen der Assignierung unserer Einheiten zu den Major NATO Commanders – und dabei musste stets berücksichtigt werden, welche militärpolitische Wirkung die Marine, aber auch der Generalinspekteur damit extern wie intern, im

Ministerium, erzielen wollten.
- In allen Fragen von militärpolitischer Relevanz erarbeiteten wir die Marineposition, hatten sie im Ministerium abzustimmen und in den entsprechenden Gremien zu vertreten.
- Schließlich bearbeiteten wir alle Fragen bei der Auswahl – und „Eroberung" – der Dienstposten in den NATO-Stäben und -Dienststellen, die die Marine besetzen bzw. verteidigen wollte, um Einfluss auszuüben oder zumindest sichtbar zu sein. Das war von besonderer Bedeutung in diesen Jahren, in denen die NATO-Kommandostruktur verändert und alle Stäbe neu strukturiert wurden. Die entsprechende Meinungsbildung musste erst einmal im Fü M bis zum Inspekteur abgeschlossen und dann, häufig genug im Kampf mit oder gegen Heer, Luftwaffe und dem letztlich zuständigen Generalinspekteur bzw. seinem verantwortlichen Referat durchgekämpft werden. Die Besetzung der letztlich gewonnen Dienstposten war dann ein Problem der Personalführung. Mein Kapitänleutnant K. war zum Glück in diesen Fragen unglaublich erfahren und gewitzt und hatte ein unglaubliches Geschick bei den Vorklärungen auf Arbeitsebene. Er hätte einem Eskimo einen Eisschrank verkaufen können – und wir haben in Fällen noch Erfolg gehabt, in denen ich das selber nicht mehr zu hoffen gewagt hatte.

Es gab also genug zu tun.

Im Vorjahr, also 1990, hatte der Inspekteur der Marine, VAdm Mann, gegen viele interne Widerstände den Umfang der „Flotte 2005" entschieden und damit eine deutliche Verringerung der Anzahl der schwimmenden Einheiten bis zum Zieljahr verfügt, da deutlich geworden war, dass für den Erhalt bzw. die Erneuerung aller Klassen im gegenwärtigen Umfang auf keinen Fall die erforderlichen Mittel zur Verfügung stehen würden. Er hatte damit auch der nach der Auflösung des Warschauer Paktes extrem geänderten Sicherheitslage Rechnung getragen. Lediglich der Bestand von Zerstörern und Fregatten war mit 15 Einheiten unverändert festgeschrieben worden. Die konzeptionelle Begründung für den neuen Zielumfang in den „Zielvorstellungen der Marine" befand sich bei meiner Übernahme in der letzten Phase der Fertigstellung. In diesem Papier verwendeten wir erstmals Multiplikatoren, die das Verhältnis von Einheiten im Einsatz zu vorhandenen Einheiten festlegten: für eine Überwassereinheit im Einsatz definierten wir einen Bedarf von 2,5 vorhandenen Einheiten, für ein Uboot im Einsatz vier Uboote im Bestand.

Den Führungsstab der Streitkräfte und speziell den Generalinspekteur, General Naumann, hat das aber nicht nachhaltig beeindruckt. Unsere Großvorhaben betrafen eben sehr kleine Stückzahlen mit sehr hohen Stückkosten – und standen gegen z.B. Hunderte von Kampffahrzeugen im Heer. Wir brauchten dringend bessere Begründungen für die Zahlen unserer Flotte 2005!

Die lange währende Diskussion um die neue NATO-Kommandostruktur brachte uns dann später auf die rettende Idee. In ihr würde es nur noch zwei Major NATO Commanders geben, SACEUR und SACLANT, die beide in der Lage sein sollten, unabhängig und parallel eine Krisenoperation zu führen. In den Jahren 1992 und 1993 konnten wir eine aufgabenbezogene planerische Grundlage für den Kräftebestand an schwimmenden Einheiten entwickeln:

- Die deutsche Marine sieht das bündnispolitische Erfordernis, zur Wahrung der deutschen Interessen an ggf. zwei gleichzeitig von SACEUR und SACLANT mit multinationalen Verbänden durchgeführten Operationen mit deutschen Seestreitkräften teilnehmen zu können.
- Dabei müsste der jeweilige Beitrag sichtbar und wirksam sein, um daraus militärpolitisch oder strategisch Einfluss und Mitspracherecht ableiten zu können.
- Angesichts unserer beschränkten Mittel würde die Marine sich dabei bei den einzelnen Typen auf die kleinste, noch selbständig operierende taktische Einheit beschränken müssen und auch können, und zwar in jeweils zweifacher Ausfertigung (für SACEUR und SACLANT):
  – Eine Task Group aus drei Fregatten – also sechs unbefristet im Einsatz
  – Eine MCM-Task Group aus drei Einheiten (Minenjagd, Fernräumen) – also 6 Einheiten unbefristet im Einsatz
  – Eine Task Group Korvetten von drei Einheiten für den un-

begrenzten Einsatz – also 6 Einheiten unbefristet im Einsatz
- Nur bei Ubooten reduzierten wir den Bedarf auf nur eine kontinuierlich besetzte Patrol Area, sobald neue Boote für lange Stehzeiten ohne regionale Einschränkung zur Verfügung stünden
- Mit den bereits seit 1991 bekannten Bestandsfaktoren 1:2,5 bzw. 1:4 bei Ubooten kamen wir so zu einem Zielbestand von
- 15 Fregatten
- 15 Minenabwehreinheiten
- 15 Korvetten
- Mindestens 4 Uboote eines neuen, leistungsstarken Typs, ggf. eher 6, die von einer militärpolitischen Forderung und ihrer operativen Umsetzung abgeleitet waren.

Generalinspekteur und Fü S haben diese Begründung akzeptiert und die Stückzahldiskussion beendet. Für mich bedeutete es eine kleine Genugtuung, den Generalinspekteur im Jahre 1993 in einem Vortrag sagen zu hören, dass er es begrüßen würde, wenn Heer und Luftwaffe die Stückzahlen ihrer Großgeräte ebenso aufgabenbezogen entwickeln und begründen würden wie die Marine.

Das erste Problem, das mich wochenlang in Atem hielt, war allerdings Bahrein und der Hafen von Manama, der als logistische Basis für den Einsatz unseres „Minenabwehrverband Südflanke" im Arabischen Golf dienen sollte.

Während der Besetzung Kuweits durch den Irak und der sich anschließenden Aktionen in den VN sowie der Vorbereitung der Koalition auf die gewaltsame Befreiung Kuweits, mitten im deutschen Einigungsprozess, hatte die Bundesregierung am 10.8.1990 beschlossen, den „Minenabwehrverband Südflanke" mit einer leistungsstarken Minensuch-, Minenjagd- und Hohlstabräumkomponente und starker Unterstützungskomponente in das Mittelmeer zu verlegen, um dort bereit zu stehen für den ersten „scharfen" Auslandseinsatz der Bundeswehr – die Mitarbeit beim Räumen der vom Irak im Arabischen Golf gelegten Minensperren nach Beendigung der zu erwartenden Kampfhandlung zur Befreiung Kuweits. In der Öffentlichkeit wurde dieses Räumen scharfer kriegsmäßiger Minensperren mit den damit verbundenen Risiken übrigens als „Humanitärer Einsatz" bezeichnet.

Unsere Führungsstruktur sah allerdings einen Einsatz im Rahmen der EU, außerhalb des NATO-Vertragsgebiets und der NATO-Kommandostruktur, nicht vor. Politisch hatten sich die teilnehmenden EU-Staaten, auch Deutschland, daher darauf geeinigt, die operative Führung für die EU in die Hände Frankreichs zu legen. Dieses verfügte im Indischen Ozean über einen eingeschifften Seebefehlshaber, den „Admiral Indischer Ozean" oder „ALINDIEN", dessen Flagschiff, das Werkstattschiff „Garonne", die kleinen Stationseinheiten der Marine Nationale im Indik unterstützte und gleichzeitig über Führungsmittel verfügte. Die Marine hatte früh einen Verbindungsoffizier auf die „Garonne" abgeordnet.

Die Regierung von Bahrein hatte der deutschen Bitte zugestimmt, den Hafen von Manama als logistische Basis nutzen und dorthin auch drei Hubschrauber SEAKING Mk 41 verlegen zu dürfen, mit denen wir die auf den scharfen Sperren operierenden Einheiten würden unterstützen und ggf. Verletzte ausfliegen können. Allerdings hatte sie von Anfang an bedeutet, dass sie erwarte, dass Deutschland dazu ebenso ein „Memorandum of Understanding" abschließen würde wie andere Nationen, z.B. Großbritannien, USA, dies auch getan hätten. Bei meinem Dienstantritt erfuhr ich, dass das MoU vor Ort zwischen Regierung und deutscher Botschaft schlussverhandelt war und unterschriftsreif in Bonn im Auswärtigen Amt lag. Mein dortiger Gesprächspartner, bei dem ich mich nach Dienstantritt meldete, war guter Dinge, die Ruhe selbst. Alles war nur noch eine Frage von Stunden oder wenigen Tagen. Da unsere Botschaft der Regierung von Bahrein bedeutet hatte, in Kürze würde in Bonn unterschrieben, hatte das dortige Außenministerium bereits Weisung an alle Stellen gegeben, ab Ankunft des ersten Teils unseres Verbandes gemäß MoU zu verfahren. Lediglich die Hubschrauber, die Ende April per Seetransport in Manama ankommen sollten, würden erst nach Vorliegen der deutschen Unterschrift fliegen dürfen.

Nach dem Abschluss von DESERT STORM begann die Verlegung unseres Minenabwehrverbandes in zwei Teilen am 11. März, die Einheiten erreichten Manama am 4. bzw. 19.4.1991.

Und wir waren noch guter Dinge – bis eine Routineanfrage beim AA

Mitte April ergab, dass man den Vorgang dort nicht nur vergessen, sondern noch nicht einmal mit der Prüfung begonnen hatte. Von da an gehörten die langen Gespräche mit dem Hause Genscher zu meinem täglichen Geschäft – denn es ging nicht voran!
Am 22.4. waren die Hubschrauber vor Ort. Der Verbandsführer meldete kurz danach, dass nun vor Ort die Einsatzbereitschaft hergestellt sei, aber die Hubschrauber nicht fliegen dürften, weil da „irgend so ein Memorandum immer noch nicht von Deutschland unterschrieben" sei. Unser Verbindungsoffizier an der Botschaft in Manama meldete, dass die Regierung ungehalten werde; dass Unterstützung bei der Versorgung des Verbandes nachlasse; dass die Hubschrauber am Boden blieben – kurz, dass die Verstimmung in Bahrein deutlich zunähme. Stundenlange Gespräche mit verschiedenen Ebenen des AA ergaben Ende April, dass das AA nun zur Zeichnung des MoU bereit sei, das wurde Bahrein erklärt. Am 30.4. – der Verband operierte bereits auf den Sperren – seien beide Seiten nun bereit (sagte man mir), zu unterzeichnen; nur eine Formsache sei zu regeln, dann könne Sts Dr. Pfahls aus unserem Ministerium unterschreiben. Aber zu früh gefreut – inzwischen war nämlich unser Justizministerium, das vom AA eingeschaltet wurde, auch erwacht und zeichnete nicht mit, denn eine Formulierung des MoU schien nicht im Einklang zu stehen mit einer Regelung zur Haftungsfrage beim Handeln von hoheitlich tätigen Angehörigen der Exekutive, wie es das „Reichsbeamtenhaftungsgesetz" von 1910 mit seiner Änderung vom Juni 1933 vorgab! Daher wurden Anfang Mai völlig neue Formulierungen von Bahrein gefordert – dem man Anfang April bedeutet hatte, alles sei klar und unterschriftsreif, man könne das MoU schon einmal anwenden! Jetzt war Bahrein so richtig sauer, lehnte die deutschen Änderungswünsche als „unsittlich" ab. Am 7.5. stimmte endlich unser Justizministerium zu – aber jetzt empfahl unsere Abteilung Verwaltung und Recht dem Minister, nicht zu unterzeichnen!! Ende Mai waren sich Bahrein und das Auswärtige Amt immer noch nicht einig. Man verständigte sich darauf, erst einmal so zu tun, als sei es unterschrieben, denn eine Einigung stehe doch unmittelbar bevor. Das MoU werde ganz bestimmt unterschrieben, sobald in Deutschland „die innerstaatlichen Voraussetzungen gegeben" seien – erklärten unsere Diplomaten. Auch unsere Hubschrauber durften fliegen, nachdem Bahrein bedeutet wor-

den war, dass in Deutschland möglicherweise eine parlamentarische Befassung erforderlich werden könne, die Monate in Anspruch nehmen würde.

Am 25. Juli 1991 begann nach Beendigung der sehr erfolgreichen Operation der Rückmarsch des Minenabwehrverbands. Eine wesentliche Unterstützung hatte dabei die Regierung von Bahrein aus Großzügigkeit geleistet, obwohl bis zu diesem Tag das MoU von Deutschland immer noch nicht unterschrieben worden war – eine Spitzenleistung deutschen Regierungshandelns!

Doch zurück zu den wichtigen Rüstungsfragen.

Große Sorgen bereiteten uns die Nachfolger der Zerstörer der LÜTJENS-Klasse. Schon wenige Jahre nach deren Zulauf war ja deutlich geworden, dass die Idee, in der Ostsee im Ernstfall große Einheiten zur Verbandsflugabwehr einzusetzen, angesichts der extrem gewachsenen Luftbedrohung nicht realisierbar gewesen wäre. Die Einheiten wären daher im Nordflankenraum außerhalb der Ostsee einzusetzen gewesen. Folgerichtig und in Reaktion auf die in den 80er Jahren als sehr hoch empfundene Bedrohung der atlantischen Seeverbindungslinien sollten die neuen Fregatten daher wie ihre Vorläufer, die Fregatten Klasse 122 und 123, UJagdfregatten werden. Alle Rüstungsplanungsdokumente trugen dieser Forderung Rechnung. In intensiven Diskussionen mit dem operativen Grundsatzreferat und seinem zuständigen Stabsabteilungsleiter kamen wir gemeinsam zu dem Entschluss, den neuen Fregatten eine völlig veränderte Rolle zuzuschreiben – Luftverteidigung und Verbandflugabwehr wie ihre Vorgänger, aber nicht für den Einsatz in der Ostsee, sondern für die zukünftigen, ggf. weltweiten Aufgabenstellungen der Marine im neuen sicherheitspolitischen Umfeld. Es war fast ein Wunder, dass dann alle damit befassten Stellen in der Marine wie auch im Bundesamt für Wehrtechnik und Beschaffung es schafften, diese gravierende Änderung bis zum Bundeswehrplan 1992 zu realisieren. Das Ergebnis wurde dann die Fregatte Klasse 124, die SACHSEN-Klasse, wie wir sie heute kennen.

Parallel aber musste beschlossen werden, welches Großvorhaben der Marine in diesen Plan aufgenommen werden würde – und Planungsgeld war nur in der Größenordnung für ein einziges Großvorhaben vorhanden. Wir mussten aber eigentlich vier große Waffensysteme mit Haushaltsmitteln unterlegt im Bundeswehrplan verankern und so die Beschaffungsabsicht dokumentieren:

Endlich, längst überfällig, das Nachfolgemuster für die BR 1150 ATLANTIC, unser betagtes UJagdflugzeug.

Die Entwicklung des neuen, teil-außenluftunabhängigen Ubootes Klasse 212 war praktisch abgeschlossen; auch bei baldigem Abschluss des Bauvertrages würden die vorhandenen UBoote der Klasse 206 bei Zulauf der neuen Boote in etwa 12 Jahren bereits über 35 Jahre alt sein; die Industrie würde die Teams für Entwicklung und Konstruktion entlassen, wenn nicht bald der Auftrag kam.

Ein nicht unwesentlicher Teil der Marine und des Führungsstabes forderte mit Vehemenz den unverzüglichen Ersatz der Schnellboote durch neue Korvetten, zumindest in einem ersten Los von fünf Einheiten – ein System, das noch eine Vielzahl von Entwicklungs- und Konstruktionsrisiken in sich barg.

Und die Zerstörer Klasse 103 benötigten dringend ihre Nachfolger, eben die Fregatten Klasse 124, die wenigstens im Laufe des nächsten Jahrzehnts zulaufen müssten; und der Bestand an einsatzfähigen Fregatten stand für die weltweite Handlungsfähigkeit der Marine.

Die Auseinandersetzungen, in deren Mitte mein Referat stand, waren heftig und langwierig. Als erste opferten wir das neue UJagdflugzeug – im Zweifel für die schwimmende Marine. Dann gelang es mir, im Zwist mit einem Teil der Marine und dem Stabsabteilungsleiter III „Operation" den Inspekteur vom vorläufigen Verzicht auf das erste Los Korvetten zu überzeugen. Stattdessen setzten wir die Aufnahme der F-124 in den Bundeswehrplan durch – allerdings auf Kosten der Uboote, die wir streichen mussten. Dabei hatten wir allerdings bewusst Vabanque gespielt in der Überzeugung, dass die politischen Vertreter der Küstenländer und die Rüstungsindustrie angesichts der Gefahr des Untergangs dieses Vorhabens einen so starken Einfluss ausüben würden, dass U-212 außerhalb des Finanzrahmens der Marine dazu gegeben werden würde – und so geschah es auch. Bei seiner Verabschiedung standen F-124 und U-212 im Bundeswehrplan.

Am 1. Oktober 1992 trat eine Umorganisation des Führungsstabes der Marine in Kraft. Aus vorher noch sechs Stabsabteilungen wurden drei; wie in der Flottenplanung preschte die Marine im Ministerium auch hier vor und reduzierte ihre Stabsorganisation beträchtlich. Die

Stabsabteilung VI – Planung, Konzeption, Haushalt – , in der ich das Grundsatzreferat VI 1 führte, wurde mit der Stabsabteilung III – Operation – zusammen gelegt und dem bisherigen Stabsabteilungsleiter III, FAdm Giermann, unterstellt. Diese Neustrukturierung, sie war bereits zu meinem Dienstantritt 18 Monate vorher entschieden, war auch von jenem betrieben worden, da er schon immer die Überzeugung vertreten hatte, dass man ein eigenständiges Organisationselement für alle Fragen der Konzeption der Marine und ihrer Langzeitplanung nicht benötige, da sich ohnehin alles der Operationsführung der Flotte unterzuordnen habe. Er war daher allen „VIern" in herzlicher Verachtung bis Gegnerschaft verbunden. Ich war schon bei meinem Dienstantritt völlig gegensätzlicher Meinung und war in den zurückliegenden 18 Monaten darin mehr als einmal bestätigt worden. Ich hatte heftige Auseinandersetzungen zu bestehen gehabt, an deren Ende aber jeweils doch die von mir und uns favorisierten Planungsentscheidungen durch den Inspekteur auch getroffen wurden. Nach dieser Umorganisation wurde es nicht einfacher. Häufig genug musste ich auf meinem Recht als Referatsleiter nach der Geschäftsordnung der Bundesministerien bestehen, um meine Standpunkte auch gegen den Widerstand meines Stabsabteilungsleiters bis zum Inspekteur vortragen zu können. VAdm Weyher, Nachfolger von VAdm Mann, konnte aber damit gut umgehen.

Äußerst nachteilig wirkte sich auch aus, dass auch mein Referat Zusatzaufgaben erhielt wie die Planung und Durchführung der Kontakte mit den verbündeten und befreundeten Marinen und außerdem jetzt Korrespondenzreferat für mehr Stellen in den anderen Führungsstäben wurde. Es gab mehr Kontakte zu pflegen, an mehr Besprechungen teilzunehmen, mehr Schriftverkehr abzuwickeln. Ich konnte diese Umorganisation nur als „böswilliges Erschwernis" meiner und unserer Arbeit wahrnehmen.

Zu meiner großen Überraschung hat Admiral G. mir die zahlreichen Kollisionen seiner Wünsche und Vorstellungen mit meinen Vorstellungen und meine Erfolge in diesen Auseinandersetzungen, wenn sie denn eintraten, nie ernstlich übel genommen. „Danach" hatten wir stets und immer wieder ein gutes kameradschaftliches, persönliches Verhältnis.

Jedes Jahr aufs Neue überrollte uns der Streitkräfteplanungszyklus der

NATO mit seinen endlosen Fragen und Antworten, Abstimmungen und Besprechungen, an deren Ende für das betreffende Jahr dann Schwarz auf Weiß stand, welche Kräfte in welchen Verfügbarkeiten die einzelnen Mitgliedstaaten unter welchen Rahmenbedingungen und in welchem Zustand bereitzustellen versprachen. Höhepunkte dabei waren die ausführlichen Anhörungen, denen sich jede Nation durch die Streitkräfteplaner der NATO zu stellen hatte, und die große Abschlussbesprechung, an der alle Nationen teilnahmen. Wir vertraten die deutsche Marine – und zum Glück hatte ich mit FKpt G. einen ausgewiesenen Fachmann, der nicht nur das gesamte System kannte und beherrschte, sondern es auch verstand, auch noch die letzten Nuancen zu unserem Vorteil auszunutzen – und das hatten wir auch bitter nötig. Wir hatten nämlich mit zwei gravierenden Nachteilen zu kämpfen – einerseits schien kaum jemand in der Marine und im Ministerium das ganze System von Meldungen, Einstufungen, Vorbehalten und Anmerkungen wirklich zu verstehen, und andererseits schienen wir Deutsche als Einzige unter der Krankheit zu leiden, immer und überall 100%ig die Wahrheit sagen zu wollen, ja, wo möglich, lieber noch etwas selbstkritischer Auskunft zu geben als dies wahrheitsgemäß erforderlich zu sein schien. Alle unserer Verbündeten, voran unsere britischen Freunde, pflegten dies mit Wonne zur Kenntnis zu nehmen und darauf herum zu reiten, was mich bei den Tagungen, an denen ich die Marine oder auch die Bundeswehr zu vertreten hatte, an den Rand meiner Beherrschung bringen konnte. FKpt G. pflegte dann in der Regel derjenige zu sein, der uns, d.h. die Marine oder sogar die Bundeswehr, immer noch mit irgendwelchen Hackentricks aus der militärpolitischen Schmuddelecke herausholen konnte.

Schließlich war da noch das Schachern um NATO-Dienstposten für die Marine. Es konnte auch seine besonderen Momente haben. Im Jahr 1993 sollte es einen Wechsel auf dem Dienstposten des Stv. Inspekteur und Chef Stab Fü M geben – KAdm Boehmer würde den Fü M verlassen, um Befehlshaber der Flotte und Vizeadmiral zu werden. Leider war zum angedachten Zeitpunkt aber für den bisherigen Befehlshaber, VAdm Braun, noch keine Anschlussverwendung verfügbar. Was tun? Der Inspekteur fragte mich, ob wir mit unseren Verbindungen im Gestrüpp der neuen NATO-Kommandostruktur da nicht einen guten Einfall haben könnten – und wir hatten. In

Northwood bei London lag das NATO-Hauptquartier EASTLANT/ NAVNORTHWEST. Zu seinen einplanbaren wie auch in Übungen eingesetzten Kräften trug die deutsche Marine in nicht unerheblichem Umfang bei. Aus Tradition teilten sich dort „schon immer" die britische und die niederländische Marine die Führung – die Briten stellten den Befehlshaber (****), der zugleich britischer Flottenchef war, und die Niederländer den Chef des Stabes (**). Höchster deutscher Dienstposten war ein KptzS, den man als Abteilungsleiter Logistik möglichst weit aus dem operativen Geschäft heraus-organisiert hatte. Zum Entsetzen und ungläubigen Staunen von Briten und Niederländern entdeckten wir, dass Deutschland unzumutbar unterrepräsentiert war. Der Generalinspekteur unterstützte diese Überzeugung, da wir damit ja auch Heer und Luftwaffe nicht in die Quere kamen. Briten und Niederländer leisteten heftigen Widerstand, es kam zu ausgesprochen unerfreulichen Gesprächen auf sehr hoher Ebene. Den Widerstand haben wir dann letztendlich mit dem Angebot gebrochen, in Zukunft den neuen Dienstposten des Stv. Befehlshabers (***) und des Chef des Stabes (**) im Wechsel mit einem deutschen und niederländischen Admiral zu besetzen. Das gefiel nun auch den Niederländern – und so wurde es beschlossen. Admiral Braun konnte, wie erhofft, 1993 seinen Dienstposten als erster deutscher Stv. Befehlshaber EASTLANT/NAVNORTHWEST antreten und wusste später in seinen Erinnerungen anschaulich zu berichten, wie „freundlich" und „begeistert" er dort aufgenommen wurde. Bedankt hat er sich bei meinem Referat für diesen Job leider nicht – aber es war mir eine besondere Freude, dass auch Crewkamerad Frank R. später in Northwood von der Arbeit des Referats Fü M VI 1 profitieren konnte.

Ja, die Crew... Ende September 1991 wurde ich zusammen mit „KDF" F. und einer Handvoll Fregattenkapitäne von VAdm Mann wenige Tage vor dessen Zurruhesetzung zum Kapitän zur See befördert mit dem Hinweis, das wären dann wohl für ganz lange Zeit die letzten Beförderungen – nur wenige Monate später sollte das Personalstrukturgesetz alles gründlich ändern.

Die Personalführung hat später Crewkameraden Peter M. als Referenten in mein Referat versetzt. Die Stimmung im Referat hatte ich schon vorher als recht gut empfunden, aber mit Peters trockenem Humor und seinen stets sehr zutreffenden Formulierungen hat er sie deutlich nach oben gejubelt. Er muss sehr unter mir gelitten haben – denn zu meiner Verabschiedung hat er mir eine mit Goldbronze überzogene kurze Bleistiftspitze überreicht, die in einer ebenfalls vergoldeten Blechdose mit der Aufschrift: RL Fü M III 1 (unser neuer Name nach Umorganisation) – PENCIBILIS MIRABILIS – ruhte. Ich hatte natürlich nicht den Hauch einer Ahnung, was er damit meinte, aber die Dose hat bis zum Ende meiner Dienstzeit auf meinen verschiedenen Schreibtischen gestanden – als Mahnmal.

Anfang Oktober 1993 übernahm ich das 4. Fregattengeschwader von meinem ASTO-Lehrgangskameraden und Freund Martin E. Für seine praktizierte, freundschaftliche Kameradschaft in meiner Vorbereitung auf meine erste Aufgabe war ich ihm zu Dank verpflichtet.

Seit einigen Jahren schon hatten die deutsche und französische Marine als ein sichtbares Zeichen der besonders engen militärischen Kooperation beider Staaten jedes Jahr für einige Wochen einen gemeinsamen Übungsverband „DEFRAM"(Deutsch-Französischen Marine-Einsatzausbildungsverband) oder auch die „GE-FR-Task Group" aktiviert, der bislang seinen Schwerpunkt auf Schnellbootoperationen gelegt hatte und auf deutscher Seite stets aus Schnellbooten bestanden hatte. Abwechselnd operierte er in französischen Gewässern unter französischer oder in deutschen Gewässern unter deutscher Führung.

Seit 1992 operierten aber inzwischen Zerstörer und Fregatten beider Marinen in der Adria in Umsetzung des von der UNO gegen die „Former Republic of Yugoslavia" aus Anlass des Bürgerkrieges in Bosnien-Herzegowina verhängten Embargos. Daher hatten die Führungen beider Marinen beschlossen, die Aktivierung des Jahres 1993 erstmals mit Zerstörern und Fregatten vorzunehmen. Und da Deutschland „dran" war, sollte der Verband in Wilhelmshaven aufgestellt und durch einen deutschen Kommandeur, den Kommandeur des 4. Fregattengeschwaders, fast den ganzen November über geführt werden. Während dieser Zeit sollte der Verband an der jährlich stattfindenden nationalen Übung „Standard Einsatzausbildungsverband der Flotte(SEF)" teilnehmen und dabei in einer Krisen-Management-Übung in einem bezeichneten Seegebiet eine Embargo-Operation üben, die Lage der Schifffahrt feststellen, weiter beobachten sowie eingespielte Blockadebrecher entdecken und durch Boarding-Teams untersuchen lassen. Die Kommandeure des nächsten DEFRAM und des SEF93 hatten sich daher intensiv abzustimmen, und mein Vorgänger wiederum hatte seine Überlegungen und die des SEF93 mit der französischen Marine, dem Flottenkommando und dem Führungsstab der Marine zu koordinieren. Die zahlreichen Abstimmungen liefen seit dem Sommer auf Hochtouren, und Martin hatte mich von Anfang an in allen Fragen kontaktiert, beteiligt, informiert, in wichtigen Einzelfragen meine Meinung erbeten bzw. mit eingebracht – denn was er plante, wozu er seine Zustimmung gab, würde ich auszuführen haben.

Über ein zweites Minenfeld hatte er mich bei meiner Einweisung nicht im Unklaren gelassen. Ohne Erprobung oder Versuchsphase war am 1. April des Jahres eine Neuorganisation des Stabs der Zerstörerflottille, dem die Fregatten- und das Kieler Zerstörergeschwader unterstanden, in Kraft getreten. Dabei waren die bisherigen Stäbe der Fregattengeschwader aufgelöst worden. Die Kommandeure waren in den Stab der Z-Flottille einbezogen worden, wo sie dem Kommandeur, FAdm Hülsemann, unmittelbar unterstanden. Man hatte ihnen einen Offizier und zwei PUO zur Seite gestellt, die aber nicht ihnen, sondern dem Chef des Stabes unterstanden – der ihnen ebenfalls Aufträge erteilen konnte und sie beurteilte. Für ihre unveränderten klassischen Kommandeuraufgaben wie Führen und Ausbilden der ihnen unterstellten Kommandanten, Überprüfen des Ausbildungsstandes ihrer Schiffe, Führen von Kampfgruppen, Beraten des Kommandeurs der Z-Flottille, Beitragen zur Personalentwicklung für die IO und Kommandanten hatten sie keinen nur ihnen verantwortlichen und zur Verfügung stehenden Unterbau mehr, sondern sollten in allen Aufgaben von dem Stabsangehörigen des Flottillenstabes unterstützt werden – theoretisch gleichrangig wie der Chef des Stabes, der aber als Einziger Weisungsbefugnis und Beurteilungsrecht hatte. Dieses Kuddelmuddel, das den Geschwaderkommandeuren alle Aufgaben beließ, ihnen aber dazu keine personellen oder materiellen Mittel in ihrer Verfügung belassen hatte, nannte man „Effizienzsteigerung durch Gewinnen und Nutzen von Synergien" – letztlich hatte es wohl nur dem Einsparen von Dienstposten gedient. Und das sollte klappen?

Die fast zeitgleich neu beginnenden Kommandeure des 2. Fregattengeschwaders und des neu für die Fregatten der Klasse 123 aufzustellenden 6. Fregattengeschwaders teilten meine erheblichen Bedenken. Angesichts der Deutlichkeit, mit der wir Drei in der Folgezeit unsere Vorbehalte, Kritikpunkte oder Forderungen zu äußern pflegten, dürften wir bald für den Stab zu einem „Trio Infernale" geworden sein.

Umgehend nach der Übernahme besuchte ich meine vier Schiffe – die Fregatten BREMEN, NIEDERSACHSEN, EMDEN und RHEINLAND-PFALZ der Klasse 122 und bemühte mich in der Folgezeit, zügig die Kommandanten und IO kennen zu lernen, suchte Kontakt zu den PUO und den Besatzungen. Dabei, wie auch bei Einschiffungen, Besichtigungen und normalen Besuchen an Bord, überraschte es mich immer wieder, wie schnell man als aufmerksamer Beobachter mit eigener Kommandantenerfahrung feststellen konnte, was an Bord gut lief und was nicht; wie Führungsklima und die Stimmung der Besatzung waren; wie häufig – zu häufig – Kommunikation als Führungsmittel der Schiffsführung gegenüber der Besatzung und deren Familien nicht genutzt wurden. Dies ging so weit, dass sich einmal eine Gruppe der Ehefrauen von Besatzungsangehörigen einer Fregatte bei mir meldete mit der bitteren Klage, angesichts eines mehrmonatigen Einsatzes „ihres" Schiffes und ihrer Männer fast nichts zu wissen, kaum Informationen zu haben. Eine große Krisenbesprechung mit den Offizieren des Schiffes musste folgen.

Ich bin mir sicher, dass ich mit meinen wiederholten Gesprächen und Gesprächsrunden zu Führungs- und Kommunikationsverhalten besonders den Kommandanten und IO recht lästig geworden bin, man dieses Thema gefürchtet hat – wenn ich denn da war.

Das aber war ja nicht so häufig der Fall.

Am 1.11.1993 wurde nach dem Einlaufen der französischen Zerstörer TOURVILLE und LATOUCHE-TRÉVILLE, zu denen später noch der Versorger SOMME trat, mit ihnen, der Fregatte BREMEN und dem Zerstörer SCHLESWIG-HOLSTEIN der DEFRAM93 aktiviert. Mit einem intensiven Kennenlernen-Programm gelang es schnell, die Einheiten aneinander zu gewöhnen und ein Zusammengehörigkeitsgefühl zu erzeugen. Ich schiffte mich mehrfach auf den französischen Einheiten ein, konnte dort zahlreiche Gespräche auf Französisch wie auf Deutsch führen und die französische Gastfreundschaft genießen.

Interessant war es, bei dieser Gelegenheit zu erfahren, welche finanziellen Spielräume die französische Marine ihren Kommandanten einräumte, um in Auslandshäfen oder multinationalen Verbänden die Republik angemessen vertreten zu können – Spielräume, die deutsche Amtsräte und Mitarbeiter der Bundeswehrverwaltung zum Wahnsinn gebracht, am segensreichen Wirken der Bundeshaushaltsordnung hätten verzweifeln lassen.

Höhepunkte dieser Aktivierung waren einmal die Hafenbesuche in Hamburg (an den Landungsbrücken!) und in Oslo – und nicht nur die französischen Einheiten waren angerührt, als sie im Oslofjord bei Passieren der Enge von Dröbak auf die aus der Tiefe aufsteigenden Ölblasen und den leichten Ölgeruch hingewiesen wurden, die aus den Treibstoffbunkern des dort am 9.4.1940 versenkten Schweren Kreuzers BLÜCHER an die Oberfläche stiegen. Übungshöhepunkt war dann die mehrtägige Embargooperation in den Ostseezugängen, in der alle Übungsziele erreicht, alle „Blockadebrecher" erwischt und geboardet wurden.

Nach der Deaktivierung am 25.11. in Kiel im Beisein der beiden Inspekteure (VAdm Weyher und Amiral Coatanea) und des Befehlshabers der Flotte (VAdm Boehmer) wurden die französischen Einheiten verabschiedet. Die vier Kampfschiffe mit ihrem Versorger und sieben Bordhubschraubern hatten sich so gut kennen gelernt, Vertrauen und Zutrauen in die Fähigkeiten der Anderen gewonnen, dass wir noch lange und noch effektiver hätten gemeinsam operieren können.

Während wir im Norden Europas Embargooperationen geübt hatten, fanden solche Operationen in der Adria in Umsetzung des UNO-Embargos gegen das ehemalige Jugoslawien seit 1992 unter deutscher Beteiligung ernsthaft statt. Dabei hatten parallele Existenz und Wirken von NATO und WEU (nur in der WEU war Frankreich militärisch vertreten) bereits zu einem unguten Nebeneinander von Verbänden im Einsatzgebiet geführt:

Die NATO setzte mit der STANDING NAVAL FORCE ATLANTIC und der STANDING NAVAL FORCE MEDITERRANEAN Zerstörer und Fregatten, gelegentlich auch einen Tanker, sowie Uboote vor der Küste in definierten Patrol Areas ein und kontrollierte so jeglichen Schiffsverkehr zu den Häfen Kroatiens und Montenegros, konnte ihn unterbinden, jeglichen Blockadedurchbruch, wenn nötig aufgrund ihres robusten Mandats auch mit Gewalt und auch in den Hoheitsgewässern des ehemaligen Jugoslawiens verhindern.

Die WEU setzte eine Task Group aus französischen und italienischen Fregatten und eine Task Group Seefernaufklärer mit französischen, italienischen und deutschen MPA BR 1150 ATLANTIC zur Seeraumüberwachung zum gleichen Zweck ein.

Erst, nachdem das NATO Hauptquartier (HQ) NAVSOUTH in Neapel, das die beiden Standing Naval Forces führte, mehrfach beklagt hatte, dass ein solches Nebeneinander ohne Führung aus einer Hand im Falle von Kampfhandlungen zu vermeidbaren Verlusten führen könnte, hatten sich die politischen Gremien von NATO und WEU 1993 darauf geeinigt, dass

- die Gesamtoperation mit dem Namen SHARP GUARD mit allen drei Elementen aus diesem einen HQ als Combined Task Force (CTF) 440 geführt werden sollte;
- die WEU eine Verbindungszelle unter einem französischen KAdm im NATO-HQ einrichten und betreiben würde, die in die Operationsführung eingebunden sein und den Einsatz der beiden WEU Task Groups angemessen sicherstellen und dem WEU-Generalsekretär (Herr van Ekelen) regelmäßig berichten würde.

Im Sommer 1993 hatte Deutschland sich bereit erklärt, als Duty Commander und Vertreter des französischen Admirals erst einmal einen deutschen KptzS für einige Monate nach Neapel zu entsenden. Nun erhielt ich Mitte Dezember die Mitteilung, dass ich ab dem 5.1.1994 bis zum 15.3.1994 als sein Nachfolger ins HQ NAVSOUTH kommandiert sei – und trat meinen Dienst dort auch an diesem Tag an, nachdem ich vom Stabselement des Dienstältesten Deutschen Offiziers im HQ eine Wohnung in der Altstadt von Neapel und Hilfestellung beim Anmieten eines Leihwagens erhalten hatte – denn für meinen Transport ins HQ würde ich selber zu sorgen haben.

Befehlshaber der CTF 440 war der Befehlshaber des HQ, der italienische Admiral Angeli. Sein Stab war stark britisch geprägt und in den wichtigsten Stellen britisch besetzt: Chef des Stabes, Abteilungsleiter Führungsmittel (ACOS CIS), Stellvertretender Abteilungsleiter Operation (D/ACOS OPS), Stabsoffizier Operations (Staff Officer Ops) – ein Erbe der Geschichte (erzählte mir ein griechischer Admiral), denn der Vorläufer dieses Stabes sei das britische Mittelmeerkommando gewesen, das bis zur Unabhängigkeit auf Malta stationiert war. Dabei sah die britische Streitkräfteplanung schon seit Jahrzehnten keine Einheiten mehr zur Unterstellung im Krisen- oder Verteidigungsfall unter dieses NATO-Kommando vor. Allen „Südländern" im Stab war diese britische Dominanz ein Dorn im Auge – allerdings war auch nicht zu übersehen, dass in den „britischen" Bereichen effektiv und zuverlässig gearbeitet wurde – wenn auch immer wieder auffiel, wie unverblümt dort britische Policy oder Ansprüche wie die Forderungen eines britischen Kommandeurs einer Standing Naval Force unterstützt oder als festgeschrieben behandelt wurden.

Wir „Vier von der WEU-Zelle" (KAdm französisch, KptzS deutsch, FKpt belgisch, KptLt italienisch) wurden – wohl wegen der französischen Präsenz – zunächst von den „britischen" Bereichen wie unerwünschte Eindringlinge behandelt, obwohl wir ja auch NATO-Partner waren und unsere Streitkräfte mit Einheiten an der Operation beteiligt waren. Informationen, Mitarbeit wurden verweigert, Vorschriften nicht herausgegeben (die seien ja NATO-Geheimsache). Den britischen Staff Officer Operations, Commander und Chef des Lagezimmers, Gesamtverantwortlicher für den täglichen Lagevortrag, musste ich mehrmals wegen solcher Versäumnisse oder sachlicher Fehler offen bloßstellen bis hin zu dem eigentlich zu mir nicht passenden Hinweis, dass ein deutscher Captain exakt so anzureden sei wie ein britischer – nämlich mit „Sir" – und der Frage, ob er dazu von mir weitere „Hilfe" benötige. Der ganze Stab musste erst realisiert haben – die italienischen, griechischen, türkischen und amerikanischen Anteile mit unterschiedlich deutlicher Freude, die britischen Anteile mit unverhohlenem Ärger – dass Admiral Angeli begonnen hatte, mich persönlich mit dem Entwurf von Schreiben und Weisungen vorbei an der britischen Operationsabteilung zu beauftragen, bis es zu einer echten Zusammenarbeit aller kam, wie sie eigentlich von Anfang an hätte sein sollen.

Und zu tun gab es genug – Sorgen gab es auch genug. Die stiegen immer an, wenn die Luftaufklärung feststellte, dass eins der beiden möglicherweise fahrbereiten jugoslawischen Uboote seinen Stützpunkt Kotor verlassen hatte oder ein Uboot eines großen NATO-Partners das Boot beim Verlassen der Küste geortet hatte und es „begleitete" – denn unsere Fregatten und Zerstörer waren in ihren Patrol Areas ja Ziele, die leicht gefunden und angegriffen werden konnten.

Dasselbe war der Fall, wenn auf den Küstenstraßen – gelegentlich von einem Ubootsehrohr aus – Bewegungen der jugoslawischen Küstenraketenbatterien mit sowjetischen Flugkörpern des Typs SSN 2 beobachtet wurden, welche von schwimmenden Einheiten ausgebaut und mit LKW mobil gemacht worden waren. Auch lag ständig die Sorge in der Luft, ob nicht doch einmal Flugzeuge der jugoslawischen Luftstreitkräfte eine unserer vorderen, dicht vor der Küste stehenden Einheiten angreifen würden – die dann nur eine extrem kurze Reaktionszeit zwischen Auffassung über der Küste und Abwehmaßnahmen würden nutzen können. Geringer wurde diese Sorge dann, wenn – was häufiger der Fall war – die 6. US-Flotte einen FK-Kreuzer der TICONDEROGA-Klasse als „Red Crown", also als vorgeschobenen „Sicherheitsposten" zur Flugzeug- und FK-Abwehr ganz weit „vorne" stationierte. Noch geringer wurden sie, nachdem am 28.2.1994 von sechs jugoslawischen GALEB-Strahlflugzeugen, die von Banja Luka aus gestartet und in den ihnen durch die UNO und die Operation DENY FLIGHT verbotenen Luftraum über Bosnien-Herzegowina eingeflogen waren, nach einer Warnung vier durch F 16 abgeschossen worden waren (die restlichen zwei ließ man umkehren und den Luftraum verlassen). Danach waren wir etwas zuversichtlicher, dass Belgrad die Grenzen der Flugverbotszone etwas besser verstanden hatte.

Das Routinegeschäft lief derweil weiter. Auf den unterschiedlichsten Informationskanälen der NATO, aber auch der einzelnen Nationen wie auch der Verbände in See und über See erhielt das Hauptquartier ein dichtes, komplettes Lagebild des gesamten Schiffsverkehrs, der sich der Straße von Otranto näherte, und der Ladungen und Bestimmungshäfen jedes einzelnen Handelsschiffes – zumindest, soweit offiziell angegeben. Auf dieser Grundlage wurde jedes Fahrzeug bewertet und entschieden, ob es als „COI", als „Contact of Interest" klassifiziert und damit den Einheiten auf seinem voraussichtlichen Weg angekündigt und zur Kontrolle vorgegeben wurde. Die gesamte Lage dieses Schiffsverkehrs wurde täglich in der großen Lagebesprechung diskutiert, Risiken bewertet, Ergebnis- und Lagemeldungen der Verbände besprochen. Ein dichtes Netz von Informationen aus den verschiedenen Nachrichtendiensten zeichnete ein Bild der aktuellen Risiken, mit denen unsere Einheiten konfrontiert werden konnten – und bei Bedarf wurden Warnmeldungen herausgegeben, Bereitschaftsstufen erhöht, Einheiten der NATO-Luftstreitkräfte in besondere Bereitschaft versetzt oder sogar in die Einsatzgebiete über unsere Einheiten befohlen. Die Rotationsprogramme der Verbände, also Einsatzgebiet und Einsatzdauer jedes Schiffes und Flugzeuges, vor allem der Ablöserhythmus, ihre Erholungszeiten und -orte, wurden auf Vorschlag der Verbandsführer befohlen – manchmal aber auch abgelehnt oder verändert.

Zunehmend begann ich davon zu profitieren, dass der Befehlshaber, Admiral Angeli, mich als eine Art inoffiziellen Berater nutzte, der sich nicht irgendwelchen nationalen Interessen verpflichtet fühlte. Mit ihm besuchte ich mehrere Male die Einheiten und Verbandsführer per Hubschrauber in See oder auch im Hafen Tarent.

Erstmals nutzten wir bei SHARP GUARD ein in den 80er Jahren entwickeltes Konzept zur logistischen Unterstützung von NATO-Flottenverbänden, die gemeinsam über längere Zeit fern von ihren Heimatstützpunkten operieren. Ausgangspunkt dieses Konzeptes war die Tatsache, dass auch für Einsätze unter NATO-Kommando die Verantwortung für die logistische Unterstützung der einzelnen Einheiten grundsätzlich bei den Nationen verbleibt. Das gilt ganz besonders für Munition, Ersatzteile und wichtige Verbrauchsgüter. Nach diesem Konzept war vorgesehen, in der Nähe des Einsatzgebietes eine „FORWARD LOGISTIC SITE (FLS)" als vordersten Unterstützungspunkt einzurichten, zu dem der Nachschub entweder von einem Sammelpunkt oder direkt von den einzelnen Nationen transportiert werden konnte. Der Transport in das Einsatzgebiet musste dann von dem jeweiligen NATO-Hauptquartier organisiert, die Kosten aber von allen teilnehmenden Nationen getragen werden.

Für SHARP GUARD war auf italienischem Territorium nahe der Adriaküste bei Tarent auf dem Militärflugplatz Grottaglie eine solche FLS eingerichtet worden. Sie wurde von den Italienern betrieben, aber einige Nationen, auch wir, hatten Personal abgestellt. TRANSALL der Luftwaffe transportierten die Versorgungsgüter für unsere Einheiten dorthin, italienische Hubschrauber transportierten von dort das Material, aber auch Personal zu den einzelnen Einheiten in See. Das ganze

System arbeitete sehr effizient, auch wenn sich in meiner Zeit bereit abzuzeichnen begann, dass auch andere Nationen sich mit ihren Hubschraubern würden beteiligen müssen. Für die NATO, aber auch für unsere Marine, erarbeitete ich unter Beteiligung unseres dort eingesetzten Personals einen ausführlichen Erfahrungsbericht, der die Vorteile dieses neuen Systems würdigte.

Als ich am 15.3. wie geplant Neapel verließ, konnte ich auf eine ereignis- und erfahrungsreiche Zeit zurückblicken, die mir völlig unerwartete Einblicke in die Operation SHARP GUARD und die Arbeit eines NATO-HQ im Einsatz gewährt hat und die ich als Gewinn betrachtet habe.

Die ruhige Einarbeitungsphase nach der Rückkehr nach Wilhelmshaven währte nur kurze Zeit, denn Mitte April ging die Planungsweisung des Flottenkommandos ein, mit der ich beauftragt wurde, die diesjährige nationale Übung der Flotte, „SEF94" zu planen und als Kommandeur (CTG) zu leiten. Dass dies schon lange entschieden war, war mir bekannt – und ich hatte mich darauf gefreut. Völlig neu waren mir dagegen die Rahmenbedingungen – und ich war entsetzt.

Zwei Monate lang – von Anfang Oktober bis Anfang Dezember 1994 sollte ich mit

- einer Fregatte und einem Tanker
- sechs Schnellbooten und 4 Minenabwehreinheiten (aber ohne Tender), die mir aber nicht durchgehend zur Verfügung standen,
- einem Uboot
- und einem begrenzten Flugstundenkontingent

eine Fülle vorgegebener Aufgaben z.T. zeitgleich in Nord-, Ostsee und den Ostseezugängen erfüllen:

- an Übungen befreundeter Marinen teilnehmen
- eine Anzahl von Erprobungsvorhaben in festgelegten Seegebieten und zu vorgegebenen Zeiten unterstützen bzw. durchführen
- Ausbildungsvorhaben einzelner Flottillen unterstützen
- und – natürlich – Teamgeist unter den teilnehmenden Einheiten erzeugen und ihnen ein motivierendes, forderndes Aubildungsprogramm bieten.

Sogleich trafen mich auch die „Segnungen" der neuen Organisation der Z-Flottille (Steigerung von Effektivität und Effizienz durch Nutzung von Synergiegewinnen – wie eingangs erwähnt): In meinem Mini-Stab hatte ich praktisch kaum ausreichende personelle Kapazität, und der Stab der Flottille konnte erwartungsgemäß leider nicht helfen, da er selbst genug fordernde Aufgaben zu erfüllen hatte. Von der in der Werft liegenden Fregatte EMDEN beorderte ich daher den I SEO als meinen Chefplaner in meinen Stab ab – was sich als ausgesprochener Glücksgriff entpuppte. Zusammen mit diesem sehr fähigen Offizier und meinem S 6 bildeten wir das Planungsteam, das in den folgenden sechs Wochen einen irgendwie realisierbaren Plan zusammenschusterte – und das alle die Vorgaben identifizierte, die einfach nicht unter einen Hut zu bringen waren – wie zB die bekannte Tatsache, dass Schnellboote und Minenjagdboote ohne Abstützung auf einen Tender (die ja nicht vorgesehen bzw. verfügbar waren) eben nicht unbegrenzt und über lange Zeiträume im gesamten Übungsgebiet operieren konnten.

Die Stunde der Wahrheit sollte Anfang Juni mit meinem Vortrag vor dem Befehlshaber der Flotte, VAdm Boehmer, und seinem Stab kommen – nachdem der OP (Leiter der Operationsabteilung) mir einige Wochen vorher bereits seine Zufriedenheit mit meiner Planung, die in meinen Augen nur eine unbefriedigende Umsetzung schlechter Vorgaben bedeutete, erklärt hatte.

Dem Vortrag sah ich mit Sorge und einigen Vorbehalten entgegen, denn ich wollte meine Bedenken gegen die unausgegorenen Vorgaben, schlechte Rahmenbedingungen und meinen in ihrer Folge unbefriedigenden Plan vortragen – und VAdm Boehmer war nicht dafür bekannt, sich gerne vor seinem Stab von einem Untergebenen deutliche Kritik anzuhören.

Ich trug meine Planung vor. Jeder schien zufrieden zu sein. Abschließend nahm ich mir aber die Freiheit, als Empfehlung für die Planung im nächsten Jahr alle Fehler aufzuzählen, die in meinen Vorgaben und Planungsdaten enthalten waren und die ich dringlich zu vermeiden vorschlug. Der Admiral fragte mich knapp, ob ich etwa meine, dass diese Übung gestrichen werden solle – was ich bejahte. Auf seinem Dienstzimmer konnte ich dann alle Probleme des mir vorgegebenen Ansatzes nochmals erläutern – in aller Ruhe und ohne heftige Reaktion des Befehlshabers. Mit der Ankündigung, dass diese Übung wohl abgesagt werden würde, war ich dann entlassen — und positiv davon überrascht, dass ich nur ein sachliches, verständnisvolles Gespräch erlebt hatte.

Kurz danach wurde durch das Flottenkommando die Übung „SEF94" abgesagt.

Anfang Juli erhielt ich die Weisung des Flottenkommandos, vom 17.10.–10.11. als Kommandeur mit dem Zerstörer LÜTJENS, dem Tanker RHÖN, dem Aufklärungsschiff OSTE, dem Uboot U 17 und einer MPA an der britischen Übung „JOINT MARITIME COURSE (JMC))943" teilzunehmen. Wie alle Übungen dieser Serie würde sie von Rosyth im Firth of Forth aus in den Gewässern rings um Schottland und in den nördlichen Seegebieten stattfinden. Sie galt als die forderndste und realistischste Übung der Royal Navy zum Einsatz gegen eine gleichzeitige Bedrohung unter, auf und über Wasser.

Ich schiffte mich auf LÜTJENS ein und erlebte schwere Wochen, die vor allem das OPZ-Team der LÜTJENS, aber auch meinen S 6-Offizier und mich sehr forderten. Ein Verband aus sieben Zerstörern und Fregatten, einem großen Versorger (der niederländischen ZUIDERKRUIS), unserer RHÖN, unserem Aufklärungsschiff OSTE und einem britischen SEAKING-Hubschrauber Detachment auf dem Versorger war in verschiedenen Phasen der Übung zu führen. Besonders die Luft-„Angriffe" aus großen Gruppen anfliegender Flugzeuge, die z.T. auch die Profile von Flugkörpern flogen, hatten wir in dieser Form noch in keiner Übung erlebt.

Erstmals in unserer Marine integrierten wir versuchsweise die OSTE als taktische Frühwarneinheit, die uns in unerwartetem Ausmaß und mit unglaublicher Wirkung Informationen über unsere „Gegner", ganz besonders über bevorstehende Luftangriffe, geben konnte.

Die „Learning Curve" war unglaublich. In den ersten Tagen der taktischen Phase der Übung mussten beide Kriegswachen der OPZ, Kommandant und IO, mein S 6 und ich eine ganze Reihe von 6-Stunden-Kriegswachen ununterbrochen auf Posten sein, um überhaupt die Flut der eingehenden Meldungen und Befehle verarbeiten, die von uns erwarteten meterlangen Befehle an unsere Einheiten und Meldungen an die Übungsleitung heraus geben zu können, das Kriegstagebuch (FORMEX 101) und alle anderen Unterlagen für die Übungsauswertung zu erstellen – und dann auch noch „kämpfen" und die Einheiten des Verbandes führen zu können.

Besonders dankbar war ich in diesen Tagen dem Kommandeur des 1. Zerstörergeschwaders, der der LÜTJENS für diese Übung seinen S 6-Offizier, den ehemaligen I SEO der LÜTJENS, KptLt G., ausgeliehen hatte. Mit seinem Können, seiner Übersicht und Nervenstärke war G. immer dann eine wichtige Stütze, wenn es besonders hoch herging – und das war oft der Fall.

Gegen Ende der letzten 14 Tage realisierte ich irgendwann, dass die Wachen in der OPZ regelmäßig und routiniert wechselten, dann alle Berichtsunterlagen bereits richtig und schön fertig gestellt waren, in der Offiziermesse sogar ruhige Gespräche stattfanden – und wir immer rechtzeitig wussten, was als Nächstes kommen würde, und darauf vorbereitet waren, wie gefordert reagieren und handeln zu können.

Deswegen nehmen Schiffe an solchen Übungen teil!!

Nach der Rückkehr der LÜTJENS nach Kiel verabschiedete ich mich von Kommandant und einem Schiff, auf dem ich mich wohl gefühlt hatte, und dessen Besatzung durch Motivation und Einsatzfreude überzeugt hatte.

Wenige Tage vor Weihnachten wurde ich vom Kommandeur der Zerstörerflottille verabschiedet, denn am 2.1.1995 sollte ich meinen Dienst als Referatsleiter in dem neu aufzustellenden Führungszentrum der Bundeswehr im Verteidigungsministerium aufnehmen.

Am 2. Januar 1995 traf ich voller Spannung und Erwartung auf der Hardthöhe im Bundesministerium der Verteidigung ein und meldete mich im Führungszentrum der Bundeswehr (FüZBw), dessen Aufstellung mit diesem Tag beginnen sollte. Untergebracht war es in einem frisch sanierten Gebäude des „alten" BMVg.

Die Vorgeschichte dieser brandneuen Dienststelle war ein Novum für die Bundeswehr, wie ich sie bisher kannte. Zur Vorgeschichte:

Natürlich war bekannt, dass in den zurückliegenden Jahren Einheiten der Bundeswehr zu humanitären Hilfsaktionen oder anderen Einsätzen im Ausland eingesetzt worden waren – sei es nun zur Minensuch- und -räumoperation im Arabischen Golf im Frühjahr 1991 nach „DESERT STORM", zur Unterstützung der VN-Mission in Kambodscha 1992-93 oder zur Durchsetzung des VN-Embargos gegen das ehemalige Jugoslawien (SHARP GUARD) seit 1992. In diesen und anderen Fällen war die oberste Führung für den Inhaber der Befehls- und Kommandogewalt (IBuK) stets improvisiert durch ein Referat des Ministeriums oder einen ad hoc aufgestellten Arbeitstab ausgeübt worden und hatte stets auch irgendwie funktioniert – weil zum Glück auch nie etwas Dramatisches passiert war. Mit dem Einsatz in Somalia 1992-1994 (UNOSOM) und mehr als 2000 in Afrika eingesetzten Soldaten war allerdings deutlich geworden, dass die Zeit des „Durchwurstelns" eindeutig zu Ende war. Zwar hatte man sich immer noch beholfen

- im Februar 1993 wurde mit Staatssekretärerlass der „Koordinierungsstab für Einsatzaufgaben der Bundeswehr" (KSEA) eingesetzt. In ihm waren alle Abteilungen des Ministeriums, die Stabsabteilungen des Führungsstabs der Streitkräfte und die Führungsstäbe der Teilstreitkräfte (TSK) vertreten. Er sollte bei Bedarf zusammen treten, um die ministerielle Arbeit in Einsatzfragen zu koordinieren.

- Mit dem gleichen Erlass wurde in der Stabsabteilung Fü S IV (die allerdings überhaupt keinen Bezug zur Operations- oder Einsatzführung hatte) ein zusätzliches Referat Fü S IV 4 „Einsatzführung Bundeswehr" eingerichtet, in dem die Verantwortung des Ministers gegenüber den Führungskommandos von Heer, Luftwaffe und Marine wahrgenommen werden sollte.

Allerdings war dabei deutlich geworden, dass auch diese Konstruktion auf Dauer nicht wirklich tragfähig war.

Am 31.8.1994 war daher mit Erlass des Staatssekretärs die Aufstellung des Führungszentrums der Bundeswehr zum 2. Januar 1995 angeordnet worden. Das Referat Fü S IV 4 wurde aufgelöst, der KSEA blieb erhalten. Leiter FüZBw wurde der bisherige Stabsabteilungsleiter Fü S IV, BGen Hartmut Moede, der diese Aufstellung entscheidend mit betrieben hatte.

Auftrag des FüZBw war es, den IBuK in der Wahrnehmung seiner Führungsverantwortung bei Einsätzen der Bundeswehr im Frieden im Ausland zu unterstützen. Dies bedeutete im Einzelnen,

- die ministeriellen Aspekte der Einsatzplanung und Einsatzfüh-

rung von Truppenteilen der Bundeswehr im Auslandseinsatz im Frieden wahrzunehmen,
- die Informationsversorgung der politischen Leitung und militärischen Führung so zu verbessern, dass der IBuK auch entsprechend entscheidungsfähig wurde,
- Entscheidungen der militärischen Führung und politischen Leitung vorzubereiten und notwendige Schritte zu beschleunigen,
- erforderliche Weisungen und Befehle zur Umsetzung der Entscheidungen an das/die mit der Einsatzführung beauftragten Führungskommandos der TSK zu geben und ihre Umsetzung zu kontrollieren.

Auf dieser Grundlage und mit der späteren Führungsweisung des Ministers vom 14.7.1995 (siehe Anhang 2) wurden dann vier Ebenen der nationalen Führung festgelegt:

1. Der Minister, unterstützt von den beiden beamteten Staatssekretären;
2. Der Leiter FüZBw, zugleich Vorsitzender des KSEA (dabei ist er dem Generalinspekteur zwar „zugeordnet", also ministeriell unterstellt; da der GenInsp aber keine Funktion in der Einsatzführung hat, ist in dieser Beziehung nicht er der Vorgesetzte des Leiters FüZBw sondern der Minister – ein Spagat, der gelegentlich für Spannungen in diesem Innenverhältnis sorgen konnte);
3. Außerhalb des Ministeriums ein TSK-Führungskommando als „Leitführungskommando", das TSK-übergreifend die Gesamtverantwortung für die koordinierte Durchführung aller Aufträge trägt;
4. Schließlich der Kommandeur des Einsatzverbands – dem ein „Nationaler Befehlshaber im Einsatzland" (NatBefhiE) vorgesetzt wurde – in der Regel ein Generalsdienstgrad. Dieser hatte sicherzustellen, dass das deutsche Kontingent nur innerhalb der Grenzen eingesetzt wurde, die durch das politische Mandat bzw. den Minister vorgegeben waren, und wurde daher von den internationalen operativen Vorgesetzten nicht ganz zu Unrecht als „Aufpasser" betrachtet, der aber kein Mandat hatte, in die Befehlskette der Einsatzführung einzugreifen. Daneben nahm der

NatBefhiE verbleibende nationale Führungsaufgaben wahr und vertrat die Belange des deutschen Kontingents gegenüber der Gastnation. Wo dies möglich war, konnte der Kommandeur des Einsatzverbandes auch in Doppelfunktion die Befugnisse des NatBefhiE übertragen erhalten.

Zur Realisierung dieses neuen Führungssystems sollte das FüZBw über zwei neu aufzustellende Bereiche (bzw. Referate) „Einsatzplanung"(EP) und „Einsatzführung"(EF) als die „treibenden" Bereiche und einen dritten Bereich „Lageführung" (LF) als den Informationsbereich verfügen, der aus der bisherigen Stabsmeldezentrale und dem bisherigen Bereitschaftszentrum der Bundeswehr (BZBw) im Ministerium bestehen würde – und dies waren die einzigen mir bekannten Details, als ich zur Meldung BGen Moede gegenüber saß.

In dessen Zimmer erlebte ich gleich zu Anfang meine erste große Enttäuschung. Mein Personalführer hatte mir im Dezember mitgeteilt, ich solle dort Bereichsleiter „Einsatzplanung" werden. Jetzt erfuhr ich, dass ich den dritten Bereich übernehmen würde – die „Lageführung". Moede bestätigte mir auch ganz offen, dass dies eben der Zuträger, der Aufbereiter und Darsteller für die beiden Kernbereiche sein werde – der aber eben auch einen Leiter brauche. Und auch das müsse gut und leistungsstark geschehen.

Selten habe ich mich so verschaukelt gefühlt…. Mein Personalführer, den ich umgehend anrief, bestätigte mir dann zwar, die eigentliche Planung sei zunächst anders gewesen – wie mir mitgeteilt worden sei –, aber dann habe das Heer Einspruch eingelegt, da es ja nicht sein könne, dass die größte Teilstreitkraft so untergeordnet behandelt werde. Das habe man halt akzeptiert, da es sich auch nicht gelohnt habe, deswegen einen Streit anzufangen…..

Der nächste Schock kam dann, als ich meinem Vorgänger gegenüber saß – einem Oberst i.G., der bis heute Leiter des „Bereitschaftszentrums der Bundeswehr"(BZBw) war. Und das BZBw kannte ich vom Hörensagen als einen verträumten „Laden", der als „Das Ministerium" rund um die Uhr ansprechbar war und bei Bedarf auch außerhalb der Dienstzeit entschied, ob und welches Mitglied der obersten Führung informiert oder eingeschaltet werden musste. Und dann fragte mich der etwas müde wirkende Oberst, nachdem ich ihm meinen dienstlichen Werdegang erläutert hatte: "Herr Toyka, nun sagen

Sie mal, was haben Sie denn verbrochen, dass Sie mein Nachfolger werden sollen??"

Jetzt hatte ich erst einmal zu schlucken…

Der Ärger bekam dann sein letztes Hütchen aufgesetzt, als ich zum Kaffee bei dem General meine Kameraden Bereichsleiter kennen lernte, die gleich mir am frühen Morgen eingetroffen waren: Oberst i.G. O., Panzeraufklärer, von seiner Bedeutung als Generalstabsoffizier=intellektuellem Führer höchster Potenz durchdrungen; Oberst i.G. M., bis Jahresende Kommodore des Jagdgeschwaders „Richthofen", Haudegen, immer „mit der PHANTOM auf dem Strahl senkrecht nach oben" – beide sehr deutlich machend, dass ihnen die Bedeutung ihrer Bereiche klar war, gleichzeitig natürlich anerkennend, dass man so etwas wie den Bereich LF auch brauchen würde und erwarten würde, dass dort alles gut läuft.

So viel zur Kollision meines Selbstbildes (und mein Werdegang war nun nicht weniger vielseitig als der meiner Kameraden!) mit der Realität im neuen FüZBw!

Das alles half aber nichts – und dann lernte ich meine neuen Leute kennen. Zunächst OTL H., vorher Kdr eines Gebirgs-Panzerbataillons (so etwas gab es!) – weil die STAN-Planer offensichtlich glaubten, jeder Bereichsleiter im FüZBw brauche einen Stellvertreter. Er fragte sich und mich, was und wie er hier stellvertreten solle. Dann ein frischer, energischer junger Luftwaffenmajor, der sich als der absolute IT-Freak und -Kenner erwies. Meine eigentliche „Truppe" aber bestand zunächst aus zivilen Angestellten, die in vier Schichten rund um die Uhr die Empfangsbereitschaft des Ministeriums für Meldungen, Fernschreiben, Eingänge aller Art sicherstellten. Chef war Herr S., mir bereits aus lange zurück liegender Teilnahme an der WINTEX-Übung 1987 bekannt. Damals hatte ich seine Arbeit und seinen persönlichen Einsatz sehr geschätzt und das auch deutlich gemacht, was sich jetzt sehr auszahlen sollte. Dann gab es die Gruppe der Offiziere von Hauptmann bis Oberstleutnant, die in der jeweiligen Schicht den Leiter und das Bereitschaftszentrum stellten. Dieses System hatte in den letzten 40 friedensmäßigen Jahren offensichtlich ausgereicht, die oberste politische und militärische Führung der Bundeswehr mit der Aktualität „draußen" zu verbinden. Ein Lagezimmer gleich welcher Art, in dem die Lage „draußen" für die politische oder militärische Führung dargestellt worden wäre, gab es nicht. Hier wurde sofort deutlich, wie sehr das Ministerium eine reine bürokratische Friedensorganisation war, die in keiner Weise darauf vorbereitet oder gar eingerichtet war, politisch und militärisch aktuelle Führungsfunktionen für die Bundeswehr in einem Auslandseinsatz zu übernehmen. Und dann gab es noch den Hptm W. mit einer Gruppe von PUO. Er sollte ein neu eingerichtetes Lagezentrum betreiben, das mit neuester Darstellungstechnik und -Software ausgerüstet war und in dem wir unsere Lagevorträge halten und bei Bedarf auch nur für das FüZBw die Lage in einem Einsatzgebiet darstellen würden.

Weisungen oder Überlegungen dazu, welche Änderungen, neue Verfahren oder Konzepte jetzt vorzunehmen oder einzuführen wären, gab es nicht.

Die erste Bestandsaufnahme mit meiner ganzen Truppe brachte mich schnell zu der Einsicht, dass niemand ein Recht hat, sich über eine Arbeit zu beklagen, weil sie vermeintlich unter seiner Würde sei, solange bei dieser nicht absolut alles spitzenmäßig und top organisiert ist und höchste Leistung erbracht wird – und davon war mein neuer Bereich nun wirklich meilenweit entfernt.

Und damit begann im wahrsten Sinn des Wortes für alle der Ernst des Lebens.

Zunächst galt es, die Arbeitsabläufe im eigenen Bereich zu organisieren und auf Zuverlässigkeit und Tempo zu trimmen. Daneben mussten Arbeitsbeziehungen zu allen relevanten Teilen des Ministeriums, zu den Führungskommandos der TSK und wichtigen Ämtern der Bundeswehr und zu einzelnen Ministerien wie Innen- und Außenministerium aufgebaut werden. Für all diese war das FüZBw völlig neu – und für die Abteilungen, Stabsabteilungen und Referate unseres Ministeriums, die alle die ministerielle Stabsarbeit gewohnt waren (langsam, bedächtig, gründlich, streng nach Geschäftsordnung der Bundesministerien, nach Wahrung aller Zuständigkeiten, möglichst ohne Formulierung einer klaren Verantwortlichkeit) waren wir darüber hinaus Störenfriede und Usurpatoren, die sich anmaßen, schnell verantwortbare und umsetzbare Entscheidungen zu bekommen – denn von Anfang an standen zwei Begriffe über jedem Tag: TEMPO und ZEIT!

Und ZEIT hatten wir von Anfang an nicht.

Schließlich war die Bundeswehr schon mit Personal an acht Auslandseinsätzen der NATO bzw. der UNO beteiligt, und die für dieses Personal oder die beteiligten Einheiten verantwortlichen Stellen im Ministerium oder unter den Führungskommandos der TSK mussten an uns „gewöhnt" werden, mussten Meldeverfahren übernehmen – und alle Bereiche des FüZBw mussten lernen, deren Informationen aufzunehmen, zu bewerten, zu bearbeiten, darzustellen und bei Bedarf Entscheidungen zu fällen, Befehle zu erteilen und natürlich alle wichtigen Informationen an den richtigen Adressaten zu melden. Das waren mit Jahresbeginn 1995:

- UNOMIG, die UN Observer Mission in Georgia, an der zehn Mann, überwiegend Sanitätspersonal, seit dem 22.3.1994 teilnahmen und so die sanitätsdienstliche Versorgung des ganzen Kontingents sicherstellten, teilweise auch selber im Beobachtereinsatz standen. „Führungsstelle" war bislang das Zentrum für Verifikation der Bundeswehr (ZVBw).
- OSZE-Mission in Georgien, an der seit Dezember 1992 ein deutscher Stabsoffizier teilnahm. Auch dieser wurde durch das ZVBw geführt.
- UNSCOM, die UN Special Commission, die seit August 1991 die Vernichtung von Massenvernichtungswaffen im Irak kontrollierte, und die die Bundeswehr mit Lufttransport durch TRANSALL und CH-53 unterstützte. Geführt wurden diese durch das Lufttransportkommando bzw. Heeresführungskommando.
- SHARP GUARD, die im Auftrag der UNO von der NATO in der Adria durchgeführte Embargo-Operation gegen die Küste des ehemaligen Jugoslawiens, an der seit Juli 1992 Deutschland mit zwei Zerstörern/Fregatten und drei Seefernaufklärern beteiligt war. Die Einheiten unterstanden dem NATO-Kommando NAVSOUTH und national dem Flottenkommando.
- Die Luftbrücke Falconara-Sarajevo, an der sich die Bundeswehr seit Juli 1992 mit C-160 TRANSALL, geführt durch das Lufttransportkommando, beteiligte.
- Der AIRDROP über Bosnien, mit dem aus der Luft bedrängte, eingeschlossene Gebiete Bosniens mit Nahrungsmitteln versorgt wurden. Auch daran beteiligte sich die Bundeswehr seit dem

18.3.1993 durch TRANSALL-Flüge.
- DENY FLIGHT, die Operation zur Überwachung des von der UNO verhängten Flugverbots über Bosnien, an dem sich die Bundeswehr seit dem 13.4.1993 mit Besatzungsanteilen in den E-3 A AWACS beteiligte.
- Und die STANDING NAVAL FORCE CHANNEL, der ständige Minenabwehrverband unter Kommando der NATO, an dem unter der nationalen Führung des Flottenkommandos stets ein bis zwei Einheiten teilnahmen und den wir in der Lage mit darstellten.

Schließlich hatte die NATO in Reaktion auf den UN-Sicherheitsratbeschluss 908 vom 31.3.1994, der den UN-Kräften in Bosnien (UNPROFOR) die Aufgabe übertragen hatte, einen Waffenstillstand im Krieg der Serben und Kroaten gegen die Bosnier zu überwachen und dessen Einhaltung zu kontrollieren, nach interner Abstimmung Anfang Dezember 1994 eine erste Anfrage zur Beteiligung der Bundeswehr an Deutschland gestellt. Die Bundesregierung hatte noch im Dezember einen Grundsatzbeschluss zu dieser Beteiligung gefällt. Nun galt es, in kürzester Zeit in enger Abstimmung im Ministerium und mit dem Heeresführungskommando die Details für ein Heereskontingent so zu erarbeiten, dass Minister, Bundesregierung und Parlament würden zustimmen können.

Die Bereiche EP und EF wurden dadurch bis an die Grenze des Möglichen gefordert. Die Zusammenarbeit mit den vielen beteiligten Stellen war noch nicht eingespielt, ganz häufig wurden unsere Referenten als unwillkommene Eindringlinge betrachtet, sehr häufig musste schnell auf die Ebene der Bereichsleiter eskaliert werden.

Als entscheidendes internes Abstimmungselement erwies sich schnell die von General Moede von Anfang an eingeführte tägliche Vormittags-Lagebesprechung von ihm mit den drei Bereichsleitern und seinem Stabsoffizier, dem sehr agilen und blitzgescheiten KKpt E., der einfach immer da zu sein schien.

Zu einem ministeriellen Abstimmungsinstrument entwickelte sich langsam der KSEA, der ab Februar zunächst einmal monatlich, später zeitweise sogar einmal wöchentlich einberufen wurde, um drängende

Probleme, bei deren Bewältigung auf Arbeitsebene zu viele Stolpersteine das Tempo verringerten, „Top Down" voranzubringen.

Während also die Planung und Vorbereitung auf die Entsendung eines ersten deutschen Heereskontingents auf Hochtouren liefen, überlegten wir bei LF, wie sicher gestellt werden konnte, dass die politische Leitung und die militärische Führung des Ministeriums in Zukunft aktuell und vor der Öffentlichkeit über alle für die Auslandseinsätze der Bundeswehr wichtigen Details sicher und unverzüglich informiert werden könnten. Ein neues Informationskonzept musste entwickelt und realisiert werden.

Intern wurde der Informationsfluss zwischen den Bereichen geregelt und formalisiert.

Nach einer Reihe von Versuchen und intensiven Abstimmungen im Ministerium entwickelten wir ein System von Meldungen, in dem die Informationen aus den Einsatzgebieten an das FüZBw selbst, aus den Führungskommandos der TSK, von den Dienstältesten Deutschen Offizieren (DDO) in den NATO-Stäben und schließlich autorisierte Beiträge der Stabsabteilungen Fü S II (Militärisches Nachrichtenwesen) und Fü S III (Militärpolitik) unter unserem „Hut" zusammengefasst waren. Das begann morgens zu Dienstbeginn mit der „Morgenunterrichtung" und hatte als täglichen Höhepunkt am späten Nachmittag die „Tageslage". Daneben gab es bei Bedarf die „Sofortmeldung".

Alle Meldungen wurden der militärischen Führung, der politischen Leitung, den Führungskommandos und unseren Verbindungsoffizieren in wichtigen Stellen vorgelegt.

Dann entwickelten wir das Konzept eines elektronischen Einsatztagebuches. Dazu bedienten wir uns einer Dienststelle der Bundeswehr in Dresden, die bis zur Einigung für die NVA Softwareprogramme für die militärische Nutzung entwickelt hatte und dabei nach Meinung von Fachleuten ganz offensichtlich deutlich besser war als alles, was die Bundeswehr bis dahin im eigenen Bereich hatte. Erstmals wurden sichere elektronische Signaturen eingeführt. Die täglichen Eintragungen mussten dann vom Leiter FüZBw, seinem Vertreter oder von mir abgezeichnet werden.

In diesen ersten Monaten entwickelten wir einen „Piloten Lageführung" und gewannen so Sicherheit und Routine beim Darstellen der Lage in den Einsatzgebieten.

In dieser Zeit wurde sehr schnell deutlich, wie überfällig, aber auch wie schwierig die Einrichtung eines Instruments wie des FüZBw in einem Ministerium war, das sich an jahrzehntelange Gründlichkeit nach der Geschäftsordnung der Bundesministerien gewöhnt hatte, das stets Zuständigkeiten, aber selten Verantwortung und dazu passende Entscheidungsbefugnis kannte, in dem die eifersüchtige Verteidigung des eigenen Hinterhofs häufig vor der Problemlösung stand – und in dem es niemand gewohnt war, Probleme zu lösen oder Entscheidungen zu fällen, die einfach schnell gefällt werden mussten, weil es um Einsatzfragen ging. Dazu wurde von allen Stellen im Ministerium bis hin zum Generalinspekteur misstrauisch zur Kenntnis genommen, dass der Leiter des FüZBw sehr eng und häufig kurzfristig dem Minister zuarbeitete.

Am anderen Ende standen die Führungskommandos der Teilstreitkräfte. Sie hatten bislang weit weg vom Ministerium und ihrem jeweiligen Inspekteur das „eigentliche" Geschäft ihrer Teilstreitkraft betrieben, alle Einsatz- oder Kampfeinheiten in Ausbildung und nationalen Vorhaben geführt und wurden jetzt damit konfrontiert, dass eine neue Stelle im Ministerium, der man nicht mal eben über einen Anruf beim eigenen Inspekteur die Ohren lang ziehen konnte, nicht nur Fragen und Forderungen stellte, sondern in allen Fragen, die die Entwicklung, Zusammenstellung, Verlegung und Versorgung von Einsatzkontingenten betraf, auch die Antworten hinterfragte oder andere Antworten verlangte.

So machten wir gegen vielfältige Widerstände im Ministerium und im nachgeordneten Bereich in den ersten Monaten 1995 unsere zunehmend sicherer werdenden Gehversuche – ganz entscheidend geführt, ja verkörpert durch unseren Leiter, BGen Moede. Er kannte das Ministerium und seine inneren Strukturen. Er versuchte, zu überzeugen und trug die ihm übertragene Nähe zum Minister nicht vor sich her, ließ sich aber auch nicht von dem abbringen, wovon er überzeugt war. Von Widerständen ließ er sich nicht ins Boxhorn jagen, und so mancher, der mit dem Beharren auf seiner Stellung oder seinem Einfluss versuchte, seine Position durchzusetzen, musste dann erleben, dass er letztlich eingeladen war, sich vor dem Minister selbst zu erklären. Und wer wollte das schon, wenn Moede oder einer seiner Leute erläutern konnte, warum unsere Überlegungen begründet waren. Dabei schien er über einen unbegrenzten Vorrat an Zeit und Empathie zu verfügen. Beides ermöglichte es ihm, ein offenes Ohr und Herz für alle Angehörige des FüZBw in einer Weise glaubhaft zu zeigen, die ihm die feste Gefolgschaft aller – gleich ob Soldaten oder Zivilisten – dauerhaft sicherte. Das war ständig zu spüren!

Während sich in den ersten Monaten 1995 also das FüZBw als arbeitsfähiges Führungsinstrument für Auslandseinsätze etablierte, wurde immer deutlicher, dass wir nicht entfernt personell ausreichend ausgestattet waren, um in den drei Bereichen die Aufgaben leisten zu können, die der Leiter und die drei Bereichsleiter als unverzichtbar erkannt hatten. In vielen Gesprächen, die Moede und die drei Bereichsleiter miteinander führten, entwickelten wir die neuen Ideen für ein neues FüZBw. Kern der Überlegungen war die Einsicht, dass die beiden Bereiche EP und EF über Fachleute in allen Führungsgrundgebieten verfügen mussten, welche die Arbeit der großen Stäbe personell doppeln bzw. nachvollziehen können mussten. Der Bereich LF musste personell durchhaltefähiger werden. Eine zentrale, starke Administration fehlte schmerzlich. Der Briefingraum war technisch doch nicht so gut ausgestattet, wie wir gehofft hatten. Schließlich hatten schon die ersten Monate gezeigt, dass der Leiter als Einmannshow konstant überlastet war – er brauchte einen ständigen Vertreter, der ihn bei Abwesenheit jederzeit umfassend vertreten konnte. Die bislang ganz selbstverständliche Vertretung durch den Bereichsleiter EF belastete diesen unnötig.

Da uns aufgegeben war, zum Ende des ersten Jahres einen Erprobungsbereich vorzulegen, ergab es sich fast von selbst, dass ich mit der Abfassung dieses Berichts beauftragt wurde und die daraus abgeleiteten personellen und materiellen Forderungen zu formulieren hatte. Dies gelang auch.

Unterdessen hatte sich die Lage in Bosnien so entwickelt, dass Deutschland und die Bundeswehr handeln mussten. Ging es Ende 1994 noch um die Frage einer Verstärkung von UNPROFOR, so entwickelte sich die Lage im ersten Halbjahr 1995 in Bosnien so, dass die NATO die Grundzüge eines Operationsplans entwickelte (DETERMINED EFFORT), der den Einsatz von Kräften in Größe von zwei Brigaden vorsah, um bei Zunahme der Bedrohung der UNPROFOR-Truppen diese unter Schutz von NATO-Verbänden sicher aus Bosnien zurückführen zu können. Die Zusammensetzung unseres Anteils an diesem Verband musste von EP in Zusammenarbeit mit EF und Heer und Luftwaffe entwickelt werden.

Dafür, wie auch für vergleichbare Arbeiten in der Zukunft, galten stets die gleichen Rahmenbedingungen:

Zunächst die Forderungen des Ministers: Volker Rühe wollte stets sicherstellen, dass sein Bemühen, alle wichtigen politischen Kräfte im Parlament einzubinden und für eine Zustimmung zu gewinnen, unter keinen Umständen dadurch konterkariert würde, dass schon vor einer parlamentarischen Befassung der Anschein entstehen könnte, über eine Beteiligung der Bundeswehr und wichtige Einzelfragen sei in Wirklichkeit schon entschieden. FüZBw und dem betroffenen Führungskommando wurde daher ausdrücklich verboten, vor einer solchen Befassung mit der Detailplanung eines Kontingents zu beginnen. Dasselbe betraf natürlich erst recht Fragen zur Stationierungsplanung im Ausland. Das aber war natürlich auf keinen Fall zu realisieren, denn uns war klar, dass man uns nach einer Befassung des Parlaments nicht drei Monate Zeit für eine vernünftige Planung geben würde, sondern im Extremfall fordern würde, möglichst am Folgetag schon mit der Verlegung zu beginnen (und fast so kam es dann auch nach dem parlamentarischen Beschluss, sich mit Heer und Luftwaffe an IFOR, der IMPLEMENTATION FORCE in Umsetzung des Dayton-Friedensvertrags vom Dezember 1995 möglichst ab Januar 1996 zu beteiligen). FüZBw und Führungskommandos mussten daher unter Umgehung dieses Verbots schon Monate vorher „informell" mit der Planung beginnen, in der Hoffnung, dass alle Beteiligten dicht hielten.

Noch schwieriger war es, die Weisung zur absoluten Zurückhaltung für die Planungen und Erkundungen zur Stationierung im Einsatzgebiet zu erfüllen. Bei der Planung des ersten Heeres-Kontingents 1995 haben wir uns länger als uns wohl war daran gehalten. Folge war eine Aufteilung unseres Kontingents auf mehrere Stationierungsorte in Kroatien, die nur deshalb zur Verfügung standen, weil sich unsere Alliierten davon überzeugt hatten, dass sie für ihren Bedarf unzumutbar waren.

Minister Rühe war sich von Anfang an bewusst, dass ihm jede größere Panne bei diesem Auslandseinsatz in Kroatien und in Bosnien, insbesondere jeder Todesfall politisch persönlich angelastet werden würde. Daher wollte er auf keinen Fall vom CNN-Faktor erwischt werden – also erleben, dass Hiobsnachrichten die deutsche Öffentlichkeit vor ihm erreichten. Die Folge war, dass wir ein komplexes Meldewesen entwickeln mussten, dass von den Führern vor Ort mit Recht als äußerst klein kariert und sie gängelnd empfunden wurde.

Aus dem gleichen Grund wollte der Minister sicherstellen, dass risikobehaftete Entscheidungen nicht ohne sein Wissen oder bei Bedarf ohne seine Zustimmung fallen konnten. Wir mussten daher für die Führer vor Ort ein sehr ausgefeiltes System von „Erlaubt" bis „Nur mit besonderer Zustimmung aus dem Ministerium erlaubt" entwickeln und seine Umsetzung gegenüber dem jeweiligen Führungskommando und den Führern vor Ort durchsetzen. Auch das wurde von den militärischen Führern, die in der Auftragstaktik erzogen waren, häufig nicht verstanden – von uns auch nicht immer, obwohl bald klar wurde, dass in der Situation einer noch völlig ungewohnten und politisch hoch riskanten Stabilisierungsoperation auf dem Balkan mit seiner speziellen Leidensgeschichte im „Umgang" mit deutschem Militär schon sehr kleine Fehler möglicherweise große Wirkung haben konnten. Der Begriff des „Strategic Corporal" war damals eben auch noch nicht erfunden. Persönlich war ich übrigens sehr überrascht, wie viele Generale im Einsatzgebiet sich dann aber schnell daran gewöhnten, bei uns Erlaubnis für Entscheidungen einzuholen, die sie auch durchaus selbst hätten fällen können.

Hier muss aber auch der Wahrheit die Ehre gegeben werden. Minister Rühe machte offenkundig wie wir einen Erziehungsprozess durch. Mit zunehmender Routine, etwa ab Ende 1996, konnten wir Meldewesen wie auch Genehmigungen lockerer als ursprünglich festgelegt handhaben.

Ein besonderes Problem stellte stets die Entwicklung der „Rules of Engagement", der Verhaltensregeln im Einsatz, für das deutsche Kontingent dar. Hier kam stets der erste Entwurf von der NATO. Diesen galt es, zu kommentieren bzw. zu ergänzen oder zu berichtigen. Dabei wurde das Bemühen der politischen Leitung wie auch des Parlaments deutlich, Risiken auszuschließen und auf jeden Fall in der

Öffentlichkeit bei uns wie im Einsatzgebiet nichts zuzulassen, was das gewünschte Bild eines friedlichen, auf keinen Fall aggressiven deutschen Soldaten stören könnte. In aller Regel führte das dann dazu, dass der internationale Abstimmungsprozess quälend lange dauerte, stets deutsche Sonderwünsche im Sinn von Zusatzbeschränkungen verdauen musste und den alliierten wie deutschen militärischen Führern vor Ort besondere Probleme bereitete. So gerieten wir schon beim ersten Kontingent 1995 in den Geruch der Zauderer, der Ängstlichen, die stets Sonderregelungen verlangten – ein Vorwurf, der von allen Alliierten, besonders den Briten, genüsslich wieder und wieder vorgebracht wurde und besonders die Führer vor Ort sehr ärgerte. Ein schwacher Trost war dabei mit der Zeit die Erkenntnis, dass andere Nationen mit ihren speziellen Sonderregeln nicht weniger eigensinnig waren als wir.

Schon für die erste Kontingentplanung war auch die Ausbildungsfrage zu beantworten. Klar war von Anfang an, dass die Truppe auch Aufgaben zu bewältigen haben würde, die ihr unter den neuen Rahmenbedingungen neu waren – wie das Besetzen von Kontrollpunkten und Durchführen von Fahrzeug- und Personenkontrollen in einer ethnisch emotional hoch aufgeladenen Krisenlage. Außerdem war die Fähigkeit gefordert, in einer solchen Lage mit Bosniern, Serben und Kroaten umgehen zu können und angemessen die Forderungen der NATO-Truppen, notfalls mit Gewalt, durchsetzen, zugleich aber auch deeskalieren zu können – alles keine Themen, die im normalen Ausbildungskatalog eines Fallschirmjäger- oder Gebirgsjägerbataillons standen. In enger Abstimmung zwischen Heeresführungskommando, Heeresamt, Zentrum Innere Führung und uns wurde daher noch 1995 ein erstes Ausbildungsprogramm entwickelt, das auf die Truppe und die verschiedenen Führungsebenen zugeschnitten war und in der Folgezeit laufend verfeinert wurde. Die Erfahrungen, die das erste und die Folgekontingente mit dieser neuen, Einsatz vorbereitenden Ausbildung machten, waren nach meinem Eindruck sehr positiv – allerdings bedingten sie einen erheblichen, wachsenden Zeitaufwand.

Die Kernaufgabe der Aufstellung eines Einsatzkontingents litt von Anfang an unter einem gravierenden Geburtsfehler, der sich durch meine gesamte Zeit zog und für unsere gesamte Planungsarbeit damals und danach Folgen haben sollte. Schon bei der ersten Feinausplanung durften EP und EF nicht frei planen, wie das alle eigentlich gelernt hatten: „Absicht – Auftrag – Rahmenbedingungen – erforderliche Kräfte und Mittel – Verfügbarkeit/Kosten – etc – Detailplanung……", sondern: „Absolute personelle Obergrenze – Auftrag - ….. – Herunterkneten des Personalumfangs, bis er in die gesetzte Obergrenze passte – Detailplanung". So wurde grundsätzlich und immer wieder eine vernünftige, auf den Auftrag bezogene Personalplanung erschwert oder gar unmöglich gemacht. Und dann verfielen alle Beteiligten in der Absicht, perfekt und vorausschauend jeglicher Eventualität im Einsatz durch Bereithalten von hochgradig dafür spezialisiertem Personal zu begegnen, der Idee, die Einsatzkontingente mit Fachleuten voll zu stopfen, die an sich in den Einheiten nicht verfügbar waren. Und da das immer mehr wurden, die Obergrenzen aber blieben, wurden die Kerne der Einsatzeinheiten, die gemeinsam geübt hatten, die sich aus dem Dienst am Standort kannten, mit der Zeit, über die Jahre, immer kleiner, die Zahl der Fremdkörper immer größer, bis schließlich bunt zusammen gewürfelte Einheiten unter einem Kompaniechef oder Bataillonskommandeur in das Einsatzgebiet gingen, der einen Großteil seines ihm vertrauten Personals zuhause lassen musste und, wenn er Glück hatte, am Ende seiner Einsatzzeit endlich einen homogenen Verband geformt hatte.

Schließlich ist noch festzuhalten, dass die Bildung eines Kontingents und dessen Vorbereitung auf den Auslandseinsatz stets eine Flut von Befehlen bedingte, die alle Aspekte dieses Einsatzes abdeckten, soweit die Verantwortung des Ministeriums bzw. des IBuK diese erforderte oder das Leitführungskommando dies benötigte. Jeder dieser Befehle musste natürlich im Einklang stehen mit den Vorgaben aus dem Ministerium und den verschiedenen Forderungen der Abteilungen (zB. Verwaltung und Recht – um nur eine zu nennen) wie auch mit den Möglichkeiten und Forderungen der Truppe, also hier z.B. des Heeresführungskommandos. Die Abstimmungsprozesse mussten in kurzer Zeit erfolgen und durften keine blinden Flecken enthalten, wenn die Befehle dem Minister oder dem Leiter FüZBw zur Billigung vorgelegt werden sollten. Die Prozesse unter hohem Zeitdruck forderten die Referenten von EP und EF und häufig auch die Bereichsleiter bis an die Grenze des Machbaren. Mein Bereich war dabei unmittelbar bezüglich der Meldeverfahren und Auswertung betroffen.

In den ersten vier Monaten 1995 liefen die Vorbereitungen für den Einsatz des Heeres- und Luftwaffenkontingents im Rahmen von DETERMINED EFFORT auf Hochtouren. Seine Zusammensetzung konnte der NATO am 17. Mai gemeldet werden, Ende des Monats billigte der Minister den Beginn der nationalen Vorbereitungsmaßnahmen und erließ am 30.5. seine „Weisung Nr. 1 zur Vorbereitung der Bundeswehr für die Unterstützung eines eventuellen Abzugs der Friedenstruppen aus dem ehemaligen Jugoslawien" – die wie alle anderen Befehle vom FüZBw erstellt worden war.

Anfang Juni erließ der Leiter KSEA/FüZBW seinen ersten aus einer langen Folge von Befehlen, die bis Anfang Juli komplett waren und sich in Überschrift und Nummerierung in den Folgejahren wiederholen sollten:

- Befehl Nr. 1 – zur Vorbereitung von Kontingenten der Bw für die Unterstützung der Friedenstruppen im ehemaligen Jugoslawien (Grundbefehl)
- Befehl Nr. 2 – Nationale Führungsorganisation
- Befehl Nr. 3 – Verkehrs- und Transportführung
- Befehl Nr. 4 – Führungsmittelunterstützung
- Befehl Nr. 5 – Meldewesen
- Befehl Nr. 6 – Weisung Presse/ÖA
- Befehl Nr.7 – Rules of Engagement (NATO- und nationale Verhaltensvorschriften)
- Befehl Nr. 8 – Beteiligung der Bundeswehr
- Befehl Nr. 9 – Militärisches Nachrichtenwesen.

Im gleichen Zeitraum konnten endlich die Erkundungen für die Stationierung des Luftwaffenkontingents in Piacenza/Italien und für das Heereskontingent in Kroatien stattfinden.

Im Verlauf dieser Arbeiten fand im FüZBW die erste Ministerlage statt, der von dann an monatliche Ministerlagen, in Zeiten hohen Entscheidungsdrucks oder größerer Probleme sogar wöchentliche Ministerlagen folgten. Sie wurden von uns intensiv vorbereitet: Inhaltlich vor allem durch EF für die aktuelle Lage, durch EP für Planungen. Mein Bereich war verantwortlich für die Präsentation. Militärpolitik wurde durch FÜ S III 6, die Risikobewertung durch FÜ S II 3 vorgetragen. Staatssekretär Dr. Wichert war ebenso anwesend wie der Generalinspekteur und die Inspekteure der TSK, Ergänzungen durch andere Abteilungen erfolgten bei Bedarf. General Moede führte für den Minister durch die Lage. Alle Bereichsleiter und einzelne Referenten waren anwesend, die übrigen Interessierten wie auch die ab Ende 1995 eintreffenden Verbindungsoffiziere Frankreichs, später der USA und Großbritanniens sahen aus dem Nebenraum zu.

Diese Lagen waren nicht ohne Probleme. Alle Teilnehmer wussten, dass Minister Rühe in seinen Reaktionen auf Unklarheiten oder Fehler oder Nichtwissen nicht kalkulierbar war. Auch wir alle hatten zunächst trotz unserer intensiven Vorbereitung einigen Bammel. Sehr schnell wurde mir aber klar, dass Rühe trotz seines „schlechten" Rufs sehr genau zu unterscheiden wusste. Natürlich hat er kritisch nachgefragt und schien einen 7. Sinn für unklare Sachverhalte zu haben. Aber nie habe ich es erlebt, dass er einen Offizier aus dem „Arbeitsinstrument FüZBw" aufs Korn nahm. Da hatte er häufig Nachfragen, aber auch Verständnis bei den wenigen Gelegenheiten, bei denen einmal eine klare Auskunft nicht möglich war. Ganz anders sprang er mit den anderen Herren aus Fü S, den Fü TSK oder anderen Abteilungen um, wenn sie keine glasklare Antwort gaben oder „schwammen" – das konnte richtig unangenehm werden.

Unbestrittener König dieser Lagen war der Bereichsleiter EF, Oberst M., der ganz häufig selbst die Lage in den Einsatzgebieten vortrug. Er und seine Mannen hatten in kürzester Zeit einen untrüglichen Instinkt für unklare Sachverhalte und solche entwickelt, die eine Nachfrage des Ministers auslösen konnten. In bester Kameradschaft pflegte er, Kameraden aus den Führungsstäben, in deren Zuständigkeit solche Fragen fielen, vor der Lage einen entsprechenden Tipp zu geben, damit sie noch rechtzeitig klären konnten – und wann immer möglich, verschaffte er sich dann auch selbst Klarheit. Dann konnte es eben passieren, dass bei dem entsprechenden Sachverhalt auf die erwartete Nachfrage des Ministers der Zuständige dennoch keine Antwort wusste, coram publico vom Minister den Kopf gewaschen bekam – und M. sich dann höflich meldete und die geforderte Auskunft seinerseits gab. Wie oft habe ich innerlich "Hut ab!" gedacht!

Am 26.6.1995 beschloss das Kabinett die deutsche Beteiligung an der schnellen Einsatzgruppe für die UN-Truppen in Bosnien (Rapid Reaction Force – DETERMINED EFFORT), am 30.6. stimmte der Deutsche Bundestag der Entsendung des Kontingents zu, noch im Juli verlegte das Luftwaffenkontingent mit RECCE-(Aufklärungs-) und ECR(Bekämpfung von Feuerleitradar von Flugabwehrraketenstellungen)-TORNADO nach Piacenza in Norditalien und im August das Heereskontingent nach Kroatien. Als die Einsatzflüge der RECCE-TORNADO über Bosnien im August beginnen sollten, meldete die Luftwaffe, dass die Aufklärungsmittel ihrer Flugzeuge den Anforderungen leider nicht entsprächen – man benötige die Aufklärungs-Pods der Marineflieger. Mit hörbarer Freude nahm dies die kleine Gemeinschaft der Marineoffiziere im FüZBw zur Kenntnis und dachte einen Moment laut darüber nach, ob man diese Behälter mit den Spezialkameras nicht mit der Aufschrift MARINE versehen solle, um so die entscheidende Beteiligung der kleinsten Teilstreitkraft an diesem Einsatz der Luftwaffe zu demonstrieren.

Am 19. Juli hatte LF die erste „Unterrichtung des Parlaments" versandt, der in den Folgejahren regelmäßig monatlich weitere Unterrichtungen folgten, die lageabhängig auch wöchentlich erschienen. Aus zahlreichen Rückkopplungen ging bald hervor, dass diese Unterrichtungen eine wichtige Rolle in dem Bemühen des Ministers spielten, die Abgeordneten „mitzunehmen". Desgleichen informierten wir in unregelmäßigen Abständen die Führungskommandos und Ämter der Streitkräfte mit eigenen Papieren, wenn dies geraten schien.

Mit Verlegung unserer Kontingente begannen die ersten Rückmeldungen und Erfahrungen, Sorgen und Klagen bei uns einzugehen. Infolgedessen wurde ab Ende 1995 und 1996 ein Konzept zur „Einsatzbegleitenden Auswertung" entwickelt. Zunächst aber galt es, Erkenntnisse festzuhalten und Abhilfe zu schaffen – und zwar nicht im Ministeriums- sondern im Einsatztempo. Wir nutzten dazu die KSEA-Sitzungen, die von General Moede einberufen wurden. Dort legten wir zunächst die Probleme auf den Tisch und baten um Klärung und Bearbeitung bzw. Lösung – bis deutlich wurde, dass wir so nicht vorankamen, weil Bearbeitungszeiten „nach dem Verfahren" zu lang wurden. Und die Zahl der Probleme, die gelöst werden mussten, wuchs von Woche zu Woche und betraf ein weites Spektrum, wie

- den Status von Truppenverwaltungsbeamten im Einsatzkontin-

gent, da diese ja an sich in Deutschland Zivilisten waren, wir aber in Bosnien nur Männer im Kombattantenstatus einsetzen wollten;
- die notwendige Änderung der Soldatenurlaubsverordnung, um zu verhindern, dass Angehörige eines Kontingents wegen des mehrmonatigen Aufenthalts im Einsatzgebiet ihren Jahresurlaub verfallen lassen mussten;
- die Schaffung einer nationalen Einsatzmedaille als Pendant zur NATO-Einsatzmedaille, die ja bereits verliehen wurde;
- die Schaffung einer Regelung mit den Lebensversicherern, um zu verhindern, dass wegen Nutzung der Kriegsklausel im Todesfall im Einsatz eine Lebensversicherung nicht zahlen würde (tatsächlich mussten wir in den ersten Kontingenten die Soldaten ermahnen, sich zur Sicherheit zusätzlich zu versichern!);
- die zusätzliche Panzerung von Fahrzeugen gegen Minenexplosionen unter ihnen;
- die Schaffung eines Auslandsverwendungszuschlags (AVZ) mit allen dazu gehörenden Verfahren in Abhängigkeit von Gefährdung und Einsatzdauer;
- und förmlich Hunderte mehr……

Wir gingen daher bald dazu über, alle Probleme in eine Liste aufzunehmen, dem KSEA vorzulegen und Zuständigkeit wie auch den Termin für die erwartete Lösung festzuhalten. Nachdem klar wurde, dass der Stand dieser Liste in den Ministerlagen vorgetragen werden konnte, nahmen die vielen Bearbeitungsgänge ungeahntes Tempo auf. Wir kamen zu guten und überraschend schnellen Lösungen.

Im Sommer 1995 entwickelte sich die Lage in Bosnien dramatisch, der offene Aggressionskrieg der Serben nahm immer furchtbarere Formen an, sichtbar wurde dies an den zunehmenden Opferzahlen im belagerten Sarajevo. Der Weltöffentlichkeit wurde diese Entwicklung mit dem Mörserüberfall der bosnischen Serben auf den Marktplatz von Sarajevo am 28.8.1995 besonders deutlich vor Augen geführt, dem mehr als 100 Menschen zum Opfer fielen. Dies führte schließlich ab 30.8. zum Beginn der Luftkriegsoperationen der NATO auf Stellungen der bosnischen Serben. Die TORNADOS der Luftwaffe waren in ihrer Aufklärungsrolle und im Begleitschutz der Jagdbomber der anderen Nationen gegen serbische Radarstellungen zum ersten Mal in der Geschichte der Bundeswehr im Kampfeinsatz über fremdem Territorium eingesetzt. Die zweiwöchigen Luftangriffe führten dann letztlich zum Einlenken der bosnischen Serben und zu Verhandlungen zwischen Bosniaken, bosnischen Serben und bosnischen Kroaten in New York, als deren Ergebnis zunächst am 12.10. ein Waffenstillstand und am 14.12. der Friedensvertrag von Dayton in Kraft traten.

Mit Beginn der Luftangriffe hatten NATO und für die Bundeswehr das FüZBw begonnen, den Kräfteumfang und das Einsatzkonzept einer IMPLEMENTATION FORCE (IFOR) zu erarbeiten. Fünf Tage nach dem Waffenstillstand konnten wir dem Minister eine erste Vorlage zur möglichen deutschen Beteiligung vorlegen, am 23.10. entschied die Bundesregierung den Umfang von bis zu 4000 Soldaten für diese Aufgabe, am 6.12.1995 beschloss der Bundestag den Einsatz dieses Kontingents, zu dem auch die Soldaten gehörten, die im NATO Hauptquartier IFOR eingesetzt werden sollten, das in Ilidza am Stadtrand von Sarajevo aufgestellt wurde. Die ersten von ihnen verlegten schon am Folgetag, dem 7.12. nach Sarajevo. Unmittelbar vor Weihnachten begann die Verlegung des ersten Personals für das Heereskontingent nach Kroatien, in die Stationierungsorte zwischen Bosnien und der dalmatinischen Küste.

In den vorausgegangenen acht Wochen war natürlich wie im Sommer das gesamte Befehlswerk für diesen Einsatz – von der Weisung Nr. 1 des Ministers bis hin zu allen Einzelbefehlen des Leiters FüZBw – von EP und EF in Tag- und Nachtarbeit unter ständigem Abstimmungsprozess mit allen Beteiligten im und außerhalb des Ministeriums erstellt und erlassen worden.

Neben dieser, von den Auslandseinsätzen geprägten, Arbeit entwickelte sich 1995 ein weiteres Arbeitsfeld, das an Umfang beständig zugenommen hatte – die Unterstützung humanitärer Arbeit von Nichtregierungs-Organisationen im In- und Ausland durch Materiallieferungen aus Beständen der Bundeswehr. Schließlich befand sich die Bundeswehr nach Abschluss des im Zwei-Plus-Vier-Vertrag vereinbarten Abzugs der Westgruppe der Sowjetischen Truppen in der ehemaligen DDR 1994 im vollen personellen wie strukturellen und materiellen Abschwung hin auf die neue Struktur 340 000. Dies bedeutete die Aufgabe zahlloser Liegenschaften mit ihrem Material. Und da für den erwarteten ewigen Friedenszustand in Europa eine materielle Vorsorge für den Mobilmachungs- oder Verteidigungsfall offensichtlich nicht mehr oder nur geringfügig erforderlich schien, war die gesamte Kriegs-Lazarett-Organisation mit ihren zahlreichen Depots und immensen Lagerbeständen an allem, was zum Aufbau und Betrieb von Krankenhäusern benötigt wird und bislang vorgehalten worden war, überflüssig geworden. Zudem drängten Wehrverwaltung und Haushaltsabteilung auf beschleunigte Reduzierungserlöse durch Immobilienverkäufe sowie Personal- und Materialeinsparungen. Die hierfür gefundene Lösung war die kostenlose Abgabe von Material – von LKW und Krankenwagen über ganze Lazaretteinrichtungen und Medikamentenbestände bis hin zu handlich in Pakete verpackten Verpflegungsbeständen. Dies erkannten interessierte Nutzer, Politiker, Botschaften im Ausland zunehmend und hatten begonnen, das Ministerium zunehmend mit Anfragen und Anträgen zu bombardieren. Ein kleines Team bei EF aus einer Amtsrätin und einem Oberstleutnant prüften und bearbeiteten alle Anträge nach festgelegten Regeln, die in bestimmtem Rahmen die Genehmigung durch den Staatssekretär vorsahen – und waren zu Jahresende an der Grenze ihrer Kapazität angelangt.

Das Jahr 1996 brachte in der ersten Jahreshälfte den Beginn und die zunehmende Routine im Einsatz des Heereskontingents für IFOR mit Versorgungstransporten auf der Straße in Kroatien und Bosnien, mit Hubschraubereinsätzen, Einsätzen der Pioniere bei Reparatur der zerstörten Infrastruktur sowie dem Einsatz des in Trogir an der dalmatinischen Küste aufgebauten Feldlazaretts, das für die sanitätsdienstliche Versorgung der gesamten IFOR-Truppen bereit stand und auch bald ausgiebig von ihnen genutzt wurde. Genutzt wurde es darüber hinaus im Rahmen freier Kapazitäten auch für die Versorgung der Zivilbevölkerung.

Dieses Feldlazarett hatte seine eigene Geschichte, die für alle Folgeoperationen von Bedeutung sein sollte.

Bei der Entwicklung der Struktur des Heereskontingents hatte eine Vorgabe des Inspekteurs des Sanitäts- und Gesundheitswesens Berücksichtigung finden müssen, nach der die Behandlung eines Soldaten im Felde im Ergebnis der Behandlung in einem deutschen Kreiskrankenhaus zu entsprechen habe. Dies bedeutete in letzter Konsequenz, für die Soldaten im Auslandseinsatz ein Feldlazarett bereitzustellen und zu verlegen, dass nach medizinischer Breite und Qualität dem eines modernen deutschen Kreiskrankenhauses entsprach. Allen Außenstehenden wurde wohl erst nach der Entscheidung des Ministers für diese Forderung klar, was für einen immensen materiellen und damit finanziellen Aufwand, welchen ungeheuren personellen Aufwand dies für das Sanitätspersonal der Bundeswehr bedeutete, das alle Fachabteilungen eines Kreiskrankenhauses sowie spezielle Dienste in diesem Lazarett durchgängig bereit zu halten hatte – und dabei sicherstellen musste, dass nicht etwa hoch spezialisierte Fachärzte wegen Ausbleibens „schwerer Fälle" (die es in Deutschland ja ständig gab) „außer Übung" geraten würden.

Auf jeden Fall entstand so ein Feldlazarett, das diesen Namen eigentlich nicht mehr verdiente sondern eher „Mobiles Kreiskrankenhaus" hätte heißen sollen. Erst mit der Zeit wurde dabei langsam deutlich, was für ein gewaltiger Motivationsfaktor für die eigenen Truppen das Wissen war, dass selbst Schwerstverletzte (z.B. nach Autounfällen) vor Ort umgehend operiert werden konnten, was für ein hohes Ansehen bei Alliierten wie auch bei der Zivilbevölkerung hierdurch gewonnen werden konnte. Hinter diesen Level sind wir dann auch nie wieder zurückgegangen. Während dieser Zeit hat kein Alliierter über ein vergleichbares Lazarett verfügt.

Alle Stellen entwickelten auch Routine in den Meldeverfahren, in den Meldungen, die von LF herausgegeben wurden, in unseren Informationspapieren, in den Ministerlagen und KSEA-Sitzungen. Auf diesen Grundlagen konnten im FüZBw mit der Erarbeitung eines „Handbuch Auslandseinsätze" begonnen werden, in das die Erfahrungen aller Bereiche einfloss. Ein System einsatzbegleitender Auswertung wurde formalisiert und dazu ein umfangreicher Befehl erlassen.

Es gelang uns, den Anstoß zu geben für ein Verfahren im Ministerium, das der Krisenfrüherkennung für die Leitung dienen sollte. Dazu trafen sich in festgelegten Abständen Vertreter des Fü S III (Militärpolitik), Fü S II (Militärisches Nachrichtenwesen), FüZBw, des Amtes für das Nachrichtenwesen der Bundeswehr (ANBw) und der Leitung sowie des Generalinspekteurs, ließen sich über die Entwicklung in den Krisenherden der Welt vortragen, diskutierten die Wahrscheinlichkeit einer zukünftigen Befassung der Bundeswehr mit einzelnen Krisenherden und gaben Weisungen bzw. Empfehlungen zum weitern Vorgehen in Bezug auf einzelne Krisenherde.

Mit Jahresbeginn 1996 wurde uns mitgeteilt, dass der von mir verfasste Erprobungsbericht mit seinen Empfehlungen gebilligt worden war. Das bedeutete, dass unsere Empfehlungen nun in belegbare Forderungen hinsichtlich der Personal- und Materialausstattung wie auch des Raumbedarfs umzusetzen und zu vertreten waren – eine ungeliebte Aufgabe, die ich zu übernehmen hatte. Schwierige, manchmal wenig erfreuliche Verhandlungen mit dem Organisationsstab des Ministeriums waren die Folge, bis im April das Ergebnis stand:

Die geforderten personellen Verstärkungen wurden bis auf die in meinem eigenen Bereich genehmigt. Damit wurde auch die Einrichtung des Dienstpostens eines Ständigen Vertreters für den Leiter (Oberst/Kapitän zur See, B 3) genehmigt. Der Umzug in den ehemaligen Staatssekretär- und Ministerbau wurde genehmigt wie auch der dazu erforderliche Umbau. Ein neues Lagezentrum wie auch der Übergang von der analogen zur digitalen Lagedarstellungstechnik wurden ebenfalls genehmigt und schließlich auch die Aufstellung einer neuen Abteilung VI für das Streitkräfteamt der Bundeswehr Diese sollte im Ministerium angesiedelt werden und die schwierigen Detailprobleme der Verkehrs- und Transportführung für alle Transporte im Zusammenhang mit den im Ausland eingesetzten oder ins Ausland zu verlegenden Truppenteilen für das FüZBw bearbeiten.

Für mich hatte das die überraschende Folge, dass mir zum 1.6.1996 die Aufgaben des Stellvertretenden Leiters FüZBw übertragen wurden. Meinen Bereich LF gab ich ab.

Neben der Ständigen Vertretung des Leiters auf allen Gebieten und in allen Besprechungen wurden mir einige Sondergebiete übertragen:
- die Aufsicht über das Arbeitsgebiet Humanitäre Hilfe der Bundeswehr, das sich zu einem zunehmenden zeitlichen Belastungsfaktor für General Moede entwickelt hatte;
- die Befassung mit allen Fragen der Vorbereitung und Beteiligung des FüZBw an nationalen wie NATO-Übungen, in denen die neuen Mechanismen für Auslandseinsätze der Bundeswehr mit geübt werden sollten (dies geschah erstmals in diesem Jahr mit der

Beteiligung eines starken Luftwaffenkontingents an dem NATO-Manöver ROVING SANDS, für das das gesamte Kontingent in die amerikanischen Südstaaten verlegt werden musste);
- die Information des parlamentarischen Bereichs sowohl durch unsere Berichte wie auch durch persönliche Auskünfte;
- die Begleitung hochrangiger Parlamentarier und Angehöriger der militärischen Führung und der politischen Leitung des Ministeriums unterhalb der Ebene der Inspekteure und des Ministers bei ihren Besuchen im Einsatzgebiet.

Für alle Angehörigen des FüZBw kam diese Entscheidung überraschend. Während ich dazu die Zustimmung und Glückwünsche aller Mitarbeiter erhielt, war die Freude meiner bisherigen Kameraden Bereichsleiter etwas gebremst. Ich konnte das gut verstehen. Speziell dem Bereichsleiter EF fiel es schwer, die ihm bislang automatisch zugefallene Rolle des Stellvertreters des Leiters abzugeben und mich in alle Informationsstränge einzubauen. Letztendlich war der Wechsel zu mir als Stellvertreter aber nach einigen Monaten vollzogen.

In dieser Zeit blieb die Entwicklung nicht stehen. Extern wurden drei Einsätze beendet, die immerhin auch Aufmerksamkeit erfordert hatten.

Am 19. Juni 1996 wurde die Operation SHARP GUARD offiziell von der NATO beendet, nachdem sie schon Monate vorher ausgesetzt worden war. Eine Blockade der dalmatinischen Küste war ja nicht mehr erforderlich. Am 30.9. lief die Beteiligung deutscher Flugzeuge und Hubschrauber an UNSCOM im Irak aus. Die Luftbrücke nach Sarajevo hatte schon im Januar 1996 beendet werden können.

Für die Zusammenarbeit mit Verbündeten und befreundeten Nationen hatten sich zwei wichtige Entwicklungen ergeben.

Der schwierige Prozess des Heranführens von Albanien an Westeuropa wurde dadurch unterstützt, dass Minister Rühe die Beteiligung eines kleinen albanischen Kontingents an IFOR durch seine Aufnahme in das deutsche Kontingent ab April 1996 gebilligt hatte. Seitdem nahm ein albanischer Wach- und Sicherungszug, der das deutsche Feldlager sichern sollte, an der Einsatz vorbereitenden Ausbildung des deutschen Kontingents teil und ging mit ihm in den Einsatz – ein Einsatz, der in Albanien als sehr prestigeträchtig bewertet wurde.

Viel wichtiger und von langfristiger Bedeutung für unseren Balkaneinsatz war die sehr enge und fruchtbare Zusammenarbeit mit unseren französischen Freunden, als immer deutlicher wurde, dass es eine auf lange Dauer ausgelegte Folgeoperation zu IFOR geben würde. Dafür konnte es nicht mehr im deutschen Interesse liegen, mit allen Truppenteilen in Kroatien stationiert zu sein, während der Handlungsbedarf in Bosnien bestand.

Unser französischer Verbindungsoffizier erwies sich schnell als eine unverzichtbare, wichtige Hilfe bei unseren Überlegungen, die Folgeoperation – für die dann der Name SFOR (STABILIZATION FORCE) gefunden wurde – als gemeinsame deutsch-französische Operation anzulegen. Unser intensiver Kontakt ab September 1996 mit dem EMIA (Etat Major Inter-Armées), unserem Gegenpart im französischen Verteidigungsministerium, und dem COIA (Centre Operations Inter-Armées), einem Führungskommando der Streitkräfte für Auslandseinsätze, das die Bundeswehr so nicht hatte, führte schließlich zu einer deutsch-französischen Lösung, an der sich weitere Nationen beteiligten.

Wir kamen überein, der NATO für die Folgeoperation anzubieten, dass eine der drei dafür ins Auge gefassten Divisionen, die MULTINATIONAL DIVISION SOUTHEAST, unter deutsch-französischer Führung operieren solle. Die Division und die erste Brigade sollten im Süden Bosniens, in Mostar, ihr Hauptquartier haben. Divisionskommandeur und die Hälfte des Stabes würde von Frankreich gestellt, der Chef des Stabes von Deutschland wie auch der zweitgrößte Stabsanteil. Weitere Teile des Stabes sollten von Spanien und Italien gestellt werden, die auch Truppenteile in die Brigade Mostar einbringen würden (so war das auch mit diesen Nationen abgesprochen worden). Arbeitssprache würde Französisch sein – unser Heer war ganz sicher, ganz langfristig genügend Französisch sprechendes Stabspersonal zu haben (ein Irrtum, wie sich schon nach zwei Kontingentwechseln herausstellen sollte).

Die zweite Brigade sollte in Sarajevo aufgestellt werden. Sie würde aus Elementen der Deutsch-Französischen Brigade, also aus deutschen und französischen Truppenteilen bestehen, ferner Teile eines ukrainischen Bataillons und den albanischen Sicherungszug aufnehmen. Ihr Führer würde stets ein deutscher General mit einem französischen

Stellvertreter sein. Arbeitssprache würde Deutsch sein.

Das gesamte deutsche Kontingent sollte, wie es die im Oktober durchgeführten Erkundungen ergeben hatten, in der Kasernenanlage Rajlovac am Stadtrand von Sarajevo stationiert werden. Diese musste allerdings noch aufwändig und vor allem schnell hergerichtet werden, um Mindeststandards zu bieten. Teile waren und blieben minenverseucht.

So kam es dann auch. Noch im November und Dezember konnten die Weisung Nr. 1 des Ministers für die Beteiligung der Bundeswehr an SFOR sowie das Befehlspaket des Leiters FüZBw für diese Operation erlassen werden. Die Bundesregierung beschloss diese Beteiligung am 11.12., der Bundestag folgte am 13.12. Die Verlegung des gesamten Heereskontingents aus den verschiedenen Standorten in Kroatien nach Rajlovac erfolgte noch im Januar 1997, das ganze Kontingent einschließlich unseres „Mobilen Kreiskrankenhauses" konnte Anfang Februar seine Einsatzfähigkeit melden.

Was dies für alle Beteiligten in den Stäben, vor allem im Einsatzkontingent, aber auch im FüZBw bedeutete, wird nur derjenige erahnen können, der solche Arbeit kennt und die „normale" Arbeit im Verteidigungsministerium erlebt hat.

Während des gesamten zweiten Halbjahres liefen die Arbeiten einer kleinen Arbeitsgruppe auf Hochtouren, welche den Umbau unserer zukünftigen Unterbringung begleitete und mir dabei berichtete. Gemeinsam entwickelten wir das Konzept für die neue Raumzuweisung und hatten dabei schnell erkannt, dass der angebotene Raum schon jetzt, vor dem Einzug, nicht mehr ausreiche. Unserem Antrag, ein komplettes Geschoss im angrenzenden Gebäude 207 bereitzustellen und eine sichere, für Unbefugte gesperrte Verbindung mit unseren „Hauptgebäuden" vorzusehen, wurde entsprochen. In der gleichen Zeit entwickelte LF die Ausstattung des neuen Lageraums für die Ministerlage mit völlig neuer digitaler Technik wie auch einen Lagebearbeitungsraum mit zwei Arbeitsplätzen, von denen aus zwei parallel ablaufende Operationen im Ausland indirekt über ein Führungskommando oder direkt geführt werden konnten. Schließlich begannen wir mit ersten Versuchen, für die Übertragung der Sitzungen des KSEA zu den Führungskommandos der TSK Videokonferenztechnik einzusetzen, um so die Übertragungswege deutlich zu verkürzen und auch eine Beteiligung dieser externen Stellen zu ermöglichen.

Die Abteilung VI „Verkehrs- und Transportführung" wurde im Streitkräfteamt aufgestellt und begann, unmittelbar in unserer Nähe im Auftrag von EP oder EF zu arbeiten.

Die Arbeit der kleinen Gruppe „Humanitäre Hilfe" erreichte im Jahr 1996 einen unerwarteten Höhepunkt. Über 2500 Anträge von 1030 Antragstellern (deutschen und ausländischen Nicht-Regierungsorganisationen, Abgeordneten, anderen Politikern, deutschen Botschaften im Ausland) mussten bearbeitet werden. Für 54 von ihnen war eine Entscheidung der Leitung herbeizuführen. Im ganzen Jahr haben wir so die Abgabe von Material im Wert von 55 Millionen DM, davon alleine Sanitätsmaterial in Höhe von 39 Millionen DM veranlasst. Die Empfänger arbeiteten hauptsächlich im ehemaligen Jugoslawien, in den Baltischen Staaten und in den GUS-Staaten. Einige Empfänger kamen aber auch von ganz weit her, bis aus Südamerika und Papua-Neuguinea.

Nach einer für Bundeswehr-Verhältnisse unvorstellbar kurzen Zeit sah das erste Halbjahr 1997 unseren Umzug in die neue Unterbringung. Endlich erhielten wir arbeitsfähige zentrale Registraturen, ein zentrales Geschäftszimmer, das bis in die Nacht hinein besetzt bleiben konnte. Der Bereich LF mit Bereitschaftszentrum und Stabsmeldezentrale konnte endlich angemessen untergebracht werden. Der neue, große Briefingraum und die mit ihm verbundene leistungsstarke Darstellungstechnik ermöglichten Lagevorträge, die im wahrsten Sinn des Wortes keine Wünsche offen ließen – bis dann die ersten Überlegungen angestellt werden mussten, wie all dies leistungsfähig und jederzeit aktuell im „neuen" Verteidigungsministerium in Berlin im Bendlerblock untergebracht werden könnte. Der befand sich in den letzten Phasen seiner Vorbereitung auf den Umzug des Ministers mit den Kernbereichen des Ministeriums. Mit Vertretern von LF vertrat ich das FüZBw bei diesen Planungen, wobei mich schnell ein starkes „Deja-Vu-Gefühl" beschlich – denn auch hier war sehr schnell, schon vor dem Einzug klar, dass einfach viel zu wenig Platz da war. Hier aber mussten wir uns mit einem Minimum bescheiden. So wurde eine kleine Dependance unseres Lagezentrums eingerichtet, in die die Lage aus Bonn zeitgleich vorgeführt werden konnte.

Währenddessen hatte sich im Frühjahr 1997 die Lage in Albanien immer weiter verschärft, bis im Februar große Teile der Bevölkerung mit dem sog. „Lotterieaufstand" gegen ihre mit Duldung durch staatliche Institutionen erfolgte kriminelle finanzielle Ausplünderung revoltierten und die gesamte staatliche Ordnung zum Einsturz brachten. Schnell wurde deutlich, dass dort die gesamte Sicherheitslage ins Wanken kommen konnte – mit unkalkulierbaren Risiken für die im Lande lebenden Ausländer. Mit Zustimmung des Ministers und unter besonderer Geheimhaltung begannen wir daher mit einer Eventualfallplanung für die Evakuierung der Deutschen aus Tirana, der albanischen Hauptstadt, als eine rein nationale Operation. Von Anbeginn an war klar, dass wir dafür, solange wir keine zusätzlichen Truppen in der Nähe Albaniens stationieren wollten, nur auf die Hubschrauber und Gebirgsjäger des SFOR-Kontingents würden zurückgreifen können – das aber eigentlich der NATO unterstand.

Als Glücksfall erwies sich, dass mit Oberstleutnant K. ein Offizier als Berater genutzt werden konnte, der vor kurzem von einer Beratertätigkeit an der albanischen Stabsakademie zurückgekehrt war und sich in den örtlichen Gegebenheiten gut auskannte. Er nahm an der Planungsarbeit teil. In Oberst i.G. G. hatten wir im Kontingent einen Fallschirmjägeroffizier, der seine Erfahrungen einbringen konnte und sich für den Eventualfall bereits in Sarajevo befand.

In den ersten Märztagen geriet die Lage um und in Tirana dann tatsächlich außer Kontrolle. Am 13.3. wurde klar, dass die Evakuierung der deutschen und anderer europäischen Staatsbürger aus Tirana durchgeführt werden musste. Die eingeplanten Kräfte – Gebirgsjäger und Hubschrauber CH 53 – wurden kurzfristig aus der NATO-Unterstellung herausgezogen und alarmiert. Die sich in der Adria befindende Fregatte NIEDERSACHSEN wurde auf die Höhe von Albanien verlegt, ein Seefernaufklärer BREGUET ATLANTIC als Fernmelde-Verbinder über die Adria befohlen; die Luftwaffe stellte eine C-160 TRANSALL bereit. In den Vormittagsstunden des 14. März erteilte der Minister nach einem letzten Lagevortrag General Moede die Genehmigung, die nationale Evakuierungsoperation, die den Decknamen LIBELLE erhalten hatte, auszulösen, wenn jener überzeugt sei, dass alle erforderlichen Vorbereitungen abgeschlossen und die Maßnahme nicht mehr aufzuschieben sei. Beides – die Entscheidung des Ministers wie auch die Art, wie er die allerletzte Entscheidung in die Hände von General Moede legte, habe ich damals als „historisch" angesehen – und die absolute Mehrzahl unserer Mitarbeiter sicherlich auch.

Der Ausgang ist bekannt. Alle zu evakuierenden Ausländer erreichten über die Deutsche Botschaft sicher den Landeplatz. Trotz eines einsetzenden leichten Geplänkels konnten alle Hubschrauber sicher starten und ihre Landeplätze erreichen. Die Operation war ein voller Erfolg – wozu die sehr enge Zusammenarbeit zwischen FüZBw und dem Einsatzkontingent ebenso beigetragen hat wie die Tatsache, dass wir auch einfach Glück gehabt haben.

Sechs Tage danach billigte der Bundestag nachträglich diesen Einsatz, über den vor Beginn die entscheidenden Politiker durch den Minister persönlich informiert worden waren.

Die Erfahrungen mit dem Vorlauf dieser Operation überzeugten uns von der Notwendigkeit, mit dem Auswärtigen Amt ein Verfahren auszuarbeiten, mit dem bei krisenhaften Entwicklungen kleine Teams von Spezialisten von uns an die entsprechende Botschaft verlegt werden konnten, um dort die erforderlichen Erkundungen einzuleiten, die Botschaft zu beraten und ggf. als verlängerter Arm der Bundeswehr vor Ort die Evakuierungsoperation mit durchzuführen. Im Amt für das Militärische Geoinformationswesen ließen wir Verfahren entwickeln, mit denen bei Bedarf sehr schnell erforderliche Landesinformationen bereitgestellt werden konnten.

In seinen ersten zweieinhalb Jahren war das FüZBw bis dahin von größeren Unglücksfällen verschont geblieben, wobei es natürlich auch im Einsatzgebiet schwere Verkehrsunfälle gegeben hatte – am 23. Mai 1997 war das vorbei. Beim Entladen der 20mm-Bordkanone eines Spähpanzers LUCHS im Feldlager Rajlovac löste sich ein Feuerstoß aus der Kanone und traf zwei Soldaten tödlich.

Dieser tragische Unfall und der schwere Verlust, der das Kontingent und alle am Einsatz Beteiligten betroffen gemacht hat, hat uns sehr deutlich vor Augen geführt, was alles im Einsatzgebiet passieren konnte – und wovor wir bislang bewahrt geblieben waren. Schließlich hätte dieser Schießunfall auch zuhause passieren können. Und so waren wir immer noch dankbar dafür, dass es neben einer nicht schweren Verletzung eines Pionieroffiziers durch eine Minenexplosion in der gesamten Zeit zu keinem schweren Personenschaden gekommen war, der speziell einzig auf die Verhältnisse im Einsatzgebiet zurückzuführen gewesen wäre.

Wie auch 1996 habe ich im ersten Halbjahr 1997 mehrfach hochrangige Besucher nach Bosnien begleitet. Es zahlte sich stets aus, die Fragen wichtiger Politiker schon im Einsatzland beantworten, ihre Anmerkungen und Anregungen schon dort aufnehmen und zuhause schnellstmöglich beantworten zu können, bevor von ihnen der Dienstweg beschritten wurde.

Bei jedem dieser mehrtägigen Aufenthalte erschütterte mich immer wieder der Anblick der Zerstörungen im ganzen Land. Am Bedrückendsten empfand ich es immer wieder, wenn wir durch Täler fuhren oder über sie hinweg flogen, die nicht nur menschenleer waren, sondern in denen auf den Weiden nicht ein Stück Vieh zu sehen war, in denen man das Gefühl hatte, nicht einen Vogel zu hören, in denen ganze Dörfer nur aus leer gebrannten, mutwillig angezündeten Häusern bestanden, die tot und verlassen da lagen. Ich empfand es dann als sehr befriedigend zu wissen, dass die NATO begonnen hatte, nach Kriegsverbrechern, für die ein Haftbefehl des Internationalen Strafgerichtshofes vorlag, zu suchen und ihrer habhaft zu werden.

Auch in dieser Zeit hatten wir uns mit Problemem zu befassen, die nicht im ehemaligen Jugoslawien lagen.

Im Mai 1997 trat die Oder großflächig über ihre Ufer. Obwohl das FüZBw eigentlich für die Einsätze der Bundeswehr im Ausland aufgestellt worden war, übernahmen wir die ministerielle Führung des zuständigen Wehrbereichskommandos für den Einsatz der Streitkräfte in der Katastrophenabwehr. Erstmalig konnte ich dabei auf Bildmaterial sehen, dass die Aufklärungsmittel unserer Marine-TORNADO in der Lage waren, den Grad der Durchweichung der Oderdeiche aus der Luft festzustellen.

Im Sommer kam es zu umfangreichen Waldbränden in Griechenland. Auch hier koordinierten wir den Einsatz der Streitkräfte zur Unterstützung.

Während des Sommers hat mich dann das Personalkarussel erwischt. Im Juli wurde ich zu General Moede gebeten, der mich fragte, was ein „OP" (außer im Krankenhaus) sei – der Inspekteur der Marine habe entschieden, ich solle OP im Flottenkommando werden. Ich glaubte, seine Frage beantworten zu können – wie sich ab 18. August 1997 herausstellen sollte, traf das nur zum Teil zu.

Zweieinhalb Jahre im Führungszentrum der Bundeswehr – ich hätte mir nie vorstellen können, in so kurzer Zeit so viele Veränderungen miterleben und mitgestalten zu können, einen kontinuierlich so hohen Druck aushalten zu können, so im Zentrum wichtiger Entscheidungen und Entwicklungen für die Bundeswehr zu stehen – und dabei ein so menschlich warmes und kameradschaftlich herzliches Betriebs- und Führungsklima genießen zu dürfen, dass neben allen Belastungen jeder neue Tag im Dienst auch eine neue Freude war. Der Hauptverdienst daran gebührte unserem Leiter, BGen Hartmut Moede, der es neben allen seinen Belastungen verstand, eben dieses Klima wachsen zu lassen, lebendig zu erhalten und zu pflegen.

Nach langer Anreise von Meckenheim nach Glücksburg (und einem Vorgeschmack auf das vor mir liegende Pendeln) meldete ich mich Mitte August 1997 beim Befehlshaber der Flotte, VAdm Horten, als OP, als Leiter der Operationsabteilung zum Dienst. Horten wurde damit zum dritten Mal mein Vorgesetzter, nachdem er dies zum ersten Mal als KptLt und Kommandant „U 8" für den OFhrzS Toyka 1968 und zum zweiten Mal als FKpt und Kommandeur des 3. Ubootgeschwader 1975–1977 für den Kommandant „U 17" gewesen war. Ich freute mich auf die Zusammenarbeit mit einem Vorgesetzten, den ich als geradlinig, offen und verlässlich kennen und schätzen gelernt hatte. In dieser Freude und Zuversicht bin ich übrigens nie enttäuscht worden.

Dann folgte die Meldung beim Chef des Stabes, KAdm Hülsemann. Auch er war als Kommandeur der Zerstörerflottille in meiner Zeit als Geschwaderkommandeur mein Vorgesetzter gewesen und mir gut bekannt.

Umgehend begannen dann Einweisung und Übernahme von meinem Vorgänger und durch die drei Gruppenleiter – OP1, OP 2, und OP 3. Dabei, wie auch in den Folgemonaten, wurde das System „Flottenkommando und OP-Abteilung" deutlich.

Nur auf den ersten Blick war das Flottenkommando ein Stab oder Hauptquartier wie jedes andere mit seinen normalen Abteilungen. Die gab es natürlich – A 1, A 2, A 3, A 4, A 6-Abteilung, SanDienst,

Geophysik – mit der jeweiligen Verantwortung für Personal, Militärisches Nachrichtenwesen, Logistik, Fernmeldeführung, Sanitätsdienstliche Versorgung, Wetter und Ozeanographie. Im Unterschied zu anderen Hauptquartieren war aber der A 3 und seine Abteilung nur für Fragen der lehrgangsgebundenen Ausbildung des Personals an Schulen der Marine, organisatorische Aufgaben im Stab und in der Flotte zuständig und nicht mit Fragen der Einsatzausbildung und des Einsatzes befasst.

Dafür gab es die größte Abteilung im Stab – die Operationsabteilung, die für alle Fragen der Einsatzausbildung und des Einsatzes sowie der kontinuierlichen, weltweiten Führung aller schwimmenden und fliegenden Einsatzmittel der Flotte zuständig und verantwortlich war. In ihr dienten ca. 120 Mann, zum großen Teil Offiziere.

In der OP 1-Gruppe bearbeiteten Fachleute für alle Typflottillen sämtliche Fragen der Einsatzausbildung, der Übungsteilnahme, der Einsatzvorhaben, der operativen Forderungen an Rüstungsvorhaben, der Zusammenarbeit mit den Seestreitkräften unserer verbündeten und befreundeten Marinen, stellten die operative Fachexpertise für den Führungsstab der Marine – und vieles mehr. Sie erarbeitete zusammen mit den Typflottillen die jährliche Übungs- und Erhaltungsplanung für das Folgejahr und musste dabei die Vorgaben des Führungsstabes der Marine, unsere nationalen und internationalen Verpflichtungen, die Forderungen und Grenzen der Verbände und Einheiten, die Zahl der verfügbaren Seetage und Flugstunden miteinander in Deckung bringen – und stets berücksichtigen, dass die eingeplanten Einheiten auch die für die vorgesehene Aufgabe erforderliche Stufe der Einsatzfähigkeit im Rahmen des für den jeweiligen Typ vorgesehenen Einsatzausbildungsprogramms erreichen konnten und auch tatsächlich erreichten. Die unvermeidlichen Änderungen am laufenden Plan mussten verarbeitet, Alternativen entwickelt, abgestimmt und realisiert werden – natürlich so, dass das die Zustimmung des Befehlshabers und, falls erforderlich, des Führungsstabes der Marine fand. Bei meiner Übernahme lief gerade der sehr intensive Diskussions- und Abstimmungsprozess mit dem Fü M zur Jahresweisung des Inspekteurs der Marine für das Jahr 1998, in der alle unsere Aufgaben und Verpflichtungen, national wie international, festgelegt werden würden. An ihr würde der Grad unserer Auftragserfüllung zu messen sein. Wie auch in den Folgejahren gestaltete sich dieser Abstimmungsprozess zwischen dem Fü M, der die Vorgaben der Leitung und die Wünsche des Inspekteurs nach sichtbarer Wirkung der Marine umzusetzen hatte, und der OP-Abteilung, die die Grenzen des Machbaren zu berücksichtigen hatte, als schwierig und zähflüssig. Der OP 1 war mein ständiger Vertreter.

Die OP 2-Gruppe, größte Gruppe der Abteilung, betrieb im 24-Stunden-Schichtbetrieb das Lagezentrum des Flottenkommandos und die SAR-Leitzentrale, mit deren Hilfe Deutschland seine internationale vertragliche Verpflichtung zur Durchführung des Such- und Rettungsdienstes über See in seinem Verantwortungsgebiet wahrnahm. Auch im Lagezentrum waren Spezialisten aller Typflottillen vertreten. Die jeweilige Schicht war zunächst für die weltweite Lagedarstellung bezüglich unserer Einheiten und ihres Umfeldes zuständig. Bei meiner Ankunft hatte die Anbindung des Lagezentrums an das neue Lagedarstellungssystem der NATO, das MCCIS (Maritime Command, Control and Information System), begonnen, von dem die weltweite NATO-Lage, so weit sie uns betraf oder interessierte, übernommen und in Echtzeit dargestellt wurde.

Die jeweilige Schicht unter ihrem Leiter, einem Stabsoffizier als Duty Commander, war darüber hinaus für alle unsere Einheiten, für alle anderen Dienststellen, Ministerien, Bundeswehr, Alliierte, NATO-Stellen etc. der ständig verfügbare Ansprechpartner, der „die Flotte" verkörperte. Er hatte zu entscheiden, ob er ein Problem selbst zu lösen hatte und dies auch konnte – zu jeder Tages- und Nachtzeit – oder es dem OP 2 oder dem OP vorzulegen hatte – sofort oder während des nächsten Dienst-Tages. Die stehende Schicht hatte überdies die tägliche Morgenlage für die Abteilungsleiter und den Chef des Stabes sowie die wöchentliche „Große Lage" für den Befehlshaber vorzubereiten und durchzuführen.

Bei meiner Übernahme befand sich das Lagezentrum noch in einem Ausweichquartier in einem der Stabsgebäude, denn nach Abschluss der mehrjährigen Asbest-Entsorgung war der Ausbau des Bunkers mit den neuen Führungsmitteln und dem neuen Lagezentrum noch nicht abgeschlossen.

Die OP 3-Gruppe war als „Entwicklungs-Denkfabrik" konzipiert. Hier gab es Fachleute für die verschiedenen Seekriegsarten wie Überwasserkriegführung, Minenkriegführung etc. Hier sollten einerseits verwertbare Erfahrungen aus den Übungen und Einsätzen unserer Einheiten gewonnen, verarbeitet und in Empfehlungen oder Anleitungen zur Weiterentwicklung umgesetzt werden. Andererseits sollten in Zusammenarbeit mit anderen Stellen der Marine die Entwicklung in den Seekriegsarten vorangetrieben, deutsche Positionen entwickelt, in den NATO-Gremien vertreten – und die erforderliche Rückkopplung der NATO-Entwicklungen in unsere Marine vorgenommen werden.

Alle Abteilungsleiter im Flottenkommando waren formell gleichgestellt. Aber unbestritten war, dass der OP sowohl dem Befehlshaber wie auch der Flotte gegenüber und nach außen der sichtbare Verantwortliche auf Arbeitsebene für die Auftragserfüllung der Flotte war. Er war daher auch der ständige Vertreter des Chefs des Stabes und der Primus inter Pares unter den Abteilungsleitern – was nicht alle akzeptieren konnten oder wollten; so, wie nicht alle akzeptieren konnten, dass der Befehlshaber von Anfang an nach jeder Großen Lage ein ausgedehntes Vieraugengespräch mit mir führte, um Feinheiten außerhalb der Lage zu besprechen. Während der gesamten drei Jahre musste ich daher ständig darauf gefasst sein, dass ein anderer Abteilungsleiter eine reale oder vermeintliche Unsicherheit in der Lagedarstellung oder Argumentation eines Angehörigen meiner Abteilung oder von mir selbst in der Lage nutzen würde, um deutlich oder versteckt den „Finger in die Wunde" zu legen, um eine genauere Arbeit der OP-Abteilung zu „erbitten" oder anzumahnen, um eine bessere interne Koordinierung einzuklagen, um die entscheidende Bedeutung der „Fachleute" außerhalb der OP-Abteilung herauszustellen und so den OP ein wenig zu demontieren.

In der Anfangszeit hat mich das erheblich geärgert. Aber es hatte auch seine positiven Aspekte. So wurde mir schnell klar, dass wir – die OP-Abteilung – in jeder Lage nicht nur gut genug für den Befehlshaber oder den Chef des Stabes, für alle ihre möglichen Fragen, Anliegen und Probleme sein mussten, sondern auch keinerlei Angriffsfläche für Querschüsse einiger meiner Kameraden Abteilungsleiter bieten durften. Meine Fähigkeit, die Beherrschung auch bei ungerechtfertigten „Ermahnungen" aus diesem Kreis nicht zu verlieren, zahlte sich mit der Zeit ebenso aus wie meine Bereitschaft, Fehler in den

Beiträgen anderer Abteilungen zwar für den Betroffenen erkennbar zu realisieren, aber nicht an die große Glocke zu hängen – gelegentlich aber einen „Kontrahenten" sich auch sichtbar blamieren zu lassen. So wurden die Versuche, mir in den Lagevorträgen ein Bein zu stellen, mit der Zeit deutlich weniger. Aber auch nach drei Jahren musste ich vor jeder Lage sicher sein, dass keinem Abteilungsleiter die Gelegenheit geboten würde, pointiert auf einen „Fehler" meiner Abteilung hinzuweisen – und sei er noch so klein. Festzuhalten ist aber auch, dass mich mit einzelnen Abteilungsleitern ein echtes Vertrauensverhältnis verband, das keinerlei Platz für Missklänge ließ.

Einen besonderen Personenkreis bildeten die Typkommandeure – also die Kommandeure der Zerstörer-, Schnellboot-, Uboot-, Marinefliegerflottille und Flottille der Minenstreitkräfte. In ihnen verkörperte sich die Verantwortung für die Einsatzfähigkeit unserer schwimmenden und fliegenden Einheiten und Verbände vor Ort. Mit Ausnahme des Kommandeurs der Marinefliegerflottille, einem Flottillenadmiral, waren sie wie ich Kapitäne zur See (B 3). Auf ihren herausgehobenen Verwendungen konnten sie davon ausgehen, noch nicht das Ende ihrer Karriere erreicht zu haben. Der Befehlshaber pflegte ein enges, gutes persönliches Verhältnis zu jedem von ihnen. Ihre Stäbe wussten das. In der täglichen sachlichen Arbeit war aber unstrittig, dass die OP-Abteilung und damit ich selbst die Kompetenz und Autorität des Befehlshabers der Flotte verkörperte, beanspruchte und dabei die Auftragserfüllung der gesamten Flotte zu verantworten hatte. Das musste immer mal wieder deutlich gemacht werden, gelegentlich auch durch mich persönlich. Schwieriger als bei den anderen Flottillen war das bei der Marinefliegerflottille, die sich unter meinem Vorgänger, jetzt ihr Kommandeur, an ein relativ ausgeprägtes Eigenleben gewöhnt hatte. Der Spagat zwischen dem Bestehen auf unseren Forderungen oder Weisungen an den Stab der Flottille und der Wertschätzung des Einsatzes vor allem alles fliegenden Personals musste stets bewältigt werden. Mich brachte das schließlich dazu, mich einer Ausbildung im „Sea Survival" beim Marinefliegergeschwader 3 zu unterziehen und anschließend einen TORNADO-Mitflug zu absolvieren (ein unglaubliches Erlebnis!), um mein starkes persönliches Interesse an den Belastungen und Leistungen der fliegenden Verbände zu demonstrieren.

Dass es mir gelang, zu allen Typkommandeuren ein gutes persönliches Verhältnis zu entwickeln, hat meine Arbeit mit der Zeit sehr erleichtert. Dazu gehörte auch die inhaltliche Vorbereitung und organisatorische Durchführung der jährlichen Tagung, die der Befehlshaber und der OP mit diesem kleinen, exklusiven Kreis durchführten.

Als meine erste große Baustelle erwies sich die Vorbereitung der für das Frühjahr 1998 angekündigten Überprüfung der Dienstpostenausstattung des Flottenkommandos durch das Referat H I 3 des Ministeriums unter seinem gefürchteten Referatsleiter, Ministerialrat V. Jeder einzelne Dienstposten würde einzeln zu begründen und in seiner Dotierung zu verteidigen sein – gegenüber Fachleuten für Organisationsfragen, die natürlich mit klaren Vorstellungen zu den Einsparungen, die sie erzielen wollten, anreisen würden. Schnell stellte ich fest, dass die Vorbereitungen auf diese wichtige Überprüfung im gesamten Stab, aber auch in meiner Abteilung, relativ gelassen und unbekümmert betrieben worden waren. Verluste an personeller Arbeitskapazität, das war mir schnell klar, durfte ich aber auf keinen Fall riskieren. Zugleich sah ich aber auch die unerwartete Chance, fehlende Kapazitäten zu gewinnen, falls die sachliche Begründung für meine Forderung nicht zu entkräften wäre. Die ganze Abteilung musste daher von vorne beginnen und jeden Dienstposten, und sei er der eines Obermaaten oder einer Schreibdame, schriftlich und mündlich vor mir rechtfertigen. Ich selber sah mir jeden Mitarbeiter einzeln an, um seine Arbeit zu verstehen und begründen zu können.

Daneben entwickelte ich mit den engsten Mitarbeitern ein Forderungspaket nach zusätzlichen Dienstposten, die ich für unverzichtbar hielt.

Schon als Geschwaderkommandeur hatte ich erlebt, wie schlecht und wenig effektiv unser Verfahren war, mit der Führung einer Kampfgruppe in einer Übung oder einem Einsatz einen Geschwaderkommandeur zu beauftragen, der kaum personellen Unterbau besaß, der dankbar für jede Verstärkung durch ihm unbekanntes Personal sein musste, das dann auch meistens viel zu spät kam – während seine eigentlichen truppendienstlichen Aufgaben als Kommandeur mehrerer Schiffe liegen blieben. Die Flotte brauchte also angesichts der zunehmenden Wahrscheinlichkeit von Kriseneinsätzen und internationalen Einsätzen einen präsenten Einsatzstab unter einem Kapitän zur See mit dem erforderlichen Unterbau, um aus dem Stand einen neuen Einsatz planen, vorbereiten und eingeschifft auch führen zu können.

Dann war mir als Zerstörerkommandant mehrfach klar geworden, wie gering unsere Leistungsfähigkeit in der Elektronischen Kriegführung war. Nirgendwo wie auf diesem überlebenswichtigen Gebiet hatte ich das Fehlen jeden Fokusses auf Leistung, Leistungssteigerung, Effektivität und vor allem Aktualität so deutlich gespürt wie bei unseren Fähigkeiten in der Elektronischen Kriegführung. Als möglichen Motor für die erforderliche Verbesserung sah ich eine Verstärkung dieses Bereichs in der OP 3-Gruppe.

Im April 1998 war es dann so weit – und die für drei Tage angesetzte Überprüfung des ganzen Flottenkommandos musste verlängert werden, denn das Prüfteam stellte zu seiner Überraschung fest, dass ich als Abteilungsleiter einer Abteilung mit etwa 120 Mitarbeitern nicht nur während der gesamten Prüfung anwesend war, sondern auch jeden einzelnen Dienstposten begründen konnte und dies auch tat, wenn er Gefahr lief, gestrichen oder herunter dotiert zu werden. Ministerialrat V. gefiel das offenkundig, und er oder sein Team lieferten sich so manche hitzige oder auch heitere Diskussion mit mir – zwei volle Tage lang. Am Ende habe ich nicht nur meine Dienstposten behalten, sondern einen kompletten Einsatzstab unter einem Kapitän zur See als OP 4-Gruppe und die personelle Unterstützung bei der Elektronischen Kriegführung in der OP 3-Gruppe dazu bekommen. Danach aber war „Schluss mit Lustig" für das Flottenkommando. Die anderen Abteilungen, die nicht ganz so vorbereitet waren wie wir, mussten für die bei uns nicht erfolgten Streichungen und bewilligten Verstärkungen bluten – was für einige Zeit das Klima zwischen mir und den anderen Abteilungsleitern belastete, auch wenn ich mich selbst für deren Verluste nicht verantwortlich fühlte.

Die laufende Arbeit war stark geprägt von der Notwendigkeit, die hohen vorgegebenen Einsatzverpflichtungen, angefangen bei der fest gesetzten durchgehenden Teilnahme von zwei Fregatten/Zerstörern und zwei Minenabwehrfahrzeugen an den Ständigen NATO-Einsatzverbänden rund um das Jahr, die Ausbildungserfordernisse der einzelnen Einheiten und die Vorgaben des Fü M in Deckung zu bringen – bei abnehmender Zahl der verfügbaren Einheiten. Allen Absichtserklärungen der Befehlshaber und meiner Vorgänger aus den letzten zehn Jahren zum Trotz gelang es nicht, die Seetage und Abwesenheitstage unserer Einheiten, insbesondere der Fregatten und Zerstörer, auf ein dauerhaft erträgliches Maß – so, wie es eigentlich schon immer geplant war! – herunter zu fahren. So lag der „Spitzenreiter" unter den Fregatten 1998 bei über 220 Abwesenheitstagen vom Heimathafen – und die Besatzungen trugen dies immer noch mit bewundernswerter Einsatzbereitschaft.

Zunehmenden Ärger bereiteten OP 1 und mir wie auch den Verbänden die Flut von Aufschreibungen, die parallel zum Aufbau einer personalintensiven Controlling-Organisation in der Flotte geleistet werden mussten; die zahlreichen Vorgänge, die bearbeitet werden mussten; zeitaufwändige Besprechungen, die durchgeführt werden mussten – alles mit dem Ziel, nachzuweisen (was aber längst fester Glaubenssatz war!), dass das ständig neu erhobene und nachgewiesene Wissen um alle Kostenaspekte bei der Tätigkeit unserer Einheiten von „Nutzen" war, die Effizienz und Wirtschaftlichkeit förderte und Kosten reduzierte. Angesichts der schon auf ein unverzichtbares Minimum reduzierten Forderungen an durchzuführende Ausbildungsmaßnahmen bis zum Erreichen einer geforderten Einsatzfähigkeit und der Anzahl der daran anschließenden Übungs- und Einsatzvorhaben war allen Beteiligten klar, dass wir mit diesem personalintensiven und Kräfte verschleißenden Vorhaben Luftschlösser aufbauten, die zu nichts zu gebrauchen waren. Erst gegen Ende meiner Verwendung schien sich diese Erkenntnis auch im Ministerium allmählich durchzusetzen, wurden die Aufschreibungsforderungen reduziert, konnte zunehmend darauf verzichtet werden, weiter Datenfriedhöfe anzulegen.

Tragischer Höhepunkt dieses Jahres war die Flugzeugkatastrophe, die im Sommer Luftwaffe, Marine und unsere amerikanischen Freunde traf. Mit dem Befehlshaber hatte ich noch die Segelmannschaft der Flotte verabschiedet, die von der südafrikanischen Marine zur Teilnahme an einer internationalen Segelregatta vor Simonstown eingeladen worden war. Mit einer TU-194 der Flugbereitschaft (einer Maschine der ehemaligen NVA-Luftwaffe), die normalerweise OPEN SKY-Verifikationsflüge im Rahamen der internationalen Rüstungskontrolle durchführte, war die Mannschaft abgeflogen. Über dem Südatlantik verschwand die Maschine. Gleichzeitig verschwand ein C 141 STARLIFTER der amerikanischen Luftwaffe auf dem Flug von Südafrika nach Norden – und ein furchtbarer Verdacht entstand. Wir verlegten sofort eine BREGUET ATLANTIC nach Windhuk und die Fregatte AUGSBURG in die Gewässer vor Namibia, stellten einen Geschwaderkommandeur als Koordinator der Suchmaßnahmen über See nach Walvis Bay ab. Unsere Einheiten konnten dann den Absturzort lokalisieren, was letztlich nach Bergung und Auswertung der Flugschreiber zur Klärung der Absturzursache führte – der Frontalkollision unseres Flugzeuges im nicht-überwachten Luftraum mit dem entgegen kommenden amerikanischen Flugzeug. Und unsere Tupolew verfügte über kein Anti-Kollisions-Radar... Das Unglück führte dazu, dass alle Maschinen der Flugbereitschaft mit Anti-Kollisions-Radar nachgerüstet wurden – eine Maßnahme, die schon international seit vielen Jahren Pflicht in allen zivilen Passagiermaschinen war, die sich die Bundeswehr aber bis dahin erspart hatte.

Die AUGSBURG ließen wir noch so lange vor Ort, bis die Hinterbliebenen gemeinsam nach Namibia geflogen und zum Absturzort gebracht worden waren, wo eine Abschieds- und Trauerfeier durchgeführt wurde.

1998 fand eine erste Besprechung der Befehlshaber von Heeres-, Luftwaffenführungskommando und Flottenkommando statt, die ich mit den Chefs der beiden Stäbe vorbereitete. Aufbauend auf meinen Erfahrungen im Führungszentrum der Bundeswehr und den jüngsten Kriseneinsätzen der Bundeswehr schlug Admiral Horten vor, eine gemeinsame Operation unter Führung eines Leitführungskommandos zu üben. Man kam überein, mit einer nationalen Evakuierungsoperation unter Beteiligung von Heer, Luftwaffe und Marine unter Federführung des Flottenkommandos im kommenden Jahr zu beginnen.

Mittlerweile hatte ich mich auch an den ermüdenden Rhythmus meines Pendelns zwischen Meckenheim und Glücksburg und wieder zurück gewöhnt – soweit das überhaupt möglich war. Sonntags musste ich in Bonn den 18.44er IC erwischen, damit ich dann in Köln in den IC einsteigen konnte, der aus Aachen kam und nach Fredericia/Dänemark fuhr. In Köln traf ich mich mit einem Hauptbootsmann, der in Euskirchen lebte und auch im Flottenkommando diente. Im letzten Wagen pflegten wir, ein leeres Abteil zu besetzen, die Sitze auszuziehen und die Vorhänge zu schließen. Nach Genuss einer Dose Bieres wurde geschlafen... ganz häufig aber nur bis Hamburg, denn viele Monate lang stieg dort eine Gruppe Italiener zu (vielleicht zwei, drei, aber vom Geräuschpegel mindestens zwanzig), die nach Dänemark pendelten. Wenn alles gut ging, waren wir gegen 01.30 dann in Flensburg, wo am Bahnhof mein Wagen stand. In meiner Wohnung in Glücksburg war ich dann gegen 02.00 – relativ aufgekratzt.

Goldene Regel in der OP-Abteilung war, dass der Chef am Freitag Mittag um 12.00 in Flensburg am Hauptbahnhof sein musste. Das klappte auch in etwa 80% aller Fälle. Dann ging es nach Hamburg Dammtor, wo sich stets dieselbe Gruppe von Fernpendlern traf. Im ankommenden IC nach Stuttgart besetzte der oder die am günstigsten Stehende im vordersten Wagen ein leeres Abteil für alle. Die Anderen grinsten schon, wenn sie mich mit einer schweren, großen Reisetasche einsteigen sahen – denn mittlerweile wussten sie, dass diese nicht voller Wäsche und anderer Utensilien war sondern voller Gittermappen mit Akten, die auf jeden Fall noch bis Montag früh bearbeitet sein mussten. Das nahm meistens meine Zeit bis Düsseldorf in Anspruch, wonach ich dann noch in einen intensiven Erschöpfungsschlaf zu fallen pflegte. Nach Umsteigen in Bonn war ich dann zwischen 19.00 und 20.00 zuhause – und ziemlich geschafft.

Einmal habe ich beinahe das Aussteigen in Bonn verschlafen, bin aufgesprungen und aus dem Wagen gehetzt. Als der Zug anfuhr, realisierte ich, dass meine große Tasche mit den Akten fehlte…. Da habe ich dann vorübergehend meinen Frieden mit der Deutschen Bahn machen können, denn nach mehreren Telefonaten war geregelt, dass die Tasche am Endbahnhof abgegeben und, vom Zugführer verwahrt, mir am folgenden Sonntag im 18.44er übergeben werden konnte!

Ein kleines Highlight des Jahres 1998 stellte die Durchführung des „Taktischen Seminars der Flotte" dar, das ich nach mehrjähriger Pause wieder durchführen ließ. Es wurde von der OP 1-Gruppe geplant, von mir geleitet und hatte die Planung und Durchführung einer teilstreitkraft-gemeinsamen, multinationalen Krisenoperation zum Gegenstand.

Großes Highlight war der Bezug des Schutzbaus nach Abschluss der vieljährigen Asbestsanierung und Modernisierung des Führungs- und des Lagedarstellungssystems. In Eigenregie und vorbei an dem viele Jahre dauernden „Entstehungsgang Wehrmaterial" war es der OP 2-

Gruppe und der A 6-Abteilung über gute nationale und internationale Arbeitsbeziehungen gelungen, die endgültige Anbindung unseres Hauptquartiers an das schon erwähnte MCCIS der NATO zu realisieren. Es war vor einigen Jahren durch Übernahme des neuesten Systems der US Navy entstanden und bislang nur auf die britische, spanische, italienische und portugiesische Marine – und jetzt endgültig auch auf die deutsche Marine ausgedehnt worden. Da es sich hier nicht um ein offiziell in die Bundeswehr eingeführtes System handelte, hatte es auch keine offiziellen, finanziell und zeitlich abgesicherten Ausbildungsvorhaben geben können. Die Systemtechniker und Bediener der OP 2-Gruppe hatten sich vielmehr in vielmonatiger, intensiver und Kräfte zehrender Arbeit „nebenher" die Möglichkeiten, Grenzen und Tücken des Systems erschlossen und seinen kontinuierlichen, störungsfreien Betrieb sichergestellt – wozu natürlich auch die aktive Teilnahme unseres Lagezentrums mit den geforderten Inhalten und Zuverlässigkeiten gehörte. Meine Besuche bei den anderen Führungskommandos, vor allem aber die Besuche von Heer und Luftwaffe, von Alliierten und Partnern bei uns zeigten immer wieder, dass es in unseren Streitkräften wie auch bei vielen Verbündeten nichts Gleichwertiges in seiner Leistungsfähigkeit gab. Natürlich führten wir von da an alle halbwegs wichtigen Besucher und Besuchergruppen ins Lagezentrum.

Schon 1998 begannen wir eine intensive Zusammenarbeit mit der polnischen Marine in Vorbereitung auf den NATO-Beitritt Polens, die wir 1999 fortsetzten. Dafür bot sich das Gebiet der Ubootsicherheit an, denn nach dem Beitritt würde sich die polnische Marine mit ihren Ubootbewegungen in dieses System einordnen müssen – und für die Ostsee war das Flottenkommando die NATO-Stelle, die die Ubootsicherheit zu gewährleisten hatte. Wir starteten eine Übungsserie zur Ubootsicherheit mit der dänischen und polnischen Flotte, für die sich die drei Hauptquartiere in der Planungs- und Führungsverantwortung nach NATO-Verfahren abwechselten. Bis zum NATO-Beitritt Polens gelang uns das allerdings nur sehr rudimentär. Denn auch wenn unser englisch sprechender polnischer Kamerad – ein ehemaliger I WO des Ubootes ORZEL – nach vielen Wiederholungen zu verstehen schien, dass wir in der NATO Übungen planten, um dann die Teilnehmer in See unter vorgegebenen Rahmenbedingungen eigenständig entscheiden und handeln zu lassen, war dem Kommando der Polnischen Seekriegsflotte nicht klar zu machen, warum wir nicht akzeptieren konnten, dass man dort jeder Einheit drehbuchartig vorschreiben wollte, was sie wann und wie zu tun hatte, damit alles auch garantiert nach Plan verläuft.

Nach dem NATO-Beitritt Polens blieb dieser polnische Offizier dann als „Azubi" in der OP-Abteilung. Über verschlungene Wege der Verwaltung erreichten wir es, dass ihm für die Anforderungen des täglichen Lebens eine Art Taschengeld gewährt wurde, denn von seinem Kommando bekam er praktisch nichts.

Nach langer Vorbereitung und intensiven Abstimmungen mit Heeres- und Luftwaffenführungskommando fand dann 1999 erstmal in der Geschichte der deutschen Marine eine gemeinsame Übung von Verbänden von Heer, Luftwaffe und Marine statt, die vom Flottenkommando geplant und von seiner Leitungszelle geleitet wurde. Meine Abteilung hatte das Szenario entwickelt – die Festsetzung einer größeren Anzahl deutscher Geiseln durch Terroristen bzw. eine Bürgerkriegspartei in einem fernen Land (dafür nahmen wir den Stützpunkt Olpenitz) – und übernahm mit der Leitungszelle die Rolle des Ministeriums und des Führungszentrums der Bundeswehr, die dann zu Übungsbeginn das Flottenkommando als Leitführungskommando mit der Verantwortung für die Befreiungsoperation beauftragten. Das Heer stellte Einsatzkräfte aus dem Kommando Spezialkräfte (KSK), die auf dem Truppenübungsplatz Daaden zusammengezogen und ausgerüstet wurden. Das Lufttransportkommando übernahm den Transport zum Absprungplatz in der Nähe des Einsatzortes, dafür nahmen wir den Flugplatz Eggebek. Der Führer des KSK war zugleich vor Ort Führer der eigentlichen Operation. Er wurde auf einer Fregatte eingeschifft, die wir als sein Führungsschiff bereitstellten. Befreiung und Abtransport der „Geiseln" wurden vom Kommando Spezialkräfte mit Hubschraubern und Schnellbooten durchgeführt. Zur Überraschung aller Beteiligten klappte die Durchführung im großen Ganzen überraschend gut. Sie brachte eine Reihe von Erkenntnissen, auf denen wir bei der Übung des Jahres 2000 – gemeinsame Durchführung einer „Geiselbefreiung" vom Gelände des ehemaligen Marinestützpunktkommandos Peenemünde – aufbauen konnten.

Zwei Erfahrungen fand ich besonders bemerkenswert. So konnten die beteiligten Führungsstellen des Heeres, z.T. auch der Luftwaffe, lange nicht verstehen, warum die Befehle des Flottenkommandos so kurz und knapp gehalten und nicht mehrere Zentimeter dick waren. Das Führungsverständnis der Marine – nur das Notwendige zu befehlen, die Rahmenbedingungen und die erforderlichen Grenzen zu setzen und die verantwortliche Durchführungsebene „machen zu lassen" – war ihnen völlig fremd. Und sie waren überrascht, dass das keine schwerwiegenden Probleme und Pannen zur Folge hatte. Und dann war der Führer der Einsatzkräfte, BGen D., völlig überrascht – und begeistert! – von den Führungsmöglichkeiten, die ihm eine Fregatte der Klasse 122 bot, als man ihm die Offiziermesse als internes Lagezentrum (Plastikscheiben und Fettstifte!) und die OPZ des Schiffes als extern handelnde Führungszentrale zur Verfügung stellte. Hier wurde überdeutlich, wie wenig man in der Bundeswehr voneinander wusste!

Dieses Jahr brachte auch die PALLAS-Affäre. Bei schlechtem Wetter war dieser mittelgroße Holzfrachter in der Deutschen Bucht in Brand geraten. Unsere SAR-Leitstelle hatte auf die Notrufe hin dafür gesorgt, dass die Besatzung durch Hubschrauber abgeborgen wurde. Und damit war unsere Aufgabe beendet, denn für alle Aufgaben zur Verhinderung oder Hilfeleistung bei Schiffsunfällen oder –katastrophen war die Küstenwache und damit die Havariezentrale in Cuxhaven als Koordinierungsstelle zwischen allen Organisationen verantwortlich, die unter dem Namen „Küstenwache" operierten – aber eben keine eigenständige, aus einer Hand geführte Organisation bildeten. Die Marine hatte ja auf keinen Fall im Kompetenzbereich des Bundes oder der Länder im Inneren zu handeln.

Und dann ging alles schief. Als das Feuer auf dem verlassenen Schiff nachließ, boten wir an, per Hubschrauber einen Bergungstrupp auf das Schiff zu setzen – was auch von der Havariezentrale angenommen wurde und gelang. Der Bergungstrupp konnte ankern und so verhindern, dass das Schiff auf die Küste trieb. Er konnte den Brand löschen. Inzwischen hatte die Havariezentrale auch realisieren müssen, dass sich der für solche Fälle eigentlich stets in Bereitschaft liegende große Bergungsschlepper eben aus Kostengründen nicht in Bereitschaft befand. Der Reeder heuerte daher einen englischen Billigabschleppdienst an. Entgegen unserem Rat wartete er das Abflauen des Sturmes nicht ab. Er ließ eine Schleppverbindung herstellen und dann die Ankerkette schlippen. Wie befürchtet brach die Schleppverbindung – und alle Beteiligten, die Havariezentrale, die Küstenländer, die nordfriesischen Küstengemeinden mussten ohnmächtig in Erwartung einer Umweltkatastrophe mit ansehen, wie die PALLAS auf die Mahlsände vor Amrum trieb und dort auflief. Die Umweltkatastrophe trat zum Glück nicht ein. Die Küstenländer und Bundesbehörden wachten endlich auf und gründeten nach vielen Diskussionen, an denen wir beteiligt waren, das neue Havariekommando in Cuxhaven, das Küstenländer übergreifend mehr Kompetenzen und Mittel zugewiesen erhielt.

Diese Erfahrungen belebten wieder unsere internen Diskussionen, die immer wieder vom OP 2 und der SAR-Leitstelle angestoßen wurden: Was würde passieren, wenn es in unserem Verantwortungsbereich für die Suche und Rettung über See zu einem größeren Unglück mit einer Fähre käme – wie es vor Jahren im Skagerrak passiert war. Wären wir vorbereitet, einen Massenanfall von Passagieren abzubergen und auch noch die unverzügliche, angemessene medizinische Versorgung sicherzustellen?

Würden die Kommunikationswege mit den anderen Stellen klappen, die ggf. Hubschrauber bereitzustellen hätten? Auf welche notfallmedizinischen Einrichtungen würden wir zurückgreifen können, wenn Hunderte von Passagieren zu versorgen sein würden?

Alle diese Fragen ließen es letztlich nicht zu, länger mit einer Klärung zu warten – und die konnte nur auf dem Wege einer realen Übung erfolgen. So gelang es uns in diesem Jahr, nach zahlreichen Kontakten, Abstimmungen und Konferenzen mit dem Verband Deutscher Reeder und den deutschen Fährschiffsreedereien eine Übung „Großer Seeunfall" in der westlichen Ostsee durchzuführen, zu der wir eine größere Anzahl von Marinepersonal auf einer Fähre einschifften, von der diese dann im Verlauf eines simulierten Seeunfalls mit Hubschraubern abgeborgen und an Land gebracht wurden, wo dann die landseitige Versorgung erprobt wurde. Das verlief zwar einigermaßen zufrieden stellend. Es gab allerdings noch genügend Unklarheiten, so dass wir – wieder in Absprache mit unseren zivilen Partnern – eine ähnliche Übung, dieses Mal aber mit einem größeren Personaleinsatz und einem simulierten Schiffsbrand, im Jahre 2000 ein zweites Mal durchführten.

Schon lange war ein gemeinsames Schießvorhaben von Zerstörern, Fregatten und TORNADO-Jagdbombern mit Flugkörpern und von Ubooten mit Übungstorpedos in der Karibik geplant. 1999 konnten wir es nach langen Vorbereitungen und intensiven Abstimmungen mit dem amerikanischen Fleet Command verwirklichen. So verlegten im Sommer der Zerstörer ROMMEL und zwei Fregatten der BREMEN-Klasse mit einem Tanker und einem Versorger zum amerikanischen Marinestützpunkt Roosevelt Roads auf Puerto Rico. Vor ihnen waren bereits zwei Uboote Klasse 206A mit dem Tender MEERSBURG mit dem gleichen Ziel ausgelaufen, deutlich später verlegte eine Gruppe TORNADO des Marinefliegergeschwaders 2 ebenfalls nach „RoRo". Als besonderes Bonbon durfte ich den Befehlshaber bei seiner Teilnahme an der Übung begleiten und alle Anteile beobachten – zunächst den Einsatz von Flugkörpern KORMORAN I von TORNADOs gegen unsere Schiffe und deren Abwehr wie auch die Bekämpfung von Zieldarstellungsdrohnen durch die Flugkörper SM 1 der ROMMEL und NATO SEA SPARROW und RAM der Fregatten in den riesigen amerikanischen Schießgebieten.

Dann kam der Höhepunkt, nämlich ein Teil des Torpedoschießabschnittes unserer Uboote. Dafür hatten wir mit den Amerikanern verabredet, dass das „Ziel" unserer Uboote in der entscheidenden Nacht die Flugzeugträgerkampfgruppe mit dem Flugzeugträger JOHN F. KENNEDY sein sollte, die am Ende ihrer Einsatzausbildung stand und so die außergewöhnliche Gelegenheit erhalten würde, die Entdeckung und Bekämpfung moderner dieselgetriebener Uboote zu üben. Zunächst waren unsere Partner ganz sicher gewesen, mit ihrer überragenden Ausrüstung und Ausbildung unsere Uboote so sicher entdecken und „versenken" zu können, dass sie auch gestatteten, die JFK selbst mit den Übungstorpedos „angreifen" und in größerer Tiefe dann unterlaufen zu dürfen (da dazu unsere Uboote ja in Wirklichkeit sowieso nie eine Chance erhalten würden!). Je mehr die amerikanischen Planer dann über unsere Uboote, ihre Sensoren und Waffen, vor allem ihre Torpedos erfuhren, desto zögerlicher wurden sie. Schließlich wurde JFK als erlaubtes Übungsziel gestrichen – offiziell aus Furcht vor einer Beule, falls ein Torpedo beim Unterlauf seine Tiefe nicht halten würde. Aber dies war noch nie passiert! In Wirklichkeit fürchtete man wohl den psychologischen Schaden, falls man bei Nacht an dem deutlichen Lichtfleck im Wasser, der vom Kopf des Übungstorpedos mit einem starken Scheinwerfer an die Oberfläche projiziert wird, würde sehen können, dass ein Flugzeugträger, der von den modernsten Einheiten der U.S.Navy gesichert wird, dennoch von einem Uboottorpedo unterlaufen, d.h. im Ernstfall getroffen werden konnte. Unsere Uboote durften in dieser Nacht daher nur die begleitenden Einheiten angreifen.

Ich konnte mich abends auf der USS RAMAGE, einem Zerstörer der ARLEIGH BURKE-Klasse – also einem der modernsten Zerstörer der USN – per Hubschrauber einschiffen, um das nächtliche Torpedoschießen unserer Uboote von einem Ziel aus zu beobachten. Bei der Einweisung des Kommandanten und seines Teams in die einzelnen Aspekte unseres Schießverfahrens auf Zielschiffe hat mich dabei die Arroganz des jungen Commanders, der die RAMAGE kommandierte, schon geärgert – besonders, als er mit dem Brustton der Überzeugung darlegte, dass unsere „small diesels" ohnehin keine Chance hätten, unentdeckt gegen die modernsten Einheiten seiner Marine zum Torpedoschuss zu kommen. Immerhin ließ er sich ermuntern, zusätzliche Ausgucks an Oberdeck einzusetzen, um eben den Lichtfleck, der den anlaufenden Torpedo anzeigt, entdecken und den Unterlauf des Torpedos unter das eigene Schiff – der im Ernstfall die Zündung und damit die Versenkung auslösen würde – wahrnehmen zu können. Und genau so passierte es dann auch – zum Entsetzen der Amerikaner, zu meiner besonderen Genugtuung, zum Stolz unserer Ubootbesatzungen. Und ich konnte mich in dieser Nacht noch lange mit einem sichtlich kleinlauten Commander über die Gefahren unterhalten, die von Ubooten wie den unsrigen ausgehen.

Auch die anderen „Ziele" wurden erfolgreich angegriffen, unsere Uboote wurden nicht entdeckt. Die Amerikaner hat das sehr beeindruckt, zugleich auch unangenehm berührt, denn ihnen wurde schlagend vor Augen geführt, dass ihre teure, modernste Technik nicht automatisch die Gewähr bot, jederzeit Erfolg zu garantieren. Zur „Belohnung" für diese anerkennenswerte Demonstration wurden Admiral Horten und ich eingeladen, den nächsten Tag auf der JFK zu verbringen und sich intensiv in das System „Flugzeugträger und Air Group" an einem Tag einweisen zu lassen, an dem durchgehend

Flugoperationen stattfanden – offenkundig wollten sie nach der „Schlappe" gegen unsere Uboote uns etwas zeigen, was sie – und nur sie – wirklich sehr gut, konkurrenzlos gut können. Es wurde ein eindrucksvoller Tag, an dessen Ende wir nur den Hut ziehen konnten vor den Männern und Frauen, die zusammen mit ihrem Schiff und ihren Flugzeugen dieses System bildeten.

Am 31.3.2000 wurde VAdm Horten in den Ruhestand verabschiedet. Meine Abteilung und ich verabschiedeten einen Befehlshaber, der mit Ruhe und Gelassenheit geführt hat, der zuhören und diskutieren konnte, der sich beraten ließ, und dem wir alle und ich mich ganz persönlich vertrauensvoll verbunden fühlten. Ich habe es als einen ganz besonderen Glücksfall betrachtet, zweieinhalb Jahre lang als OP unter diesem Befehlshaber gedient zu haben.

Neuer Befehlshaber wurde VAdm Feldt, mir seit langen Jahren ebenfalls persönlich gut bekannt. Er verschaffte sich schnell einen Überblick und machte von Anfang an deutlich, dass er eine sehr aktive, steuernde und entscheidende Rolle zu spielen gedachte. Er pflegte – auch im Lagevortrag – schnelle Entscheidungen zu treffen, was gelegentlich anschließend schwierige, zeitaufwändige Vieraugengespräche zwischen uns erforderte, wenn ich überzeugt war, dass eine andere als seine Entscheidung sinnvoller war.

Im Sommer 2000 konnte ich noch erleben, dass wir in einer großen, NATO-weiten Übung der NCSOrg, also der Organisation zur Steuerung der Handelsschiffahrt im Krisen- oder Kriegsfall, sehr erfolgreich die Aufgabe eines NATO-Hauptquartiers ausfüllen konnten. Wir hatten uns dazu mit einem Pool von Reserveoffizieren aus der Handelsschiffahrt verstärkt und konnten von der Tatsache profitieren, dass in unserem „neuen" Bunker nicht nur unser großes Lagezentrum für den täglichen Bedarf der Flotte, sondern noch ein zweites, kleineres Lagezentrum mit gleichen Funktionalitäten, Arbeitsplätzen und zugehörigen Arbeitsräumen vorhanden war, um parallel zum realen Normalbetrieb auch eine Übung führen zu können.

Dieses erste Halbjahr 2000 war auch stark bestimmt von den intensiven, teilweise sehr emotionalen Diskussionen im Ministerium, zwischen dem Führungsstab der Marine und uns und zwischen den Teilstreitkräften nach der Entscheidung des Ministers, als Konsequenz aus den Erfahrungen mit den jüngsten Auslandseinsätzen der Bundeswehr (die ich aus meiner letzten Dienststellung ja sehr gut kannte) ein neues „Einsatzführungskommando" aufzustellen, dem die nationalen Führungsanteile unserer Verbände und Einheiten in Auslandseinsätzen übertragen werden sollten – aber wo und wie sollten die Abgrenzungen zu den „normalen" Führungsaufgaben der vorhandenen Führungskommandos der Teilstreitkräfte verlaufen? Sollte, könnte ein Oberstleutnant im Einsatzführungskommando die Führungsmittel und vor allem die Zuständigkeit erhalten, um aus Potsdam, dem Standort des neuen Kommandos, einen Verband aus Fregatten und Versorgern im Südatlantik zu führen?? Und ab wann würde es sich bei einem Einsatz dieses Verbandes um einen handeln, der in die Zuständigkeit dieses Kommandos fiele? Und viele weitere Fragen bewegten uns, die an unser ureigenstes Selbstverständnis als Flottenkommando rührten – die Debatte wogte….

Die interessante und ereignisreiche Zeit endete für mich leider auch mit einem schweren persönlichen Verlust.

Mein ältester, bester Marinefreund, den Freundschaft auch mit meiner Frau und unseren drei Söhnen verband, arbeitete in einer der drei Gruppen der OP-Abteilung und war mir damit dienstlich unterstellt. Die ganzen Jahre lang hatte das überhaupt keine Probleme bereitet. Gegen Ende meiner Verwendung verfasste einer seiner Kameraden eine Beschwerde über ihn und legte sie unserem gemeinsamen Disziplinarvorgesetzten, dem Chef des Stabes, KAdm F., vor – der zuständig, entscheidungsbefugt war. Ich wurde von diesem ausführlich gehört und machte dabei deutlich, dass nach meiner festen Überzeugung und Kenntnis beider Offiziere die Beschwerde ohne jede Substanz, unkameradschaftlich war – obwohl ich an dem eigentlichen Vorgang nicht beteiligt war. Ich insistierte mehrfach. Der Chef des Stabes entschied letztlich trotz meiner Gegenvorstellungen anders. Ich war der Überzeugung, dass ich nicht mehr tun konnte, und teilte meinem Freund die Entscheidung mit. Der war am Boden zerstört. Er fühlte sich nicht nur ungerecht behandelt, sondern von mir verraten, im Stich gelassen. Unsere Freundschaft und die zwischen den Familien zerbrach irreparabel. Schon damals und bis zum Verfassen dieser Zeilen fragte ich mich, ob und was ich in Kenntnis des Systems, der Vorschriftenlage und Zuständigkeiten noch mehr mit Aussicht auf Erfolg hätte tun können.

Ich war daher nicht traurig, als ich mich nach verschiedenen Verabschiedungsrunden im August 2000 bei VAdm Feldt abmeldete und nach Hause fuhr. Hinter mir lagen drei Jahre, die an Intensität kaum zu überbieten waren und mich trotz der vielen zu bewältigenden Probleme sehr befriedigt hatten.

Mit meiner Versetzungsverfügung zum Streitkräfteamt (SKA) wurde meine Aufmerksamkeit auf eine Dienststelle gelenkt, von der ich bislang nur eine rudimentäre Ahnung hatte – und die stimmte nicht zuversichtlich:

- große, unübersichtliche Dienststelle, die zum Führungsstab der Streitkräfte gehört, zum „Zentralmilitärischen Dienst", weder Heer, noch Luftwaffe, noch Marine angehört;
- „Elefantenfriedhof" – also eine Dienststelle, in der ältere Soldaten aller Dienstgrade, von denen man nicht mehr allzu viel verlangen kann, angemessen in ihrem beruflichen Lebensabend beschäftigt werden;
- mit unklaren, diffusen Aufgaben – die eigentlich niemand will;
- schlimmer als das Marineamt (ein vernichtendes Urteil für einen Operateur wie mich).

Klar wurde damit auch, dass seitens der Marine kein Interesse bestand, meine knapp sieben Jahre Erfahrung auf dem Gebiet der Einsatzplanung und -führung sowohl in der Marine als auch im Auslandseinsatz aller Teilstreitkräfte (dem Aufgabenfeld der Zukunft) für die Marine zu nutzen. Dies verschaffte mir nach anfänglicher Enttäuschung schnell und gründlich die innere, gedankliche wie emotionale Freiheit, sachbezogen im Sinne der ganzen Bundeswehr und nicht in erster Linie marinebezogen zu denken und zu handeln und bei Interessenkollision dem Ersteren den Vorzug zu geben. Auch in meiner Folgeverwendung an der Führungsakademie der Bundeswehr sollte sich das nach meiner Überzeugung positiv auf meine Arbeit auswirken.

Vor allem aber galt „Einem geschenkten Gaul – oder einer Versetzung auf einen B 6 – Dienstposten – schaut man nicht ins Maul!" – Also: hin!!!

Bei meinem Dienstantritt am 12. September erwarteten mich gleich mehrere Überraschungen:

- Von acht (!) möglichen Adressen des SKA, davon sieben im Großraum Bonn einschließlich der Hardthöhe, musste ich ausgerechnet zur Deutschherrenstrasse nach Bad Godesberg, dem Sitz der Führungsgruppe und des Stabs des SKA;
- Der Amtschef, GMaj Dunkel, war abwesend, da er dienstlich an einer Militärsportweltmeisterschaft in Australien teilnahm – ja, gab's denn so was?
- Mein Vorgänger, FAdm K., erwartete mich in seinem sehr aufgeräumten Dienstzimmer zur persönlichen Einweisung. Die Quintessenz seiner Ausführungen ist mir in den folgenden 3 ½ Jahren mehr als einmal durch den Kopf gegangen:
  1. Hier werden Sie viele Dinge kennen lernen, von denen Sie noch nie etwas gehört haben;
  2. Sie werden auf eine große Zahl äußerst qualifizierter, engagierter Mitarbeiter stoßen – trotz des ganzen Elefantenfriedhof-Gequatsches;
  3. Sie werden hier die absolute Ruhe finden – können tagsüber die Zeitung lesen – sich nach den drei anstrengenden Jahren als OP mal richtig erholen.

Mit den ersten beiden Aussagen lag er völlig richtig. Aber wie er mit seiner dritten Aussage die Lage so völlig daneben darstellen konnte, habe ich mir seitdem nicht erklären können.

Zum ersten Mal würde ich ein eigenes, weiblich besetztes Vorzimmer haben. Frau S. war eine Perle mit ihrer persönlichen Kombination aus Kenntnis der Dienststelle, Wissen um „Persönliches", zugewandter Freundlichkeit mit einem Touch von Freundschaft und einem unaufdringlichen Schuss mütterlicher Fürsorge, Hilfsbereitschaft und Charme. Leider hat der nächste Amtschef sie mir im folgenden Jahr „weggenommen". Aber auch ihre Nachfolgerin, Frau O., wurde mir zu einer wichtigen, zuverlässigen und liebenswerten Stütze.

Dann entfaltete sich vor mir das System SKA mit seiner Komplexität, die über alle meine Vorstellungen hinausging – denn es vereinte zwei völlig voneinander getrennte Aufgabenfelder unter einem Dach, und das betraf auch mich persönlich und meine Aufgaben.

Als Stellvertreter des Amtschefs übte ich in seiner Abwesenheit vom Tage meines Dienstantritts an, sehr bald aber auch nach seiner Rückkehr, in ständigem Kontakt und enger Beratung gemeinsam mit ihm alle seine Aufgaben aus und stand damit für die eine Seite des SKA als vorgesetzter Dienststelle des Zentralen Militärischen Dienstes_der Bundeswehr und damit aller Dienststellen, die nicht zu einem der vier Organisationsbereiche Heer, Luftwaffe, Marine oder dem Zentralen Sanitätsdienst der Bundeswehr gehörten. Und das waren viel mehr, als ich mir bislang hatte vorstellen können – über die wir die Dienstaufsicht führten, deren Leiter vom Amtschef beurteilt werden mussten, deren Verwaltung von uns kontrolliert wurde, für deren Organisation und Strukturen wir verantwortlich waren, für deren Disziplinarprobleme wir einen Rechtsberater hatten und Einleitungsbehörde waren – und vieles mehr! Das waren damals

im Inland

- das Militärgeschichtliche Forschungsamt mit dem Militärhistorischen Museum Dresden, das Sozialwissenschaftliche Institut der Bundeswehr, die Akademie für Information und Kommunikation
- das Zentrum für Verifikation und das Amt für das Militärische Geowesen
- die Studentenbereiche der Bundeswehruniversitäten mit ihren großen Personalumfängen, -bewegungen und -problemen
- die Sportschule der Bundeswehr mit den verschiedenen Sportfördergruppen, in denen die Bundeswehr für unser Land die offizielle Spitzensportförderung (häufig bei den Olympiastützpunkten des DSB) betreibt, außerdem mit der Zuständigkeit für den deutschen Anteil am internationalen Militärsport CISM (damit erklärte sich die dienstliche Abwesenheit des Amtschef bei der CISM-WM in Australien!)
- der militärische Anteil im Bundesamt für Wehrtechnik und Beschaffung
- die Bundessprachenschule und die Schule für Personal in integrierten Verwendungen
- die Schule für Diensthunde
- die Infrastrukturstäbe Nord, Ost, Süd und West mit ihrer fachlichen Zuständigkeit für alle Infrastrukturvorhaben der Bundeswehr in Deutschland

- aus dem Bereich der Militärmusik die Bigband der Bundeswehr, das Musikkorps der Bundeswehr und das Ausbildungsmusikkorps
- das Logistikamt der Bundeswehr mit seiner Verantwortung für alle gemeinsamen Aspekte, Prozesse und Verfahren der Logistik in den Streitkräften
- und alles das, was ich noch dazu vergessen habe....

bei NATO-Dienststellen und -Stäben bis hin zum NATO-Hauptquartier im Ausland und in Deutschland
- die jeweiligen deutschen Anteile unter ihrem Dienstältesten Deutschen Offizier (DDO)
- die deutschen Anteile am NATO Defence College in Rom und an der NATO Schule Oberammergau

im Ausland
- das Bundeswehr Kommando USA/Canada mit den zahlreichen Dienststellen der amerikanischen Streitkräfte, in denen Deutsche Dienst taten einschließlich der großen Heeresverbindungsorganisation, die am Ausbildungskommando (TraDoC) des amerikanischen Heeres und praktisch allen Fachschulen mit kleinen Elementen präsent war
- die deutschen Anteile bei UNO, EU, OSZE, der Abrüstungskonferenz Genf
- der deutsche Anteil des Sekretariats der Deutsch-Französischen Kommission in Paris
- die deutschen Anteile in amerikanischen Hauptquartieren wie dem US-CENTralCOMmand
- die Militärberater- und Ausbildungsgruppen in afrikanischen Staaten
- und alles, was ich noch dazu vergessen habe....

Außerdem waren wir Standortältester in Bonn und damit Ansprechpartner für alle Fragen, die die Bundeswehr und die Stadt Bonn als unseren Standort berührten – bis hin zur traditionellen „Verteidigung" des Ministeriums in den Karnevalstagen gegen die Bonner Stadtgarde.

In meiner Hauptaufgabe war ich der Leiter der Fachabteilungen des SKA, die zentralisierte fachliche Aufgaben für die gesamte Bundeswehr leisteten – insgesamt elf selbständige Abteilungen und Gruppen, die in verschiedenen Liegenschaften außerhalb unseres Stabsgebäudes untergebracht waren. Das waren

- die **Fachabteilung I – Informations- und Medienzentrale**

Sämtliche Printerzeugnisse der Bundeswehr wurden hier hergestellt, natürlich auch „Bundeswehr aktuell"; dazu das Intranet betrieben sowie alle Produkte für die Nachwuchswerbung hergestellt und verteilt; das zentrale Fotoarchiv der Bundeswehr wurde hier betrieben, aus dem die öffentlichen Medien mit Fotos versorgt wurden.

Sie wurde von einem Oberst geleitet und arbeitete in einer großen Anlage in St. Augustin.

- die **Fachabteilung II – Kostenrechnungszentrale**

Sie erstellte und aktualisierte alle Kostenwerte für Tätigkeiten der Bundeswehr und der Leistungen für Alliierte und andere Nutzer; rechnete solche Leistungen ab, wie sie auch die Leistungen Anderer für die Bundeswehr berechnete und abrechnete. Sie erstellte alle finanziellen Planungsunterlagen für die Haushaltsplanungen und –durchführung – und rechnete überhaupt sehr viel.

Auch sie wurde geleitet von einem Oberst und war in Beuel in einem Hochhaus untergebracht.

- die **Fachabteilung III – Fachinformationszentrum der Bundeswehr (FIZ Bw)**

Sie war die vorgesetzte Stelle für alle Bibliotheken und Dokumentationszentren der Bundeswehr, war verantwortlich für das Auswerten, Katalogisieren und Bereitstellen aller für die Bundeswehr wichtigen/interessanten offen verfügbaren Quellen der Printmedien und setzte dazu u.a. einen großen Pool an Auswertern auf Honorarbasis ein.

Sie wurde von einem Oberst geleitet und war in einer Anlage in Bonn untergebracht.

- die **Fachabteilung IV – Ausbildung**

Sie erarbeitete und aktualisierte die zentralen Ausbildungsvorgaben und –verfahren für die Streitkräfte, die Vorgaben für die Erteilung der Ausbildungs- und Tätigkeitsnachweise (ATN) sowie die Vorgaben für die Ausbildungseinrichtungen, die uns unterstanden. Sie arbeitete an der Weiterentwicklung der Ausbildungsteile, die gemeinsam in mehreren Teilstreitkräften genutzt wurden.

Sie wurde – später – von einem Oberst geleitet und war in der Rosenburg in Dottendorf untergebracht.

- die **Fachabteilung V – Infrastruktur**

Wie die anderen Fachabteilungen auch war sie das Arbeitsinstrument (die „Werkbank", hieß das) für das zuständige Referat im Führungsstab der Streitkräfte; sie war zuständig für die Infrastrukturvorgaben und –maßnahmen der Streitkräfte, nahm die fachliche Führung der vier Infrastrukturstäbe der Bundeswehr wahr, war verantwortlich für die Zusammenarbeit mit der NATO und Stationierungsfragen im Ausland, speziell bei Auslandseinsätzen.

Sie wurde von einem Oberst geleitet und war auf der Hardthöhe untergebracht.

- die **Gruppe Verkehrs- und Transportwesen**

Sie war für alle Verlegungen – bei Übungen, aber auch bei Auslandseinsätzen – im Inland und Ausland für die gesamte Bundeswehr zuständig.

Auch sie war auf der Hardthöhe untergebracht und wurde von einem Oberst geleitet.

- die **Gruppe Wehrpsychologie (WPS)**

Sie war die fachliche Führungsstelle für alle Wehrpsychologen der Bundeswehr, arbeitete damit auch der zuständigen Stelle im Fü S zu. Sie wertete Befragungen der Einsatzkontingente unter psychologischen Aspekten aus, führte die Truppenpsychologen bei Auslandseinsätzen, nahm mit ihren Psychologen auch regelmäßig an diesen Einsätzen teil.

Geleitet wurde sie von einem Regierungsdirektor und war auf der Rosenburg untergebracht.

- das **Alarmzentrum der Bundeswehr**

Es war für alle Fragen der übungsmäßigen und auch echten Alarmierung der Bundeswehr verantwortlich, führte Übungen durch und analysierte sie; aktualisierte die Alarmierungsverfahren und –unterlagen. Es wurde geführt von einem Oberstleutnant und war auf der Rosenburg untergebracht.

- der **Leiter Militärmusikdienst** mit seinen Dezernaten

Er hatte die fachliche Führung aller Musikkorps der Teilstreitkräfte wie auch derjenigen, die dem SKA unterstanden. Er begleitete die Ausbildung aller Militärmusiker an der Musikhochschule „Robert Schumann" in Düsseldorf. Er nahm die Personalsteuerung bei den Musikoffizieren vor bzw. gab die entsprechenden Empfehlungen. Er war für die Bundeswehr verantwortlich für die Zusammenarbeit mit ausländischen Musikkorps (z.B. bei den Militärmusikfestivals) wie auch für den Einsatz deutscher Musikkorps im Ausland bei entsprechenden Anlässen.

Der Leiter war der einzige Oberst im Militärmusikdienst. Standort war die Rosenburg.

- der **Inspizient freiwillige Reservistenarbeit**

war Oberst und Ansprechpartner des Verbandes der Reservisten der Bundeswehr (VdRBw), der mit erheblichen finanziellen Mitteln durch die Bundeswehr gefördert wurde. Er war auch das Bindeglied zwischen den Reservisten und ihrem Verband bzw. dessen Untergliederungen und den Dienststellen der Streitkräfte in der Zusammenarbeit mit und dem Einsatz von Reservisten.

Auch er war auf der Rosenburg untergebracht.

- der **Geheimschutzbeauftragte**

Der Regierungsdirektor und sein Referat befanden sich auf dem Gelände des Heeresamtes in Köln . Er war verantwortlich für die Grundlagenarbeit im Geheimschutz, für die Entwicklung und Aktualisierung der Verfahren zum Schutz von Verschlusssachen, für die Durchführung der Verfahren nach VS-Verlusten und für alle Fälle, in denen eine Ermächtigung zum Umgang mit Verschlusssachen nach Ermittlungen abzuerkennen war – was in der Regel dramatische Laufbahnfolgen für einen Bundeswehrangehörigen hatte.

Bei meinem Dienstantritt arbeiteten im SKA ca. 750 militärische und zivile Mitarbeiter.

Jeden meiner elf Bereiche besuchte ich in den folgenden Wochen und ließ mich intensiv in die Aufgabenstellungen und Probleme sowie die Personallage einweisen. Überall zeigt sich das gleiche Bild:
- Das alles waren Aufgaben, die tatsächlich irgendwo, an einer Stelle in der Bundeswehr, erledigt werden mussten – und das waren wir;
- überall saßen kompetente Fachleute, die ihr Geschäft verstanden oder vor Ort ausgebildet wurden, bis das erreicht war;
- das Personal war durchweg engagiert (die sprichwörtlichen 99%) und wurde von motivierten, fachkundigen Chefs geführt.

Ich realisierte sehr schnell, dass jeder der mir unterstehenden Leiter der Fachabteilungen oder Gruppen sehr gut seine Arbeit, von der er ja viel mehr verstand als ich, ohne meine Unterstützung, Kontrolle oder fachliche Führung leisten konnte. Meine Aufgabe war es, mit ihnen (die ich alle sehr zu schätzen lernte) ein vertrauensvolles Verhältnis aufzubauen und bereit zu stehen, um
- ihre bzw. ihrer Abteilung Personalprobleme zu lösen;
- Unklarheiten bei beabsichtigten Problemlösungen in Diskussionen aufzulösen;
- und immer dann, wenn es fachliche und andere Probleme in der Zusammenarbeit mit den OrgBereichen, der Bundeswehrverwaltung oder dem Ministerium, speziell dem Fü S, gab, als „Troubleshooter" nach gründlicher fachlicher Vorbereitung in die Bresche zu springen.

So, wie es mir schnell gelang, nach seiner Rückkehr aus Australien ein gutes, kameradschaftlich-freundschaftliches Verhältnis mit dem Amtschef aufzubauen, konnte ich auch die Auffassung von meiner Rolle gegenüber den Fachabteilungen schnell glaubwürdig verdeutlichen. In der Folge entwickelte sich dann ein so vertrauensvolles, offenes und gutes Verhältnis mit den Leitern der Fachabteilungen/Gruppen, wie ich es nie erwartet hätte – und was eine der prägenden Erfahrungen in und Erinnerungen an die Zeit im SKA bilden sollte.

Eine enge Zusammenarbeit in der Führungsgruppe (Amtschef, Chef des Stabes, G 3 und ich) und mit den Leitern der Fachabteilungen war auch dringend erforderlich, denn schon aus der Presse, den Bundeswehr-internen Informationen (aus meiner Fachabteilung I!!) und von meinem Vorgänger hatte ich erfahren, dass Verteidigungsminister Rudolf Scharping die größte Reform der Bundeswehr in ihrer Geschichte befohlen hatte:

Ab dem 1.10.2000, also in knapp drei Wochen, sollte die **Streitkräftebasis (SKB)** als neuer fünfter Organisationsbereich der Bundeswehr neben Heer, Luftwaffe, Marine und Zentralem Sanitätsdienst aufgestellt werden.

Diese umwälzende Neuorganisation sollte unter einem Dach querschnittliche und Unterstützungsaufgaben zusammenfassen wie
- Kommunikation und Informationstechnik
- Führungsunterstützung
- Logistik in Einsatzgebieten, aber auch in ortsfesten Einrichtungen und Standorten in Deutschland
- Militärisches Nachrichtenwesen
- Abc-Abwehr und Feldjägerdienst
- Nationale Territoriale Aufgaben und Zivil-Militärische Zusammenarbeit
- Alle bisherigen Aufgaben des Zentralen Militärischen Dienstes unter dem SKA
- ……….

mit dem Ziel, die Leistungsfähigkeit der Streitkräfte im Einsatz deutlich zu verbessern und generell all diese Aufgaben für die Streitkräfte effektiver und effizienter erfüllen zu können.

Keimzelle der neuen SKB würde unser Streitkräfteamt mit den ihm unterstehenden Dienststellen sein. Ein neu aufzustellendes Führungskommando, das Streitkräfteunterstützungskommando (SkUKdo) – vergleichbar dem Flottenkommando und dem Heeres- und Luftwaffenführungskommando – würde aufzustellen sein. Alle Dienststellen und Verbände, Einheiten mit den o.a. Aufgabenstellungen würden aus Heer, Luftwaffe, Marine und Zentralem SanDienst herauszulösen, zusammenzulegen, umzugliedern, teilweise umzustationieren bzw. neu aufzustellen sein, was aus der SKB innerhalb von zwei Jahren nach dem Heer mit über 50 000 Angehörigen den zweitgrößten OrgBereich der Streitkräfte machen sollte. „Bezahlt" würde dies alles von den anderen OrgBereichen, die ihre entsprechenden Einheiten und Fähigkeiten verlieren, nicht mehr über sie verfügen, zu ihrer Nutzung

– die ja für ihre Aufgabenerfüllung zwingende Voraussetzung war – von der Zuweisung durch die SKB abhängig sein würden. Die SKB wiederum hätte vorrangig aus dem dann insgesamt kleineren Pool an Fähigkeiten und Kräften natürlich stets vorrangig die Verbände und Einheiten im Einsatz, also im Auslandseinsatz, zu bedienen. Das Ganze wurde als Optimierung für die Bundeswehr im Einsatz bezeichnet, als „Reform von Grund auf". Dass damit Heer, Luftwaffe, Marine und der Zentrale SanDienst in ihren Fähigkeiten zur unmittelbaren Auftragserfüllung in ihrer friedensmäßigen Ausbildungs- und Übungstätigkeit unter der Verantwortung ihrer Inspekteure, bei Wahrnehmung ihrer Materialverantwortung „etwas" oder „ganz entschieden" (je nach Perspektive) geschwächt wurden, wurde in Kauf genommen.

Wie bei allen bisherigen Reformen war das allerdings nur die halbe Wahrheit oder noch weniger. Auch diese Reform war natürlich nicht das Ergebnis eines ergebnisoffenen Nachdenkens darüber, wie man die Einsatzfähigkeit im Auslandseinsatz und überhaupt steigern könnte. Vielmehr war sie im 5. Jahr des Auslandseinsatzes auf dem Balkan den schmerzlichen Erkenntnissen aus einem gründlichen „Kassensturz" geschuldet:

1. Nach jahrzehntelanger Unterfinanzierung, besonders (aber nicht nur) seit 1990, war nicht nur bei den reinen Kampftruppen und Kampfeinheiten aller TSK, sondern besonders bei den Fähigkeiten „in der zweiten Reihe" (eben denjenigen, die jetzt in der SKB zusammen gefasst werden sollten) – die aber für die Auftragserfüllung die unverzichtbaren Voraussetzungen schaffen mussten – ein gewaltiger Modernisierungsstau entstanden, da alle Planer bei Verwaltung des Mangels stets zuerst die zunächst sichtbare „schimmernde Wehr" modernisiert hatten.
2. Verschärft wurde die Lage dadurch, dass fast alle großen Rüstungsvorhaben deutlich teurer als in der Planung und in der Regel mit mehrjähriger Verspätung und enormen Folgekosten bis zur Erklärung der Truppenverwendbarkeit zugelaufen waren.
3. Der mehrjährige Einsatz auf dem Balkan hatte überdeutlich gemacht, welche existenzielle Bedeutung die modernen Unterstützungsfähigkeiten hatten.
4. Nach dreijährigem Balkaneinsatz war schon in den Jahren

1998/99 immer deutlicher geworden, dass eine der Voraussetzungen für einen erfolgreichen Auslandseinsatz eine leistungsfähige, zuverlässige Verkehrs- und Transportführung im In- und Ausland, auf Straße, Schiene, Wasser und in der Luft war. Da bei keiner Teilstreitkraft angesichts der hohen Leistungen, die sie ohnehin schon zu erbringen hatte, eine große Bereitschaft zu erkennen war, diese Zusatzaufgabe in Pilotfunktion zu schultern, hatten in der Stabsabteilung V „Logistik" des Führungsstabs der Streitkräfte Überlegungen begonnen, diese Aufgabe zu zentralisieren und einer neu zu schaffenden Struktur zuzuordnen. 1999/2000 waren diese Überlegungen in der Stabsabteilung IV „Organisation" des Führungsstabs der Streitkräfte aufgegriffen und erweitert worden im Hinblick auf weitere Teilaufgaben, die von allen genutzt werden mussten und ggf. ebenfalls sinnvoll zentralisiert werden konnten – der ABC-Schutz war eine solche Teilaufgabe. Die Überlegungen waren an Minister Scharping herangetragen worden. Er war entschlossen, mit der Bundeswehr „neue Wege" zu beschreiten – externes Mobilitätsmanagement und Bekleidungsmanagement sollten später nur zwei dieser Wege werden. Auch die Führungsstäbe von Heer, Luftwaffe und Marine wurden in die Überlegungen einbezogen. Sie lehnten zu diesem Zeitpunkt aber Zentralisierungsüberlegungen jeder Art kategorisch ab.

Zur grundsätzlichen Klärung des weiteren Vorgehens hatte der Führungsstab der Streitkräfte daher im Sommer 2000 die Führungsstäbe von Heer, Luftwaffe und Marine zu einer Klausurtagung eingeladen, auf der die Frage der Zentralisierung von Teilaufgaben und -fähigkeiten erörtert und Einvernehmen über das weitere Vorgehen erzielt werden sollten. Die Führungsstäbe hatten es abgelehnt, an der Tagung teilzunehmen. Der Führungsstab der Streitkräfte hatte darauf hin seine eigenen Überlegungen weiter entwickelt und Minister Scharping vorgetragen.

In dieser Lage gab es drei Möglichkeiten für die weitere Entwicklung der Streitkräfte:

- Über einen ganzen Planungszyklus (12 Jahre) garantiert deutlich mehr Geld für die Bundeswehr bereit zu stellen – die Bereitschaft dazu war aber weder beim Parlament noch im Kabinett zu erken-

nen;
- Eine deutliche Verringerung der politischen Forderungen an die Bundeswehr sowohl national als auch durch die NATO wie auch eine Verringerung der Zusagen an das Bündnis und eine Verringerung der Bundeswehr im Sinne eines „Gesundschmelzens" vorzunehmen – das hätte einen politischen Offenbarungseid von Minister und Regierung erfordert;
- Oder eine andere, versteckte Form des „Gesundschmelzens" durch Zentralisierung von Teilfähigkeiten vornehmlich im Unterstützungsbereich vorzunehmen und die dadurch frei werdenden Haushaltsmittel zur Modernisierung der Fähigkeiten zu nutzen, die nach dem Abschmelzen und Zentralisieren übrig bleiben würden, ohne nach außen hin eine Verkleinerung der Streitkräfte und einen Eingriff in ihre Fähigkeiten zuzugeben – und genau das war die Lösung, die Minister Scharping entschieden hatte und die mit der Aufstellung der SKB realisiert werden sollte.

In den ersten Tagen nach meinem Dienstantritt erfuhr ich, dass der zukünftige Inspekteur der SKB, der jetzige Chef Stab Fü M, KAdm Heise, entschieden hatte, zunächst solle ab 1.10. das neue Führungskommando der SKB, das Streitkräfteunterstützungskommando (SKUKdo), aufgestellt werden. Das SKA solle dann nach Abschluss aller anderen Maßnahmen in etwa fünf Jahren an die bis dahin gewachsenen Aufgaben angepasst werden, bis dahin aber unverändert bleiben. Auf meine perplexe Frage, wer denn die für den Aufbau eines ganzen OrgBereichs erforderlichen Arbeiten erledigen solle, wurde knapp aus dem neuen, in Aufstellung befindlichen Führungsstab der SKB (Fü SKB) mitgeteilt: Das SKA.
Schon als Neuling war mir klar, dass das SKA diese Mammut- und Monsteraufgabe aus seiner bisherigen Struktur mit einem einzigen Dezernat für die organisatorischen Probleme der uns unterstellten Dienststellen auf keinen Fall würde leisten können. Da sich Admiral Heise für Ende September zu einem Besuch im SKA angesagt hatte, um sein zukünftiges Amt kennen zu lernen, ließ ich eine Horrorvorstellung für ihn vorbereiten.
Die Abteilungen des Stabes, speziell das Organisationsdezernat,

mussten darstellen und aufbereiten, welche Berge von Arbeit vor ihnen lagen, wenn vermieden werden sollte, dass die Aufstellung der SKB erst in zehn Jahren vielleicht abgeschlossen wäre (sie sollte aber in zwei, maximal drei Jahren aufgestellt sein). Außerdem sollte dargestellt werden, welche Zusatzaufgaben das SKA würde übernehmen müssen, wenn es wie die Ämter der anderen OrgBereiche zukünftig für alle Fragen der Ausbildung und Weiterentwicklung aller Fähigkeiten der SKB zuständig werden würde – und zwar ab 1.10.2000.

Dem wenige Tage vor dem Besuch aus Australien zurückkehrenden Amtschef ließ ich die ganze Präsentation vorführen, und nach erstem Schrecken stimmte er ihr voll zu und entschied, sie mich persönlich vortragen zu lassen. Bis zum Beginn meines Vortrags war der Admiral guter Dinge. Dann wurde er zunehmend kritisch, seine Rückfragen und Unterbrechungen ärgerlicher und schärfer. Als ich fertig war, kam die Frage nach den vorgeschlagenen Konsequenzen, auf deren Beantwortung ich vorbereitet war: Den gesamten Plan ändern; die Aufstellung des SKUKdo verschieben; zuerst, sofort, den dringendsten Änderungsbedarf des SKA in dem Bereich, der die Aufstellung der SKB übernehmen sollte, ermitteln und entscheiden, das SKA dort so schnell wie möglich stärken; erst parallel dazu in dem Tempo, dass für die Veränderungen im SKA verträglich war, mit der Aufstellung des SKUKdo beginnen. Weitere Änderungen im SKA würden parallel zu allen anderen Entwicklungen umgehend dann vorzunehmen sein, wenn der Bedarf einwandfrei festgestellt worden wäre. Dazu meine Warnung: Wenn das nicht so passiert, geht die ganze Aufstellung in die Hose!

Dann erlebte ich, dass eine echte Führungsentscheidung gefällt wurde – KAdm Heise entschied in unserem Vortragssaal, den Plan genau in unserem Sinne zu ändern.

Damit war unsere Ruhe dahin – an keinem Tag danach habe ich im Dienst eine Zeitung lesen können!!

In den Fachabteilungen und Gruppen lief die „normale" Arbeit mit den „normalen" Schwankungen und Veränderungen weiter – zunehmend beeinflusst vom Aufwachsen der SKB und den entsprechenden Veränderungen bei den anderen OrgBereichen. Immer stärker beeinflussten uns aber die Änderungen, die wir intern, in der eigenen Struktur vornehmen mussten, und die Arbeiten zur Aufstellung der

SKB in ständiger Zusammenarbeit und Abstimmung mit den anderen, abgebenden OrgBereichen.

Am 30. März 2001 wurde ich im Ministerium in Berlin von Minister Scharping zum Flottillenadmiral befördert. Damals, mehr als zehn Jahre nach der Vereinigung beider Deutschlands, hat es mich besonders bewegt, dass diese Beförderung mitten in Berlin vorgenommen werden konnte.

Der anlaufende, intensive Veränderungsprozess wurde im SKA kurz angehalten, als wir am 1.4.2001 den Amtschef in den Ruhestand verabschiedeten und seinen Nachfolger, GMaj Henninger, begrüßten und einwiesen. Auch mit ihm entwickelte sich rasch ein Vertrauensverhältnis, das eine konfliktlose, erfreulich reibungslose Arbeit und stets sachbezogene Abstimmungen ermöglichte.

Einige der klassischen Veränderungen, wie sie auch „früher" (vor dem 1.10.2000) stattfanden, war die Entwicklung und Einführung des Bundeswehr-Fernsehens flächendeckend für die Streitkräfte und Einsatzkontingente mit Produktion, Studio, entsprechendem Personal und der gesamten Technik ab ca. 2002 durch die Fachabteilung I; desgleichen die Entwicklung und Einführung der TV-gestützten Fernausbildung, ebenso flächendeckend für die Streitkräfte, durch die Fachabteilung IV ab 2002/2003. Die Fachabteilung II hatte die zentrale Controlling-Unterstützung für alle OrgBereiche ab ca. 2001 auszuweiten, was mit einem deutlichen Personalaufwuchs verbunden war.

Dagegen lassen sich die der Aufstellung der SKB geschuldeten Veränderungen gar nicht aufzählen. Von herausragender Bedeutung war für mich, dass der Amtschef sehr schnell entschieden hatte, die eigentliche organisatorische Aufstellung der SKB nicht durch das Organisationsdezernat im Stab bzw. eine Vergrößerung dort vornehmen zu lassen.

Der Stab befand sich nämlich bereits schnell an der Grenze seiner Leistungsfähigkeit für die Wahrnehmung der Verantwortung in den Stabsgebieten S 1 – 6 und Verwaltung gegenüber der wachsenden Zahl zusätzlicher Dienststellen, die uns unterstellt wurden, wie z.B.

- Führungsakademie der Bundeswehr
- Logistikschule der Bundeswehr
- Schule für Feldjäger und Stabsdienst

- ABC-Abwehr-Schule des Heeres
- Amt für Nachrichtenwesen der Bundeswehr in Umwandlung zum Kommando Strategische Aufklärung
- Fernmeldeschule der Marine in Umwandlung zur Schule für Strategische Aufklärung
- alle Militärattachéstäbe an deutschen Botschaften im Ausland
- Fernmeldeschule des Heeres in Umwandlung zur Führungsunterstützungsschule der Bundeswehr
- Zentrum für Innere Führung
- Einführungsorganisation SASPF
- General der Feldjäger
- ……

Für die Aufstellung der SKB verlegten wir das Organisationsdezernat in meinen Bereich und machten daraus die **Fachabteilung VII – Organisation SKB**, später **Spezialstabsabteilung OSTAN SKB**. Im Frühjahr 2004 war sie auf etwa 130 Dienstposten angewachsen. Über die Verantwortung für diese Fachabteilung bin ich dann auch zuständig für die Aufstellung der SKB geworden. Die Fachabteilung wurde von dem sehr erfahrenen Oberst i.G. K. geleitet.

Die Vorüberlegungen, Abstimmungsprozesse mit dem Fü SKB und den anderen OrgBereichen zur Aufstellung des SkUKdo begannen schon bald nach dem 1.10.2000. Sie wurden schwierig, zeitaufwändig, häufig unerfreulich – denn es gab schon genug Leute, die wussten, dass sie für eine Verwendung dort vorgesehen waren, oder die dahin wollten. Und sie alle wussten genau, wie wichtig und hoch dotiert ihre Dienstposten sein müssten und würden – und dass ihr Kommando natürlich die Führung über den gesamten OrgBereich übernehmen würde – natürlich auch über das SKA, das sie aber leider erst einmal ins Leben rufen musste.

Wir dagegen wussten, dass wir dem Inspekteur, nicht aber dem Führungskommando unterstanden, dass wir viele Aufgaben selbständig für die ganze SKB und damit auch für die Einheiten unter dem Führungskommando übernehmen würden (all das passierte auch so) und vor allem bei der Struktur und Dienstpostenausstattung des Führungskommandos uns an etablierte Regeln und Verfahren halten mussten, mit denen wir – und nicht das zukünftige Kommando – jede Stelle gegenüber dem Fü S und dem Haushalt zu vertreten hatten. Im Ergebnis war die Erarbeitung der Struktur und Organisationsunterlagen nach mehreren Monaten beendet – aber zurück blieb ein dauerhaft kritisches Verhältnis zwischen beiden Kommandobehörden, das öfters erst dann geglättet werden konnte, wenn die Generale/Admirale, die sich zum Glück kannten und verstanden, miteinander sprachen.

Um unsere Arbeit aufzulockern, musste im 1. Halbjahr 2001 als „Zugabe" der lange geplante Umzug unseres Stabes von der Deutschherrenstrasse und etwa ein Jahr später meiner Abteilungen von der Rosenburg in frei gewordene Gebäude auf der Hardthöhe im vorderen Bereich des Ministeriums, vor den Kreuzbauten, durchgeführt werden – mit all den Verwerfungen, die das mit sich brachte. Die für uns verfügte Einführung der elektronischen Arbeitszeiterfassung mit der dazu gehörenden Listenführung war eine weitere Verwerfung, die kontinuierlich zusätzliche Belastungen produzierte. Vorteil des Verfahrens war neben den Bestimmungen zum Zeitausgleich (der natürlich längst nicht immer gewährt werden konnte) die Pflicht der Vorgesetzten, bei regelmäßigem Aufzeichnen von Überstunden dies zur Kenntnis zu nehmen und zu bestätigen und so zu belegen, dass man über die Ursache dieses Umstandes nachgedacht hatte – hoffentlich. Schlecht war, dass gerade bei den Mitarbeitern, die in diesen Jahren kontinuierlich Überstunden zu leisten hatten – und das waren vor allem alle Organisateure und Struktureure – sich die Bestimmung, dass Überstundenpolster ersatzlos ab 1.4. oder 1.7. des Folgejahres wegfielen, negativ und sehr ernüchternd auswirkten.

Schwierig wurde die ab 2002/2003 verfügte Verlagerung der Verantwortung für die gesamte Kraftfahrerausbildung in der Bundeswehr von den OrgBereichen zu uns und damit zu meiner Fachabteilung IV. Alle Kraftfahrausbildungszentren von Heer, Luftwaffe und Marine wurden dem SKA unterstellt, dabei reduziert und teilweise zusammengelegt. Die Fachabteilung IV, die bislang nur zentrale Ausbildungsaufgaben für die gesamte Bundeswehr erfüllt hatte, wurde nun zu einer Ausbildungsabteilung für den eigenen OrgBereich und glich sich darin immer mehr den Ausbildungsabteilungen in den Ämtern der anderen OrgBereiche an. Ich wurde auf diesem Wege immer mehr zusätzlich der „General/Admiral Ausbildung" der SKB, so, wie es diese Funktionen ja auch im Heeresamt, Luftwaffenamt, Marineamt und Sanitätsamt gab. Sehr schnell wurde deutlich, das auf dem Gebiet der Ausbildung eine sehr enge Vernetzung der fünf Ämter erforderlich wurde, da die Kräfte der SKB ja unmittelbar und eng für und mit den anderen OrgBereichen arbeiten sollten. Ich führte daher eine regelmäßige, hochrangig, aber auch mit vielen Fachleuten besetzte, Konferenzserie der fünf Ämter mit ihren Ausbildungsbereichen ein, die 2002 erstmalig bei uns tagte und danach durch die anderen Ämter wanderte.

Mit dem Aufwuchs der SKB wurde auch deutlich, dass sie wie die anderen OrgBereiche über Enwicklungsmöglichkeiten verfügen musste – sowohl für die zunehmend unterstellten Fähigkeiten wie auch für ganz neue Gebiete, die sie für die gesamten Streitkräfte würde wahrnehmen müssen. Ab 2001/2002 wurde in meinem Bereich eine neue **Fachabteilung VI – Fähigkeitsanalyse/Konzeption SKB/Multinationale Zusammenarbeit/Controlling** aufgestellt, deren Aufgabenfelder sich explosionsartig ausweiteten. Schließlich sollten dort die Forderungen der SKB für alle unterstellten Fähigkeiten im Rahmen des neuen Beschaffungsverfahrens der Bundeswehr (dem „Customer Product Management" CPM) entwickelt und vertreten werden. Dort wurde auch ein Bereich geschaffen, in dem die Positionen und Forderungen der Streitkräfte im Information Warfare entwickelt und Konzepte in multinationalen Foren und Übungen vertreten wurden. Die Fachabteilung hatte 2004 einen Umfang von ca. 90 Dienstposten und wurde von einem Oberst geleitet.

Alleine die hier skizzierten Entwicklungen auf dem Gebiet der Ausbildung und der Weiterentwicklung für die SKB ließen ab 2003 erkennen, dass die Führungsstruktur des SKA, die immer noch ganz dem „alten" System vor dem 1.10.2000 entsprach, dem enormen Aufwuchs an Aufgaben nicht mehr gewachsen war. Die wachsende Anzahl unterstellter Dienststellen, für die ja Verantwortungen übernommen werden mussten, kam als weiteres Problem hinzu – weder war der Amtschef in der Lage, alle ihm übertragenen Verantwortungen für den enorm gewachsenen Kommandobereich umfassend wahrzunehmen, noch konnte sein Stellvertreter und Leiter Fachabteilungen (also ich) auf Dauer hinlänglich die wachsende und immer komplexer werdende Zahl der Fachabteilungen führen und gleichzeitig alle Aufgaben eines Generals/Admirals Ausbildung und Verantwortlichen für alle unterstellten Schulen und deren inhaltliche Arbeit ausfüllen.

Seit 2003 beschäftigten wir uns daher immer wieder mit Überlegungen, wie die Führungsstruktur des Amtes zu verbessern, ihre Leistungsfähigkeit zu stärken wäre. Trotz vieler Widerstände aus dem Fü S entschlossen wir uns schließlich für eine Struktur mit drei Bereichen und drei Flaggoffizieren: Amtschef mit der Masse der unterstellten Dienststellen, Stellvertreter Amtschef und Leiter Fachabteilungen wie bisher und – neu – General Ausbildung und Kommandeur Schulen mit der inzwischen weiter aufgewachsenen Fachabteilung IV und allen unterstellten Schulen. Leider gelang es uns bis zu meiner Versetzung zum 1.4.2004 nicht mehr, die Billigung für diese Änderung zu erhalten. Sie ist aber später so realisiert worden.

Dann gab es auch Probleme, die man schon eher als Auflockerung bezeichnen konnte. Im Zuge der Straffung von Strukturen und Überführung in die SKB geriet die Ausbildungsorganisation der Luftwaffe in den USA in den Blick der Organisateure. Schnell war dann unter ihnen klar, dass es nicht länger einzusehen war, dass hier ein Bereich im Ausland existierte, der nicht dem SKA unterstand. Außerdem könnte man ja vielleicht den General der Luftwaffe, dem die beiden verbliebenen Schulen, die Raketenschule Lw in El Paso und das TORNADO-Ausbildungszentrum in Alamogordo, unterstanden, bei der Gelegenheit einsparen. Ich weiß nicht mehr, wie lange die Diskussionen dauerten, wie viele Besprechungen durchgeführt werden mussten, wie viel m³ Papier über die Schreibtische wanderten. Irgendwann konnte die Luftwaffe sich nicht länger wehren, bekam dafür einen süßen Kompromiss: Die beiden Schulen wurden dem BundeswehrKdo USA/Canada und damit dem SKA unterstellt, der eigene General fiel weg. Dafür bekam die Luftwaffe die Zusicherung, immer den General in der Führung des Bundeswehrkommandos in Washington besetzen zu dürfen. Ich fand damals, dass die Luftwaffe damit ein gutes Geschäft gemacht hatte.

Mit einer Reihe von Generalen nahm ich 2003 die angebotene Gelegenheit wahr, eine Einführungsreise nach Afghanistan mitzumachen und dort den Einsatz des Bundeswehr-Kontingents in der Operation ISAF vor Ort in Augenschein zu nehmen. Nach umfangreicher materieller Ausrüstung verlegte die kleine Gruppe von Flaggoffizieren mit einem Teilkontingentwechsel zunächst mit AIRBUS nach Termez in Usbekistan, wo wir in den Betrieb des Stützpunktes und Luftumschlagplatzes eingewiesen wurden – und auch gleich erfahren konnten, wie sich langes Warten anfühlte, wenn geplante Transportflüge ausfielen oder für andere, wichtigere Zwecke genutzt werden mussten als für uns. Deutlich wurden uns auch vor Augen geführt, welchen Einschränkungen die TRANSALL beim fordernden Steigflug von Termez über den Hindukush nach Kabul besonders bei großer Hitze unterlag. Nach Ankunft in Kabul wurden wir ins Feldlager gebracht, wo eine Reihe von Einweisungen begann, die im Hauptquartier ISAF fortgesetzt wurde. Danach wurde jeder dem Truppenteil zugeteilt, das er sich ausgesucht hatte, um einen näheren Überblick gewinnen zu können – bei mir war das die Truppe der Operativen Information, die ich in den nächsten Tagen bei verschiedenen Vorhaben begleitete: Besuche in Schulen, Verteilen von Zeitungen an die Bevölkerung, Verteilung von Schulheften und Stiften an Schulkinder, wenn sie ihre täuschend echt aussehenden Spielzeugwaffen abgaben, und vieles mehr. Ich begleitete Gebirgsjäger auf mehrstündigen Fußpatrouillen in der Stadt und konnte die im Hintergrund dort schlummernde Unsicherheit spüren, die vor jeder Straßenbeugung an die Oberfläche kam. Trotzdem fühlte ich mich sicher, zumal jeder von uns ständig von zwei Feldjägern begleitet wurde. Ich nahm an ausgedehnten Fahrten in die weitere Umgebung teil, in deren Verlauf wir Dörfer sahen und gewaltige Panzerfriedhöfe der sowjetischen und der afghanischen Armee. Überall war es ruhig. In diesen Tagen gewann ich den Eindruck, dass hier in Kabul, wo unser Kontingent war und sich bewegte, alles ruhig war und sich entwickeln konnte. Aber wie war das im Lande??

Eine richtige Freude war der Umstand, dass ich wegen Verhinderung des eigentlich vorgesehenen Admirals gebeten wurde, am Viertagesmarsch in Nijmegen 2003 teilzunehmen und dort die Funktion des höchsten Repräsentanten der Bundeswehr auszuführen – was ich mit Freuden tat. Ich nahm an der letzten Trainingsphase teil und erlebte dann die kompletten vier Tage, teilweise mit marschierend, bei vielen

RP-Funktionen, vor allem aber als Begleiter und Motivierer an den beiden schwierigen letzten Tagen und beim großen Einmarsch in die Stadt nach den 160 km am vierten Tag. Ein großartiges, bewegendes Erlebnis!

Die Kette der Erlebnisse, aber auch der Probleme und Lösungen, die auf unterschiedlichste Weise gefunden werden mussten und auch gefunden wurden, nahm kein Ende. Obwohl ich der Meinung gewesen war, in meiner letzten Verwendung alles erlebt zu haben, was an Unruhe, Druck, Hektik, ständiger Veränderung möglich war, wurde ich in diesen 3 ½ Jahren immer wieder eines Besseren belehrt. Alles war im Fluss, abrufbare, übertragbare Lösungen für neue Probleme gab es fast nie.

Da waren der enge Zusammenhalt in der Führungsgruppe, auch mit meinem zweiten Amtschef, GMaj Henninger, ein ebenso sicheres, verlässliches Fundament wie das enge, vertraute Verhältnis mit allen meinen Leitern der Fachabteilungen und Gruppen. Als ich Ende März 2004 das SKA verlassen musste – es hatte inzwischen einen Umfang von ca. 1300 Dienstposten erreicht — hat mir dies wie auch der Abschied von vielen vertrauten Mitarbeitern in allen Abteilungen den Weggang schwer gemacht.

Meine letzte Verwendung sollte mich – völlig unerwartet – an die Führungsakademie der Bundeswehr nach Hamburg führen, die ich seit meinem Admiralstabslehrgang 1981 nicht mehr gesehen hatte. Am 1. April 2004 übernahm ich die Aufgaben des Stellvertretenden Kommandeurs und Direktors Lehrgänge. Kommandeur war GMaj Hans-Christian Beck, mir schon aus seiner Zeit als Kommandeur des Zentrums Innere Führung der Bundeswehr bekannt und von mir geschätzt. Der Kommandeur hatte ein zentrales Anliegen – die Reformierung der deutschen Generalstabsausbildung. Er war sehr auf Ausgleich und gemeinsames Verständnis mit seinen beiden Generalen/Admiralen, dem StvKdr/DirLg und dem Direktor Lehre (DirL) wie auch mit dem Chef des Stabes, einem Oberst, bedacht. Er erteilte ungern Weisungen oder gar Befehle, übte ungern direkte Kritik den Verursachern gegenüber, auch wenn er sich gelegentlich seinem Stellvertreter gegenüber Ärger, Enttäuschung und Zorn von der Seele redete.

Eigentlich schien auf den ersten Blick an der FüAk alles ganz klar, vernünftig und ordentlich organisiert.

Als StvKdr hatte ich formal keine spezielle Funktion sondern war der ständige Abwesenheitsvertreter von GMaj Beck in allen Angelegenheiten. Und er war häufig anderweitig gebunden. Was ich zunächst für einen Nachteil gehalten hatte, entpuppte sich schnell als Vorteil. Wo ich Handlungserfordernis oder Entscheidungsbedarf sah und ein Vakuum feststellte, konnte ich mich mit Hinweis auf die Stellvertretung einmischen, solange nicht andere formal Zuständige eigenes Handeln reklamierten – aber dann war es ja auch gut. Daneben nutzte mich der Kommandeur, mit dem ich mich von Anfang an auf gleicher Wellenlänge befand, zunehmend, um übergreifende Aufgabenstellungen anzugehen und zu lösen. Als DirLg war ich Vorgesetzter aller Lehrgänge an der FüAk, von den Lehrgangsleitern über Tutoren und Geschäftszimmern bis zu allen Lehrgangsteilnehmern. Wo gefordert war ich verantwortlich für die Beurteilungen der Lehrgangsteilnehmer. Im Zentrum der Aufmerksamkeit standen die Generalstabslehrgänge Heer und Luftwaffe und der Admiralstabslehrgang, der Generalstabslehrgang mit Internationaler Beteiligung (außerhalb der NATO-Verbündeten) sowie der Grundlehrgang als Laufbahnlehrgang vor der Beförderung zum Stabsoffizier und zur Auswahl der Teilnehmer an der Generalstabs-/Admiralstabsausbildung. Dazu kamen natürlich alle anderen Lehrgänge und Seminare an der FüAk. Diese Verantwortung für alle Lehrgänge, ihr Personal und ihre Teilnehmer begründete mein starkes Interesse an der Durchführung der Lehrgänge, an den Stundenplänen und ihrer Ausführung, an der Be- und Auslastung der Lehrgangsteilnehmer und an der Zusammenarbeit zwischen ihren Tutoren/Hörsaalleitern und den Dozenten aus dem Bereich Lehre. Ich nahm Einfluss darauf, welche Reisen die Lehrgänge unternahmen und welche Tutoren und Dozenten sie dabei begleiteten.

Dies alles begründete die Notwendigkeit eines ständigen, effektiven, kameradschaftlichen Kontaktes mit dem Direktor Lehre, BGen Dr. W. Sie gestaltete sich so auch vom Anfang unserer Kontakte an. Als Vorgesetzter der Leiter aller Fachbereiche war er offiziell eigentlich die verantwortliche letzte Instanz an der FüAk für die Lehrinhalte, die dann in „meinen" Lehrgängen vermittelt wurden. Dabei war aber seine echte Macht begrenzt. Auf der einen Seite gab es das Ministerium, das auf dem Gebiet der Lehrinhalte über Weisungen tätig werden konnte und sich gelegentlich auch nicht scheute, das zu tun. Besonders galt dies für die Führungsstäbe von Heer, Luftwaffe und Marine, die über die offiziellen Lehrbeauftragten der Inspekteure, die gleichzeitig Leiter der Fachbereiche Führungslehre Heer, Luftwaffe und Marine waren, bei Bedarf Einfluss auf die Lehre zu nehmen wünschten und sich im Notfall auch durchsetzen konnten. Auf der anderen Seite waren es die Fachbereiche und ihre Leiter, überwiegend mit Offizieren besetzt, teilweise aber auch bis auf die Leitungsebene mit zivilen Wissenschaftlern und Dozenten, die eine fachliche Selbständigkeit und Weisungsfreiheit im Sinne einer selbstbewussten „akademischen Freiheit der Lehre" beanspruchten und eine in ihren Augen zu direkte Kontrolle durch den DirL ablehnten, zumindest erschwerten und notfalls zu Auseinandersetzungen werden ließen. Das Ergebnis war eine große Eigenständigkeit der einzelnen Fachbereiche, die eine übergreifende Steuerung im Sinne des „Ganzen" erschwerte und eine solche Steuerung von außen, also aus Sicht des Bereichs Lehrgänge, gelegentlich nur schwer erkennbar machte.

Der Chef des Stabes, der weder dem DirLg noch dem DirL unterstand, war nun dafür verantwortlich, mit seinen Abteilungen und knapper Personalausstattung „beiden Herren zu dienen" und dabei auch die ganze Logistik für Fachbereiche wie Lehrgänge bereit zu stellen. Mir half ihm gegenüber die räumliche Nähe – direkt gegenüber auf dem gleichen Flur – vor allem aber ein sehr gutes persönliches Verständnis auf beiden Seiten. Der „Chef" an der FüAk hatte es immer ziemlich schwer.

Ich brauchte nicht lange, um festzustellen, dass es an vielen Berührungsflächen knirschte – zwischen Lehrgängen, ihren Leitern und Tutoren und Fachbereichen, deren Leitern und Dozenten, häufig auch mit den Abteilungen des Stabes. Die sich überschneidenden Zuständigkeiten zwischen „Lehrgängen" und „Lehre" mit dem sehr unterschiedlich ausgeprägten Eigenleben der Fachbereiche machten die FüAk zu einem lebendigen Gegenmodell der reinen Organisationslehre. Die soll ja eine Dienststelle so organisieren, dass sie mit durchschnittlichem Personal bei Beachtung der verfügten Organisation die geforderte Funktion sicher erfüllte. Ich kam bald zu dem Schluss, dass es an der FüAk nur dort funktionierte, sogar gut funktionierte, wo ohne Rücksicht auf Zuständigkeit und Unterstellung engagierte Dozenten, Tutoren, Fachbereichs- und Lehrgangsleiter sich halfen, die ständigen Hindernisse aus dem Wege zu räumen: Zeitmangel, Stofffülle, belegte Räume, Vorgaben aus dem Ministerium, falsch bekannt gegebene und beschickte Lehrgänge, nicht pünktlich renovierte Unterkünfte – und vieles mehr.

Wie schwierig das Erzielen von wesentlichen Ergebnissen im formalen Rahmen war, stellte ich schon kurz nach Dienstantritt fest. Der Kommandeur war schon lange zu der Überzeugung gelangt, dass es höchste Zeit war, die Generalstabs-/Admiralstabsausbildung grundlegend zu reformieren, den Schwerpunkt der Ausbildung weg von der reinen Teilstreitkraftlehre zu verlagern auf eine Teilstreitkraftübergreifende Lehre, da nur so der aktuellen Entwicklung in der Ausbildung des Führerkorps angemessen Rechnung getragen werden konnte. Die Erfahrung mit den Auslandseinsätzen der letzten zehn Jahre, aber auch die Veränderungen im sicherheitspolitischen Umfeld zeigten ganz deutlich, dass andauernde Einsätze einer einzelnen Teilstreitkraft ohne Anbindung an andere wie auch an internationale Partner zunehmend die Ausnahme bilden würden. Auch die Aufstellung der Streitkräftebasis seit 2000 war ein Beleg für die zunehmende Vernetzung der einzelnen Teilstreitkräfte und Organisationsbereiche innerhalb der Bundeswehr. Wenn Elemente der Teilstreitkräfte immer häufiger miteinander verschränkt zum Einsatz kommen würden, dann müsste von den militärischen Führern und Führergehilfen immer stärker gefordert werden, auch die Möglichkeiten, Grenzen und Denkweisen der jeweils anderen Teilstreitkräfte zu kennen und effektiv zu berücksichtigen. Ich stimmte ihm bei unserem ersten Gespräch zu diesem Thema uneingeschränkt zu.

Er war sich aber sicher gewesen, eine entsprechende Untersuchung im Bereich Lehre mit seinen Verästelungen bis in die Teilstreitkräfte, die ihren Einfluss auf die Lehre eifersüchtig und empfindlich zu verteidigen pflegten, nicht mit Aussicht auf Erfolg durchführen lassen zu können, und hatte daher vor Monaten eine Gruppe von vier Offizieren – Oberst G. (Heer), Oberst S. (Luftwaffe) und den KptzS J. und K.-T. – zusammengestellt, sich selbst unterstellt, zum Stillschweigen verpflichtet und beauftragt, ein neues Lehrgangssystem für die Stabsoffiziere der Bundeswehr zu konzipieren und einen gänzlich neuen streitkräftegemeinsamen Generalstabs-/Admiralstabslehrgang zu entwickeln.

Kurz nach meinem Dienstantritt platzte dann die „Bombe". Die Gruppe hatte ihren Auftrag in geradezu überwältigender Weise erfüllt. Sie hatte ein neues Weiterbildungssystem für die Stabsoffiziere der Bundeswehr konzipiert. Aufbauend auf dem Grundlehrgang für alle Hauptleute/Kapitänleutnante und dem anschließenden Generalstabs-/Admiralstabslehrgang für wenige und einen neuen, reichhaltigen Stabsoffizierlehrgang für alle anderen Offiziere hatte sie ein modulares System von ein- bis mehrwöchigen Lehrgängen entwickelt, das mit verschiedensten fachlichen Inhalten und für Dienstgrade bis zum General/Admiral für die Bundeswehr endlich ein Weiterbildungskonzept realisieren sollte, das schon lange in der „normalen" Erwachsenenbildung eingeführt war – das „lebenslange Lernen". Die zu erwartenden Probleme hatten sie nicht ausgeklammert: Infrastrukturelle und Dozentenkapazitäten an der FüAk, vor allem aber die wahrscheinlich geringe Bereitschaft der Vorgesetzten in der Bundeswehr, Stabsoffiziere außerhalb von Pflichtausbildungsteilen „nur für die Weiterbildung" freizustellen. Es würde daher eines gewissen verpflichtenden Einflusses der Personalführung bedürfen, die „Weiterbildung" zur Pflicht machen und ggf. besonders anerkennen, belohnen würde. Insgesamt aber war die Gruppe zu der Überzeugung gelangt, dass das Vorhaben aus Sicht der FüAk realisierbar war.

Sie hatte die Idee eines neuen Generalstabs-/Admiralstabslehrgangs entwickelt, der für alle Teilnehmer von Heer, Luftwaffe und Marine als ein Lehrgang gemeinsam in gemischt zusammengesetzten Hörsälen durchgeführt werden würde. Die Unterrichtung würde nicht mehr wie bisher überwiegend im Rahmen der Teilstreitkraft sondern Teilstreitkraft-übergreifend gemeinsam erfolgen. Die reinen Anteile von Heer, Luftwaffe und Marine würden verringert, die gewonnene Zeit könnte zum Ausbau der streitkräftegemeinsamen Lehre genutzt werden

Beide Vorschläge überzeugten nicht nur den Kommandeur, sondern auch mich von Anfang an.

Die Bekanntgabe der Ergebnisse löste einen Sturm der Entrüstung aus. Die Entscheidung des Kommandeurs, sein großes Projekt, das die Lehrgangslandschaft und damit auch die FüAk erheblich verändern und den Widerstand von Heer, Luftwaffe und Marine herausfordern würde, durch die nur ihm persönlich unterstehende, zum Schweigen verpflichtete Gruppe, nicht aber durch den zuständigen Bereich Lehre erarbeiten zu lassen, wurde nicht zu Unrecht als ein Ausdruck mangelnden Vertrauens gewertet. Die Fachbereiche Führungslehre Heer, Luftwaffe, Marine lehnten wie erwartet jede Beschneidung der ihnen bislang zur Verfügung stehenden Lehrgangsanteile wie auch die Zusammenlegung der bisherigen Teilstreitkraftlehrgänge in einen gemeinsamen Lehrgang kategorisch ab und machten deutlich, dass eine solche Veränderung voraussichtlich den Untergang einer qualitativ hochwertigen Generalstabsausbildung bedeuten würde. Sie übermittelten alsbald auch ähnliche Beurteilungen ihrer Inspekteure – die sich auch nicht scheuen, dies persönlich der Führung der FüAk mitzuteilen. Ein Inspekteur, der den Kommandeur nicht erreichen konnte und zu mir durchgestellt wurde, warf mir ernsthaft vor, bewusst in Kauf zu nehmen, dass ein Hauptmann oder Kapitänleutnant, der zwei Jahre lang mit Kameraden der anderen Teilstreitkräfte Seite an Seite im Hörsaal lernte, dabei seine existenziell notwendige Teilstreitkraftprägung verlieren könne. Meine entgeisterte und verärgerte Replik, dass er doch wohl nicht ernsthaft befürchte, dass der ehemalige Chef einer Panzerkompanie oder der ehemalige Kommandant eines Ubootes die Prägung durch Heer oder Marine und vor allem durch ihre Waffengattung verlören, nur weil sie 24 Monaten nebeneinander und vielleicht neben dem ehemaligen Chef einer FlaRak-Batterie ausgebildet und sich persönlich kennen lernen würden – und dass eine solche Furcht ja wohl nur für mangelndes Selbstbewusstsein spräche, hat ihm nicht gefallen. Aus diesem Anlass ist mir sehr deutlich geworden, dass es von großem Vorteil für „das Ganze" ist, wenn Verwendungen wie die des Kommandeurs an der FüAk und meine eigene, aber sicherlich auch viele andere, die von Bedeutung für die gesamten Streitkräfte sind, durch Offiziere in ihrer Endverwendung ausgefüllt werden, die dann nicht mehr einem Druck durch ihre Inspekteure oder die Personalführung ausgesetzt werden können.

In langen Gesprächen mit dem Kommandeur bestärkte ich ihn in der Absicht, die Arbeitsergebnisse noch im April dem Generalinspekteur, General Schneiderhan, persönlich vorzutragen, denn seit bekannt werden der Ergebnisse würde die Zeit gegen ihre Realisierung arbeiten. Ich bestärkte ihn auch in der Idee, dem Generalinspekteur anzubieten, dass im Falle einer Billigung der am 1. Oktober, also in fünf Monaten beginnende Lehrgang – der ja noch getrennt als die drei Lehrgänge Admiralstabsdienst und Generalstabsdienst Heer und Luftwaffe geplant war – nach kompletter Umstrukturierung und auf der Basis eines neuen Lehrplans als „Erster Generalstabs-/Admiralstabslehrgang Streitkräfte" beginnen könne, denn die Alternativen waren klar:

Entweder würde sich der Widersand der Inspekteure versteifen und Erfolg haben – dann wäre ein Reformierung der Generalstabs-/Admiralstabsausbildung und der Weiterbildung für Stabsoffiziere auf Jahre beerdigt; oder der Generalinspekteur würde irgendwie – wenn auch wenig wahrscheinlich – eine Art Billigung oder zumindest ein Stillhalten der Inspekteure erreichen. Dann gäbe es jetzt ein „Window of Opportunity", das sofort genutzt werden müsse, um überzeugende und irreversible Fakten der Reformierung zu schaffen.

General Beck trug dem Generalinspekteur in diesem Sinn vor und überzeugte ihn von dem neuen Ansatz. Die weitere Entwicklung war aber völlig offen.

Im Juni 2004 tagte dann der Militärische Führungsrat mit Generalinspekteur, seinem Stellvertreter und den Inspekteuren von Heer, Luftwaffe, Marine und Streitkräftebasis. GMaj Beck konnte im großen Rahmen nochmals seine Vorschläge erläutern und begründen – und zu unserer großen Überraschung stimmte der MFR zu! Jetzt ging es um alles – denn das Angebot der FüAk, den völlig neuen Lehrgang mit neuem Lehrplan schon in knapp vier Monaten beginnen zu lassen, stand ja im Raum und musste eingelöst werden – auch gegen alle Widerstände im eigenen Haus. Allerdings galt es auch, einen Wermutstropfen zu schlucken: Eine verpflichtende Vorgabe zur Abstellung von Stabsoffizieren zur lebenslangen Weiterbildung wurde abgelehnt.

An der FüAk beauftragte mich der Kommandeur, als Gesamtverantwortlicher außerhalb der normalen Unterstellungen dafür zu sorgen, dass die Arbeitsgruppe, die den neuen Lehrgang zu strukturieren und den neuen Lehrplan zu erarbeiten hatte, von allen Teilen der FüAk alle Unterstützung erhielt und es auch in den beiden folgenden Jahren für den neuen Lehrgang alle Unterstützung und keine ernsthaften Widerstände geben würde. Leiter der Arbeitsgruppe, die diese eigentlich unzumutbare Aufgabe zu bewältigen hatte, war der eingeplante Leiter des Heereslehrgangs, der eigentlich am 1.10. beginnen sollte, Oberst B., der auch Lehrgangsleiter des neuen Lehrgangs werden sollte. Mit einer unvorstellbaren Kraftanstrengung schafften er und sein Team in enger Kooperation mit den Fachbereichen die eigentlich unlösbare Aufgabe. Am 1. Oktober 2004 konnte der „Erste Generalstabs-/Admiralstabslehrgang Streitkräfte" beginnen.

Er bestand jetzt aus sieben Hörsälen, die alle gemischt mit Offizieren von Heer, Luftwaffe und Marine und einem Oberstabsarzt besetzt waren. Vier Tutoren stellte das Heer, zwei die Luftwaffe, einen die Marine. Probleme und Klärungsbedarf verschwanden nie, begleiteten uns die beiden Jahre wie auch das erste Jahr des zweiten Lehrgangs ab Oktober 2005. Aber sehr schnell hatte sich an der FüAk die Einsicht verbreitet, dass es im Interesse aller, vor allem der Lehrgangsteilnehmer und der ganzen Streitkräfte war, den neuen Lehrgang sich zu einem Erfolgsmodell verstetigen zu lassen. Die Erfordernis, Weisungen oder Befehle zu erteilen, Verbote auszusprechen, nahm bald ab – und mein Verbot gegenüber dem Fachbereich Führungslehre Marine, die Marineteilnehmer am Lehrgang als „46. ASTO(-Lehrgang)" zu bezeichnen (so, wie mein Lehrgang 1979 – 1981 als 21. ASTO bezeichnet wurde), sondern nur vom „1. Generalstabs-/Admiralstabslehrgang Streitkräfte" zu sprechen, lag da eher im kameradschaftlichen Bereich mit humorvollen Anteilen.

Die Entwicklung des neuen Weiterbildungssystems dauerte dagegen wesentlich länger und war von Rückschlägen begleitet. Die einzelnen Seminare mussten von den Fachbereichen konzipiert, ihre Ausschreibung und Beschickung eingeleitet werden. Die Tatsache, dass sich immer ein oder zwei Unterkunftsblöcke in der „General Baudissin Kaserne" über lange Zeit in der Grundsanierung befanden, erleichterte die Aufgabe nicht. Erwartungsgemäß wirkte sich der überall in den Streitkräften verbreitete Mangel an Stabsoffizieren, der durch die Aufstellung der Streitkräftebasis noch verstärkt worden war, sehr negativ auf die Bereitschaft der Dienststellen und Einheiten aus, Angehörige zu Weiterbildungsmaßnahmen abzustellen. Die Akzeptanz und der Besuch der neuen Seminare sollten ein Dauerproblem bleiben.

Besondere Aufmerksamkeit verdiente der LGAI, „Lehrgang Generalstabs-/Admiralstabsdienst mit internationaler Beteiligung". In neun

Monaten erhielten hier ausländische Offizier aus Nicht-NATO-Staaten eine verkürzte Generalstabsausbildung. Das Spektrum der beteiligten Nationen war sehr breit gefächert. Es reichte von der VR China, über Mongolei, Pakistan, Kuweit, Namibia, Brasilien, Chile bis Schweiz und Österreich – um nur einige zu nennen. Dazu gab es als „Korsettstangen" in jedem Hörsaal ausgewählte deutsche Stabsoffiziere als Lehrgangsteilnehmer. Die ausländischen Offiziere mussten vor Beginn ein gefordertes Sprachleistungsprofil in Deutsch vorlegen, da die gesamte Unterrichtung auf Deutsch stattfand. Hierbei glänzten stets herausragend die chinesischen Offiziere. Falls ein solcher Nachweis nicht vorlag, lernten sie in Lehrgängen von bis zu einem Jahr Dauer Deutsch an der Bundessprachenschule in Hürth und legten dann die Prüfung ab, deren Bestehen Voraussetzung dafür war, dass sie den Lehrgang beginnen konnten. Viele kamen mit ihren Familien nach Hürth und von da nach Hamburg, einige, vor allem aus ärmeren Staaten, auch alleine. Es verstand sich von selbst, dass sie einer besonderen Fürsorge – besonders gegenüber der Bundeswehr-Verwaltung – bedurften. Das galt aber auch für das tägliche Leben, vor allem in medizinischen Fragen. Denn für die Bundeswehr existierten Ehefrauen und Kinder eines ausländischen Lehrgangsteilnehmers ebenso wenig wie die eines deutschen – und das war schon so vor der „segensreichen" Herauslösung der Truppenverwaltungen aus der Unterstellung unter die Kommandeure wie hier unter den Kommandeur der FüAk und Zentralisierung in Bundeswehr-Dienstleistungszentren ohne Zugriffsrecht der Kommandeure, mit dessen Hilfe bis dahin wenigstens in Grauzonen noch Handeln möglich war. Da war die Existenz eines „Freundeskreis Ausbildung Ausländische Offiziere", der vor Jahren gegründet worden war, eine große Hilfe. Ihm gehörten zahlreiche Hamburger aus „besseren Kreisen" an, die Patenschaften für die einzelnen Ausländer übernahmen, sie in ihre Familien und Umgebung einführten, Geld spendeten. Geleitet wurde er seit Jahren von einem erfolgreichen Hamburger Geschäftsmann, Honorargeneralkonsul eines mittelafrikanischen Staates, der sich das Wirken des Freundeskreises zu einem persönlichen Anliegen gemacht hatte. Neben den Patenschaften gab es Ausflüge und Besichtigungen, Betreuungsmaßnahmen und ein hochkarätiges Vortragsprogramm an der FüAk, das einen festen Platz im gesellschaftlichen Leben Hamburgs hatte. Angesichts der „Lieblosigkeit" des Bundeswehr-Verwaltungshandelns gegenüber den Ausländern war der Einsatz des Freundeskreises durch nichts zu ersetzen. Vor allem die Patenschaften durch Angehörige von Wirtschaft, Industrie und Finanzwelt waren für das Verständnis der Lehrgangsteilnehmer für Deutschland und die erwünschte Bindung an unser Land fast so wichtig wie die Teilnahme am Lehrgang. Ich war stets bemüht, an allen größeren Veranstaltungen dieses Lehrgangs wie auch an den Vortragsveranstaltungen für FüAk und Gäste teilzunehmen.

Für den Kommandeur betreute ich alle infrastrukturellen Vorhaben, so weit der Kontakt mit dem zuständigen Infrastrukturstab Nord und der Bundesbauverwaltung betroffen war. Trotz des insgesamt sehr hohen Sanierungsbedarfs der „Bundeswehr-West" und viel zu niedriger Haushaltsmittel gelang es nicht nur, die Grundsanierung der maroden Unterkunftsblöcke in der „General Baudissin Kaserne" fortzusetzen. Die erforderlichen Entscheidungen zum Neubau eines Unterkunftsgebäudes für Lehrgangsteilnehmer nach modernen Standards in der „Clausewitz-Kaserne" wie auch des dortigen Gebäudes für den Fachbereich Führungslehre Marine und Hörsäle konnten herbeigeführt werden.

2005 wurde der Neubau des ehemaligen Gebäudes für den Fachbereich Führungslehre Heer und den damaligen Heereslehrgang (Geb. 9) fertig. Wir waren begeistert über die Perle, die da hingestellt worden war! Im Gespräch mit dem Kommandeur äußerte ich die Idee, dem Gebäude einen Namen zu geben, der zugleich Programm war – denn in ihm würde der neue Lehrgang Generalstabs-/Admiralstabsdienst Streitkräfte seine neue Heimat finden. Da er dieser Idee gegenüber aufgeschlossen war, durfte ich einen Vorschlag machen. Ich schlug den Namen des Mannes vor, der mich von allen Beteiligten am militärischen Widerstand gegen Hitler schon immer am meisten beeindruckt hatte, und dieser Vorschlag wurde gebilligt. Es wurde dann eine sehr ergreifende Feier, bei der im Beisein seiner Tochter das Gebäude den Namen „Henning-von-Tresckow-Gebäude" erhielt und seine neu aufgestellte Büste dort enthüllt wurde.

Seit Jahrzehnten dauerte die Generalstabs-/Admiralstabsausbildung der Bundeswehr knapp zwei Jahre und war damit die zeitlich längste, zumindest in der westlichen Welt. Um den hohen Bedarf zu erfüllen, fanden – wie schon zu meiner Lehrgangsteilnahme vor 25 Jahren – stets zwei Lehrgänge parallel statt, jeweils um ein Jahr versetzt. Zum 1.10. begann ein Lehrgang – der jüngere – , wechselte der ältere ins zweite Jahr und hatte der zurückliegende gerade vor einigen Wochen sein Lehrgangsende erreicht. In der Phase des Lehrgangsumbaus bot uns das die Möglichkeit, „Alt" und „Neu" im laufenden Betrieb zu erleben und zu prüfen. Beispielhaft wurde dies am Problem der unterschiedlichen Abgangspunkte zu Lehrgangsbeginn für die Lehrgangsteilnehmer von Heer und Marine deutlich. 2005 konnte ich im älteren Lehrgang, der noch als Heereslehrgang lief, feststellen, dass sich die Lage in den vergangenen 25 Jahren nicht geändert hatte.

Während die Marine-Lehrgangsteilnehmer vor Beginn des Lehrgangs ihre taktische Ausbildung abgeschlossen hatten und von Anfang an intensiv und zeitaufwändig in die Grundlagen der Operationsplanung eingewiesen und beübt wurden, hatten die Heeres-Lehrgangsteilnehmer ihre taktische Ausbildung bei Weitem noch nicht abgeschlossen. Die hatte bis dahin für die Hauptleute im Heer nur die Ebene des Einsatzes einer Brigade erreicht. Die taktischen Probleme des Einsatzes auf Divisions- und Korpsebene waren der Ausbildung zum Generalstabsoffizier an der FüAk vorbehalten. Dies führte – wie vor 25 Jahren – dazu, dass diese Ausbildung mit hohem Zeit- und Übungsaufwand im ersten Ausbildungsjahr des Lehrgangs durchgeführt werden musste und für Ausbildung und Übungen in Operationsplanung, insbesondere für Krisenoperationen im streitkräftegemeinsamen und internationalen Umfeld, nur noch das zweite Jahr, das eigentlich nur noch aus 10 Monaten bestand, zur Verfügung stand. Um das Problem wirklich zu verstehen, nahm ich 2005 an der traditionellen „Frankenreise" des – älteren und letzten – Heereslehrgangs teil. Vorausgegangen war eine personal- und zeitintensive Übung zum Einsatz im Divisions- oder Korpsrahmen in der Verteidigung mit den Alternativen „Verzögern" und „Halten". Nach Abschluss der mehrtägigen Planungsphase reisten Lehrgang und Dozenten nach Franken. Neben einem traditionell schönen, sehr gediegenen Beiprogramm wurden an zwei oder drei Tagen in den Geländeabschnitten, die der Übungslage zugrunde lagen, ausführliche Geländebesprechungen und -beurteilungen zur Taktik des Einsatzes und Bewertung der Planung vorgenommen. Mich hat das zwar sehr beeindruckt, das Meiste glaubte ich auch verstanden zu haben. Mir wurde aber auch deutlich, dass dieser Aufwand für den neuen gemeinsamen Generalstabs-/Admiralstabslehrgang der Streitkräfte einfach zu hoch und vor allem am falschen Ort stattfand. In einem langen, schmerzhaften Diskussionsprozess ist es dann gelungen, in der Heeresunterrichtung die Taktikausbildung zu reduzieren – nicht zuletzt auch deswegen, weil der Einsatz im nationalen Korpsrahmen, ja eigentlich schon im nationalen Divisionsrahmen immer weniger vorstellbar erschien – und die gewonnene Zeit zu einem früheren Zeitpunkt in die neuen gemeinsamen Übungen zu investieren. Die seit Jahrzehnten traditionelle „Frankenreise" wurde eingestellt – und ich habe einen Teil der Schuld daran getragen.

Die Lehrgangsreisen stellten ein Problem für sich da. Sehr wichtig waren die Reisen im ersten Jahr zu den für den Lehrgangsteilnehmer jeweils anderen Teilstreitkräften, da er dabei in der Regel zum ersten Mal Truppe, Gerät und Waffen im Einsatz erlebte, die er so bisher nicht gekannt hatte. Ich bemühte mich, an allen Reisen zu Heer und Luftwaffe teilzunehmen – auch deshalb, weil die Aufnahme einer Besuchergruppe, die von einem Flaggoffizier geleitet wurde, dort in der Regel noch eine Kleinigkeit aufmerksamer verlief. An der Marinereise nahm ich dagegen nie teil, um den besuchten Einheiten die Unruhe zu ersparen, die durch die Anwesenheit eines Admirals verursacht und auch eingehalten werden musste, und um die Aufmerksamkeit dort nicht auf meine Person abzulenken.

Bei der Reiseplanung für das Jahr 2005 wurde von einer Seite im Nebensatz die Frage gestellt, ob es denn dabei bleibe, dass nur Heer, Luftwaffe und Marine besucht würden, nicht aber die Streitkräftebasis, die es ja erst seit fünf Jahren gab und die ja sicherlich nichts zu zeigen hätte.

Für mich war sofort klar, und für den Befehlshaber des Streikräfteunterstützungskommandos, den ich kontaktierte, glücklicherweise auch, dass sich natürlich auch die SKB dem Generalstabs-/Admiralstabslehrgang präsentieren würde – und wie! 2005 war das dann zum ersten Mal so weit – und ich machte diese erste Reise durch die SKB mit. Die Lehrgangsteilnehmer bekamen die Spitze der neuen Leistungsfähigkeit der SKB gezeigt – einen mobilen Führungspunkt, der an alle weltweit arbeitenden Führungsverbindungen angeschlossen wurde; mobile logistische Einheiten im Einsatz; einen Zug Feldjäger, der alles zeigte, was er in Vertretung von Polizei, Kripo, Justizvollzugsdienst, Krawallkontrolle zu leisten in der Lage war; Elektronische Kampfführung im Einsatz... Nicht nur die gezeigte Leistung war beeindruckend. Überzeugend waren der Schwung und Stolz, mit dem sich die jungen SKB-Einheiten präsentierten, und der tiefe Eindruck, den sie bei den Lehrgangsteilnehmern hinterließen, die ja die SKB gar nicht richtig kannten.

Wenn die sogenannten TSK-Reisen eine Angelegenheit waren, die der Bereich Lehrgänge alleine organisierte und durchführte, so war das mit den Reisen ins verbündete Ausland und die dortigen Hauptstädte anders. Die Organisation, die Abstimmung mit unseren Botschaften und Dienststellen wie auch mit den besuchten Ministerien und Stäben in London, Paris, Rom und den Vereinigten Staaten war sehr viel aufwendiger, die Transportfragen schwierig, die Kosten hoch – besonders für die Reise eines ganzen Lehrgangs mit sieben Hörsälen und Tutoren, also etwa 130 bis 140 Mann, in die USA. Für fast alle diese Reisen galt zudem, dass sie stets in zwei Teilen durchgeführt wurden, um die aufnehmenden Dienststellen nicht zu überfordern. Das Interesse des Bereichs Lehre an Teilnahme von Dozenten an diesen Reisen, vor allem in die USA, war groß – an der Beteiligung an den Vorbereitungen und anderen begleitenden Tätigkeiten klein. Es war unter meinen Vorgängern üblich geworden, dass immer mehrere Dozenten teilnahmen, für die dies eher eine Art bezahlte Urlaubsreise war. Mir missfiel das – vor allem angesichts steigenden Kostendrucks. Ich ordnete daher an, dass nur solche Dozenten mitfahren durften, deren Lehrinhalte berührt waren – wie die UNO für New York oder die amerikanische Militärstrategie für Washington – und die sich in Vorbereitung und Leitungsaufgaben während der Reise einbringen konnten. Trotz heftigen Widerstands behielt diese Entscheidung Bestand.

Ein Höhepunkt der Reisen war immer die USA-Reise. Eine Hälfte des Lehrgangs begleitete ich, für die andere reiste der DirL mit oder ein General/Admiral aus der Bundeswehr, den wir dazu einluden – denn in den USA musste ein Flaggoffizier zur Gruppe gehören, wenn man überhaupt wahrgenommen werden wollte. Neben dem Besuch in Washington mit Vorträgen und Gesprächen im Pentagon und der Deutschen Botschaft hatte auch der Besuch in New York einen besonderen Stellenwert, da wir nicht nur die UNO besuchten, sondern auch die deutsche Vertretung bei der UNO, und dort umfassend, u.a. auch über das „Department for Peace Keeping Operations" der UNO, informiert wurden. Traditionell trafen wir auch den Vorstand und Angehörige des „American Jewish Congress" zu einem Informationsaustausch und gemeinsamen Essen, in dessen Verlauf wir viel Verständnis für Deutschland und seine Streitkräfte verspürten, aber auch dazu gewinnen konnten. Überrascht hat mich während einer dieser Besuche die Empfehlung der Beamten an der deutschen UNO-Vertretung, doch mit Kameraden in Uniform zum Empire State Building zu gehen und einmal zu erleben, wie wir dort als Uniformträger wahrgenommen werden würden. Wir taten das.

Wie von privaten Reisen bekannt, warteten im Erdgeschoss und auf zwei Höhen endlose Schlangen von Touristen darauf, mit dem Aufzug weiter nach oben zu gelangen. Unser Erscheinen rief sofort Ordner auf den Plan: „Sir, thank you for serving the nation – please follow me!" Unter Applaus der Wartenden wurden wir jeweils an der Warteschlange vorbei geleitet und in einen leeren Fahrstuhl geleitet. In weniger als drei Minuten waren wir auf der Aussichtsplattform. Meiner Gruppe und mir ist das sehr nahe gegangen.

Der mittlerweile schon dreijährige Einsatz der Bundeswehr in Afghanistan erforderte nach meiner Überzeugung die Ausweitung der USA-Reise nach Tampa/Florida, wo das den Afghanistaneinsatz führende US-CENTRAL COMMAND seinen Sitz hatte, in dem seit einiger Zeit auch deutsche Offiziere Dienst leisteten. Die Auseinandersetzung mit der Verwaltung in der FüAk und dem vorgesetzten Streitkräfteamt waren nicht einfach, denn diese zeitliche wie räumliche Ausweitung der Reise bedingte die Einschiebung eines Wochenendes, das der Lehrgang in Tampa zu verbringen hatte. Und die Befürchtung der Verwaltung, dieses freie Wochenende könnte Lehrgang und Vorgesetzten unerwünschte Freude bereiten, war natürlich nicht unberechtigt. Umso froher war ich, dass es ab 2006 gelang, auch das CENTCOM in Tampa zu besuchen und dort interessante Vorträge und Präsentationen zu hören und Einsichten zu gewinnen.

Das zweite Jahr des neuen Generalstabs-/Admiralstabslehrgangs mit der Intensivierung der Übungen zum streitkräftegemeinsamen Einsatz warf immer wieder die Frage auf, mit welchen personellen und fachlichen Kapazitäten die Aspekte in die Lehre einzuführen waren, die mit der neuen Streitkräftebasis, ihren Fähigkeiten und Begrenzungen, zu tun hatten. Trotz personeller Engpässe und fehlender Dienstposten für diese Aufgaben waren der Nachfolger von GMaj Beck, GMaj Löser, und die beiden Direktoren der festen Überzeugung, dass die FüAk einen neuen Fachbereich Streitkräftebasis dringend benötigte. Die erforderlichen Personalforderungen wurden gestellt und zunächst einmal erste Kapazitäten aus dem eigenen Bereich bereitgestellt. Diese Personalforderungen, die ich gegenüber dem Streitkräfteamt und dem Ministerium zu vertreten hatte, stießen allerdings auf heftigen Widerstand, so dass bis zu meiner Zurruhesetzung nicht klar war, ob und wie dieser wichtige Fachbereich zu betreiben und personell zu ernähren sein würde.

In dieser Zeit mehrten sich Anfragen und Hinweise verbündeter Nationen, die Offiziere in unsere Generalstabsausbildung abzustellen pflegten. Sie machten deutlich, dass immer mehr Streitkräfte die Umwälzungen im zivilen universitären Bereich, die als „Bologna-Prozess" beschrieben wurden, berücksichtigten, indem sie ihren Offizieren für erfolgreich absolvierte Ausbildungsabschnitte Credit-Points nach „Bologna" gewährten, die diese dann in Verbindung mit ihren sonstigen akademischen Bemühungen nutzen konnten, schneller akademische Grade zu erringen. Die Tatsache, dass die FüAk dies nach den bisherigen Regeln nicht konnte, würde in einigen Ländern in absehbarer Zeit die Abstellung besonders fähiger Offiziere zur Generalstabsausbildung nach Deutschland gefährden. Für uns war das Anlass, in intensive Gespräche mit der „Helmut-Schmidt-Universität" der Bundeswehr in Hamburg einzutreten, um zunächst einmal Übereinstimmung in der Zielsetzung zu erreichen, langfristig auch durch die FüAk „Bologna Credit-Points" zuerkennen zu können und dann Wege zu finden, auf denen dies in der Kooperation FüAk-Bundeswehruniversität möglich werden könnte. Die Gespräche begannen viel versprechend und hatten bis zu meiner Zurruhesetzung einen Stand erreicht, der mittelfristig eine Lösung realisierbar erscheinen ließ.

Nicht nur der Bologna-Prozess und seine Auswirkungen im universitären Bereich bewegten uns. Über die engen Kontakte, die die FüAk mit den Generalstabsakademien unserer Verbündeten und Freunde unterhielt, erfuhren wir von einem interessanten und viel versprechenden Weg, den das Schweizer Bundesheer bei der Bewertung der Qualität seines Führernachwuchses beschritten hatte. In Zusammenarbeit von Militärakademie und ETH Zürich nutzte es den privatwirtschaftlichen Bereich, um zum Ende der Generalstabsausbildung mit Hilfe eines Assessment Centers das Potential der Absolventen ermitteln zu lassen. Uns erschien dieser Weg, der sich vom herkömmlichen Beurteilungsverfahren mit allen seinen Schwächen und Risiken deutlich abhob, so interessant, dass der Kommandeur ihn dem Generalinspekteur vortrug und vorschlug, ihn sehr gründlich prüfen und dann diskutieren zu lassen, ob er nicht auch Elemente enthielt, die die Bundeswehr für ihre Absolventen des Generalstabs-/Admiralstabslehrgangs nutzen könnte. Allerdings sahen wir auch die Gefahr, dass die Personalabteilung von diesem Eingriff in ihre Beurteilungshoheit nicht übermäßig begeistert sein könnte. General Schneiderhan sah diesen ersten Vorstoß durchaus positiv. Die Stellungnahme der Personalabteilung hat dieses Vorhaben dann schnell beendet.

Am 16. Juli 2005 verstarb „mein" Generalinspekteuer, Admiral Dieter Wellershoff. Bei der Beschäftigung mit diesem Abschied wurde mir klar, warum mich dieser außergewöhnliche Mann so nachhaltig beeindruckt hat.

Ich habe ihn als einen Offizier mit herausragenden intellektuellen Fähigkeiten und breit gefächerten Erfahrungen erlebt – Eigenschaften, die er in seinem hohen Amt sehr erfolgreich einzusetzen wusste. Beeindruckt hat er durch seine Geradlinigkeit in Worten und Handeln und seine Bereitschaft, seine Überzeugung zu vertreten, eine klare Haltung einzunehmen, sich nicht in vorauseilendem Gehorsam zu verbiegen. Wo Loyalität eingefordert werden konnte, war er loyal. Aber seine tief empfundene Verantwortung für unser Land – und das hieß für ihn: für unsere Bundeswehr und für das Verhältnis von Politik und den verschiedensten gesellschaftlichen Schichten zur Bundeswehr hat ihn jede Gelegenheit nutzen lassen, öffentlich und offen Position zu beziehen und diese zur Diskussion zu stellen. Er war ein rastloser Arbeiter an der Verbesserung der Beziehungen zwischen der deutschen Gesellschaft und ihren Streitkräften.

Dabei war er ein zutiefst bescheidener, unprätentiöser Mann. Er ließ uns, seine Mitarbeiter, seine engste Umgebung immer wieder spüren,

dass er ihre Unterstützung, ihren hohen Einsatz, ihren häufigen Verzicht auf Familienleben und Freizeit annahm, weil seine dienstliche Aufgabe dies erforderte – und nicht seine Person. In dieser Aufgabe stand er turmhoch über einem Adjutanten. Aber außerhalb dieser Aufgabe stand er als älterer, lebenserfahrener und fürsorglicher Mensch und Kamerad auf einer Ebene neben seinem Adjutanten. Damit verkörperte er für mich das Idealbild eines Vorgesetzten, der zwar nach dienstlicher Aufgabe, Pflichten, Rechten, Dienstgrad und Besoldung viele Stufen über seinem Untergebenen steht, gleichzeitg als Mensch aber stetes die Augenhöhe mit jedem seiner Unterbenen sucht und einhält – ganz gleich, wie groß der dienstliche Abstand sein mag.
Ich habe stets versucht, seinem Vorbild zu folgen.

In allen Lehrgängen bemühte ich mich, persönliche Eindrücke von den Teilnehmern zu gewinnen und ihr Feedback zu dem gebotenen Lehrgang oder Seminar zu erhalten. Das galt ganz besonders für den 1. Generalstabs-/Admiralstabslehrgang Streitkräfte ab Oktober 2004 und den 2. Lehrgang ab Oktober 2005. Ich nutzte dafür einzelne Stunden, die ich alleine mit den Hörsälen verbrachte. Regelmäßig erläuterte ich dabei den Lehrgangsteilnehmern auch meine persönliche Auffassung von zeitgemäßer Menschenführung und meine Erfahrungen, die Höhen und Tiefen in den zurückliegenden fast 40 Jahren.
Ich war immer wieder überrascht, wie einhellig positiv das Urteil aller Lehrgangsteilnehmer über die neue Form des Generalstabslehrgangs ausfiel. Das enge tägliche Zusammensein mit Offizieren der anderen Teilstreitkräfte weitete den Blick, schaffte Verständnis für die ganz unterschiedliche Denkweise, wie sie sich eben auf der Grundlage der sehr unterschiedlichen Rahmenbedingungen in Heer, Luftwaffe und Marine entwickelt hatte. Intensiviert wurde dieser Prozess durch die Führung durch Tutoren, die ja immer für einen Teil des Hörsaals aus einer anderen Teilstreitkraft kamen. Auch die Tutoren, die selber dadurch viel lernten, begrüßten die neue Form ausdrücklich.
Immer wieder hat es mich verwundert, wie selten ich klare Überzeugungen und Meinungen zum Thema Menschenführung antraf, wie häufig es zu kritischen Hinterfragungen in Details kam, die nach meiner Überzeugung völlig klar waren, wie oft Lehrgangsteilnehmer ein-

fach keine Meinung hatten, keine wirklichen Erfahrungen gehabt zu haben schienen – und das mussten sie doch eigentlich.

Ich habe diese Stunden sehr genossen, und viele Lehrgangsteilnehmer sind mir dabei ans Herz gewachsen.

2005 wurde im Ministerium der letzte Teil des zukünftigen Personalstrukturmodells 2010 entschieden – die Dienstpostenstruktur der Generale und Admirale. Erwartungsgemäß mussten die Streitkräfte Dienstposten ab B 6 in einem bestimmten Umfang bis 2010 aufgeben. Um dies zu erreichen und die Regeneration nicht zu gefährden, hatte sich die Führung entschlossen, ab 2006 bereits Dienstposten in Jahresscheiben abzugeben und so ohne abrupte Veränderungen in das Jahr 2010 hineinrutschen zu können. Die Inspekteure der Teilstreitkräfte machten das auf ihre Art.

Der Inspekteur der Marine, VAdm Feldt, lud ausgesuchte Vertreter der „admiralsstarken Geburtsjahrgänge" nach Bonn und erfragte einzeln die Bereitschaft, einer einstweiligen Versetzung in den Ruhestand unter den obigen Gesichtspunkten zuzustimmen. Der Jahrgang 1946 war so ein Jahrgang. Mit der für 2006 beschlossenen Verlängerung der Dienstzeit der Soldaten um zwei Jahre wäre meine Zurruhesetzung mit Ablauf des Oktober 2008 erfolgt. Bis dahin hätte ich den Wechsel von GMaj Löser auf seinen Nachfolger – meinen dritten Kommandeur – erleben dürfen. Ich war aber der Meinung, nun lange genug „Stellvertreter" gelernt zu haben und keine weitere Verwendungsbreite erwerben zu müssen. Zudem nervte das wöchentliche Zwischenfahren nach Meckenheim, auch wenn ich in Blankenese eine schöne Wohnung hatte. In meiner Antwort an den Inspekteur versicherte ich ihn daher meines Verständnisses besonders dann, wenn ich schon zum 31.10.2006 in den einstweiligen Ruhestand versetzt werden würde. So geschah es.

Die Übergabe meiner Aufgaben an meinen Nachfolger und meine Verabschiedung in den Ruhestand erfolgten Ende Oktober. Mit meiner Familie, vielen Freunden aus meiner Crew und aus Hamburg, mit einigen von mir hochgeschätzten Vorgesetzten, die ich immer als Vorbilder gesehen hatte, wurde dies eine sehr eindrucksvolle, mich bewegende Veranstaltung – „in würdiger Form" im wahrsten Sinn des Wortes, so wie das sein sollte.

In meiner Abschiedsrede vor den Offizieren der FüAk und den Lehrgangsteilnehmern der Generalstabs-/Admiralstabslehrgänge sprach ich über das Wesen des Vorgesetzten. Ich beleuchtete die Vorgesetzten, die meine Vorbilder geworden waren und die, die für mich die abschreckenden Beispiele darstellten. Ich schloss: „Nach 40 ½ Jahren kann ich mit Sicherheit sagen: So sind wir gute Vorgesetzte oder schlechte – einen Mittelweg gibt es nicht."

In seiner Verabschiedungsrede zitierte GMaj Löser einen Fachbereichsleiter mit dessen Beitrag zu seiner Rede:

„Klar im Erkennen der Schwachstellen der Akademie, aber auch der Schwäche der Argumentation zur Bewahrung des Bestehenden hat er mit einem kleinen Kreis veränderungsbereiter Stabsoffiziere die Dinge nach vorne gebracht. Er war dabei fordernd, aber immer gerecht – war eher der Kamerad denn der Vorgesetzte, konziliant im Ton, hart und fordernd in der Sache. Entwickelte sich schnell zur „Grauen Eminenz" des erforderlichen strukturellen Umbaus der Führungsakademie. Seine konspirative Stabsarbeit nach innen und außen hat sehr stark zu den erzielten Erfolgen beigetragen, hat ihn aber auch mitleiden lassen, als die für richtig angesehenen strukturellen Veränderungen am Widerstand im Militärischen Führungsrat beinahe gescheitert sind."

Mich hat das gefreut, ich fand diese Beobachtung ganz zutreffend.

Damit gingen 40 ½ Dienstjahre zu Ende.

Die Marine, die Bundeswehr haben in dieser Zeit viel von mir verlangt. Sie haben mir viel geboten. Ich durfte fast 15 Jahre lang auf seefahrenden Einheiten dienen, davon fast sechs Jahre als Kommandant auf Ubooten und Zerstörern. Meine gravierenden Fehler in der Menschenführung konnte ich in so jungen Jahren machen, dass sie sich noch positiv auf mein weiteres Verhalten auswirkten. Ich habe einige Vorgesetzte erlebt, die mich für den Rest meiner Dienstzeit positiv geprägt haben, die damit auch ursächlich für meinen Erfolg waren. Ich konnte ihnen nicht genug danken und habe versucht, wo immer möglich, den Dank dadurch abzustatten, dass ich meine Erfahrungen an Jüngere weitergab.

Dafür, dass ich nie einen scharfen Waffeneinsatz befehlen musste und nie die Verantwortung dafür tragen musste, dass ein mir anvertrauter

Soldat zu Schaden kam, war ich zutiefst dankbar.

Mit Dankbarkeit und Zufriedenheit konnte ich auf ein Berufsleben zurück blicken, das mich ausgefüllt hat und das mir auf den Leib geschrieben war.

Anhang 1

Fü M I 31   Bonn, 28. September 1984

<u>Ablauf der Überlegungen/Arbeiten zum Thema</u>
<u>"Innere Lage der Streitkräfte"</u>
oder
<u>Praktische Stabsarbeit im Bundesministerium der Verteidigung</u>

- Am 28.12.1983 ergeht der Ministerauftrag zu einer Besprechung am 6.2.84. Ziel: Bild über "Innere Lage der Streitkräfte" verschaffen. Dabei sind zentrale Fragen:

  Wie ist die praktische Menschenführung in den Streitkräften zu verbessern?

  Wie kann die Motivation der jungen Soldaten, insbesondere der Wehrpflichtigen, gesteigert werden; wie kommen wir an sie besser heran?

  Wie können wir den Wehrpflichtigen den Auftrag der Bundeswehr so verständlich machen, daß sie nach ihrem Ausscheiden aus dem Dienst überzeugt für die Streitkräfte eintreten?

  Wie ist das Problem der "Friedensdiskussion" innerhalb der Streitkräfte besser in den Griff zu bekommen?

  Inhaltliche Vorbereitung durch Generalinspekteur.

- Dazu übersendet Fü S I 4 am 3o.12. einen Arbeitsplan, wonach Beiträge u.a. der Fü TSK (also Fü M I 3) bis zum <u>1o.1.</u> gefordert werden in der Gliederung

    - Lagefeststellung
    - Bisher ergriffene Maßnahmen
    - Auswirkungen dieser Maßnahmen
      (warum bisher ohne Erfolg)
    - Vorschläge

  Dieser geht am o2.o1.84 bei Fü M I 3 ein.

- Zur Einhaltung der Frist legt Fü M I 3 am o4.o1. die erbetene Stellungnahme (Ausgangspunkt für alle weiteren Arbeiten) adD dem InspM vor.
  <u>BEARBEITUNGSZEIT: 2 TAGE</u>   ...

- InspM genehmigt am o9.o1., Fü M I 3 kann ordnungsgemäß die Stellungnahme am lo.o1. Fü S I 4 übergeben.

- Am 2o.o1. übersendet Fü S I 4 den Vortragsentwurf (28 Seiten) des StAL Fü S I, in dem die Beiträge der Fü TSK/InSan umgesetzt sind (BEARBEITUNGSZEIT dort MAXIMAL 9 TAGE). Die Fü TSK haben beschleunigt zu überprüfen. Eingang Fü M I 3: 23.o1.

- Am 23.o1. wird die Verschiebung der Besprechung vom o6.o2. auf den 24.o2. bekanntgegeben.

- Am o1.o2. legt Fü M I 3 den geprüften und bewerteten Vortragsentwurf adD dem InspM vor.
  BEARBEITUNGSZEIT: 8 TAGE

- Nach Genehmigung durch InspM wird die Reinschrift der Stellungnahme am 11.o2. an Fü s I 4 gegeben.

- Fü S I 4 übersendet am 14.o2. die überarbeitete Neufassung des Vortragsentwurfes StAL Fü S I, in welche die Stellungnahmen zum ersten Redeentwurf eingearbeitet wurden (BEARBEITUNGSZEIT: 2 TAGE)

- Am 24.o2. fällt die Besprechung aus und wird am o6.o3. auf den 26.o4. verschoben und am 23.o3. auf den o4.o5. verschoben.

- Am 28.o3. wird die Ablaufplanung geändert: Nunmehr wird InspM am o4.o5. einen eigenständigen Vortrag von 15 Min. zu halten haben. Diese Mitteilung erreicht Fü M I 3 am o4.o4. Vorlagetermin des genehmigten Vortrags bei Fü S I 4: 12.o4.

- Am lo.4. legt Fü M I 3 den Vortragsentwurf adD InspM vor.
  BEARBEITUNGSZEIT: 5 TAGE

- Mit einer Änderung stellt Fü M I 3 die Endfassung des Vortrages am 12.o4. fertig und übergibt sie Fü S I 4.

- Die Besprechung findet - endlich - am o3.o5. statt (erste Planung: o6.o2.)

...

- Am 11.o5. liegt das Protokoll der Besprechung bei Fü M I 3
  vor. Es wird zu einer Abstimmungsbesprechung zwischen den
  RL am 15.o5. geladen und als Termin für die 2. Ministerbesprechung Ende Juni avisiert.

- Am 15.o5. arbeiten die RL Schwerpunkte heraus.

- Am 22.o5. geht die Einladung an InspM zur 2. Ministerbesprechung
  am 13.o6. ein. Wegen der Vorlegung sind die Beiträge der Fü
  TSK bis zum 28.o5. Fü S I 4 zu übersenden.

- Am 23.o5. legt Fü M I 3 dem InspM adD einen detaillierten
  Beitrag zur Genehmigung vor.
  BEARBEITUNGSZEIT: 1 TAG

- Nach Genehmigung durch Stv/C wird die Reinschrift am 25.o5.
  an Fü S I 4 übersandt.

- Zur Sitzung des MFR am o4.o6. (Vorbereitung Ministerbesprechung)
  übersendet Fü S I 4 o1.o6. den auf den Stellungnahmen der
  Fü TSK aufbauenden Vortrag StAL Fü S I (18 Seiten)(BEARBEITUNGS-
  ZEIT dort: 5 TAGE).

- Am o6.o6. liegt der nach dem MFR(o4.o6.) abermals überarbeitete
  Vortragsentwurf des StAL Fü S I bei Fü M I 3 zur Bearbeitung/
  Stellungnahme vor. Rückgabe bis o7.o6., 12.oo.

- Zurück an Fü S I 4 am o6.o6. BEARBEITUNGSZEIT: .... STUNDEN

- Am o8.o6. legt Fü M I 3 den von Fü S I 4 erneut überarbeiteten
  Vortrag (BEARBEITUNGSZEIT dort: 1 TAG)dem Stv/C mit Stellungnahme vor. BEARBEITUNGSZEIT: ... STUNDEN

- Am 13.o6. findet die Besprechung statt, in deren Verlauf der
  BM weitreichende Maßnahmen auf dem Gebiet der Inneren Führung
  anordnet.

Bemerkungen:
1. Gegenstand der Arbeiten war das zentrale Anliegen der politischen
   Leitung und militärischen Führung, langfristig die innere Lage
   der Streitkräfte deutlich sichtbar zu verbessern.

...

2. Äußere nachvollziehbare Anlässe für einen besonderen Zeitdruck oder gebotene Eile im 29. Jahr des Bestehens der Bundeswehr gab es nicht.

3. Ziel- wie Terminvorgabe der Leitung und fehlende Bereitschaft der militärischen Führung, eine der Zielsetzung angemessene Bearbeitungszeit und -qualität zu ermöglichen, haben dazu geführt, daß das zuständige Referat des Fü TSK als dem Verantwortlichen für Lagefeststellung, Bewertung und Formulierung von Abhilfemaßnahmen

   - im Verlauf von 5 1/2 Monaten
   - für 7 teilweise ausführliche /umfangreiche Stellungnahmen
     oder Vortragsentwürfe

   insgesamt nur 18 Tage (Wochenendtage eingeschlossen) und einige Stunden Zeit zur Verfügung hatte.

   Gründliche Abstimmungen und Diskussionen waren nicht möglich. Stellungnahmen waren aus der Hand, aus persönlicher Erfahrung und Kenntnis abzugeben.

4. Der Glaube an die Wunderkraft des menschlichen Geistes kann sicherlich Berge versetzten. Dem Verfasser als Mitschuldigen drängen sich aber Zweifel auf, ob wichtige Projekte lediglich im Vertrauen darauf, daß bei aller logischen Unmöglichkeit des Erreichens guter und wertvoller Ergebnisse dieselben dennoch Dank der Wunderwirkung der menschlichen Intelligenz erzielt werden können, bearbeitet werden sollten.

Anhang 2

Der Bundesminister der Verteidigung   Bonn, 14.07.1995

Außenverteiler I - IX - Ebene A
im Ministerium
Innenverteiler III

Betreff: Verantwortlichkeiten für Einsätze und Verwendungen der Bundeswehr im Frieden außerhalb des Hoheitsgebietes der Bundesrepublik Deutschland sowie für Hilfeleistungen in Not- und Katastrophenfällen im In- und Ausland im Frieden
- Führungsweisung -
Bezug: Ministerweisung vom 22.04.1992

Zur Regelung der Verantwortlichkeiten und der Organisation im Ministerium und im nachgeordneten Bereich für die Führung deutscher Streitkräfte im Frieden bei

- Einsätzen und Verwendungen der Bundeswehr im Rahmen internationaler Bündnisse/Organisationen (NATO, WEU, VN, OSZE) außerhalb des Hoheitsgebietes der Bundesrepublik Deutschland[1]

- Hilfeleistungen in Not- und Katastrophenfällen im In- und Ausland

ordne ich auf der Grundlage meiner Weisung vom 22.04.1992 an:

I. Verantwortlichkeiten in der Leitung

1. Abschließende Entscheidungen über Auslandseinsätze und -verwendungen der Bundeswehr im Frieden sowie in grundsätzlichen Angelegenheiten der Hilfeleistungen in Not- und Katastrophenfällen im In- und Ausland im Frieden behalte ich mir vor.

2. Die Parlamentarischen Staatssekretäre unterstützen mich insoweit bei meinen Regierungsaufgaben gemäß Nr. 3 der Weisung vom 22.04.1992 (§ 14 a GOBReg).

---

[1] Im folgenden: Ausland

3. In der Leitung des Ministeriums (§ 14 Abs. 3 GOBReg) einschließlich meines Weisungsrechts als Inhaber der Befehls- und Kommandogewalt werde ich wie folgt vertreten:

Bei Entscheidungen über Einsätze und Einsatzführung der Bundeswehr im Frieden im Ausland obliegt meine Vertretung in der Vorbereitungsphase und damit die Federführung bis zum Beschluß der Bundesregierung sowie des Deutschen Bundestages Staatssekretär Schönbohm, in der anschließenden Umsetzungsphase Staatssekretär Dr. Wichert.

Für den Bereich der Verwendungen der Bundeswehr im Ausland im Frieden sowie der Hilfeleistungen in Not- und Katastrophenfällen im In- und Ausland im Frieden verbleibt es bei der Zuständigkeit von Staatssekretär Dr. Wichert. Unberührt hiervon bleibt die Zuständigkeit von Staatssekretär Schönbohm für Materialabgaben und Ausstattungshilfen.

Meine mit Beschluß der Bundesregierung vom 01.12.1994 (Bulletin Nr. 113, Seite 1036) bestimmte Vertretung in der Regierung (§ 14 Abs. 1 GOBReg) durch den Bundesminister des Auswärtigen einschließlich der Befehls- und Kommandogewalt bleibt unberührt.

4. Vorlagen sind an den jeweils federführenden Staatssekretär bzw. über diesen an mich zu richten. Dem nicht federführenden Staatssekretär sind Vorlagen zeitgleich nachrichtlich zuzuleiten.

Unbeschadet der Federführung und Entscheidungsbefugnis des jeweils zuständigen Staatssekretärs ist dem anderen Staatssekretär Gelegenheit zu geben, die erforderlichen Gespräche in Angelegenheiten zu führen, die gemäß der Weisung vom 22.04.1992 in seinen Verantwortungsbereich fallen, insbesondere bei Abstimmungsbedarf auf Leitungsebene mit anderen Bundesressorts, ausländischen Regierungen sowie nationalen und internationalen Organisationen.

In allen Angelegenheiten, die Auswirkungen auf den Haushalt haben, ist Staatssekretär Dr. Wichert zu beteiligen.

5. Weisungen/Erlasse werden ihrer Bedeutung gemäß entweder durch mich, den zuständigen Staatssekretär (i.V.) oder den Leiter KSEA/FüZBw (i.A.) schlußgezeichnet.

II. Unterstützung der Leitung

Die Leitung wird in ihrer Verantwortung für Einsätze und Verwendungen der Bundeswehr im Ausland im Frieden (Vorbereitungs- und Umsetzungsphase) umfassend durch den Koordinierungsstab für Einsatzaufgaben (KSEA) und das Führungszentrum der Bundeswehr (FüZBw) unterstützt, die dem Generalinspekteur zugeordnet sind. Im KSEA werden die Entscheidungsvorschläge für die Leitung koordiniert. Das FüZBw leistet hierbei Unterstützung. Es steuert und kontrolliert die Umsetzung der Erlasse/Befehle durch die ausführenden Kommandobehörden und Dienststellen der Bundeswehr.

1. KSEA
    1.1 Dem KSEA obliegen im einzelnen folgende Aufgaben:
    - die Vorbereitung von Leitungsentscheidungen,
    - die Abstimmung aller erforderlichen Aktivitäten im Ministerium,
    - die Erarbeitung der Position des BMVg für die Abstimmung mit den Bundesressorts und anderen externen Stellen,
    - die Unterrichtung der Leitung über die Umsetzung von Leitungsentscheidungen,
    - die Nachsteuerung im Umsetzungsprozeß.

    1.2 Dem Koordinierungsstab gehören neben dem Leiter KSEA/FüZBw als ständige Mitglieder an:
    - die Stabsabteilungsleiter des Fü S - Stabsabteilungsleiter Fü S IV ist zugleich Vertreter des Leiters -,
    - je ein Stabsabteilungsleiter der Fü TSK und der Unterabteilungsleiter InSan II,
    - zwei Unterabteilungsleiter der Abteilung VR,
    - je ein Unterabteilungsleiter der Hauptabteilung Rüstung sowie der Abteilungen P, H und S.

    Stv Leiter Planungsstab nimmt an den Sitzungen des Koordinierungsstabes teil. Vertreter weiterer Bereiche werden bei Bedarf hinzugezogen.

    1.3 Leiter KSEA hat die Befugnisse eines Sonderbeauftragten gem. Abschnitt A 3 Absatz 8 GO-BMVg.

    Die ständigen Mitglieder sind bevollmächtigte Vertreter der von ihnen vertretenen Inspekteure/Abteilungsleiter. Sie sind für die Koordinierung in ihrem Führungsstab/ihrer Abteilung verantwortlich. Im übrigen gelten für die Stellung der Mitglieder und die Arbeitsweise die für Koordinierungsgruppen getroffenen Regelungen (Abschnitt A 3 Absatz 5 GO-BMVg).

    1.4 Die fachlichen Zuständigkeiten der Führungsstäbe und Abteilungen, die truppendienstlichen Befugnisse der Inspekteure und die fachdienstlichen Aufgaben des Inspekteurs des Sanitätsdienstes der Bundeswehr bleiben unberührt.

2. FüZBw
    2.1 Das auf Ebene einer Stabsabteilung im Führungsstab der Streitkräfte eingerichtete FüZBw nimmt bei Einsätzen und Verwendungen folgende Aufgaben wahr:

- Einsatzplanung
  Erarbeitung von Grundlagen und Optionen für Einsätze und Verwendungen der Bundeswehr im Frieden im Ausland einschließlich des Vorschlags der Zusammensetzung des Einsatzkontingentes sowie für Hilfeleistungen in Not- und Katastrophenfällen im In- und Ausland im Frieden als Beitrag zur Entscheidungsfindung der Leitung (Abteilung H ist in jedem Fall zu beteiligen); Festlegung des Melde- und Berichtswesens.

- Einsatzführung
  Unterstützung des Koordinierungsstabes bei der Vorbereitung von Leitungsentscheidungen; Umsetzung von Leitungsentscheidungen gegenüber durchführenden Kommandobehörden der Streitkräfte und Dienststellen der Wehrverwaltung; Überwachung und Auswertung der Umsetzung.

- Lageführung
  Zentrale Ansprechstelle des BMVg, Informationszentrale (Sammlung und Bewertung bzw. Herbeiführung der Bewertung einsatz- und leitungsrelevanter Informationen, Informationsverbindungen zu anderen Bundesressorts und internationalen Organisationen).

2.2 Der Leiter des KSEA ist zugleich Leiter des FüZBw.

2.3 Im Bedarfsfall stellen die Führungsstäbe/Abteilungen auf Anforderung zusätzliche Mitarbeiter zur Unterstützung und zur Verbesserung der Durchhaltefähigkeit in ihren Aufgabenbereichen. Für vorübergehende zusätzliche Belastungen können Verstärkungen aus den nachgeordneten Bereichen in Anspruch genommen werden.

2.4 Die Forderungen an die Informationsversorgung in den Aufgabenbereichen "Einsatzführung" und "Lageführung" werden im IT-Konzept des Bundesministeriums der Verteidigung gestellt. Ihre Realisierung hat Priorität.

3. Alle Führungsstäbe/Abteilungen arbeiten dem KSEA/FüZBw zu. Lageberichte und Entscheidungsvorschläge des KSEA/FüZBw sind über den Generalinspekteur vorzulegen. Der Generalinspekteur entscheidet, soweit seine Zuständigkeit gemäß der Ministerweisung vom 21.03.1970 gegeben ist oder führt Entscheidungen der Leitung herbei.

4. Soweit im Einzelfall die Notwendigkeit ministerieller Steuerung besteht, unterstützen KSEA und FüZBw die Leitung bei Hilfeleistungen der Bundeswehr in Not- und Katastrophenfällen im In- und Ausland im Frieden. Die grundsätzliche Zuständigkeit der territorialen Kommandobehörden in diesen Fällen bleibt davon unberührt.

III. Führungsorganisation unterhalb des Ministeriums

Unterhalb des Ministeriums werden Auslandseinsätze und -verwendungen der Bundeswehr im Frieden jeweils durch ein Leitführungskommando geführt, soweit nicht eine andere Führungsorganisation festgelegt wird.

1. Leitführungskommando

    1.1 Der Leiter KSEA/FüZBw schlägt der Leitung das zu beauftragende Leitführungskommando vor.
    Dem Leitführungskommando obliegen im wesentlichen folgende Aufgaben:

    - Ausführung der durch das Ministerium erteilten Weisungen/Aufträge,
    - Koordinierung der Zusammenarbeit der beteiligten Führungskommandos/des Sanitätsamts der Bundeswehr, der Fachämter und Dienststellen des Zentralen Militärischen Bereichs, des Bundesamtes für Wehrverwaltung (BAWV) und des Bundesamtes für Wehrtechnik und Beschaffung (BWB),
    - Zusammenstellung und Führung/Steuerung von Erkundungs-/Vorkommandos,
    - Koordinierung der Zusammenführung der Anteile der beteiligten Teilstreitkräfte und Verlegung des Kontingentes in den bzw. aus dem Einsatzraum gemäß den erteilten Zeitvorgaben,
    - Koordinierung der nationalen Einsatzunterstützung (Logistik, Sanitätsdienst),
    - Wahrnehmung in nationaler Verantwortung verbleibender Führungsaufgaben gegenüber dem eingesetzten Kontingent, soweit Entscheidungen nicht generell oder im Einzelfall mir oder den Verantwortlichen gemäß Abschnitt I. und II. vorbehalten sind,
    - Umfassende Berichterstattung an das FüZBw, insbesondere zur Lageführung.

    1.2 Die beteiligten Führungskommandos/das Sanitätsamt der Bundeswehr, die Fachämter und Dienststellen des Zentralen Militärischen Bereichs, das BAWV und das BWB sind mit dem Leitführungskommando auf Zusammenarbeit anzuweisen. Sie sind für die Koordinierung in ihren Organisationsbereichen bzw. in ihren Aufgabenbereichen verantwortlich und entsprechend zu beauftragen. Sie richten bei Bedarf Verbindungsstellen beim Leitführungskommando ein bzw. passen die vorhandene Verbindungsorganisation an.

    1.3 Weisungen des Ministeriums sind grundsätzlich an das Leitführungskommando zu richten; die beteiligten Führungskommandos/das Sanitätsamt der Bundeswehr und die übrigen in Abschnitt III.1.2 genannten Dienststellen werden durch Nebenabdruck informiert. Das Leitführungskommando fordert Beiträge/Leistungen zur Erfüllung der Aufträge/Weisungen von diesen an.

    1.4 Berichte/Anträge an das Ministerium (FüZBw) sind grundsätzlich nur vom/über das Leitführungskommando vorzulegen. Soweit in dringlichen Einzelfällen unmittelbar berichtet wird, ist das Leitführungskommando zeitgleich nachrichtlich zu beteiligen.

V. Schlußbestimmungen

1. Über die endgültige Struktur des FüZBw und die für den Unterstützungsstab Einsatzführung im Streitkräfteamt zu treffenden Maßnahmen wird nach Ablauf eines Erprobungszeitraums auf Vorschlag des Generalinspekteurs von der Leitung entschieden.

2. Folgende Weisungen werden aufgehoben:
   - Ministerweisung vom 09.06.1987 - Rahmenregelung für ein Krisenmanagement im Bundesministerium der Verteidigung -
   - Staatssekretärweisung vom 09.02.1993 - Koordinierung des Einsatzes der Bw für Unterstützungsaufgaben -
   - Staatssekretärweisung vom 31.08.1994 - Entscheidungsabläufe im Ministerium für die Einsatzführung der Bw im Frieden.

Zum Autor

Flottillenadmiral a.D. Viktor Toyka trat am 4.4.1966 als Angehöriger der Crew IV/66 in die Bundesmarine ein. Er schloss die Offiziersausbildung ab und begann den Dienst an Bord von Ubooten. Von 1975 bis 1977 war er Komandant des Unterseebootes "U 17". Nach seinem Einsatz als UJagdoffizier auf dem Zerstörer „Z 4" absolvierte er von Oktober 1979 bis Juni 1981 den 21. Admiralstabslehrgang an der Führungsakademie der Bundeswehr in Hamburg. Anschließend übernahm er das Kommando über das Uboot „U 21". Im Frühjahr 1983 trat er seine erste Verwendung als Referent für Fragen der Menschenführung in der Marine im Bundesministerium der Verteidigung an.

Ab Oktober 1984 diente er als Erster Offizier auf dem Zerstörer „BAYERN" und kehrte 1986 als Referent in das operative Grundsatzreferat des Führungsstabs der Marine zurück. Im Herbst 1987 wurde er Marineadjutant beim Generalinspekteur der Bundeswehr, Admiral Dieter Wellershoff. Von 1988 bis 1991 führte er nacheinander die Zerstörer „HESSEN" und „BAYERN" als Kommandant und erhielt danach eine Verwendung als Referatsleiter Planung und Konzeption der Marine im Bundesministerium der Verteidigung. Anschließend führte er bis Ende 1994 das 4. Fregattengeschwader in Wilhelmshaven als Kommandeur.

Vom Januar 1995 bis Sommer 1997 diente er zunächst als Bereichsleiter, dann als Stellvertretender Leiter des neu im Ministerium aufgestellten Führungszentrums der Bundeswehr und danach bis zum Herbst 2000 als Abteilungsleiter Operation im Flottenkommando in Glücksburg.

Als Stellvertretender Amtschef und Leiter Fachabteilungen im Streitkräfteamt wurde er bis zum April 2004 eingesetzt. Seine letzte Verwendung war die des Stellvertretenden Kommandeurs und Direktors Lehrgänge an der Führungsakademie der Bundeswehr, wo er Ende Oktober 2006 aus dem aktiven Dienst ausschied.

Carola Hartmann Miles-Verlag

Politik, Gesellschaft, Militär

Uwe Hartmann, *Innere Führung. Erfolge und Defizite der Führungsphilosophie für die Bundeswehr,* Berlin 2007.

Hans-Christian Beck, Christian Singer (Hrsg.), *Entscheiden – Führen – Verantworten. Soldatsein im 21. Jahrhundert,* Berlin 2011.

Reiner Pommerin (ed.), *Clausewitz goes global. Carl von Clausewitz in the 21st Century,* Berlin 2011.

Eberhard Birk, Winfried Heinemann, Sven Lange (Hrsg.), *Tradition für die Bundeswehr. Neue Aspekte einer alten Debatte,* Berlin 2012.

Holger Müller, *Clausewitz' Verständnis von Strategie im Spiegel der Spieltheorie,* Berlin 2012.

Angelika Dörfler-Dierken, *Führung in der Bundeswehr,* Berlin 2013.

Cornelia Fedtke, Kai-Uwe Hellmann, Jan Hörmann, *Migration und Militär. Zur Integration deutscher Soldaten mit Migrationshintergrund in der Bundeswehr,* Berlin 2013.

Torsten Konopka, *Afrikanische Wehrsysteme und ihre Entwicklung zwischen 1990/91 und 2011,* Berlin 2014.

Wolf Graf von Baudissin, *Grundwert Frieden in Politik – Strategie – Führung von Streitkräften,* hrsg. von Claus von Rosen, Berlin 2014.

Wolf Graf von Baudissin, *Der Widerstand. „… um nie wieder in die ausweglose Lage zu geraten…",* hrsg. von Claus von Rosen, Berlin 2014.

Marcel Bohnert, Lukas J. Reitstetter (Hrsg.), *Armee im Aufbruch. Zur Gedankenwelt junger Offiziere in den Kampftruppen der Bundeswehr,* Berlin 2014.

Arjan Kozica, Kai Prüter, Hannes Wendroth (Hrsg.), *Unternehmen Bundeswehr? Theorie und Praxis (militärischer) Führung,* Berlin 2014.

Angelika Dörfler-Dierken, Robert Kramer, *Innere Führung in Zahlen. Streitkräftebefragung 2013,* Berlin 2014.

Phil C. Langer, Gerhard Kümmel (Hrsg.), *„Wir sind Bundeswehr." Wie viel Vielfalt benötigen/vertragen die Streitkräfte?,* Berlin 2015.

Dirk Freudenberg, *Counterinsurgency. Aufstandsbekämpfung als Phase zur Überwindung schwacher Staatlichkeit und zur Etablierung des Aufbaus einer stabilen Nachkriegsordnung?,* Berlin 2016.

Alois Bach, Walter Sauer (Hrsg.), *Schützen.Retten.Kämpfen. Dienen für Deutschland,* Berlin 2016.

Dirk Freudenberg, Stephan Maninger, *Neue Kriege. Sicherheitspolitische Rahmenbedingungen, Mentalitäten, Strategien, Methoden und Instrumente,* Berlin 2016.

Claas Siano, *Die Luftwaffe und der Starfighter,* Berlin 2016.

Eberhard Birk, Peter Andreas Popp, *Luftwaffenoffizier 21. Das Selbstverständnis des Luftwaffenoffiziers zu Beginn des 21. Jahrhunderts,* Berlin 2016.

Eberhard Birk, Heiner Möllers (Hrsg.), *Luftwaffe und Luftverteidigung,* Berlin 2017.

Alessandro Rappazzo, *Vorsprung durch Leadership. Modernes Leadership in der Armee,* Berlin 2017.

Oliver Schmidt, *Deutsche Außenpolitik und die Zukunft der nuklearen Teilhabe in der NATO,* Berlin 2017.

Wolfgang Peischel (Hrsg.), *Wiener Strategie-Konferenz 2016. Strategie neu denken,* Berlin 2017.

Jahrbuch Innere Führung

Uwe Hartmann, Claus von Rosen, Christian Walther (Hrsg.), *Jahrbuch Innere Führung 2009. Die Rückkehr des Soldatischen,* Eschede 2009.

Helmut R. Hammerich, Uwe Hartmann, Claus von Rosen (Hrsg.), *Jahrbuch Innere Führung 2010. Die Grenzen des Militärischen,* Berlin 2010.

Uwe Hartmann, Claus von Rosen, Christian Walther (Hrsg.), *Jahrbuch Innere Führung 2011. Ethik als geistige Rüstung für Soldaten,* Berlin 2011.

Uwe Hartmann, Claus von Rosen, Christian Walther (Hrsg.), *Jahrbuch Innere Führung 2012. Der Soldatenberuf zwischen gesellschaftlicher Integration und suis generis-Ansprüchen,* Berlin 2012.

Uwe Hartmann, Claus von Rosen (Hrsg.), *Jahrbuch Innere Führung 2013. Wissenschaften und ihre Relevanz für die Bundeswehr als Armee im Einsatz,* Berlin 2013.

Uwe Hartmann, Claus von Rosen (Hrsg.), *Jahrbuch Innere Führung 2014. Drohnen, Roboter und Cyborgs – Der Soldat im Angesicht neuer Militärtechnologien,* Berlin 2014.

Uwe Hartmann, Claus von Rosen (Hrsg.), *Jahrbuch Innere Führung 2015. Neue Denkwege angesichts der Gleichzeitigkeit unterschiedlicher Krisen, Konflikte und Kriege,* Berlin 2015.

Uwe Hartmann, Claus von Rosen (Hrsg.), *Jahrbuch Innere Führung 2016. Innere Führung als kritische Instanz,* Berlin 2016.

Einsatzerfahrungen

Kay Kuhlen, *Um des lieben Friedens willen. Als Peacekeeper im Kosovo,* Eschede 2009.

Sascha Brinkmann, Joachim Hoppe (Hrsg.), *Generation Einsatz, Fallschirmjäger berichten ihre Erfahrungen aus Afghanistan,* Berlin 2010.

Artur Schwitalla, *Afghanistan, jetzt weiß ich erst… Gedanken aus meiner Zeit als Kommandeur des Provincial Reconstruction Team FEYZABAD,* Berlin 2010.

Uwe Hartmann, *War without Fighting? The Reintegration of Former Combatants in Afghanistan seen through the Lens of Strategic Thought,* Berlin 2014.

Rainer Buske, *KUNDUZ. Ein Erlebnisbericht über einen militärischen Einsatz der Bundeswehr in AFGHANISTAN im Jahre 2008,* Berlin ^{2}2016.

Standpunkte und Orientierungen

Daniel Giese, *Militärische Führung im Internetzeitalter – Die Bedeutung von Strategischer Kommunikation und Social Media für Entscheidungsprozesse, Organisationsstrukturen und Führerausbildung in der Bundeswehr,* Berlin 2014.

Dirk Freudenberg, *Auftragstaktik und Innere Führung. Feststellungen und Anmerkungen zur Frage nach Bedeutung und Verhältnis des inneren Gefüges und der Auftragstaktik unter den Bedingungen des Einsatzes der Deutschen Bundeswehr,* Berlin 2014.

Uwe Hartmann (Hrsg.), *Lernen von Afghanistan. Innovative Mittel und Wege für Auslandseinsätze*, Berlin 2015.

Fouzieh Melanie Alamir, *Vernetzte Sicherheit – Quo Vadis?*, Berlin 2015.

Hartwig von Schubert, *Integrative Militärethik. Ethische Urteilsbildung in der militärischen Führung*, Berlin 2015.

Uwe Hartmann, *Hybrider Krieg als neue Bedrohung von Freiheit und Frieden. Zur Relevanz der Inneren Führung in Politik, Gesellschaft und Streitkräften*, Berlin 2015.

Klaus Beckmann, *Treue.Bürgermut.Ungehorsam. Anstöße zur Führungskultur und zum beruflichen Selbstverständnis in der Bundeswehr*, Berlin 2015.

Florian Beerenkämper, Marcel Bohnert, Anja Buresch, Sandra Matuszewski, *Der innerafghanische Friedens- und Aussöhnungsprozess*, Berlin 2016.

Martin Sebaldt, *Nicht abwehrbereit. Die Kardinalprobleme der deutschen Streitkräfte, der Offenbarungseid des Weißbuchs und die Wege aus der Gefahr*, Berlin 2017.

Christian J. Grothaus, *Der "hybride Krieg" vor dem Hintergrund der kollektiven Gedächtnisse Estlands, Lettlands und Litauens*, Berlin 2017.

Militärgeschichte

Peter Heinze, *Bundeswehr „erobert" Deutschlands Osten*, Berlin 2010.

Dieter E. Kilian, *Adenauers vergessener Retter – Major Fritz Schliebusch*, Berlin 2011.

Ingo Pfeiffer, *Gegner wider Willen. Konfrontation von Volksmarine und Bundesmarine auf See*, Berlin 2012.

Dieter E. Kilian, *Kai-Uwe von Hassel und seine Familie. Zwischen Ostsee und Ostafrika. Militär-biographisches Mosaik*, Berlin 2013.

Ingo Pfeiffer, *Seestreitkräfte der DDR*, Berlin 2014.

Ulrich C. Kleyser, *Lazare Carnot. "Le Grand Carnot". Ein Charakterbild*, Berlin 2016.

Eberhard Kliem, Kathrin Orth, *"Wir wurden wie blödsinnig vom Feind beschossen". Menschen und Schiffe in der Skagerrakschlacht 1916*, Berlin 2016.

Eberhard Birk, *"Auf Euch ruht das Heil meines theuern Württemberg!". Das Gefecht bei Tauberbischofsheim am 24. Juli 1866 im Spiegel der württembergischen Heeresgeschichte des 19. Jahrhunderts,* Berlin 2016.
Eckhard Lisec, *Der Unabhängigkeitskrieg und die Gründung der Türkei 1919–1923,* Berlin 2016.
Hans Frank, Norbert Rath, *Kommodore Rudolf Petersen. Führer der Schnellboote 1942–1945. Ein Leben in Licht und Schatten unteilbarer Verantwortung,* Berlin 2016.
Eckhard Lisec, *Der Völkermord an den Armeniern im 1. Weltkrieg – Deutsche Offiziere beteiligt?,* Berlin 2017.

Erinnerungen

Blue Braun, *Erinnerungen an die Marine 1956–1996,* Berlin 2012.
Harald Volkmar Schlieder, *Kommando zurück!,* Berlin 2012.
Reinhart Lunderstädt, *Aus dem Leben eines Hochschullehrers. Persönlicher Bericht,* Berlin 2012.
Jan Becker, *Aufgewühltes Wasser,* 3 Bde., Berlin 2014.
Klaus Grot, *So war's, damals. Dienstchronik eines Pionieroffiziers im Kalten Krieg 1954–1991,* Berlin 2014.
Gustav Lünenborg, *Bürger und Soldat. Innere Führung hautnah 1956–1993, 1993–2015,* Berlin 2015.
Adolf Brüggemann, *Als Offizier der Bundeswehr im Auswärtigen Dienst. Meine Erinnerungen als Militärattaché in Seoul (Republik Korea) 1978–83 und in Prag (Tschechoslowakei/Tschechien) 1988–1993,* Berlin 2015.
Rainer Buske, *Eine Reise ins Innere der Bundeswehr. Wundersame Geschichten aus einer anderen Welt,* Berlin 2016.
Heinz Laube, *Duell am geteilten Himmel,* Berlin 2016.
Winfried Papenfuß, *Die Kriege der Karendorffs,* Berlin 2016.

http://www.miles-verlag.jimdo.com